2012年度浙江省社科联省级社会科学学术著作
出版资金全额资助出版（编号：2012CBZ03）

浙江省哲学社会科学规划一般课题（编号：12CBZZ03）

当代浙江学术文库

DANGDAI ZHEJIANG XUESHU WENKU

协同学习系统的建构与应用

——一种设计研究框架

王佑镁 著

中国社会科学出版社

图书在版编目（CIP）数据

协同学习系统的建构与应用：一种设计研究框架／王佑镁著.
北京：中国社会科学出版社，2013.11
（当代浙江学术文库）
ISBN 978 - 7 - 5161 - 3134 - 3

Ⅰ.①协…　Ⅱ.①王…　Ⅲ.①网络教学　Ⅳ.①G434

中国版本图书馆 CIP 数据核字（2013）第 200912 号

出 版 人	赵剑英
责任编辑	田　文
特约编辑	陈　琳
责任校对	韩天炜
责任印制	王　超

出　　版	中国社会科学出版社
社　　址	北京鼓楼西大街甲 158 号（邮编 100720）
网　　址	http://www.csspw.cn
	中文域名：中国社科网　　010 - 64070619
发 行 部	010 - 84083685
门 市 部	010 - 84029450
经　　销	新华书店及其他书店

印　　刷	北京君升印刷有限公司
装　　订	廊坊市广阳区广增装订厂
版　　次	2013 年 11 月第 1 版
印　　次	2013 年 11 月第 1 次印刷

开　　本	710×1000　1/16
印　　张	25.75
插　　页	2
字　　数	444 千字
定　　价	76.00 元

凡购买中国社会科学出版社图书，如有质量问题请与本社联系调换
电话：010 - 64009791
版权所有　侵权必究

《当代浙江学术文库》编委会

总　序

浙江省社会科学界联合会党组书记　陈　荣

　　有人说，谁能将中国新时期三十多年的发展奇迹阐释清楚，谁就能荣膺诺贝尔奖。改革开放以来，在中国特色社会主义理论的引领下，浙江人民发扬与时俱进的"浙江精神"，在经济社会发展各方面创造了历史性的辉煌，走出了一条富有时代特征、中国特色、浙江特点的发展道路，使浙江成为中国市场经济、县域经济都十分发达的省份。当前在省委省政府的领导下，浙江社会各界高举中国特色社会主义伟大旗帜，以邓小平理论和"三个代表"重要思想为指导，深入贯彻落实科学发展观，全面实施"八八战略"和"创业富民、创新强省"总战略，继续解放思想，深化改革开放，加快全面建设惠及全省人民的小康社会，为建设"物质富裕、精神富有"的现代化浙江而奋斗。浙江改革开放和经济社会发展的生动实践，是一个理论研究和理论创新的"富矿"，也是浙江人文社会科学研究的宝贵财富。

　　经济社会的发展，与特定地区的精神文化传统相关，因此，对引领浙江市场经济大潮的"浙江精神"的研究、对浙江传统历史人文的研究，也构成了一个古典与现代相结合的富有深刻内容的研究领域。此外，浙江乃至中国的改革开放历程，也大大拓展了马克思主义的研究视野，因此对马列理论进行现代阐释也是一项重要工作。另外，人文社会科学的研究最终是为时代所用，指导社会经济和生活实践，并提高国民的文化素质。因此，将当代社会科学研究的成果转化成可操作的政策建议，以及人民群众喜闻乐见的表述，既是学术研究工作的延续，也是时代赋予我们人文社会科学研究人员的一项历史使命。

正是在这样的理论背景与现实需求下，浙江省社会科学界联合会作为省委省政府联系人文社会科学工作者的桥梁纽带，作为全省人文社会科学领域的组织协调机构，围绕理论研究、社科普及、成果转化、机制建设、队伍建设五大重点工作，有针对性地进行了组织、协调、管理、推动工作。繁荣和发展人文社会科学，打造当代浙江学术品牌，突出重点，进一步创新工作机制，努力创建科学发展的新格局，推进社科事业新发展。我们积极培育和提升了浙江文化研究工程、学术年会、重点基地建设、策论研讨、浙江人文大讲堂、科普周等工作品牌，组织和动员了各教学科研单位与学术团体以及广大社会科学工作者，为浙江的经济社会发展和文化大省建设服务，为繁荣发展浙江的人文社会科学事业服务，为建设"物质富裕、精神富有"的现代化浙江服务。在各方面的共同努力下，浙江的人文社会科学研究继承和发扬了自古以来的优秀学术传统，呈现出成果较多、质量较好、气氛活跃、前景喜人的特点。

人文社会科学研究成果要获得社会承认，为社会所用，将学术成果出版是首要环节。但是由于学术作品具有很强的外部性，往往存在出版难的问题。因此，资助我省学者的优秀学术著作出版，是浙江省社会科学界联合会的一项重要工作。自 2000 年以来，在省委省政府的支持下，我省设立了"浙江省省级社会科学学术著作出版资金"，截至 2012 年，已资助了 524 部学术著作出版，有效地缓解了学术著作出版难的问题。

为了集中展示当代浙江学者的学术研究成果，从 2006 年起，我们在获得资助的书稿中，由出版资助评审委员会遴选部分书稿，给予全额资助，以"当代浙江学术文丛"（《光明文库》）系列丛书的方式，分期分批出版。从 2011 年开始，我们将获得全额资助和部分资助的书稿统一纳入《当代浙江学术文库》系列，并得到了中国社会科学出版社的全力支持。全额资助的《当代浙江学术文库》系列丛书编委会成员，由当年的出版资助评审委员会成员组成。

　　《当代浙江学术文库》的出版，是浙江省社会科学界联合会集中推出学术精品，集中展示学术成果的重要探索，其学术质量，有赖于我省学人的创造性研究。事实上，当代浙江的人文社科学者，既要深入研究、努力传承和弘扬学术思想的优秀传统，又要立足于浙江经济社会发展的生动实践，力创学术精品，力促学术创新和学术繁荣，自觉服务浙江的改革发展大局。我深信，《当代浙江学术文库》的出版，对于我们坚持学术标准，扶持学术精品，推进学术创新，打造当代浙江学术品牌，一定会产生积极的影响；对于我们研究、阐释改革开放三十多年来的发展奇迹，总结、探索科学发展的路径，深入贯彻落实科学发展观，着力推进建设"物质富裕、精神富有"的现代化浙江，一定会产生积极的作用。

2012 年 8 月

摘　　要

　　无论是从教育变革与学习创新的当代需求，还是从教学目标和学习结果的时代取向，教育者和研究者都强调学习的整体品质和学习者的协调发展。然而现有学习系统的局限性难以支持和关注学习情境中的文化变量和认知变量，从而无法支持知识时代的学习变革。本书将学习的多维要素引入场动力学视野，提出了协同学习（Synergistic Learning，SL）这一概念框架，这一新框架以系统协同思想和知识创新建构为基础，对传统学习系统进行了整体论、知识观、个体—群体维度、认知加工维度上的重构与拓展，从整观与协同的思维关注知识创新和协调发展，以适应当前网络时代社会结构和技术要求，满足社会变革和学习创新需要。

　　协同学习系统定位为知识时代的学习系统新框架，是一个由社会要素和技术要素相互作用构成的、以达成个体协调发展与群体有序互动的有机整体和框架。基于学习系统中的认知加工的深度和认知主体的属性，协同学习系统建立了从文化变量、认知变量到学习技术系统构量之间的映射关系，主张在全人发展学习环境中进行协同汇聚、合作创新，其目标在于促进手脑并用、知行合一、培养情智一体的人。这一新框架的构建与应用无疑是一个复杂的过程。借鉴目前日渐兴起的设计研究范式（Design-Based Research，DBR），经过五年多的系统研究，本书系统地构建协同学习的理论模型与框架、协同学习原理与机制、协同学习设计与应用框架，并通过实证分析来检验和完善协同学习系统模型及其框架，为学习系统变革及教学改革提供了一种理论模型与实践框架。

　　具体研究思路为，以构建协同学习系统为基本框架，考量新框架的现实意义，选择知识建构作为其应用的核心展开设计研究。在理论—技术—实践—评价—反思的交互中精致循环迭代，不断充实研究框架和研究制品。全书共分五个部分：

　　第一部分为境脉问题分析。包括引言和第一章。通过文献分析、理论阐释与实践观察，分别从知识论、本体论、认知论、学习隐喻和系统观四个层面对学习系统的境脉进行系统的梳理和探析，以回应知识时代学习的李约瑟难题：在知识时代丰富的信息技术条件中，个体的知识建构和自身发展反而不能适应时代的需求。本部分主要阐述了问题的提出和研究的意义及必要性，并对相关研究进行了多层次、多视角的探析。

第二部分为理论建构与模型开发。包括第二章和第三章。在境脉问题分析的基础上，基于教育、心理、课程与教学、教育技术学、信息科学、管理科学等诸多领域众多专家充实的研究成果，本书系统地提出了"协同学习"这一概念框架，采用理论构建和结构化思维的方法，系统构建了协同学习元模型、场域模型及其动力学、分析了协同学习系统的理论框架和实践维度，提炼了协同学习的机制与原理，分别从5个大的原则及20条推论进行系统建构，分别是深度互动、汇聚共享、集体思维、合作建构及多场协调，为协同学习的实践设计提供了指南。

第三部分为使能技术设计与可用性测试。包括第四章。设计研究一个很重要的特征就是理论与技术制品的双重迭代。作为一个面向知识时代的学习系统框架，技术成为一个重要的维度，也成为系统变量映射的重要"给养"（Affordance）。本部分从协同学习系统元模型及学习原理出发，结合技术的必要隐喻，设计了知识标注工具、集体思维工具以及知识建构工具，并从技术上得以实现，为协同学习的实践应用提供了支持，同时从可用性测试的角度，阐述了技术研发的迭代过程。使技术制品的生成与理论制品的建构始终贯一（Grounded）。

第四部分为实践设计与应用框架。包括第五章。本书使用协同学习设计（Design of Synergistic Learning）一词来表述协同学习系统框架内的学习活动的开发方法，也是支持协同学习的教学设计的重要内涵，并试图开发协同学习设计模型来构建灵活的活动体系和技术环境，以支持协同学习的实现和实践。协同学习系统作为一个新框架，在学习设计上必然充满灵活性。因此，本章通过建构协同学习设计模型，可以建立一种在理论上更加一致的方法来关联不同的理论与学习的期望特征，在教学设计中映射到相关的活动、工具和资源（包括人力和技术的）来支持它。本章首先概述了协同学习设计工具箱的规范，这一规范使用了一种教学方法模式作为开发有效的学习设计规划的基础，同时描述这一模式的实践框架，包括活动设计、场域构建、环境设计和应用框架。

　　第五部分为扩展评价与实证分析，包括第六章和结语。本书采用实验研究，以协同学习工具套件为技术系统支持协同学习环境构建实验情境，进行协同学习效果分析和知识建构使能机制研究。研究采用问卷调查、口语报告分析、内容分析等多种方法进行实证研究。研究支持了协同学习元模型及其知识建构模型的合理性，描述了在学习过程中的知识建构机制，实证了协同学习工具在支持学习者知识建构过程中的作用与效果。在扩展评价部分，以国内有影响力的教改案例作为境脉扩展的依据回馈协同学习的基本框架，进一步论证协同学习系统的合理性与可行性。结语部分对本书的主要观点、创新之进行了研究总结，对本书中的理论建构、技术设计、应用框架以及方法论方面进行了系统审视和反思，并提出了未来研究的取向。

ABSTRACT

Whether considering from the present demand for the educational reform and learning innovation or the contemporary focus of the instructional objectives and learning results, educators and researchers emphasize the overall quality of learning and the harmonious development of the learners. However, since the limitations of existing learning system make it difficult to support the learning environment and noticing the cultural variables and cognitive variables, it can not support the learning reform emerging in the knowledge era. This study which introduces the multi-dimensional elements of learning into the dynamics perspective puts forward the conceptual framework of SLS (Synergistic Learning System). As a knowledge-oriented learning system framework based on systematical synergistic thinking and knowledge innovation, SLS expands and reconstructs traditional theories in the aspect of holism, epistemology, ontology and cognitive processing. It focuses on knowledge innovation and harmonious development from the dimension of holistic and synergetic thinking in order to adapt to the current social structure and technical requirements of the network age and to meet the demands for social reform and learning innovation.

Synergistic Learning System is a new framework for the knowledge era, and an element of society and technology which constitutes the elements of interaction in order to achieve coordinated development of individuals and groups in an orderly and interactive framework. Based on the depth of cognitive processing and the feature of the cognitive subject of the learning system, SLS sets up a mapping relationship which advocates synergistic aggregation and cooperative innovation in the learning environment amongcultural variables and cognitive variables and learning technological system variables for the sake of a whole person development. Construction and application of this new framework and is a complex process. On the grounds of the current theory of DBR (Design-Based Research) and more than four years of systematic research, this article initially builds a theoretic model and framework of SLS systematically, mechanisms and principles of synergistic learning, synergistic learning technology system design and its application framework, which are tested and improved by empirical analyses so as to provide a theoretical model and practical framework for the reform of learning system and instruction.

Taking a SLS as the basic framework, the author develops the designed-based research by examining the practical significance of the new framework and selecting knowledge building as part of its core design and furthermore, the framework is gradually refined and enriched and research products are improved in the iterative interaction of theory-technology-practice – reflection The paper is divided into four parts:

The first part is the contextual problem analysis, including Introduction and Chapter I. Through literature analysis, theoretical interpretation and practical observation, from the perspectives of epistemology, ontology, cognitive theory, metaphor and systematic study of four levels of learning system context, the part tries to explain the Needham Puzzle: At the age of knowledge, the individual's knowledge building and self-development can not meet the requirements of the age under the condition of rich information and technology. This section focuses on the puzzle and studies the significance and necessity of the research from the multi-level perspectives.

The second part is divided into theory building and model development, including Chapters II and III. Based on the analysis of the contextual problem and a multitudinous of research results by many experts from the fields such as education, psychology, curriculum and instruction, educational technology, information science and management science, in particular thanks to Professor Zhu Zhiting's original thought, the study systematically puts forward the conceptual framework of "synergistic learning system", adopting the methods of theoretic construction and structured thinking to establish a meta-model of synergistic learning system, a field model and its dynamics, and analyzes the theoretical framework   and   its   practical   dimensions   of   the   synergistic   learning system. Meanwhile, the paper refines the synergistic learning mechanisms and principles respectively from the five major principles, which refer to the deep interaction, convergence and sharing, collective thinking, collaborative building and multi-field coordination, and 20 inferences so as to provide a guide to synergistic learning practical design.

Part III is divided into the practice of design and framework application, including Chapter Four. The term of Design of Synergistic Learning is used to describe the methods of development of learning activities carried out in the framework of synergistic learning system, by which a synergistic learning design model is developed to build flexible activity systems and technology environment to in support of the implementation of synergistic learning and practice. Starting from the meta-model of synergistic learning system and synergistic learning principles, combined with the necessary technical metaphor, this part designs and develops the synergistic learning technology system including knowledge annotation tool, collective thinking tools and knowledge building tools for the applications of synergistic learning. As a new framework, SLS is full of flexibility. Therefore, through the construction of the synergistic learning design model, we can set up a more consistent theoretical approach in theory which is associated with the various models and the expectations the characteristics of learning and is mapped to the learning-related activities, tools and resources (including human and technology) in instructional design. This approach reflects the aim to support the theory of practice. This chapter first constructs a model of synergistic learning design, meanwhile describes the practical framework of the model including the design of activities, fields construction, technology design and the application framework of knowledge building.

Part IV aims at the expansion evaluation with the empirical analysis, including Chapter V and Conclusion. Taking the experimental study as the methods and the synergistic learning tools as the technical system to support the construction of the synergistic learning environment, the part intends to analyze the effect of synergistic learning and to study knowledge construction mechanisms. Many others methods of empirical research are used such as a questionnaire survey, oral report analysis, content analysis and other. The study first supports the meta-model of synergistic learning and the rationality of the model of synergistic knowledge building, and then describes the synergistic learning mechanisms. Finally it testifies the function and effect of synergistic learning tools in supporting learners to construct knowledge. The part of expansion evaluation, taking the domestic influential educational reform cases, as the basis of contextual expansion, confirms further the reasonability of the synergistic learning system and feasibility of this new framework. In the part of Conclusion, a summary of study main points is provided, ended with systematic reflection on theoretic construction, technical design, and application framework and methodology aspects. And the further orientations associated with this study.

目　录

图索引

表索引

引　言
协同学习的设计研究之旅

在信息中，我们的知识到了哪里？在知识中，我们的智慧到了哪里？
在生活中，我们的生命到了哪里？

——艾略特（T. S. Eliot）

一　问题提出

（一）引子：杜郎口"非典型性"教改的幽思

目前，创新成为学校教育的主题词，丰富多彩的教改成为学校教育创新的大舞台。在理性检视大江南北所开展的轰轰烈烈的教改活动后，将目光停留在一个不起眼的地方：杜郎口。这是一所地处鲁西南平原上的乡镇初中，曾经连续 10 年在县里考核居倒数之列；如今被誉为具有"原生性、开创性，扎根本土"特色的农村教育改革的先锋①。"杜郎口"如同一股突如其来的旋风，数月内影响已经遍及山东全省乃至全国。据说，参观学习者络绎不绝，最多一天达 700 余人。有人说，他们真正做到了把课堂还给学生，是素质教育的希望；也有人说，他们的教改是"非典型"的，因为不可复制。那么，到底其"魔力"何在呢？先从一个教学片断开始解读：

3 月 3 日下午，初一（1）班，历史课，隋唐文化。

和其他学校的教室不同，杜郎口中学每一间教室的前、后及靠走廊一侧的三面都有黑板，学生桌椅也不是纵横摆放而是摆成 6 个方阵，每个方阵也就是每一个学习小组的学生分两排相对而坐。每个学习小组由班主任任命一名成绩优秀的学生担任小组长，负责管理全组，各学科教师根据月考情况任命本学科的学习小组长。

---

① 茅卫东、李炳亭：《杜郎口中学的非典型教改》，《中国教师报》2006 年第 3 期。

上课伊始，部分学生拥到黑板前，先把自己的名字写在最上方，然后将上节课学习过的知识点一一写上。在当地，这叫"爬黑板"。没有"爬黑板"的学生在座位上自己读书，有个别学生蹲着在教室地板上书写。

学生写完，老师开始提问，学生的回答普遍非常流利，声音都很响亮。特别是那些女生，说话的嗓门似乎个个都很大。面对众多听课的老师，学生很有自信，没有羞涩。或者说，学生们在课上已经能够做到对听课老师视而不见，尽管听课老师可能就在他的身边。

历史老师抽背完学生，开始将教材中的问题分配给各学习小组。各小组派出成员将题写在黑板上，经过一番讨论，再将答案也写在黑板上。有些学生趁同学"爬黑板"之际整理预习笔记。

题和答案都写在黑板上了，老师组织学生交流。先由一位同学大声读题及答案，然后其他同学发表自己的看法，有赞同，有补充，也有表示不同意见。教师话不多，只是适时点拨一下，一节课就结束了。[①]

这是一个典型的杜郎口模式下的课堂实录。经过不断的理论提炼和广大教师的实践总结，目前该校的所有课程基本在这一模式下运作。通常，把构成和支持学习和教学的各种相互联系的要素组成的整体称为一个学习系统。如果把这种典型的课堂场域作为一个学习系统来进行研究和分析，可以从如下几个方面发现这种教改的"非典型性"：颠覆传统课堂空间、重建课堂通讯结构、汇集聚合集体智慧、强化学生深度参与、倡导合作建构知识、生成知识体验场域等。通过表1进行分析。

表1　　　　　　　　杜郎口课堂学习系统的局部分析

观察维度	杜郎口课堂学习系统	一般课堂学习系统
颠覆传统课堂空间	典型特征：三个黑板和六个学生方阵	黑板中心的学生组列

---

① 王红艳：《隋唐文化》，《杜郎口中学课堂实录》2006 年第 3 期。

续表

观察维度	杜郎口课堂学习系统	一般课堂学习系统
重建课堂通讯结构	学生和教师成为通讯结构上对等的主体	教师处于传播者，学生处于受传者
汇集聚合集体智慧	通过黑板等设置汇聚学生信息和智慧	教师作为知识的传播者
强化学生深度参与	学生在行为、情感和价值等多个维度的参与	学生以认知为主的参与
倡导合作建构知识	讨论等成为合作建构知识的主要方式	讲授成为知识传授的主要方式
生成知识体验场域	以表演生成知识的体验场域	以习得作为知识获取的主要方式
……	……	……

笔者认为，杜郎口教改作为一种"现象"，原因不在于一些表面的喧闹，而在于其对课堂学习系统的解构和重建。这种解构和重建基于一个最为普通的道理，那就是把学习真正看作个体发展的事件，把课堂真正看作知识建构的空间。作为个体发展的事件，学习品质的整体性成为一种基本指向。国际教育学现象学大师马克斯·范梅南（Max van Manen）说，教育学是一项迷恋他人成长的学问①。这种成长应该是整体性和全面性的，这需要一种健全的学习系统来保证并发挥其功能。作为知识建构的课堂空间，知识创新和智慧生成应该成为其追求的基本目标。所以，艾略特才会

---

① 教育学现象学（pedagoyg + phenomenology）是新兴的一个教育学领域，倡导教育本质是我们与处在教育关系中的儿童、青年或长者之间的生活方式。范梅南是这一领域的开创者之一。参见［加］马克斯·范梅南《教学机智——教育智慧的意蕴》，钟启泉、张华主编，李树英主译，教育科学出版社 2001 年版，第 18 页。

质问道：在知识中，我们的智慧到了哪里①？因此，无论是作为一个学习场中的知识建构过程，还是作为一个生活场中的智慧生成过程，杜郎口教改都给予学习和教学研究更多的启示，并思考如下问题：

学习系统如何设计才能适应学习品质的整体性？知识建构如何发生才能达成知识的创新性？

"学习品质"一词往往有歧义，可以指的是需要学习的品质，或者是学习本身的品质。这里指的是后者，强调学习本身的属性。学界目前有一种观点，就是强调学习的整体性品质。"整体性学习与教育灵性网络"（The holistic learning and spirituality in education network）给予整体性学习一个描述性定义：整体学习（Holistic Learning）基于相互关联和整体性的原则把学生看作有着身体、心理、情感和精神的完整的人②。而"知识建构"则是当前关于学习的一种新隐喻③，一方面其吻合了知识的多维复杂属性以及学习的多向度整体性，另一方面对目前教育情境中的知识学习是一种继承性创新，其目标在于实现知识的创新性，真正发挥知识在个体发展和社会进步中的中介作用和积极效用。

21 世纪是知识经济的时代，组织与组织之间，个人与个人，国家与

───────────────

① 如今的信息时代，学校场所中知识的掌握与素质的提升恰似成为一种悖论。英国著名诗人托马斯·斯特尔那斯·艾略特在《岩石》（The Rock）的首段写道："知识中的智慧我们在哪里丢失？资讯中的知识我们在哪里丢失？"（Where is the wisdom we have lost in knowledge？/Where is the knowledge we have lost in information？）其实，作者以诗一般的语言道出了当今知识管理界和教学领域的一个重要问题，即数据—信息—知识—智慧的转变问题，也就是 DIKW 体系，一般认为，当中每一层比下一层赋予某些特质。数据层是最基本的。信息层加入内容。知识层加入"如何去使用"，智慧层加入"什么时候才用"。DIKW 体系常用于信息科学及知识管理。这个模型可以追溯到哈蓝·克利夫兰，基于 1982 年 12 月在《未来主义者》杂志中的文章"资讯有如资源"构建此体系。后来这个体系得到米兰·瑟兰尼（Milan Zeleny）及罗素·艾可夫（Russell. L. Ackoff）不断的扩展。当前教学和教师教育领域对此体系的关注也成为热点，这个问题在后续有关知识建构的章节中会得到详细的论述。

② 关于整体性学习，参见"The holistic learning and spirituality in education network"，http：//www. oise. utoronto. ca/field/miller-ased. html。国内学者系统研究了整体性课程，参见安桂清《整体课程论》，华东师范大学出版社 2007 年版，第 11 页。

③ 从语义比较的视角来看，知识建构是一个含糊的词汇，既可对应"Knowledge Construction"一词，强调知识的建构特征；也可翻译为"Knowledge Building"，强调知识的创新特质。作为一种较为系统的学习观点，本书"知识建构"如无特指，均为"Knowledge Building"，也即加拿大学者 Marlene Scardamalia 和 Carl Bereiter（1992，2002）所创建的关于学习的一种隐喻。在本书第一章有详细的阐述。

国家之间的竞争归根结底是知识的较量，当"知识剧增"等一系列新名词出现在我们的生活中，我们深深感受到知识作为一种新的生产要素锐不可当的趋势。知识和技术领域的革新已经重组了人们的生活、交流与学习方式，并进而对时下的学习理论和教学体系提出了新的挑战。知识社会中的学校必须能够培养学生的创造力和灵活性等素质，否则民族和国家将面临落后的命运。然而，正如安迪·哈格里夫斯（Andy Hargreaves，2007）所说，知识社会中，越来越多的学校系统不是在培养学生的创造力和灵活性，而是受到强制性、注重微观管理的课程统一性的困扰；学校和教师肩负的不是全力培养学生的同情心和团体性的使命，而是被挤压进考试分数、成绩目标和考核排名等狭隘视域的死胡同①。知识社会要求培养学生深层次的认知学习、想象力和创造力等方面的能力，因此教育变革和学习革新势在必行。而基于现有技术系统和学习情境，探寻支持知识时代教育和学习创新的学习系统新范式或许成为一种路径。

（二）学习系统的反思与重构

为更准确地理解学习现象，本书试图采用学习系统来作为整体分析的对象。学习系统的多维性历来受到学界的关注，为了能够给新世纪的教育变革和学习革新提供足够支持，研究者和实践者做了大量卓有成效的工作，他们从多维度审视来学习并试图建构新的多层面的学习理论体系（Gardner，2000；Javis，2006；Cheng，1999；Grrison，2002）。诚然，他们所希望解决的问题情景各异，但是从学习理论的建构角度来看，各种观点都选择了一种多维的视角，并且在实践中日益发挥其理论效用。

其实，关注学习的多维属性是一种普遍的认识。无论是从教育和学习的本质，还是从教学的目标和学习的结果，教育者和研究者都认为知识、情感、行为、态度和价值观等都是学习所必须面对的基本维度。从教学设计的角度出发，多视角审视学习和教学过程该从教学目标的学习结果的分类理论开始。泰勒在1949年出版的《课程与教学的基本原理》一书中强调，在课程目标确定后，要用一种最有助于学习内容和指导教学过程的方式来陈述教学目标。泰勒的学生布卢姆和他的合作者们把教学目标分为三类：认知领域、情感领域和技能领域。布卢姆等人把教育目标分为认知、

---

① ［美］安迪·哈格里夫斯：《知识社会中的教学》，华东师范大学出版社2007年版，第1页。

动作技能和情感三个领域，而每一个领域的目标又由低级到高级分成若干层次。这些研究成果为学习系统框架的研究与重建提供了基本导向。

1. 知识时代的创新教育与学习需求

从各国教育改革的趋势看，尽管有文化背景的差别和经济发展状况的不同，但开发潜能、培养创新精神已成为各国共同的教育目标[①]。美国"高质量教育委员会"的一份报告提出：21世纪的竞争将不仅是资源、市场、军事的竞争，更为重要的是创新思想的竞争，是"全球进行的才能的再分配"，"教育改革的目标必须是充分发挥个人的才能"。日本中央临时教育审议会为面向21世纪教育的日本学生设计的发展目标是：重视个性发展，培养创造性思维能力，适合国际化、信息化社会的需要。联合国教科文组织"国家21世纪教育委员会"则提出，教育不仅在社会发展过程中起着"基础性作用"，而且，教育最重要的目标是"使每个人（无例外地）发展自己的才能和创造性潜力"。

知识经济时代，要求人的创新精神和创造能力。人的创造性的张扬，人的创造性的普遍化，是时代的要求。心理学家马斯洛早就指出："对于任何能生存的政治、社会经济体制还有另一项更直接的必需，那就是要有更多的创造性人物"，"造就这种人的社会将生存下来，不能造就这种人的社会将灭亡"。[②]心理学研究以及各国对资优儿童青少年培养的实践证明，创新精神、创造能力是人的素质中最重要、最富有活力、最具有社会价值的一部分，它也是人类遗传的一部分，是人类共同的和普遍的东西。这表明，人的创造性普遍具有，而不当的教育会使人长大之后失去创造性。

在知识经济时代的教育一个重要的取向即学生创新能力的培养，而创新能力的培养乃至于创新教育与创新性学习有赖于全新的学习系统框架来支撑和维持。事实上，学习理论的发展也在适应这种变革。学习理论是探究学习如何发生的体系。通常把学习理论的发展区分为行为主义、认知主义和建构主义，这些理论体系系统阐述了不同世界观指导下的学习发生机制。可是，环境实在转变太快，急剧全球化，前景充满未知之数，使教育工作者被无数新奇但矛盾的意念困扰而迷失方向，大多数改革难免流于被

① 王厥轩：《素质教育与民族创新精神培养》，《教育发展研究》1999年第9期。

② ［美］马斯洛：《人性能达的境界》，云南人民出版社1987年版，第97页。

动、片面零散，而最终不见其效；良好的意愿、付出的心血以及耗费的资源付诸东流。当下还缺乏一个系统的学习架构来理解急速的时代发展及其影响，并提出对学习、课程及教学创新的相关启示。

2. 课堂教学传播系统的盲点

教学过程可以看作一种传播活动，教育的宗旨就是有目的、有计划地向学生传授知识，以达到教书育人的效果。传播是一种行为，一种过程，同时也是一种系统。用系统论、控制论的观点来看待，教育也是社会大系统中的一个子系统，它要求我们通过对该系统及其各部分的结构、功能、过程以及互动关系的考察，探索、发现和克服传播障碍的科学方法，找到系统良性循环的机制，由此来推动教育的健全发展。

受到传统教育观念、大众传播模式以及教学技术条件的限制，时下的课堂传播系统中存在一定的盲点：注重信息的传播而忽视信息的聚合，强调教师的传播而漠视学生的参与。学习范式变革的一个基本要求就是重视教学系统的双向互动和汇聚共享。教学过程的双向互动特点要求我们采用控制论的原理来处理课堂信息传播。按照控制论创始人维纳的观点，控制的实质无非是通过信息对特定的系统进行调节，达到所需的状态，而双向互动通过信息的调节建立合理的反馈机制，这一机制要求我们打破教师"一言堂"、"满堂灌"的传统极权主义教学模式，建立和谐、平等、畅所欲言的新型教学传通系统。汇聚共享强调来自学生个体的信息汇聚与智慧聚能，真正构建流畅的教学传通系统和适应创新教育的教学通讯结构。

3. 教学创新的技术路线与文化差异

教学创新是一个文化与技术高度敏感的事件，因为教学本身具有一定的价值导向，同时基于一定的情境而展开的。祝智庭教授在国际上较早将价值观与认识论作为考察教育文化差别的两个基本变量，提出了教育文化的二维分类模型，并将之应用于信息技术的教育应用与教学创新（Zhu, 1996）。其中，价值观包括个人主义和集体主义两个维度，认识论涉及客观主义与建构主义两种取向。而个人主义抑或集体主义，作为一种社会价值观，是大多数社会文化学家所公认的文化本征变量，也是许多教育理论家所关心的问题。

尽管大多数人认为我国的教育文化属于集体主义范畴，但是，在教学与课程实践中，越来越多的现象表明：我国教育实践中的集体主义教学并没有真正贯彻下去，祝智庭教授敏锐地捕捉到这点，他指出，我国的班级集体教学实质上并没有充分利用集体的力量，实质上实施的仍就是面向个体有限空间的个体教学。因而，这种集体主义在实践上是虚假和无效的①。因此，寻找一种机制和技术手段来支持和落实东方文化背景中的集体主义教学实为必要，也就是必须在文化变量—技术变量中寻找支持不同文化情境中的学习路径。

（三）知识建构的困惑与转型

一般而言，一个课堂学习系统主要的微观功能就是知识建构。教学过程就是围绕着知识的生产、传播和创新等展开的教学活动，因此关于知识与学习的探究将影响到教学的目标、策略和模型，进而影响到个体的发展。

1. 知识教学的时代困境与知识动力学

教育教学中的"知识与素质"问题成为新课程改革进程中一个争论的主题，也就是课堂教学到底该重知识还是重素质的问题，所以有学者提出以"知识与学习概念的重建"来解决目前新课程改革中的路线问题②。在笔者看来，对知识与学习的理解差异才是问题的根本。传统观点把知识和学习看成一个静态的点而不是动态的流，这影响到教师的教学观和学生的学习观，无法从全人发展的视角为个体发展视角提供学习支持。

教学到底是知识的传播还是个体的发展？学习到底是知识的记忆还是智慧的发展？传统的教学注重知识的记忆，学校的考试也导致学生在学习的过程中过分地关注背或者记忆的能力，然而，现在知识总量的增加使个体无法依靠记忆进行学习，不论这个人多努力，都不可能把所有的知识都

---

① 祝智庭教授多次在不同场合阐述此思想，并在多种著述中系统地论述了这一观点。协同学习系统的架构本身也重点关注这一要义。详见：祝智庭《教育信息化：教育技术的新高地》，《中国电化教育》2001 年第 1 期；祝智庭《关于教育信息化的技术哲学观透视》，《华东师范大学学报（教育科学版）》1999 年第 2 期；Zhu Z. T. , *Cross-Cultural Portability of Educational Software：A Communication-Oriented Approach*，University of Twente，Netherlands，1996，pp. 98—166.

② 关于新课程改革中"知识与素质"的争论，可以参考如下文献：刘硕《"重建知识概念"辨》，《教育学报》2006 年第 1 期；钟启泉《概念重建与基础教育课程改革》，《北京大学教育评论》2004 年第 4 期；钟启泉、有宝华《发霉的奶酪》，《教育发展研究》2004 年第 10 期；刘硕《传授知识是教师的神圣职责——试论知识传授的作用与价值》，《中国教育学刊》2004 年第 5 期；王策三《认真对待"轻视知识"的教育思潮——再评"应试教育"向素质教育转轨提法》，《北京大学教育评论》2004 年第 3 期。

穷尽，所以教会学生学会学习的能力，或者说在个人的成长过程中，要关注学习能力，关注生活智慧和问题解决，这种学习建立在知识的复杂性基础上，注重知识建构的动力机制。因此，从知识管理的视角分析教学过程的信息流，理解从数据到知识到智慧的转换，对于更新知识教学的观念与策略，重新构建课堂教学中的知识动力学机制显得尤为重要。

2. 新课程三维目标达成及其困惑

反思我国的教育，长期存在着追求知识与技能的唯一目标，教师单纯地传授知识，传授给学生一定技能以求得评价学生绝对量化的结果——分数，这必然带来教育的诸多缺憾，不利于人格的健全发展。众所周知，认识、体验和感悟是人的精神生活的基本方式，体验和感悟也是学习活动的基本方式。一个人在学习知识的同时，必然会在过程中获得体验产生感悟；而且体验、感悟是知识后面更有价值的东西，学生探索新知识的经历和获得新知识的体验可能是挫折、失败，也可能学生花了很多时间和精力，结果却一无所获，但这是一个人的学习、生存、生长、发展创造所必须经历的过程，也是一个人的能力和智慧发展的内在要求。同样，学生的学习兴趣、热情、动机以及内心的体验和心灵世界的丰富，学习态度和责任对个人价值、人类价值、科学价值等的认识，都与学生认知有着千丝万缕的联系，因而关注多维能力取向是关注学生作为一个完整的人其成长的必然要求。

新课程中强调"知识与技能，过程与方法，情感、态度与价值观"，此三维目标如何整体实现？这一问题的困惑源于"过程与方法，情感、态度与价值观"难以量化，属于内在反映，而且更凸显出长期性，因而整合实现方式需深层思考。有学者指出，新课程三维目标的确立存在"教学目标虚化"现象（余文森，2005）[①]。现今的管理评价手段如何适应"知识与技能，过程与方法，情感、态度与价值观"的目标要求。这一问题得不到彻底变革，势必让这一新目标成为"镜中花，水中月"，仍然会成为"理想态"的追求，而不会落到"现实态"的达成。因此，从实用

---

① 由于对三维目标的设计和操作缺乏理论指导和实践经验，在实施层面上便出现了教学目标的虚化现象。突出表现在：第一，知识、技能目标，该实的不实。第二，过程、方法目标，出现了"游离"的现象。第三，情感、态度、价值观目标，出现了"贴标签"的现象。由于目标的多维化以及对目标的不当定位，教学中常常出现了顾此失彼的现象（余文森，2005）。

层面来落实新课程的三维目标成为学习系统建构的重要内容。

3. 知识建构及其学习范式的协同学习转型

越来越多的研究者认同知识建构作为学习的过程。面对信息社会、学习型社会、知识型社会对人的素质的新需求，面对社会经济、文化科学技术的快速发展，人类的学习以及为促进而建立的教育体系必须进行变革。我们可以借用范式的概念来分析学习和教育的发展，人类的学习范式（learning paradigm）也经历了一个发展过程。所谓学习范式[①]，它包括学习者和教育者对于学习、知识等问题所持有的基本信念，以及以这些信念为基础而发展起来的解决问题的方法和框架。

学习范式从来都是处在不断的发展变化之中的。所谓范式是一套被普遍接受的信念、理论或世界观（Kuhn，1970）。构成一种范式的是：某一特定科学共同体成员们所采纳的一般性理论假定和定律，以及应用这些假定和定律的技术。范式不是静态的而是通过应用不断完善和拓展的，它是在一个新的迫切的环境下进一步清晰和细化的对象。从这个意义上讲，在某个范式初步形成之后，其后的研究者所做的工作往往是使之更加完善和丰满。而随着时间的推移，一种新的范式又将以竞争的姿态出现，通过新的实践选择，新的范式可能会取代旧有的范式，而成为学科的公认范式，这就叫范式转换。可见，课堂上是没有一成不变的学习范式的。学习的范式也从知识习得发展为知识创新，因此构建知识创新的学习系统框架显得尤为重要。

二 研究定位

（一）研究内容及考量

本书将引入学习场的概念来表征学习系统空间。课堂学习场是学生个体发展的重要空间，而知识建构是其发展的主要活动。为了关注教育的整体性和知识建构的有效性，基于现实需求和现有研究成果，本书将立足于

---

① 学习范式并不是一个热门的学术研究用语，使用这一词汇需要承担较大的学术风险，因为学习范式往往与教学模式、教学框架甚至教学策略有着千丝万缕的联系，但是本书中采用学习范式来表明一种概念转变意义上的学习发生和研究框架，主要是由于技术和理论的进步，学校教育和教学已经到了需要做出某种变革的时候了，并且为了使变革的主要参与者理解这种转化，采用学习范式比较好得可以表达这种需求。这一思路也得到美国纽约州立大学奥尔巴尼分校张建伟教授的认同（张建伟、孙燕青，2005：10）。

新型学习系统的建构——协同学习系统；从整体教育和全人教育的视角构建适应知识时代的协同学习系统，这一系统充分考虑个体学习品质的多维协同发展；从知识建构视角设计和开发支持知识建构的协同学习环境和教学设计框架，满足个体知识创新需要，在微观上为学习场景中的知识建构提供学习系统框架、学习技术和教学设计支持。

之所以选择协同学习系统的建构与应用研究这个主题，主要是基于以下三点考虑：

（1）厘清学习系统维度，建构学习系统框架；随着教学范式朝学习范式的发展，学习系统研究成为一个重要的课题。系统是学习和教学研究的一个主流视角，然而，对于学习系统的维度却有较大的研究分歧和学术争议。不同国家和地区的教育政策影响到了学习系统的维度，不同教育实践者的价值观也影响到学习系统的取向。但都认同一种取向，那就是强调整体性。学习系统有不同的层次，有本体论层面，有知识论层面，有方法论层面，如何使不同层面的要素协同成为学习系统新框架的基本考虑。本书希望能够厘清不同背景下对于学习系统维度的关注，建构适应知识时代的学习系统新框架，以指导教学设计和学习技术开发。

（2）聚焦课堂知识建构，助力个体知识创新；知识建构既是学习场景中的重要活动，也是学生个体发展的载体。在知识经济社会，信息和知识的问题一直受到关注，个体与集体的互动也受到重视；从另外一个方面看，学习者的情感、行为、价值等又影响到知识建构过程。本书希望从协同学习系统新框架的视角，重点关注课堂中的知识建构问题，通过优化设计和技术支持，助力个体知识创新，达成深度学习，强化智慧型高阶学习。

（3）关注信息技术支持，改善信息化教学效用；技术成为知识时代学习场景中的重要因素，技术化的学习系统一词更应该以学习技术系统来替代。传统学习系统无法为创新性学习提供支持而转向技术整合，而现有学习技术系统由于缺乏一个全面的理论架构支持，实质上表现了一种离散的思维，教育者和学习者在一种分裂的教学框架内行动，执行的是一种孤立的教学观，难以适应社会的要求。本书立足于教学技术的合理使用，通过技术给养和环境设计，支持协同学习及其知识建构，提升信息化教学效用。

（二）研究对象与问题

1. 研究对象和情境的界定

本书确立"协同学习系统的建构与应用"这一课题，立足于当下的教育需求和教育改革需要，结合信息技术在教学中的有效应用，以课堂教学为主要研究场景，通过设计研究和迭代循环，展开协同学习系统模型建构及协同学习系统的应用研究，通过形成性评价和实证研究，探索协同学习系统中的学习效果及其知识建构动力学机制。研究情境为特定技术设计干预的课堂教学环境，研究对象为特定的学科教学系统。本研究从宏观上为学习和教学的发生提供一种框架，结合不同的技术系统和知识建构模型，从微观上为知识建构提供支架和技术支持。

2. 研究问题与子问题

本研究将立足于知识时代和信息技术背景下，基于现有学习系统的考察，探索一种适应教育创新的、支持课堂知识建构的协同学习系统新范式，开发适应协同学习的知识环境框架，设计其应用路径，并求证其知识建构机制与应用效果。其中的子问题主要包括以下六个方面。

●学习系统的多维视角探究；

●构建适应知识时代的协同学习系统模型与框架；

●探索协同学习的发生机制与原理；

●探究协同学习技术系统设计与应用；

●探索协同学习的应用设计与实践路径；

●实证分析协同学习效果及其知识建构使能机制。

（三）相关概念界定

由于中英文词汇语义和表述差异，本书所涉及词汇在不同领域有多义所指，为研究之需和行文之便，遵循学术研究的国际通约性原则（commensurability）①，特界定和说明如下。

1. 学习系统/学习技术系统（Learning system/Learning technology sys-

───────────────

① 与通约性相对的是不可通约性（incommensurability），"不可通约性"观点是库恩在其著作《科学革命的结构》中提出来的。库恩认为在一门科学形成之前必然要经历一段杂乱无章的前科学时期，直至某一规范得到某一科学团体坚持，并将其发扬光大，得到社会认可时才进入到一个常规科学时期，科学共同体的主要任务是扩大范式的范围和精确性，他们通过各种观察和试验来验证和发展常规科学确立的规范。参见［美］托马斯·库恩《科学革命的结构》，北京大学出版社 2003 年版。

tem）

对学习整体性的一种泛指，并非专指技术平台或者技术系统，而是一种社会—技术系统①。一般系统论试图给一个能描述各种系统共同特征的一般的系统定义，通常把系统定义为：由若干要素以一定结构形式联结构成的具有某种功能的有机整体。在这个定义中包括了系统、要素、结构、功能四个概念，表明了要素与要素、要素与系统、系统与环境三个方面的关系。使用学习系统一词，也表明本书所构建的协同学习系统的内涵的整体性和协调性。简言之，随着技术在教学中的整合和给养，学习系统越来越走向一种社会技术系统，即学习系统 = 技术系统 + 社会系统。如无特别说明，后续均采用学习系统表述。

2. 协同学习

本书采用协同学习来表征研究中提出的一种新型学习范式（祝智庭、顾小清，2006），这一学习范式的模型及其基本体系在后续阐述中展开。协同学习与通常使用的协作学习（collaborative learning）和合作学习（co-operative learning）等有着上下位概念的本质差异。协同这个词是从古希腊语中借用来的，它标志着开放系统中大量亚系统之间相互作用的、整体的、集体的或合作的效应。哈肯认为，协同学（synergistics）本身就是"协调合作之学"，其观念来自系统学，认为任何事物的变化实际上与其他相关事物的变化是相互关联的，即协同变化②。协同（synergistic）不同于协作（collaborative）及合作（cooperative）。一般而言，协作学习是一个广泛的概念，囊括了我们称之为合作学习的众多形式的小组式学习；而"合作学习"与协作学习的概念在广泛使用中已经变得模糊不清，并且在很多情况下并没有对二者做出明确的区分。合作学习可以看作协作学习中的一类③。可以看出，协同学习强调的是学习系统各个要

---

① 祝智庭教授曾经在国际上提出信息化教育信息的文化分类模型，分别从个体主义—集体主义/客观主义—主观主义对现有 24 种信息化教育系统进行了分类。从这一分类中可以看出，这里所界定的信息化教育系统也并非指技术系统或者技术平台，而是一种学习系统的泛称。此处所指信息化教育系统是指包含一定教学模式的社会—技术整体。参见祝智庭、顾小清、闫寒冰编著《现代教育技术——走进信息化教育》，高等教育出版社 2005 年版，第 157 页。

② ［德］赫尔曼·哈肯：《协同学——大自然构成的奥秘》，上海译文出版社 2001 年版，第 2 页。

③ Roger T. Johnson & David W. Jhonson，"Differences Between Collaborative and Cooperative Learning"，http：//www. id. ucsb. edu/IC/Resources/Collab-L/XXXX. html，2009－02－15.

素包括认知主体和认知客体及其交互形成的学习场之间的协同关系与结构，目标在于获得教学协同增效，而后两者表明一种下位的策略含义。协同学习定位于一种新的学习系统框架，以支持技术条件下的课堂教与学活动。

3. 知识建构（Knowledge Building）

随着学习研究的不断繁荣和发展，知识建构越来越成为一个看似清晰却又模糊的词汇。其中有两层含义；

一是 Knowledge Construction，从学习理论出发的，强调知识的建构性。建构主义本身是作为一种认识论参与到教育中，随着教育理论与实践领域对行为主义和认知主义的反思和批判，建构主义俨然成为一种新型的"学习理论"。其实，建构主义表明的是一种认识世界的方式，在内涵上与客观主义相对，按照乔纳森（Jonassen，1992）的诠释：客观主义的根本假定是，世界是实在的和有结构的，因此存在关于客体的可靠知识，这种知识不会因人而异；教师的责任是向学生传递这种知识，学生的责任是接受这种知识。与客观主义比较对立的是建构主义。建构主义认为"实在"乃是人们心中之物，是知者建构了实在，或至少是按他的经验解释了实在。学习者应该是内在驱动的，在与环境的交互过程中获得对于世界的认识。因此学生是知识建构的主体，教师不应成为知识的灌输者，而应作为学习的帮促者。

二是 Knowledge Building，从知识实践出发的，强调知识的创新性。这应归功于 Bereiter 和 Scardamalia（1992，2002）的工作。Bereiter 和 Scardamalia 认为，知识建构很明显也是一种建构性的过程，但是在建构主义的名称中大部分不是知识建构。为了澄清这些，他们认为区分肤浅的和深度的建构主义形式非常必要。肤浅的形式使学生参与到任务或者活动中，其想法没有明显呈现，但完全是内隐的。学生记述这些参与性活动（比如种植、测量），对于这些任务将要传达的潜在的原则很少知晓。在深度的建构主义看来，人们在社区中提升知识的边界，这一目的引导并使他们的活动结构化：比如确定理解的问题、建立和精练基于目标的过程、收集信息、理论化、设计实验、回答问题、提升理论、建构模型、监控和评估进程、报告等所有都通过参与者自身朝着知识建构目标引导。本书所指为第二层含义。

（四）研究目的和意义

本书认为，构建一种新型学习系统势在必行。系统协同观要求学习系统新框架从整体的角度关注个体与群体在认知、情感和行动维度的发展；为知识的创造和应用找到适宜的社会和技术条件支持知识建构，注重学习、知识的分享和合作，使知识、思想和灵感得以协同共生；而学习场域的构建则为学习新框架的实施提供了动力和平台。笔者提出了协同学习系统的模型，旨在为创建一种适应知识时代学习需求的新型学习系统概念框架，从而为应对学习变革提供了理论上和方法上的支持。主要研究目的和意义具体包括以下五个方面。

●本体论层面，探究协同学习系统及其知识建构动力学；
●理论层面，开发协同学习系统框架及其知识建构动力学模型；
●技术层面，设计支持协同学习的学习技术系统和学习环境；
●实践层面，开发支持协同学习的应用框架和实践路线；
●方法论层面，提出面向教育革新的教育设计研究方法论。

三 设计研究

本书将通过系统研究，构建新型学习系统框架，同时进行技术产品的设计与开发，研究具有显著的理论生成和技术制品特征。因此，单纯采用某种定性和定量的科学研究方法不能满足这一要求，本书试图借鉴日益发展的设计研究范式，形成支持教学技术创新的设计研究框架，以满足研究之需。

有研究表明，教育研究受到多方质疑，尤其是在创建新知识和制品有效服务于学习实践方面缺乏足够的支持。而在技术应用于课堂教学领域的研究方面尤其突出。近几年来，国际教育技术领域和学习科学领域正试图改变这一窘境，比如，学习科学家当前正在强化把设计研究（DBR）作为一个探究和研究复杂课堂情景中的学习的框架的特性。为了支持这种努力，一些 DBR 的强烈支持者采取了一种批判性的立场，以强烈的批判作为行动，试图推动 DBR 作为教育研究方法论的基本范式。

（一）课堂环境中的应用研究创新

在教育研究场域中，常常存在教育理论开发与教学实践之间的巨大反差。这种反差使得教育研究者不断反思理论驱动（Theory-driven）的研究范式，认为这种研究与实践的连接太弱而无法有效运用，因而实践驱动（Practice-driven）的研究范式逐渐得到重视，但是，在这种研究框架中，教育理论如何嵌入实践进而获得高质量的研究实效成为一个重要的议题[①]。近些年来，欧美教育、心理及学习科学领域一些专家强调教育研究要以"设计"（Design）为中介，主张在真实复杂的情境中开展"设计研究"（Design-based Research），以提高教育研究的实效性[②]。这一新范式因其强调教育研究的设计特质，重视教育理论开发与教育实践研究的"无缝"衔接，尤其是突出教育研究的实效性而渐渐受到学术界和实践领域的持续关注。一些重要教育研究刊物纷纷以"教育设计研究"（Educational Design Research）为主题邀稿或发行专刊，越来越多的期刊文章、会议论文、博士论文报告设计研究成果，使人们对设计研究的兴趣不断增长[③]。作为一种正在发展的教育研究范式，在背景、概念、模型等诸多问题上还存在诸多模糊，国内研究者多以概念性论文予以关注和推介[④]，下文试图从内涵和外延上予以阐释，以求清晰地把握"设计研究"这一新范式的本质要义。

当前关于学习的研究也处于一个井喷的现况。如情境学习（比如J. S. Brown，Collins & Duguid，1989）、抛锚式教学（比如认知与技术组，1992）或者认知弹性理论（比如Spiro，Feltovich，Jacobson & Coulson，1995；Spiro & Jehng，1990；Spiro，Vispoel & Schmitz，1987）等等，研究者试图从这些理论框架或者模式来处理课堂学习的复杂性。通

---

① 王佑镁：《教育研究与设计的整合：欧美教育创新研究的范式革新》，《比较教育研究》2011 年第 7 期。

② Brown, A. L., "Design Experiments: Theoretical and Methodological Challenges in Creating Complex Interventions in Classroom Settings", *Journal of the Learning Sciences*, No. 2, 1992, pp. 141 – 178.

③ 欧美教育研究领域的著名刊物都以专辑形式进行探讨，如 *Educational Researcher* 2003 年第 1 期，*Journal of the Learning Sciences* 2004 年第 1 期，*Educational Psychologist* 2004 年第 4 期，*Journal of Computing in Higher Education* 2005 年第 2 期以及 *Educational Technology* 2005 年第 1 期等。

④ 2007 年 12 月在华东师范大学召开了教育设计研究国际高级研修班，聘请了国际教育设计研究领域知名学者进行讲习和指导，极大推动了教育设计研究在国内的传播。其他文献如：祝智庭《设计研究作为教育技术的创新研究范式》，《电化教育研究》2008 年第 10 期；杨南昌《基于设计的研究：正在兴起的学习研究新范式》，《中国电化教育》2007 年第 5 期；王文静等《基于设计的研究——教育理论与实践创新的持续动力》，《教育理论与实践》2008 年第 8 期；张倩伟《设计研究：促进教育技术研究的方法论》，《电化教育研究》2007 年第 4 期。

过这些理论框架，技术已经变成了一种主要的代理（Agent）来调和这些框架在课堂环境中的应用，并且鼓励学习者投入复杂的、真实的、基于真实世界的挑战（Duffy & Jonassen, 1992）学习活动中。在真实世界的课堂环境中应用这些理论来设计学习环境的时候，教育研究者发现缺乏一种科学探究框架——这种框架允许他们整合设计和研究作为一种更加无缝的活动（A. L. Brown, 1992；Cobb, 2001）。在这些探索和努力中，设计研究作为一种教育探究新范式出现了。作为一种探究的支持框架，DBR 整合了三个主要的要素：（1）革新学习环境的设计；（2）课堂实践；（3）学习的本地化理论的开发（design-based research Collective, 2003）。

在笔者接触并投入 DBR 过程的时候，大致也就是在 2006 学年[①]，DBR 仍然处于幼年期，但是现在已经取得了大量重要的研究成果，通过方法中心的路径驱动，国际上已经生成了 DBR 相关的重要成果：如（1）确定了 DBR 过程的结构（比如 Bannan-Ritland, 2003；Cobb, 2001；design-based research Collective, 2003）；（2）澄清了 DBR 过程的预期成果（比如 Cobb, Confrey, Lehrer & Schauble, 2003；design-based research Collective, 2003）；（3）分析了 DBR 过程的方法论方面（比如 A. L. Brown, 1992；design-based research Collective, 2003）。

祝智庭教授指出，设计研究是一种既有系统性又带有灵活性的方法论，可以把设计研究作为教育技术的创新研究范式[②]。Wang 和 Hannafin（2005）将设计研究界定为：以设计过程为研究对象，重在解决与实际情境密切相关的问题和提炼出实用的理论原理，具有促进理论创新和实践创新的双重功能[③]。这一范式实质上旨在通过研究者与实践者在现实世界情境中开展协作，通过迭代的分析、设计、开发和实施过程，得出情境敏感

---

　　①　2005 年年底至 2006 年年初，祝智庭教授提出采用设计研究方法来展开协同学习研究，尤其是广州 TCL 博士后流动站的一次研究事务中（2006 年 1 月）与笔者彻夜长谈关于设计研究与协同学习之整合，使笔者深受启发。在接下来的时间里，除了身体力行采用设计研究推进协同学习研发工作，祝智庭教授不遗余力地推动设计研究在国内的传播和应用，以提升教育技术研究品质。除了召开教育设计研究国际高级研修班，还推介了荷兰特温特大学 Jan van den Akker 教授编著的 *Educational Design Research* 一书。

　　②　祝智庭：《设计研究作为教育技术的创新研究范式》，《电化教育研究》2008 年第 10 期。

　　③　Wang, F. & Hannafin, M. J. , Design-based research and technology-enhanced learning environments, *Educational Technology Research and Development*, Vol. 53, No. 4, 2005, pp. 5—23.

的设计原理和理论。

（二）设计研究的显现：教育研究的实效性及其设计属性

从教育研究的发展历史看，早期的教育研究受传统实验心理学研究方法的影响很大，影响之一就是教育研究者倾向于考虑单一变量对教学成效的影响，并在控制的教学环境下设计实验进而建立理论①。但是，学校教师认为这种研究常常忽视学习过程中复杂的情境脉络，因而建立的理论无法解决实践问题②。由此衍生的问题包括：教育研究是要在控制环境下操作变量以建立理论？还是要在实际复杂环境中进行研究以解决实践问题？或者是要两者兼顾？

要回答上述问题，还必须重返科学研究范式的分类框架。作为一个科学的研究领域，教育研究所面临的这种困境可以采用巴斯德象限（Pasteur's Quadrant）来分析。斯托克斯在其《基础科学与技术创新——巴斯德象限》一书中，将科学研究划分为三个象限③。"纯基础研究"处于第一个象限，也称"玻尔象限"，玻尔是丹麦杰出的理论物理学家，对量子论及量子力学的建立和发展有重大贡献；"由应用引起的基础研究"处于第二象限——其典型是巴斯德那样的研究类型，故称为"巴斯德象限"；"纯应用研究"在第三象限，也称爱迪生象限。各象限之间是双向互动的。司托克斯以大量的历史资料和现实情况说明，最重要的和最关键的是要关注巴斯德象限，即关注由应用引起的基础研究的政策支持、项目投资和社会评价。除了第四象限，其余三个象限均认为是对社会进步和科技创新具有独特价值的研究类型。

斯托克斯在第四象限留下了空白，表明这一空间既不寻求基础性的理解又不考虑使用。恰恰受到质疑的就是：许多教育研究者的研究工作归属于第四象限！研究者经过分析指出，许多教育研究就属于这种贫瘠的象限，这种研究的进行和出版仅仅是为了提升学术职业，在教育研究中没有

---

① Collins, A., The changing infrastructure of educational research, In J. Hawkins & A. Collins, *Design Experiments Using Technology to Restructure Schools*, New York: Cambridge University Press, 1998, pp. 289 – 298.

② Design-Based Research Collective, Design-based research: An emerging paradigm for educational inquiry, *Educational Researcher*, Vol. 32, No. 1, 2003, pp. 5 – 8.

③ Stokes, D. E., *Pasteur's Quadrant: Basic Science and Technological Innovation*, Washington, DC: Brookings Institution Press, 1997.

产生"有用的知识"，他们面临的是"出版或者死亡"（Published or Perish）的指令①。斯托克斯曾经大力提倡增加巴斯德象限中的"应用激发的基础研究"，他指出，在当代科学中，新技术开发常常允许新类型的研究的开发，这样反向引导基础性研究转向应用模式。比如，强大的计算机和复杂的数据分析软件的发展导致了计算建模的发展，这对于科学研究来说就是一种可行的方法②。从教育研究的创新价值取向而言，这一象限界定的方法为教育研究的实效性提供了指引。

这一方法的出发点就在于兼顾理论开发与实践应用，显然遵循传统的研究路线无法达成此目标。如果教育研究的目标是开发理论，理论的发展需要依循一套符合科学判准的程序以厘清不同变量之间的交互作用，依照传统实验心理学所建立的研究范式，这就需要在控制的实验环境下进行。然而，将这些理论结果应用到课堂中学生学习中时，需要面对生态效度（Ecological Validity）的问题③。反过来说，如果教育研究是解决实践问题，那么，在实际的情境中探讨问题的成因和提出解决方案，并在这个环境中测试此方案是否可行，将是解决问题中一个必要的环节。但是实际的教育环境非常复杂，不同的因素之间有复杂的关联与交互，并且牵涉伦理层面和人际问题，这使得在实际的教学环境进行实验研究有其困难，而且，在未经控制的环境中进行研究还容易招致各种质疑，比如研究方法是否符合科学原则？所建立的解决方案是否具有理论基础？不具备理论基础的解决方案，是否也能应用到其他的实践情境中？这都让教育研究陷入了究竟要发展理论还是解决实际问题的两难境地之中。

基于巴斯德象限的科学研究框架，为了兼顾教育理论与实践，并符合科学的研究精神，布朗借鉴设计科学（Design Science）的观念，初步开

①　Reeves, T. C., *Enhancing the Worth of Instructional Technology Research Through "Design experiments" and other Development Research Strategies*, LA, USA: New Orleans, 2000.

②　National Research Council, Scientific research in education, R. K. Shavelson & L. Towne (Eds.), *Committee on Scientific Principles for Education Research*, Washington, DC: National Academy Press, 2002, pp. 2 - 9.

③　Brewer, M., Research design and issues of validity, In Reis, H. and Judd, C. (Eds.), *Handbook of Research Methods in Social and Personality Psychology*, Cambridge: Cambridge University Press, 2000, pp. 3 - 16.

发了一套新的教育研究方法，称为设计实验法（Design Experiment）①。在布朗看来，设计科学是一些研究领域的通称，包括了临床医学、护理、建筑、管理、计算机、教育等领域②，这些领域的研究成果都包括一项产品，产品的设计目的在于解决特定的实践问题。从设计科学的视角来看，教育中的"设计实验"旨在通过一种形成性研究议程，检验和细化早先发现的教学原理并提出教育设计方案③。科林斯指出："为了指导我们实现更好的教育改革，设计实验把两个重要的部分组合在一起：即设计中心和对重要设计要素的评价。人种学提供了定性的方法，这种方法可以用于审慎地考察一个设计在实践中如何发挥作用，以及社会变量和情景变量怎样与认知变量相互作用。大型研究为评价独立变量在因变量上的效果提供了定量的方法，填补了改进教育实践所必需的一系列实验方法中的空白。"④ 设计研究即是由"设计实验"一词转化来的。在最近的一些研究中，学者们通常直接使用"设计研究"或"基于设计的研究"等术语用来替代早期的"设计实验"⑤。

（三）设计研究的内涵

1. 设计研究的特征筛选

上述背景分析表明，设计研究的显现和发展源自于教育研究领域的急切需求：（1）研究复杂情境中学习本质的理论问题的需要；（2）能在真实世界而不是在实验室中研究教育与学习现象的方法需求；（3）超越传

---

① Zaritsky, R., Kelly, A. E., Flowers, W., Rogers, E. & P. Patrick, Clinical design sciences: A view from sister design efforts, *Educational Researcher*, Vol. 32, No. 1, 2003, pp. 33 – 34.

② 实际上，在西蒙（H. A. Simon）所写的设计科学的经典著作《人工科学》一书中，直接将教育研究归类在设计科学的范畴，参见 Herbert A. Simon, *The Sciences of the Artificial 2nd Edition*, MIT Press, 1981。

③ Brown, A. L., Design experiments: Theoretical and Methodological Challenges in Creating Complex Interventions in Classroom Settings, *Journal of the Learning Sciences*, Vol. 2, 1992, pp. 141 –178.

④ Collins Joseph & Bielaczyc K., Design research: Theoretical and methodological issues, *The Journal of the Learning Sciences*, Vol. 13, No. 1, 2004, pp. 15 – 42.

⑤ 研究设计在名称上并没有统一，其名称常见有"design-based research"、"design research"、"design study"、"developmental research"及"design experiment"等。国内外学界较为统一的表达是"设计研究"（design research）或"基于设计的研究"（design based research）。考虑到教育特质，本书认为"设计研究"（design research）更容易沟通。

统教育与学习的狭窄测量的需求；（4）在形成性的评价中获取研究发现的需求①。

如此看来，为在教育理论与实践中建立一种"强连接"，设计研究要求教育研究者必须在实际的教学和学习环境中进行，借以了解学生如何学习，并构建教学理论，设计可以用来改善教学实践的制品。可以看出，设计研究的目的包括构建理论与设计制品并改善实践这三个层面②。其中，理论是促成教育革新的核心③，而构建理论是设计研究的主要目的④，需要强调的是，所构建的理论必须能够描述、说明或者解释实际教育情境下的学习本质⑤；教育制品的设计是构建理论的策略⑥，通过对制品的目的、成效和所对应的理论基础不断进行系统化检验与修正，使得理论能够超越特定情境脉络的限制，最终产生一组特定的理论构架（a Particular Set of Theoretical Constructs）。例如，怀特和费雷德雷克森用设计研究法建立了一个能够说明学生在教室中进行科学探究学习与互动的教学理论⑦。构建理论与设计制品是为了改善教学实践，帮助教师教学与提升学生的学习成效。教师对于教学的问题与学生所面临的学习困难有切身的体会，而研究者能够从理论基础来探讨如何解决这些实践问题。设计研究连接了教育研究者与实践中的教师与学生，促成两者的合作与沟通，进而改善教育实践⑧。具体而言，设计研究的特征可以概括如下⑨：

---

① Collins Joseph & Bielaczyc K., Design research: Theoretical and methodological issues, *The Journal of the Learning Sciences*, Vol. 13, No. 1, 2004, pp. 15 – 42.

② Shavelson, R. J., Phillips, D. C., Towne, L. & Feuer, M. J., On the science of education design studies, *Educational Researcher*, Vol. 32, No. 1, 2003, pp. 25 – 28.

③ Disessa & Cobb, Ontological innovation and the role of theory in design experiments, *Journal of the Learning Sciences*, Vol. 13, No. 1, 2004, pp. 77 – 103.

④ Barab, S., Squire, K., Design-based research: Putting a stake in the ground, *Journal of the Learning Sciences*, Vol. 13, No. 1, 2004, pp. 1 – 14.

⑤ Edelson, D. C., Design research: What we learn when we engage in design, *Journal of the Learning Sciences*, Vol. 22, No. 1, 2001, pp. 105 – 121.

⑥ Ibid..

⑦ White & Frederiksen, Inquiry, modeling and metacognition: Making science accessible to all students, *Cognition and Instruction*, Vol. 16, No. 1, 1998, pp. 3 – 118.

⑧ Design-Based Research Collective, Design-based research: An emerging paradigm for educational inquiry, *Educational Researcher*, Vol. 32, No. 1, 2003, pp. 8 – 25.

⑨ Wang, F. & Hannafin, M. J., Design-based research and technology-enhanced learning environments, *Educational Technology Research and Development*, Vol. 53, No. 4, 2005, pp. 5 – 23.

●干预主义：设计研究旨在设计出真实世界中对教育和学习场域的干预；

●迭代循环：设计研究包含设计、评价、修正的一个不断反复循环的形成性过程；

●过程导向：设计研究避免输入输出的黑箱模型，而是关注理解和改进干预；

●应用导向：设计研究的价值部分地通过用户对其在真实情景中的应用来测量；

●理论导向：设计研究是（至少部分地）基于理论命题以及设计对理论建构的现场检测；

●协作的：研究者、开发人员、教师、学生等构成设计研究合作共同体；

●多侧面的：设计研究通过科学的、技术的、教学的路径来解决复杂真实的实践问题。

2. 设计研究的过程模型

作为一种系统化而又具有灵活性的方法或者方法论，设计研究强调在真实世界情境中，基于研究者与实践者的协作，通过迭代分析、设计、开发和实施来改进教育实践，并导致具有情境敏感的设计原则与理论[1]，这是对教育项目、过程和产品的设计、开发和评价的一种系统化研究[2]。综合设计研究法的设计流程与工作要点，一般将教育设计流程归纳为五个环节十个要素：分析—评价、设计—开发、应用—行动、循证—阐释、评估—推广，从分析阶段到推广阶段可以反复循环。具体的环节和工作要素如图1所示。

分析—评价阶段主要是问题确定、文献调研、个案研究和需求评估来了解教学现场的需求与问题，或者初步提出一些可行的创新设想；设计—开发阶段是指从建立理论基础到产生设计原型（Design Prototype）的过程，主要是针对设计理论开发目的，提出设计开发的具体指向；应用—行

---

① Wang, F. & Hannafin, M. J., Design-based research and technology-enhanced learning environments, *Educational Technology Research and Development*, Vol. 53, No. 4, 2005, pp. 5 – 23.

② Van Den Akker, J., Gravemeijer, K., McKenney, S. & Nieveen, N., *Educational Design Research*, London：Routledge, 2006.

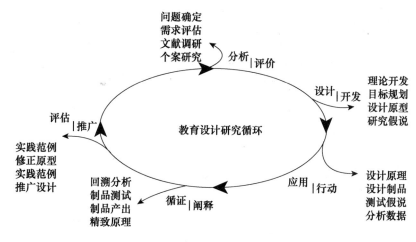

图1　设计研究循环流程图

动阶段是一个具体的实施阶段，将设计原型在真实复杂的研究场景中进行测试，并且进行资料分析。此阶段需要与不同的参与者合作，如学科专家、技术专家、实施者和学习者等相关人员；循证—阐释阶段是一个再设计阶段，实施过程中利用研究收集到的资料作回溯与比较分析，并且再次修订、迭代、精致化设计内容，使设计产出更加符合长远目标及情境需求；评估—推广阶段是指将所设计的教育产品推广到教育界，请教师、家长、学生等利益相关者（Stakeholders）能够在实际教学时，采用这项产品来帮助学习，并评估推广的效果；修正完成后的产出需要估算其成本效益，并向利益相关者报告设计研究结果，利用文件表示设计的原理、方法、理论与结果等内容，可以作为其他设计者的参考，同时也可为适应新的实施环境再次修改，因此推广仍会再次回到设计研究的开始阶段，再次执行设计研究循环；在整个设计研究循环中，这个过程等同于总结性评价。

（四）设计研究的框架阐释

综上所述，设计研究其实是一个整合设计与研究的系统化过程，强调在具体教学情境中，分析具有普遍性的教学问题，设计具有教学理论特征的教学干预，并通过不断应用、评估、修正的迭代与渐近过程来探索实际问题的解决方案和理论解释。这一概念表明，设计研究不是一种单一的研究程序或者成熟的方法论，而是一个复杂的研究综合体，这一研究综合体包括方法论、过程形态、研究框架等。

1. 在归属定位上：设计研究趋向于一种"学习范型"的软系统方法论

从设计研究现有的成果、案例及取向来看，倾向于把设计研究看作一种方法论，而且是一种"学习范型"的软系统方法论①。众所周知，系统是教育研究的基本单元和基本工具，由此衍生的系统方法深深影响到教育研究的价值和路线。自贝塔朗菲首次提出一般系统论后，人们认识问题、解决问题的范式较以前发生了重大改变。将问题对象视为由不同相互作用、相互依赖的要素构成的系统来研究，已被当代各门学科所采纳，并且这种思维方式在现代的各种社会活动中也得到了普遍接受。虽然人们早已认识到系统方法的科学性，但在具体应用时却经常会出现许多问题，比较典型的就是研究特定问题时仅打着系统方法的旗号，而具体分析过程却采用以前的还原论方法。造成这一现象的主要原因就是人们对系统方法的内涵、思想基础理解的深度还不够。

近代科学研究和许多社会实践告诉人们，要认识事物，特别是复杂事物，不仅需要对各个组成部分进行分析，而且还必须研究这些部分间的相互作用关系，同时更要将研究对象视作环境的一部分，从它在环境中所处的地位、角色以及与环境中其他事物的作用等方面来认识，这就是现代的"系统思考"。运用系统思考研究问题的基本假设就是认为一切事物都是以系统方式存在的，都可以用系统的方法来研究。这里所说的系统指的就是由相互作用、相互依赖的若干部分结合而组成的具有特定功能的有机整体，它可以从功能、组元、结构、运行机制以及环境约束等方面来刻画。根据对系统认识的不同，一般可分为硬系统方法和软系统方法。硬系统方法强调系统是客观存在的，不以人的意志为转移，进行系统研究可以发现其内在客观运作规律；软系统方法则认为对系统的认识受人的主观意识影响，不同的人可有不同的解释，进行系统研究是为了发现这些认识的不同点，以便选用适当的方法来处理。从这种世界观出发，教育教学系统可看

---

①　关于范型（Pattern）与范式（paradigm）的区分，范型往往与问题解决技术有关，范型定义了特定的问题和应用的开发过程中将要遵循的步骤。本书仅在此部分使用范型一词以区分系统方法中的两种类型。范式则是科学哲学概念，范式概念是库恩范式理论的核心，从本质上讲是一种理论体系。

作一种典型的软系统。

　　而由此产生的软系统方法论（Soft System Methodology，SSM）就是用于解决组织中普遍存在的不明确的、非结构化问题的一种系统分析方法[1]。SSM 是一个处理包含人类活动的社会技术系统问题的有力工具。它解决问题的手段是：通过长时间地保持问题的模糊性和广泛性，在比较和学习的基础上对问题进行分析和推论，最终得到对问题的感知和认识；它解决问题的过程是一个自学习的过程，通过争论、比较和反复，各种参与者可以逐步深入地了解问题状况和相关系统的知识，且把它们用在对问题的进一步研究中；它解决问题的类型是非结构化问题，重视包含在问题状况中的各种因素及其相互关系，像客户、问题拥有者、问题解决者等。

　　从本质上说，各类软系统方法论属于一种"学习范型"而不是传统硬系统方法所秉承的"目标范型"。软系统方法论其解决问题的思路是一个不断地学习、增进认识的形成性过程。设计研究作为一种探究复杂情境教学实际问题的方法论范式，旨在于设计一些人工制品（如课程、工具）作为一种教学干预或革新应用于实践，以潜在影响自然情境之中的学与教并对其做出阐释，在此基础上产生新的理论支持持续的教育革新，即促进教育实践和学习理论的同等发展[2]。可以看出，设计研究是一套整合设计与研究的软系统化过程，具有软系统性、迭代性和灵活性的特征。软系统性表现在其分析、设计、开发、实施和评价的流程，每一个阶段都是下一个阶段的前提条件，各个阶段之间相互影响。迭代性表现为在设计研究中通过形成性评价，使设计者更深入了解设计情境，找到更合适的解决方案，需要经过不断地修改和再设计，表现为一个循环迭代的设计过程。灵活性表现在设计的产出需要实践于现场使用，所以在设计过程中，面对的是更为复杂的环境，但遇到不可预期的挑战和限制的时候，设计者必须适时修订原先的目标，并且做弹性的变通调整，以找出适当的解决方法。

　　2. 在过程形态上：设计研究趋向于一种发展性研究

　　如果对设计研究进行历史溯源，会发现设计研究的来源之一就是欧洲课程开发领域的设计取向。欧洲课程领域有关科学课程的研究有两个主要

---

① Checkland, P., *Soft Systems Methodology in Action*, New York：Wiley & Sons, 1990.

② 杨南昌：《学习科学视域中的设计研究》，华东师范大学出版社 2007 年版，第 58 页。

的议题：课程的设计和课程有效性的确证①。传统实验取向的课程研究方法偏重于课程有效性的确证，近来遭到多方面的批评，包括：（1）非真实情境的研究将造成理解的不完全从而造成限制其应用②；（2）设计和确证分离的不合理③；（3）整体效果的确证无法避免研究过程中致命的要素突变④以及难以确认学生的学习路径以及验证相关的教学假设等⑤。

如果说实验取向的课程研究关心的是"课程设计的有效性应如何确证"，则设计研究取向的课程研究则主要在追问："有效的课程设计应该如何产出"，这些研究都强调设计、执行、验证应紧密结合，注重理论与实践的相互回馈；希望以研究为本，输出适用于真实情境的教学设计以及与设计有关的后设理论，以此规范合理有效的课程设计。例如李因斯以发展性研究为架构，提出课程开发中的"教学结构"（Didactical Structures）⑥，林恩以设计研究方法进而提出有关网络探究课程的设计原理（Design Principles）等⑦。

在设计研究取向的架构中，发展性研究的关键在于设计、执行、再设计的循环中，执行和原设计的"不一致"的发现进而引发了"再设计"的更新，最后目的不是测试理论是否是研究的预言者，而在于探究教育问题的创新性解决方案。对于教育研究而言，传统经验方法对实践的影响是基于乐观主义的假设，认为如果这个理论具有很多优点，研究者或许就能

---

① Méheut, M. & Psillos D., Teaching-learning sequences: Aims and tools for science education research, *International Journal of Science Education*, Vol. 26, No. 5, 2004, pp. 515 – 535.

② Barab, S., Squire, K., Design-based research: Putting a stake in the ground, *Journal of Learning Sciences*, Vol. 13, No. 1, 2004, pp. 1 – 14.

③ Méheut, M. & Psillos D., Teaching-learning sequences: Aims and tools for science education research, *International Journal of Science Education*, Vol. 26, No. 5, 2004, pp. 515 – 535.

④ Design-Based Research Collective, Design-based research: An emerging paradigm for educational inquiry, *Educational Researcher*, Vol. 32, No. 1, 2003, pp. 5 – 8.

⑤ Méheut, M. & Psillos D., Teaching-learning sequences: Aims and tools for science education research, *International Journal of Science Education*, Vol. 26, No. 5, 2004, pp. 515 – 535.

⑥ Lijnse, P. L. & C. W. J. M. Klaassen, Didactical structures as an outcome of research on teaching-learning sequences, *International Journal of Science Education*, Vol. 26, 2004, pp. 537 – 554.

⑦ Linn, M. C., Davis, E. A. and Bell, P., Inquiry and technology, In Linn, M. C., Davis, E. A. and Bell, P. (Eds.), *Internet Environments for Science Education*, Mahwah, New JerseyL: Lawrence Erlbaum Associates, 2004, pp. 3 – 27.

够应用这些源于经验调查而构建的理论，而实际上这种乐观是被误置了，因为研究者没有直接参与到教育研究的执行中。发展性研究的一个重要原则就是实践者、研究者和技术专家的协作。雅克认为，在这点上，发展性研究大大超过其他大部分的研究方法，发展性研究的目的在于制造面向实践的、科学的贡献，其中研究者与实践者进行交互是最重要的①。在教育情境中，理论与实践中的交互是非常复杂和动态的，通过发展性研究可以创造一种面向实践的、有效的干预，以应对真实的世界中现存的问题或有目的的变革；与实践的交互有助于逐渐澄清实践问题以及提出潜在解决方案。对于解决这些复杂的问题，理论的直接应用是不够的，需要一种"思想"干预下的"原型进化""逐步逼近"的反复过程，这实际上就是设计研究的迭代干预思想。

3. 在实施策略上，设计研究趋向于一种混合研究

上述分析可知，设计研究的目的包括构建理论、开发设计、改善实践三个层面，研究场景强调在实践教学情境进行，研究焦点在学生的学习过程，这是一种形成性的研究（Formative Research）②，其过程是在理论的基础上设计制品，在实际的教学中以此制品来支持教学，并分析学习成效，每一个分析结果都会修正既有的理论，并以此修改先前的制品设计，之后再次检验此制品在改善学习方面的成效，如此逐渐修正和精练理论与制品③。可以看出，设计研究不是一种单一的研究方法，而是一种混合研究的策略来实现设计研究的三个目标。

"混合研究（Mixed Research）"是 20 世纪末形成的一种新的研究范式。其代表人物有坎贝尔和费斯克。他们认为，定量研究和质性研究具有内在的可结为一体的协同，这种协同可以在各种不同方法的结合中得到体现，可以在研究的各个环节得以贯彻④。混合研究的提出与落实，不仅在

---

① Van Den Akker, J., Gravemeijer, K., McKenney, S. & Nieveen, N., *Educational design research*, London: Routledge, 2006.

② Edelson, D. C., Design research: What we learn when we engage in design, *Journal of the Learning Sciences*, Vol. 22, No. 1, 2001, pp. 21 – 24.

③ Bannan-Ritland, B., The role of design in research: The integrative learning design framework, *Educational Researcher*, Vol. 32, No. 1, 2003, pp. 21 – 24.

④ Campbell, D. T. & Fiske, D. W., Convergent and discriminant validation by the multitrait-multimethod matrix, *Psychological Bulletin*, Vol. 56, 1959, pp. 81 – 105.

于可以取长补短，获得更好的研究结果，而且它实质上消解、抚平了方法的边界，使得研究更加专注于研究的问题和环境。另外，在混合研究中，各种方法并没有被取消，只是被相对地改变了地位——从一种具有总体规定性的支配的地位转向趋近于局部细节服从的地位，而研究却因此而更加贴近自身。以布琳达提出的整合学习设计框架（ILDF）这一教育设计模型为例①，她总共归纳了四个阶段中使用的方法达 24 种之多，各种方法分别来源于教育学、社会学、心理学以及工程学等领域，比如绩效分析、专家调查、焦点小组、案例研究、可用性测试、视频记录、准实验研究、数据挖掘、相相关性分析，等等。

4. 在扎根思路上，设计研究趋向于一种实用取向的行动研究

教育理论与实践始终是教育科学研究中一对重要的范畴，它们之间存在着冲突和矛盾，也存在着联系和统一。而教育理论与实践的脱节是不争的事实，教育理论与实践的长期分裂以及对之治疗的乏力，不仅导致了教育研究者和实践者的彼此指责、互不信任，还引致了双方对分裂现象的冷漠和习以为常。李因斯（Lijnse）从研究的本质来看教育理论和实践分裂的问题，她认为，这种分裂基本上是由于现在所进行的研究及其本质造成的②。在她看来，现行主流的教育研究似乎聚焦在一般理论（General Theory）的探讨，而有关教学层面的、与特定内容相关的理论（Content Specific Theory）则被忽略，而这种忽略造成了对教育理论研究和教育实践之间分裂状况的严重低估③。因此，有必要建立一种面向特定的教学理论研究的实用框架，这种框架强调在真实的复杂的学习情境中考虑多变量对学习过程的影响，通过开发教育理论和制品来干预教学过程，凸显研究者与实践者之间的互动，这就是设计研究所追求的干预性研究方法。

这种干预取向的研究诉求与通常所说的行动研究有相近和相通之处，行动研究强调了它作为一种研究方式，而设计研究更看重它作为一种行

---

① Bannan-Ritland, B., The role of design in research: The integrative learning design framework, *ducational Researcher*, Vol. 32, No. 1, 2003, pp. 21–24.

② Lijnse, P., Improving science education: the contribution of research, Buckingham, UK: Open University Press, 2000.

③ Lijnse, P. L., Developmental research as a way to an empirically based "didactical structure" of science, *Science Education*, Vol. 79, 1995, pp. 189–199.

动、面向实践的干预行动。在实践的层面，如果可以有与实践本身同时存在的研究，那么它只能是"具身"（Embodied）于实践的，它不能是实践之外的另一个行动，或者说，它不能有实践自身目的之外的别的目的。设计研究具有明确的实用主义和行动研究的倾向，是解决教育研究的实践性问题特别是技术中介的教学变革问题比较有效的方法，对于提升理论实效性、形成具有实践可行的设计原则和方法模型具有积极意义，并能和实践者合作促进教学实践发展。

众所周知，新技术的发展刺激了研究者和教育工作者去拓展学习的概念和学习环境的设计。不同研究者各自去追求不同的认识论和发展出不同的技术方法，因此引发了许多争论，有的批评传统教学法不能培养高级思维和解决问题的能力，只能培养顺从的和肤浅的理解；有的批评建构主义无法证实，而且理论性不强无法实践。汉纳芬（Hannafin）强调不必去深入这些争论，而是要发展一个更原则性的方法来连接教学、学习和技术[1]。因此他们提出扎根设计（Grounded Design）的方法，并强调扎根设计所考虑的就是理论与设计的内在一致性，而不是哪个理论优劣的问题。扎根设计的方法就是"建立在已有的人类学习理论和研究基础上的过程和程序的系统执行，强调核心基础和假设的精致协调，强调方法与手段以与其认识论一致的方式相联系"[2]。扎根设计并不提倡和假设某种特定的认识论和方法论对设计具有内在的优先权，而是提供了一个框架，将不同设计实践和相关思想系统的基本信条融合在一起[3]。

其实，从设计方法论角度来看，扎根设计与设计研究有着异曲同工之妙，两者均认同研究的目的不是寻找最佳的理论或技术成果，而是基于多种基础的一种迭代式的研究，但是都强调研究成果的可扩展性，强调在研究中不断得到反复的提升和验证，这其实都是一种软系统方法论的学习范型。

---

① Hannafin, M. J., Hannafin, K. M., Land, S. & Oliver, K., Grounded practice and the design of constructivist learning environments, *Educational Technology Research and Development*, Vol. 45, No. 3, 1997, pp. 101 – 117.

② Ibid. .

③ ［美］戴维·H. 乔纳森：《学习环境的理论基础》，华东师范大学出版社2002年版，第2页。

5. 在中介隐喻上，设计研究趋向于一种工程设计路线

设计是人们所面临的问题中最复杂的类型之一，因为它需要一种复杂条件下原创性的制品生成①。科林斯等人提出了设计研究的工程学隐喻，被广泛地成功应用于数学教育、科学教育、技术教育、工程教育等领域②。设计研究的工程学隐喻首先体现在设计研究的"产品"或者"结果"上。设计研究的"产品"或者"结果"是人造物（Artifacts），这种人造物主要表现为两种形态：一是师生之间的交互过程，即作为人造物的过程（Process as Artifacts）；二是各种软件，尤其是各种软件集成起来的学习环境，即作为人造物的软件（Software as Artifacts）。工程哲学的箴言之一就是"我造物故我在"，"人造物"的存在正是工程的本质特征之体现。人工智能与认知科学的先驱西蒙曾经指出："无人造物，则不成设计"（a Design is Not Design without Artifacts）。这句话一方面说明了工程的核心是"设计"（Design），另一方面也表明设计主要表现为各种"人造物"（Artifacts）。

设计研究的工程学隐喻还体现在第二个方面，即设计研究的干预主义（Interventionism）本质。事实上，正是其干预主义本质，设计研究的成果或者是产品才表现为各种人造物，尤其是各种技术人造物——软件以及软件构造起来的学习环境。事实上，干预主义也是工程的特征之一。与科学纯粹解释世界不同，工程主要是改造世界，而对世界的改造不可避免地要用各种技术手段来干预工程的对象，干预的结果就是各种人造物的出现。设计研究所具有的干预主义本质使其与工程在概念上实现了完美的同构。同时，因其干预主义本质，设计研究也成为一种工程化过程，在这一过程中，主观意愿和客观规律实现了平衡和统一。这一过程范式明显具有趋向于一种工程设计路线的研究特质。

（五）设计研究与其他研究方法

作为一个日渐显现的教育研究范式，设计研究无论是在理论根基、操作模型、具体程序甚至名称都存在模糊和不确定性，甚至存在截然相异的

---

① Jonassen, D. H., Toward a design theory of problem solving, *Educational Technology Research & Development*, Vol. 48, No. 4, 2000, pp. 63 – 85.

② Collins, A., The changing infrastructure of educational research, In J. Hawkins & A. Collins, *Design Experiments Using Technology to Restructure Schools*, New York: Cambridge University Press, 1998, pp. 289 – 298.

观点，但作为一种取向于教育革新、追求教育理论与实践双重价值的研究范式，历经欧美近 20 年的研究与实践，越来越得到学界的认可和践行，这种学术争议只会完善这一范式。相反，如果没有这一新范式的介入，这种教育研究取向的追求可能更加艰难，正如设计研究专家、哈佛大学教学学院德迪所借用的隐喻：设计研究就如同黑暗之中的街灯，至少让恰似无方向感醉汉的研究者有机会找到掉落的钥匙，总比钥匙掉落在暗巷中，醉汉无任何机会找到它要好一些①。这是一个乐观而积极的比喻。但是，在谈论这一新型教育研究范式的时候，常常追问的问题就是：设计研究看上去如此具有吸引力和研究效力，但也似乎更加含混不清。设计研究与其他的教育研究方法有何区别呢？

1. 设计研究与典型教育研究方法的区别

教育领域常用的方法与设计研究具有一定相近度的有行动研究、实验研究、相关性研究、调查研究、内容分析、教育软件工程等方法，拟通过表 2 进行比较分析②。

表 2　　　　　　　　　　设计研究与其他教育研究方法的比较

研究法	设计研究	
	相同点	不同点
行动研究	目的：研究结果为解决实际情景问题或者满足其需求 参与者：实际工作者与研究者合作 资料收集：多种方式取得资料并进行反思 步骤：研究步骤具有系统性、迭代性和灵活性	研究者角色：行动研究者为实际工作者，而设计研究者为设计者不一定为实际工作者 产出的使用者：行动研究的研究对象直接运用该研究的产出；而教育研究设计的产出运用于研究对象（测验者）以及其他适用的对象

① Chri Dede, Why design-based research is important and difficult, *Educational Technology*, Vol. 2, 2005, pp. 5 – 8.

② 此处对教育研究方法与教育设计研究做一简要比较，主要参见高熏芳、江玟均《教育科技领域发展中的研究方法——设计本位研究（Design-Based Research，DBR）之评析》，《教学科技与媒体》2007 年第 6 期。

研究法	设计研究	
	相同点	不同点
实验研究	研究场域：实地研究和设计研究都必须在实际教育情境中进行研究 提出假设：实验研究会提出暂时性假设待实验来验证，设计研究借由文献分析，设定设计的目标，通过实验设计所提出的建设性解决办法，经由研究过程再加以修改假设，以解决问题	变量控制：实验研究分为自变量和因变量。研究者能自行控制变量；设计研究并不会控制任何变量，而是研究与设计有关的变量之间的相互影响 社会互动：实验研究的对象是被独立于某环境中，通常无法有较多的社会互动；设计研究是于真实的情境中进行，会与参与者做互动与想法的交流 研究设计：实验研究有固定的研究步骤，具有可复制性；设计研究开始并无明确的内容界定，而是在执行中以弹性的方式对原先设计定做修正，直到到达设计目标为止 研究结果：实验研究主要是测试假设并解释其变化；设计研究的目的是设计产出，并研究设计结果的使用效能
相关性研究	变量控制：相关性研究与设计研究都不会对变量进行控制 资料收集：两者的研究过程都需要收集大量的资料并进行分析，因此包括测量工具及资料收集者的训练都要注意信度和效度，以达到资料的有效性	研究目的：相关性研究主要是探讨两个或者两个以上的变量的关系，作为解释或者预测之用；而设计研究主要为解决真实情境的问题与满足需求，而为研究变量关系或者预测现象之用 相关变量：相关性研究必须将各种变量明确定义出来，以利于进行比较；但设计研究并不一定一开始就列出各种变量，而是在设计研究过程中找出会相互影响的变数，并提出对应的解决涉及 研究结果：相关性研究的研究结果可用来说明现象，或者作为变量间相互影响的预测之用；而设计研究的研究结果不只说明现象，同时也会借由设计结果改善现象，解决现场问题

续表

研究法	设计研究	
	相同点	不同点
调查研究	资料获取：两种研究过程需要收集大量的数据和资料，因此，都需要利用各种数据收集方法来获取	研究目的：调查研究主要是为了了解和描述某一群体的特色；设计研究主要目的是设计产出以解决现场问题。调查研究可以作为设计过程资料获取的方法
内容分析	资料收集：内容分析与设计研究同样需要收集与研究目的相关的文件例如期刊、论文等，或者一些传播内容像个人态度、价值观等，并以此作为分析	研究对象：内容分析研究法不是通过与他人直接互动，而是通过书籍或其他传播内容等间接资料来开展研究；设计研究主要需要与现场参与者的互动合作并进行研究 资料来源：内容分析的资料多来自二手资料；设计研究不只是包括二手资料，也需要现场收集第一手资料 成本：内容分析法主要对资料内容进行分析以获得事实或者作为考证之用，因此时间、人力和资源而言，比设计研究更加简单和经济
教育软件工程	研究过程：都强调系统化的、迭代的、可度量的过程与方法 研究产出：强调制品的生成，用以解决教育实践中的某个实践问题 社会互动：强调用户需求，尤其是人类学很多方法运用于教育软件工程后，强调用户与设计者之间的互动	研究对象：教育软件工程指向具体的软件、模型与软件制品；设计研究的对象是真实复杂情境中的学习及学习过程 研究产出：教育软件工程主要强调物化的软件技术制品；设计研究还包括理论生成和实践制品 研究目的：教育软件工程方法是提供一种应用性软件，带有公益价值或者社会价值；设计研究通过提出问题假设，构建理论来描述、说明、或解释实际教育情境下的学习本质，进行的基础研究引导新技术的发展

2. 设计研究与教学系统设计的区别

在研究和应用设计研究过程中，教学系统设计常常因其系统化过程、工程设计导向而与设计研究易于混淆。通常把教学设计看作用系统的方法分析教学问题、研究解决问题途径、评价教学结果的系统规划或计划的过程。加涅认为："教学是以促进学习的方式影响学习者的一系列事件，而教学设计是一个系统化规划教学系统的过程。"① 而有学者也认为教学设计是一门设计科学，如帕顿在《什么是教学设计》一文中提出："教学设计是设计科学大家庭的一员，设计科学各成员的共同特征是用科学原理及应用来满足人的需要，因此，教学设计是对学业业绩问题的解决措施进行策划的过程。"② 这一定义将教学设计纳入了设计科学的子范畴，强调教学设计应把学与教的原理用于计划或规划教学资源和教学活动，以有效地解决教学中出现的问题。这一设计取向更加接近设计研究的内涵和过程。

而实际上，教学系统设计是一种系统化的方法来设计教学方案来解决教学问题，关注获取既定学习和发展目标的方式，需要确定现有的教学方法（支持和促进学习的方式），并能够被分离为更加详尽的方法，这些方法是非确定性的（Probabilistic）而不是确定性的（Deterministic）③。设计研究则是一种操作化的理念，整合了来自文献、研究和应用实践中的方法，设计和开发解决方案，可能采用产品、过程或者其他材料的形式在实践中应用，生成和测试新的教学理论与制品④；实际上，设计研究是一种在循证驱动的过程（Evidence-based Process）中进行基础研究和应用研究的循环，是一种动态生成未预制的理论观点和制品的过程。因此，教学系统设计指向教学方案与产品开发，目的在于支持教学过程。设计研究作为一种教育研究范式，旨在创建一种沟通教育理论与实践、整合设计与研究

---

① ［美］加涅：《教学设计原理》，华东师范大学出版社 1999 年版。

② 何克抗、郑永柏、谢幼如：《教学系统设计》，北京师范大学出版社 2002 年版。

③ Reigeluth, C. M., The elaboration theory: Guidance for scope and sequence decisions, In C. M. Reigeluth（Ed.）, *Instructional-Design Theories and Models: A New Paradigm of Instructional Theory（Volume II）*, Hillsdale, NJ: Lawrence Erlbaum Assoc, 1999, pp. 5 – 29.

④ Schoenfeld, A. H., On paradigms and methods: What do you do when the ones you know don't do what you want them to? Issues in the analysis of data in the form of videotapes, *The Journal of The Learning Sciences*, 1992, 2（2）: 179 – 214.

的系统化研究过程。

（六）迈向一种新的教育研究范式

设计研究是一种既有系统性又带有灵活性的方法论，强调在理论与实践的迭代循环中建构理论和制品，从而干预教育实践生产"有用的知识"，提升教育研究的品质和教育创新的价值①。笔者倾向于将设计研究作为一种正在形成和发展中的教育研究范式②。设计研究主要是说明研究的目的、流程和使用的方法，其运用在教育领域的目的主要是设计出教学理论或产品，以解决实际教学情境中的问题，或者开创教学的新机会；研究过程是遵循分析、设计、开发和实施、评价的系统性、迭代性以及灵活性的流程；作为一种全新的教育研究范式，设计研究强调真实情境中的干预性和形成性研究，旨在揭示"有用的构造"（Useful Constructs），并推动有关人类学习的新理论的生成；强调设计活动要能应用至本土设计需求与问题的解决；强调严谨的、重复的、迭代性的探究，更强调在解决本土设计问题的同时，生成实用性的、可推广的设计原则与理论。由此可见，设计与研究相互整合、理论与实践彼此联结，构成了设计研究的最大特色。

设计研究虽然要成为成熟的、严谨的教育研究范式还有许多挑战需要解决，但是目前已经出现越来越多的研究成果、成功案例，表明这一范式的适用性和有效性。研究者可以参考国外教育领域相关设计研究的做法，提升教育研究的效率，提供教育情境更多的创新机会进而有效地解决问题，未来设计研究仍应该朝理论构建与实际应用方向持续改进，以开创教育研究的新契机；同时，对于中国的教育研究者，在面对设计研究这一新课题的时候，还需要发出更多来自本土的、创新的声音。

如此看来，DBR 是特别适合于教育技术的研究范式，因为教育技术应用的核心活动是设计，而设计是富有创新意义的思想行为。祝智庭教授认为：

---

① 祝智庭：《设计研究作为教育技术的创新研究范式》，《电化教育研究》2008 年第 10 期。

② 王佑镁：《教育设计研究：是什么与不是什么》，《中国电化教育》2010 年第 9 期。

　　传统的教学系统设计模式企图照搬自然科学研究的思维方法和工程设计的行动路线相信存在着超然于情境之上的，通用的教学系统开发模型，在实践中往往遭遇失效的尴尬，而采取设计研究方法，则需要教育技术研究者与教学实践者密切协作，在实际情境中发现急需解决的问题和根据需要确定开发目标，然后可以借鉴已有的理论和方法但不照搬通过设计干预并在真实教学境况中实施这些干预来检测设计的效用，针对设计缺陷提出设计改进方案和新的理论假设，通过迭代过程优化理论和实践，这种研究范式对于提升教育技术的理论水平和实用价值，无疑是最具威力的。因此，为了促进我国教育技术创新，我们应当努力学习和践行①。

　　本书认为，既然是研究就必然要体现科学性。而说明科学性最重要的一个标准就是研究者的方法论以及为解决研究问题所使用的方法是否科学②。从学术的角度来看，研究即为"解决问题的一种有组织的（organized）、系统的（systematic）方式"③，有组织的与有系统的意旨研究者对探询问题（包括问题的"真"与"假"的反思④）以及程序、步骤、方法的遵循与反思。教育研究不完全同于自然和社会科学领域的一面，上述两种方法的基本目的都是描述和解释学习和教育领域的客观现象、基本关系或者基本规律，而非着眼于如何改进人的学习和教育，教育中的设计研究则是关于设计、开发和评价教育干预（程序、过程和产品）来解决教育实践中的复杂问题的系统研究。Van den Akker et al. (2006) 和 Barab、Squire（2004）认为教育设计研究包括如下变量：一系列方法、新理论的生成、目的制品、能够在自然情境中有助于和潜在影响学习和教学的实践。因此，目前正在兴起的学习科学领域的研究中，基于设计的研究（Design-Based Research）已成为学习科学领域的

---

　　① 祝智庭：《设计研究作为教育技术的创新研究范式》，《电化教育研究》2008 年第 10 期。

　　② 何云峰：《从意见表达转向科学式探究》，《社会科学报》2004 年 2 月 26 日第 6 版。

　　③ 朱志勇：《教育研究方法论范式与方法的反思》，《教育研究与实验》2005 年第 1 期。

　　④ 吴康宁：《教育研究应研究什么样的"问题"：兼谈"真"问题的判断标准》，《教育研究》2002 年第 11 期。

核心研究方法①。本书遵循设计研究的方法论，而这一方法论本身是通过系列研究方法簇来实现的。

（七）本书设计研究方法簇

1. 定性研究方法

从现有研究来看，设计研究并无绝对固定的程序和范式。因此，作为整个协同学习研究的一部分，我们没有刻意采用某种设计研究的范式，但是在研究展开的过程中，其实执行的就是一种形成性的工程设计的研究思路。协同学习研究团队试图在技术—干预—反馈中构建一种新的技术框架、理论框架和实践框架。

在理论开发部分，本书主要采用定性研究方法。定性研究是在研究者与被研究者的互动关系中，通过深入、细致、长期的体验、调查和分析，对教育现象获得比较全面、深刻的认识的一种方法。20 世纪六七十年代伴随着文化危机的出现及方法论大战，定性研究的价值逐渐为人们所承认并日益受到研究者的重视，曾经被定量研究所主宰的领域也给定性研究让出越来越大的空间，"场地研究"、"个案研究"、"内省研究"、"描述研究"、"人种志研究"、"解释学研究"等此起彼伏，其中一些方法、观念成为许多研究者认同的信念体系。于是，定性研究作为一种研究范式决定了研究者在进行教育研究时对方法和程序的选择。定性研究范式所关

---

① 关于设计研究，也称为基于设计的研究，本书认为，与其说是一种研究方法，更不如说它是一种方法论，一种研究观或者是一种研究框架。设计研究源于 20 世纪 90 年代布朗（Brown，1992）和柯林斯（Collins，1992）在重新反思教育研究的定位、思路和方法的基础上，提出的"设计实验"和"设计型研究"。而在荷兰的传统中，更多地称为发展性研究（developmental research），源于课程开发和改革领域的一种形成性研究思路。不管是欧洲传统还是美国传统，基于设计的研究目的在于通过形成行研究过程来检验和改进基于有关原理和先期研究而得出的教育设计。一般都采用"逐步改进"的设计和工程领域的方法，把最初的设计付诸实施，看其效果如何，根据来自实践的反馈不断改进，直至排除缺陷，形成一种更为可靠而有效的设计，从中我们可以看出，基于设计的研究的目的不是简单地改进实践，它承担着改进实践和完善理论的双重使命（Allan et al.，2004）。设计研究需要在现实的学习情境中（如学校和课堂）进行干预设计和实施，其中涉及各种制约因素，研究者不是努力控制各种干扰变量，而是在自然情境中考察设计和干预方案中各个要素的实施状况，尽量使设计最优化。从上述解释中我们可以看出，基于设计的研究其实是一种学习型的研究范型，是软系统方法论中的一种，倡导采用工程设计的思路来改进教学实践，提倡理论和技术的创新传播和扩散。因此，它本身不是一种方法，没有严格的研究程序和原则，仅仅为教育研究者提供一种研究观和展开框架。基于设计的研究 20 世纪 90 年代末期左右随着学习科学的提出在欧美一些刊物中曾经集中讨论。比如，Kurt D. Squire 也认为，基于设计的研究是一个从事教育技术学研究的功能强大的范式。

注的问题是教育现实中的特殊性，采用的手段常常是研究者本人，追求的结果是"理解"与"意义"，研究的场所常在自然状态下，依赖的是研究者本人的洞察力、直觉等不能言传的知识，研究者的态度是参与性观察，研究的步骤是自下而上，事先并没有假设，而是在搜集大量第一手资料，经过归纳分析之后做出抽象概括，然后提出"有根据的理论"①。本书采用的定性研究方法主要有"现场研究"、"内省研究"、"描述研究"等。

2. 定量研究方法

定量研究方法是运用数学、物理等手段来精确地描述教育事实，解释教育现象的一种方法。当它伴随着自然科学的发展成为教育研究中长期占主导地位的信念体系时，它就成为一种研究范式，决定了研究者在进行教育研究时对方法和程序的选择。定量研究范式关注的问题是教育现实的普遍性规律，采用的手段是测量和测验，追求的结果是客观精确，研究的场所常在实验室中，依赖的知识是命题的知识，研究者的态度是旁观、疏远，研究的步骤是自上而下：先有预定的假设，再确定具有因果关系的各种变量，然后运用某些经过检测的工具对这些变量进行测量和分析，从而验证假设。在认可和选择这种范式的前提下，研究者由于研究的目的、对象、背景、条件的不同，在实践中又表现出经验主义的定量研究、心理主义的定量研究、技术主义的定量研究的差异。本书主要采用的定量分析法有：

（1）文献调查法

文献资料对于人类社会历史文化的发展和研究工作有着重要的价值。正是由于站在前人的肩膀上，吸收和借鉴已有的研究成果，人类社会才有可能发展得如此迅速。教育研究要充分地占有资料，必须进行文献研究，掌握研究动态，了解前人和他人已经取得的研究成果。文献调查是任何科研工作的必需阶段。文献调查法是一种既古老又富有生命力的科学研究方法，也是教育科学研究中最基本的方法之一。

---

① 参见如下文献：Rust, V. D., Method and methodology in comparative education（editorial），*Comparative Education Review*, Vol. 47, No. 3, 2003；Metz, M. H., Sociology and qualitative methodologies in educational research, *Harvard Educational Review*, Vol. 70, No. 1, 2000, pp. 60 - 74；Pawaon, R., Methodology, In Steve Taylor（ed.），*Sociology: Issues and Debates*, London: Macmillan, 1990。

文献调查法是指收集、鉴别、整理文献，并通过对文献的研究形成对事实的科学认识，从而了解教育事实，探索教育现象的研究方法。本书文献法主要用于学习系统综述，具体的文献资源和工具使用情况如表 3 所示。

表 3　　　　　　　　　　文献调查概况

主题（中英文关键词及相互交叉组合）	期刊	书刊专著	电子数据库
知识建构、协作学习、协同、集体思维、整体学习、设计研究、连接学习、情感、价值、信息、知识、记忆、认知、知识创新、意动、知识生态、社会技术系统、可视化、结构化、境遇主义、知识标注、合作建构、知识管理、信息构建、信息设计、知识设计、情感化设计、活动理论、汇聚、多维学习、场域、知识动力……	Educational Technology, 1998 – Educational Technology Review, 2000 – International Journal of Instructional Media, 2000 – Journal of Computer Assisted Learning, 2001 – Journal of Educational Technology & Society1999 – British Journal of Educational Technology, 1998 – 《电化教育研究》《中国电化教育》《开放教育研究》《现代教育技术》《远程教育杂志》……	教育技术类教学设计类知识管理类心理认知类信息管理类学习科学类设计研究类	1. ProQuest 博硕士学位论文全文库 2. SAGE 教育、心理学全文电子期刊 3. Elsevier 电子期刊全文库 4. Springer 电子期刊 5. John Wiley 电子期刊 5. 中国期刊网（cnki） 6. 中国博硕论文全文库 7. 人大复印资料 8. 中国会议论文全文库

（2）观察法

观察法作为一种科学研究的方法，在教育以外的其他学科领域中早已广为运用。而在教育研究（主要在课堂研究）中运用观察方法，是在 20 世纪五六十年代。近几年来，教师从事课堂观察研究的趋势已经越来越引起我国教育理论和实践工作者的关注。课堂观察就是指研究者或观察者带着明确的目的，凭借自身感官（如眼、耳等）及有关辅助工具（观察表、录音录像设备等），直接或间接（主要是直接）从课堂情境中收集资料，并依据资料做相应研究的一种教育科学研究方法。本书主要应用定量观察和定性观察对应用现场和视频案例的观察和分析，以获取学习系统的协同现状以及在扩展评估阶段的课堂分析。

（3）话语分析和内容分析法

内容分析法是一种对于传播内容进行客观、系统和定量的描述的研究方法。其实质是对传播内容所含信息量及其变化的分析，即由表征的有意义的词句推断出准确意义的过程。话语分析实质上也属于内容分析法的一种，不过其样本源于个体的言语和互动信息，其目的是言语背后的本质性的事实和趋势，揭示学习者学习过程中所含有的隐性内容，对事物发展做情报预测。它实际上是一种半定量研究方法，其基本做法是把媒介上的文字、非量化的有交流价值的信息转化为定量的数据，建立有意义的类目分解交流内容，并以此来分析信息的某些特征。本书的话语分析法主要用于知识建构机制的分析。

（4）评价研究法

评价研究法是依据明确的目的和目标，测量对象的功能、品质和属性，对评价对象做出价值性的判断的方法。评价研究主要由评价对象、评价指标体系和评判者三个要素组成。根据事物发展的进程中不同时期的目的和重点不同，可以将评价研究分为诊断性评价、形成性评价、终结性评价三类。评价研究法主要采用实验调查研究，用于协同学习效果评价。

（八）贯一设计（grounded design）

作为一个新型学习系统和技术系统的研究，本书深受贯一设计方法论的影响。众所周知，新的科技发展刺激了研究者和教育工作者去拓展学习的概念和学习环境的设计。不同研究者各自去追求不同的认识论和发展出不同的技术方法，因此引发了许多争论，有的批评传统教学法不能培养高级思维和解决问题的能力，只能培养顺从的和肤浅的理解，有的批评建构主义无法证实，而且理论性不强无法实践。Hannafin等人（1997）强调不必去深入这些争论，而是要发展一个更原则性的方法来连接教学、学习和技术。因此他们提出贯一学习环境（grounded learning environment）的观点和贯一设计的方法，并强调贯一设计所考虑的就是理论与设计的内在一致性，而不是哪个理论优劣的问题。

贯一设计方法就是"建立在已有的人类学习理论和研究基础上的过程和程序的系统执行（Hannafin，Hannafin，Land & Olive，1997）"。贯一方法强调核心基础和假设的精致协调，强调方法与手段以与其认识论一致的方式相联系。贯一设计并不提倡和假设某种特定的认识论和方法论对设计具有内在的优先权，而是提供了一个框架，将不同设计实践和相关思想系统的基本信条融合在一起[①]。

贯一设计要求同时考虑每一个基础，以使各基础之间的协调性能达到最优的程度。进行贯一设计的实践包括以下四个基本条件（Hannafin et al.，1997）。首先，设计必须植根于自洽的和普遍接受的理论框架。只有其核心基础是同一的、一致的，学习环境才有理由得到延伸，并将相应的理论技术、相关的假设和方法连接起来。其次，方法必须与研究的结果相一致，进行这些研究就是为了验证、证实或拓展研究所依据的理论。再次，贯一设计是可以概括的，就是说，它们的适用范围超越了单一的案例，可以把取得成功的个别案例进行转化，以适应和适用于其他设计者。这并不是说要在严格界定的条件下对方法进行文字上和具体方法上的复制，而是适当地在可以参照的环境中对设计过程进行启发式的应用。最后，贯一设计及其框架在后继的应用中得到反复的验证。方法支持了自己依据的理论框架，并在后继应用中拓展了框架本身，因而被证实是有效的。这种设计过程和方法不断地揭示、检测、验证或驳斥他们所依据的理论框架和假设；反之亦然。

其实，从设计方法论角度来看，贯一设计与设计研究有着异曲同工之妙，两者均认同研究的目的不是寻找最佳的理论或技术成果，而是基于多种基础的一种迭代式的研究，但是都强调研究成果的可扩展性，强调在研究中不断得到反复的提升和验证，这其实都是一种软系统方法论的学习范式（P. Checkland，1981，1990）！

四　研究架构

（一）研究议程

综上所述，本研究将从对目前学习系统和教学现状的考察出发，

---

① ［英］戴维·H. 乔纳森主编：《学习环境的理论基础》，郑太年、任友群译，高文审校，华东师范大学出版社 2002 年版，第 2 页。

反思其中应对知识时代学习需要的不足与偏差，试图构建一种支持知识建构的新型学习系统范型，在回到课堂教学实践中进行改进和提升。作为设计研究框架内的协同学习研究，本研究执行了五个基本步骤，即：确定一种需求—问题解决、构造—模型、范例、评价—检验、验证、学习—当前的、新出现的、理论化——一个新的理论这一基本循环，采用质性和实证方法来进行形成性评价和效果研究，以更好地支持教育革新和学习创新，为知识建构提供一种新型的学习范式。

具体研究思路为，以构建协同学习系统为基本框架，考量到新框架的现实意义，选择知识建构作为其应用的核心展开设计研究。在理论—技术—实践—评价—反思提升的交互中精致循环迭代，不断充实研究框架和研究制品。研究议程如图 2 所示。

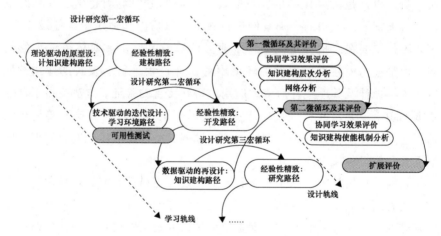

图 2　本研究的设计研究循环流程图

（二）研究框架

遵循设计研究的一般议程，以及教育研究的基本环节，本研究首先基于文献分析，构建了面向教育革新的设计研究框架，进而提出了适应协同学习创新研究的设计研究模型，如图 3 所示。

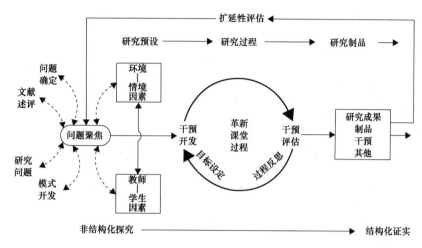

图 3　本研究的设计研究框架

（三）章节概要

依据研究目标和构架，本书的框架如图 4 所示。各章节主要内容简介如下。

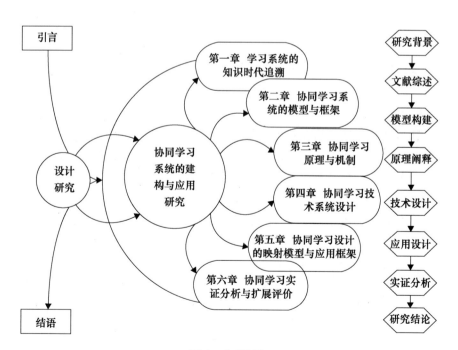

图 4　本书框架

第一章　学习系统的知识时代追溯

知识是课堂教学的主焦点，这在愈演愈烈的新课程改革过程中反而成为一个模糊的问题，这部分试图从知识—信息—学习、课堂教学的焦点、学习创新和教育变革的需求、知识建构的不同层面以及学习技术系统的支持等方面，步步深入，探寻和厘清知识以及知识建构的整个学习框架中的认识演化和实现进展。这部分主要解决"现有研究是什么"的问题。

第二章　协同学习系统的模型与框架

通过现有学习技术系统的考察和分析，构建了协同学习元模型、协同学习场模型和支持知识建构的协同学习模型，并从三个视角解释和扩展了协同学习模型：知识建构、网络链接、认知加工。并结合三个维度的解释，进一步构建了支持知识建构的协同学习模型。从该模型出发，综合现有学习研究，具体阐释和协同学习的五个基本原则及其实现路径，这部分包括两个章节，分别阐述模型及其原则。这是本书的主体，主要解决"是什么"的问题。

第三章　协同学习原理与机制

这部分将前面的模型构建和原则阐释引入实践，具体阐释从教学设计和教学开发方面如何实现支持知识建构的协同学习，提出了支持该模型的教学设计框架，具体阐述了五个场域的设计，其中尤其突出活动开发和环境设计。这部分主要解决"如何做"的问题。

第四章　协同学习技术系统设计

技术制品是设计研究的重要成果，也是教育技术研究的典型特征之一。本章立足于技术的给养作用，通过技术的迭代开发构建了支持协同学习的工具套件，分别支持知识标注、集体思维和合作建构三个学习事件。同时考量不同的学习情境，构建不同技术条件的协同学习环境，进而提出知识环境的概念模型和技术原型。通过采用会话分析，测试其学习可用性，为后续开发和研究应用提供基本依据。

第五章　协同学习设计的映射模型与应用框架

原则的开发和技术的实现为干预框架的建立提供了基础，本章节通过干预的实施，建立了支持知识建构的协同学习设计框架。系统阐述了教学设计转向学习设计的必要性和意义，并从学习设计的角度，具体阐述了协同学习中内容开发、活动开发、场域开发和环境构建的基本路线与策略。

第六章　协同学习实证分析与扩展评价

作为基于设计研究中的评价部分，这部分主要采用实证研究法和评价研究法来考察协同学习及其技术系统中知识建构机制、技术改进以及评估框架。从而为协同学习的下一个循环提供一个新的基点和起点。也为反思和改进协同学习理论和技术系统提供了形成性框架。这部分主要解决"效果如何"的问题。

第 一 章
学习系统的知识时代追溯

要想捕获鲑鱼，你就必须倾听河流的声音。

———爱尔兰古谚

　　"创造性"无疑成为当今教育发展和变革的一个关键词。培养学习者作为一个社会公民的创新能力成为教育的使命。然而，现有教育范型中夹杂有太多工业时代的痕迹，一个最具说服力的因素是不断缩减的知识半衰期。所谓"知识半衰期"指的是从知识的习得到知识的废弃所经历的时间段。今天所知的知识中有一半是十年前所不知的。根据美国培训与信息协会（ASTD）的统计，在近十年中全球知识量增长了一倍，并正在以每18个月翻一番的速度递增[①]。为应对不断缩减的知识半衰期，各组织机构被迫开发新的教学方法。教育中的创新与变革从来就不是一种理论上的热望，国际上对此已有行动。2007年6月24日，由美国国际教育技术协会（ISTE）主办的美国全国教育信息化年会（NECC）上，关注主题就是培养具有创新能力和变革精神的新型人才[②]。这表明创新和变革成为信息时代教育发展的"关键词"，重构信息时代的学习系统框架成为理性的应对。

第一节　知识时代学习的李约瑟难题及其框架指向

一　时代变迁：信息社会迈向知识社会

　　当前正处信息社会到知识社会的转型之中。1962年，日本梅桌忠夫在

---

　　① George Siemens, Connectivism: A learning theory for the digital age, *Instructional Technology & Distance Learning*, Vol. 2, No. 1, January 2005, pp. 3 – 10.

　　② 会议概况参见 ISTE, NETS·S – 2007, http://www.iste.org/。

其《信息产业论》中首先提出"信息社会"的概念。许多社会学家都接受了"信息社会"的概念，如托夫勒在其《第三次浪潮》（1981）中和奈斯比在其《大趋势》中，贝尔（Daniel Bell）还写了一本《信息社会的结构》（1981）。所谓信息社会指信息产业的产值和劳动力在社会总产值和劳动力中的比重超过一半。在社会学家们看来，这种结构的变化将带来许多变化。其中最直接的变化是，随着企业信息化而来的生产自动化和智能化，劳动时间将日益缩短。劳动时间有可能从现在的 2000 多小时缩短到 1000 小时。这意味着每周只工作三天，休闲时间多于工作时间。少数人用少数时间所生产的物质产品就足够供世人享用，多数人的多数时间将用于"生产知识"。

关于信息社会到知识社会的转型，社会学家们关注的是信息生存方式。1959 年美国社会学家贝尔首先提出"后工业社会"的概念，1962 年美国马鲁普（Fritz Machlup）在《知识产业》一书中提出"知识社会"的概念。信息时代和知识时代的区别在于：信息时代，由于信息对每个人来说并不丰富，人们需要不断地获取信息；信息极大丰富后，在知识时代，人们最需要的不再是获取信息，而是不断地整理、分析信息。对于每个人，知识时代的挑战在于每个人能否形成"有别于别人的特征"——拥有别人没有的知识和能力①。联合国教科文组织认同"知识社会"比"信息社会"更加重要，因为"知识社会"更关心人类社会体系的建设，"信息社会"只与技术创新联系紧密，它只关心硬件以及软件的发展②。社会制度的良好变革可以使技术和硬件设施发挥更大的作用。可以说社会变革对于包括教育制度在内的社会制度建设都提出了新的诉求③。

---

① 钟志贤：《面向知识时代的教学设计框架——促进学习者发展》，博士学位论文，华东师范大学，2005 年。在该博士论文的第三章：促进学习者发展：知识时代教学设计的主旨，系统综述了知识时代的典型特征及其对教育的影响。可以参照。

② 新华网巴黎 2003 年 9 月 29 日电（记者杨骏、王敬诚）。

③ 不同领域的学者对于信息社会和知识社会的理解和观点不一。本书比较认同：信息社会和知识社会均属于后工业社会，是一个高度工业化的社会，社会的发展高度依赖的不是物质，而是智力资源，大多数人的工作不是生产商品，而是从事信息工作，价值的增加主要靠知识，它是使人类智能和创造能力普遍开发的一种社会。知识社会的核心是"为了创造和应用人类发展所必需的知识而确定、生产、处理、转化、传播和使用信息的能力"。正如教科文组织在信息社会世界首脑会议第一阶段会议上所强调指出的那样，知识社会的概念比技术和连接概念更加丰富，更加有利于自主化，尽管技术和连接概念常常是人们在讨论信息社会中的中心问题。联合国教科文组织世界报告系列《从信息社会迈向知识社会：建设知识共享的二十一世纪》　（http://www.un.org/chinese/esa/education/knowledgesociety/1.html，2009 - 3 - 3）。

二 知识时代教育的"李约瑟难题":知识的悖论与整观的缺失

21 世纪也被誉为"知识经济"(The knowledge economy)时代,知识经济赋予教育以更新的内涵和地位,教育已成为整个经济发展的全局性基础,它几乎与经济运行和发展息息相关。在时代发展与教育变革的互动中,关于人才需求与教育变革的两难问题应然而现。对于这些两难问题和教育挑战,在 10 年前,美国甲骨文公司的伯尼·特瑞林(Bernie Trilling,1999)提出了工业社会向知识社会转变中的六大基本问题[①],这六个基本问题我们从学习系统的相关属性进行归纳如表 1—1 所示。

表 1—1　　　　　知识时代教育的"李约瑟难题"及其指向

六个基本问题	学习系统指向
(1)这种转换改变了我们社会中的教育的传统目标吗?	重塑学习目标
(2)在知识时代什么对于成功将是必需的?	重建学习技能
(3)关于学习我们掌握了什么或许有益于帮助我们获得这些技能?	重构学习框架
(4)在实践上知识时代的学习看起来像什么?	实用设计框架
(5)我们如何才能从这儿到达那儿——哪种变革策略将是有效的?	学习设计策略
(6)我们如何才能最好应用学习技术来支持这种转变?	学习技术支持

上述六个问题可称为知识时代教育的"李约瑟难题"[②],其实可以归结为两个维度:一是如何学习的目标框架,也就是如何理解知识的学习问

---

① 相关内容可以参见 Trilling, B., Hood, P., Learning, technology and education reform in the knowledge age or 'we're wired, webbed and windowed, now what?' *Educational Technology*, Vol. 39, No. 5 - 6, 1999, pp. 17 - 78. Bernie Trilling. Toward Learning Societies-and the Global Challenges for Learning-with-ICT. 有中译本,《迈向学习型社会——运用 ICT 学习的全球挑战》,《中国电化教育》2005 年第 1 期。

② 英国著名生物化学家李约瑟,曾因胚胎发育的生化研究而取得巨大成就,后来他又以中国科技史研究的杰出贡献成为权威,并在其编著的 15 卷《中国科学技术史》中正式提出了著名的"李约瑟难题":"如果我的中国朋友们在智力上和我完全一样,那为什么像伽利略、托里拆利、斯蒂文、牛顿这样的伟大人物都是欧洲人,而不是中国人或印度人呢?为什么近代科学和科学革命只产生在欧洲呢? ……为什么直到中世纪中国还比欧洲先进,后来却会让欧洲人着了先鞭呢?怎么会产生这样的转变呢?"其实李约瑟一直强调其问题是把双刃的剑。此处作为一种两难问题的隐喻,即在时代变革中教育的发展反而不能适应知识时代对人才和教育的基本需求。

题；二是学习的系统追求问题，也就是培养何种人的问题。下面分别进行阐述。

（一）知识创新的追问

知识时代信息的极大丰富、知识的多种表现方式使得信息与知识之间的接线越来越模糊，知识创新涉及数据、信息、知识和智慧这一组紧密相关的概念及其转换。知识创新产生价值，21世纪需要高柔性、适应性、善学习的人才，需要能够将各种学习技能整合于多学科熟练过程中的创新型人才，需要能够通过批判性思维和创新性思维将信息转化为知识和智慧的创造性人才。知识创新决定价值如表1—2所示。

表1—2　　　　　　　知识创新决定价值：以 iPod 为例①

国别	生产分工	获得价值
美国	整体设计	$229
日本	设计60G硬盘	$67
中国	组装60G硬盘	$3

在信息海洋中，教学过程确实往往造就一大批"信息富翁"与"知识乞丐"。学习其实是一个从数据到信息、知识和智慧的过程，是一个不断情境化（contextualized）的过程，也是一个意义不断生成的过程②，缺乏这一知识建构过程的学习将变得肤浅和无意义。目前甚至还出现了"知识焦虑症"或"信息消化不良症"，就是信息社会人类无奈于铺天盖地而来的信息的产物，它伴随着人的一些身心反应③。十几年前比尔·盖茨提出"信息在你的指尖（Information on your fingertip）"为信息时代的来临揭幕时，他做梦也不会想到，信息过剩的时代也会随之接踵而来。就理解和领会能力而言，头脑中塞满东西和头脑中空空如也同样糟糕。现实是，全人类都患上了严重

① 引自祝智庭《网络核心课程与项目的发展》，《海南三亚》2008年2月25日。
② 钟志贤：《面向知识时代的教学设计框架——促进学习者发展》，博士学位论文，华东师范大学，2004年。
③ 桑标、贡晔：《网络依赖与心理的关系》，《当代青年研究》2001年第5期。也称为"筑波病"，发现于日本筑波，蔓延于全球。适用人群包括科技工作者与脑力劳动者，症状包括寂寞、心理压抑、烦躁不安、恍惚、忧虑、性格孤僻、喜怒无常、思维及判断力下降等，又称"信息消化不良"、"信息过剩综合征"或"信息污染综合征"。

的信息反应不良与信息焦虑症。人们厌恶信息，却又离不开它；想摆脱信息社会，却被缠缚得越来越紧，从而造成了知识学习与个体发展的双重陷阱。

（二）整观教育的诉求

整观教育（Holistic education），也称为全人教育（Whole-person education），是 20 世纪 70 年代从北美兴起的一种以促进人的整体发展为主要目的教育思潮①。全人教育始于 20 世纪以"智力开发"代替幼儿教育的倾向进行了反思。很多国际组织和国家都把发展和振兴幼儿教育作为 21 世纪教育发展的重要任务。注重在全面发展基础上的数量增长和质量提升，而不是单纯的智力开发。整观教育的目标在于：认为教育不是单纯的社会统治的工具，人不是经济利益驱动下的机械个体。教育应更注重人的内在，如情感、创造力、想象力、同情心、好奇心等，尤其要注重自我实现。世界学前教育组织和国际儿童教育协会共同制定的《全球幼儿教育大纲》认为："优秀的幼儿教育课程是针对儿童整个身心健康而设计的，必须考虑儿童的身体状况、认知水平、语文能力、创造能力、社会性与情感的发展状况等"，表明了国际幼儿教育组织注重培养身心健康的"完整儿童"。

关注全人发展的整观教育目标整合了个人本位和社会本位的教育价值取向，强调培养全面发展的人，在一定程度上纠正了 20 世纪六七十年代幼儿教育只重视智力发展的错误倾向，促进了 20 世纪 80 年代以来世界幼儿教育的改革与发展。从性质上看，整观教育发展强调学习者个体的全面发展，注重使个体成为完整的人、成为有尊严和价值的个体，为个体的终身发展奠定基础；从构成上看，整观教育应该包括身体、知识、技能、道

————————

① 关于强调人的整体发展的教育思潮，大致包括整观教育、全人教育、整体性教育（wholistic education）、全方位教育（Life-Wide Learning）等等，有几个相近的词汇需要澄清和理解。不同的术语处于不同的研究立场和重点，但都强调学习的整体性和整观思维的指导。整观思维（holistic thinking）是全人教育共同的思维——整全观（holism），整全观（holism）基本上主张每一样东西都彼此以关系网络互相连接，任何一样变动都会导致连锁反应，无论其变动多么微小，因此应该从［整体］上去追求个人［精神的感性与平和］，而不是片面、零碎的。整体的（wholistic）与全人有关——身体、心智和精神——整体大于部分之和的观念有关。整观的（Holistic）是包含整体的（Wholistic）以及本体是一个相互连接的整体的观念——整体论。实际上关于这样一个概念能否以及是否应该被定义或者以这种方式包含其中也存在争议（John Heron's Model of Holistic Learning，Model of Holistic Learning：the four icons），没有一个关于整体教育的定义。本书使用整观教育来指称，详见本章第五节的阐述。

德、智力、精神、灵魂、创造性等方面的内容，以促进学习者的全面发展。在此教育目标的指导下，很多国家都强调教育内容的全面性，主张把教育内容分为不同的领域，并注重各领域的互相渗透和综合发展。整观教育思维成为知识时代对人才诉求的基本趋势以及创新型人才培养的要求。而这种整观教育的设计与实践必须考虑到学习目标的统整。

三　学习目标的统整：关注 21 世纪学习目标，重建知识创新的目标取向

美国著名作家、未来学家卓利（Andrew Zolli）在 NECC2007 大会主题报告中，根据人口统计学和心理学等领域的相关研究归纳形成了未来教育发展的关键趋势，这些趋势无不表明创新意识与变革精神不仅是学生需要，而且也是教育工作者在从事教学工作的必备品质①。这也为信息时代教育目标的重建提供了思路。传统教育目标重在知识维度而少有关注创新和问题解决，更无法适应工作技能需求。而实际上，近几年国际上多个研究组织就21 世纪的教育和学习目标做了实践导向的规划和设计，如表1—3 所示。

表 1—3　　　　　　　　　面向 21 世纪的教育目标框架

项目	21 世纪学习框架	21 世纪技能：数字时代的素养	学生教育技术能力标准
发布组织	21 世纪技能伙伴（Partnership for 21st century skills, 2002, 2007）	中北地区教育实验室（NCREL, 2003）	国际教育技术学会（ISTE, 2007）
目标维度	●生活和职业能力 ●学习和创新能力 ●信息、媒体和技术能力 ●核心学科和主题	●数字时代素养 ●创造性思维 ●有效沟通能力 ●高效能工作	●创新与变革 ●交流与协作 ●熟练运用信息开展研究 ●批判性思维、解决问题与决策 ●数字化时代公民的职责与权力 ●技术操作与概念

---

① Andrew Zolli, "Creativity and Innovation", http：//center. uoregon. edu/ISTE/NECC2007，2008 – 10 – 11.

各个教育目标框架的维度表明，公众应该认识到当今的学习者必须掌握 21 世纪能力；学校必须依据对人是如何学习的、如何有效利用新技术以及如何结合学科发展 21 世纪能力等新认识来重新设计学习活动；政策制定者必须结合学业成绩与 21 世纪能力对学校进行督促考核。尤其值得一提的是新世纪技能联盟（Partnership for 21st century skills）所开发的教育目标框架，他们定义出 21 世纪工作者解决问题必备的几种基本能力：团队合作、判断信息、运用科技及国际观，经过十年推广，美国已经出现一种为适应未来设计的"新科技高中"（New Technology High School），不给标准答案，专门培养学生独立思考与解决问题[①]。

国内专家学者也对知识时代的个体发展和学习目标提出了自己的观点。祝智庭教授（2000）认为，适应知识时代需求的人才是创新人才。现代创新人才应该既有自主意识又有合作精神，这意味着需要个体主义和群体主义相综合的创新教育文化。创新人才应该具备基础性思维、批判性思维和创造性思维。这三类思维的整合形成复合思维过程（对接受的、重组的、生成的知识进行目标指向的整合），具备较大的创造潜能[②]。钟志贤教授（2005）基于国内外关于知识时代人才素质的研究，提出了知识时代对人才素质要求的偏向模型[③]，认为知识时代在不忽视人才的基本素养（读写算能力）的前提下，比较强调人才的创新能力、决策能力、批判性思维能力、信息素养、团队协作能力、兼容能力、获取隐性知识的能力、自我管理和可持续发展九大能力。这些能力是相互关联、相互作用的，应当体现在课程与教学设计之中。

知识时代对人才素质的要求往往映射到教育中的学习目标体系。从这些研究结果中，都针对性地强调知识时代所需求的知识创新能力，具体包括信息素养、团队协作、自主能力等。在以往的教学中，我们通常注重的是接受的知识和小部分重组的知识，对重组的知识、生成的知识以及整合

──────────

① "21st Century Skill: Literacy in the Digital Age", http://www.ncrel.org/engauge/skills/12/12/2008.

② 祝智庭：《信息技术与创新教育：技术哲学观的透视》，参见丁钢主编《创新：新世纪教育使命》，教育科学出版社 1999 年版。

③ 钟志贤：《面向知识时代的教学设计框架——促进学习者发展》，博士学位论文，华东师范大学，2004 年。

的知识重视不够。知识时代要求人才的培养比以往更加重视后者的学习。

四　学习系统的重建：提倡能力本位学习，重构整观教育的价值框架

21 世纪的教育目标与以往的教育目标存在很大的不同。因此，如何利用信息技术促进教育变革实现创新的教育目标便成为一个至关重要的实践问题。也就是说，面对这个复杂时代，学习系统本身该有什么改变？适应知识时代需求的学习系统，与传统的学习系统存在本质的不同。传统的学习系统主要表现为以教师为中心的教学、单一感官刺激、单方面进步、单一媒体、孤立研究、信息传递、被动学习、基于事实/知识的学习、反射性反应、孤立的人造的内容等。新型学习系统的本质特点是融入了新的学习策略的环境：以学生为中心的教学、多重感官刺激、多方面进步、多媒体、合作研究、信息交流、主动的/探究的/基于提问的学习、批判性思考并根据信息决策、主动的/有计划的行动、真实的/现实的内容等。这种学习系统强调个体的知识创新能力，"在信息超载的时代，学生必须学会分析数据的质量，懂得如何解释这些数据的意义"，注重个体的问题解决能力，尊重个体的整体协调发展。这种学习系统是以技术—活动为支撑的丰富的学习环境，能够应用所学进行知识创新，运用知识技巧解决现实生活中的实际问题，达成知行合一、情意协同的整观教育目标，促进个体协调发展，实现创新性学习①。

《时代》（Time）杂志曾指出，教育中最重要的是"教学生如何解决问题的能力"，是运用知识解决各种不同的新挑战，提倡能力本位的学习和教育。主持新科技高中计划的新科技基金会（New Technology Foundation）主席帕尔曼（Bob Pearlman）指出，跨越不同学科的新课题，正成为美国高中训练未来工作者的新方法②。例如，在美国密执安州的亨利福特高中（Henryford Academy），正在实验一种混合化学、地球科学、企管和设计的新学问。一群十年级学生，在老师带领下，先读完一篇描述耐克（Nike）公司如何让产品减轻环境污染的文章，接着学生分组，挑选一种

---

① 钟志贤：《面向知识时代的教学设计框架——促进学习者发展》，博士学位论文，华东师范大学，2004 年。

② Bob Pearlman, Designing and Making: The New American High School, http://www.newtechfoundation.org/press_articles/02_03_Technos.pdf, 2008-09-22.

消费性产品，分析这种产品对环境的影响，接着要在不影响产品价值的情况下，找出减轻产品对环境影响的新方法。笔者觉得在教室里提供客制化教材的科技，追踪小孩的学习状况，是非常大的进步。

　　无论是从 21 世纪教育目标的革新出发，还是考虑信息技术对教育的系统变革功效，开发一种支持知识创新和能力本位学习模式的学习系统成为必要，其实早在 1997 年，荷兰开放大学教育专长研究中心的克施纳就提出应该为学习者创设一种发展能力的学习环境，这种环境由"研究环境、任务环境和知识环境"构筑而成①。可以看出，该架构与本书提出的新型学习系统竟如此有不谋而合之意，表明这一研究的价值和趋势。在着手构建新型的学习系统之前，有必要从多个视角对学习系统中及其要素与功能要素进行剖析②，包括知识创新、教学互动、知识建构、认知记忆等，从而为新型学习系统的构建提供一种广博的基础和多维的架构。

第二节　从数据到智慧：知识创新的多维构面剖析

　　知识及其习得一直是任何学习系统的核心要素与问题。众多专家学者提出了学习革新的知识论基础（吴刚，2004，2008；石中英，2002；Simence，2007；Downs，2008），然而究竟什么是知识，以及知识如何习得却是一个复杂的问题。知识的本质在于它是一个动态变化和发展的过程。信息只有经过大脑加工才能成为知识；知识是思考和体验的结果；知识存在于同其他人的交互作用之中。正如爱因斯坦曾说的那样："知识源于人的体验，除此之外的所有其他只能称为信息。"③ 数据、信息、知识和智慧之间的关联与转换不仅仅是知识管理领域所面临的问题，也是教育教学设计所需要考虑的问题。

---

　　①　Kenschner，P.，Van Vilsteren，P.，Hummel，H. & Wigman，M.，The design of a study environment for acquiring academic and professional competence，*Studies in Higher Education*，Vol. 22，No. 2，1997，pp. 151 – 172，Taylor & Francis Ltd，http：//www. tandf. co. uk/journals，2008 – 10 – 11.

　　②　王佑镁、祝智庭：《学习系统的知识时代回溯及其协同学习模型构建》，《教育研究》2012 年第 6 期。

　　③　Knowledge is experience，Everything else is just information. 转引自 Richard McDermott，Knowing is a human act，*Informatik/Informatique*，No. 1，2002。

一　知识及其连续体

（一）信息与知识

信息本身只是未经加工的数据，是创造知识的原材料。所以说，信息很可能是"非知识"。互联网在这方面提供了特别有力的证明：据估算，互联网上的信息有半数是完全失实的或不准确的。网络还方便了谣言的流传。不过，把信息转化为知识要求经过思索和判断，并不只是核对事实。这就需要具备一定的认知能力、批判能力和理论能力，这些能力的发展正是知识社会追求的目标。如果说人们可能被信息淹没的话，那么知识正是能够让人"在思想中辨别方向"的东西。

知识与信息之间存在相互的转化。如果只看从信息到知识的转化过程的话，知识与信息的这种区分还是相当简单的。然而，尽管信息是一种未经加工的数据，但信息本身也是一种活动的产物，是活动使之成为信息，是信息的定形或打包使之变得可操作、可传送、可消费。这种活动既可对知识范畴的信息实施，也可对非知识范畴的信息实施。所以，区分知识与信息还应当考虑把知识"定形"为信息的过程（用当代流行的说法就是知识的"信息化"过程）。这个过程赋予知识有形性，使之更具操作性，更便于处理。这就是生产新知识的方式。信息是人们通过适当处理加以转化的东西，而知识是人们生产的东西，知识的生产总是建立在对信息的了解和转化上。正是信息的一种转化形式导致了知识的生产，而知识本身又被转化成信息以便能够加以处理并生产新知识，能够在知识生产中提高生产率的革新就发生在这一"合理的循环"中。

（二）知识连续体

知识连续体指的是数据、信息、知识和智慧四者间的关系，如图1—1所示。Allee（1997）为说明数据、信息、知识和智慧四者间的关系曾经举过一个实例①：

> 我欣赏一幅画，知道了画家的名字（一些数据）。后来，我了解
> 到这个艺术家是一个法国印象派画家（现在我有了一些信息）。我很

---

① 转引自 Hill, J. & M. Hannafin, Teaching and learning in digital environments: The resurgence of resource-based learning, *ETR&D*, Vol. 49, No. 3, 2001, p. 38。

喜欢这种画派的风格，于是我开始研习其他印象派画家，并了解到他们生活和工作中的一些情况（现在我有了关于法国印象派画家的知识）。在此基础上，我进一步研习他们所处的时代背景，以及他们如何在绘画中表现独特的政治和艺术观点，特别是与他们的时代和文化相关的观点（我在探索艺术的意义／智慧），要进行知识管理必须明确知识的含义。

一般说来，数据、信息、知识和智慧之间是一种递进的关系，是一种精制化、凝练化的过程。前者是后者的基础，只有先掌握前者，才能获得后者。数据是信息的基础，信息是知识的基础，而知识是智慧的基础。智慧是处理知识的手段，知识是处理信息的手段。认识知识连续体的存在对于教学和学习具有重要的意义。尤其是在今天这个信息激增的时代，学习者很容易迷失在信息的海洋里。知识连续体 DIKW 示意如图 1—1 所示。

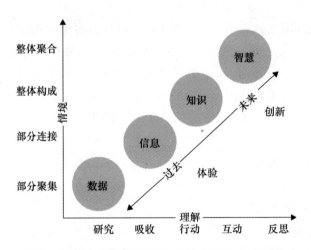

图 1—1　知识连续体 DIKW 示意图（Clark，2004）

二　学习情境中的知识多维度构面

（一）学习情境中的知识

知识教学始终是课堂教学的核心任务。可是，什么是知识？什么是知识教学？"什么知识最有价值？"这是教育学中的一个经典问题。怎样看待知识，即具有怎样的知识观，决定了教授什么知识和怎样教授知识，也就具有怎样的知识教育观。

在传统上，在几乎所有的词典和百科全书中，知识都被解释为对经验、事实、规则等的认识和描述。这就建立起这样一些基本信念，即知识具有确定性、唯一性、静止性等，这是从静态的维度看待知识所必然得出的结论。但若从动态的维度看待知识，就会发现，知识不仅是认识的结果，更是认识的过程；知识不仅是对事实、概念的系统描述，更是获得知识的方法。如果从这样的知识观出发，那么让学生掌握确定的事实、系统的概念就不再是我们教学的主要目的，换句话说，知识的教学只能作为认识事物的本质、训练思维能力、掌握学习方法的一种手段。

传统的教育虽标称传授知识，但真正对学习者有意义的知识传授过程所占比例很少，绝大部分的时间都不过是在传递数据或信息而已。学习者虽然掌握了大量的数据与信息，却很难形成基于自身独特体验的知识。这也可以说明为什么毕业生走出校门之后，经常发现自己所接受的学校教育无用。钟启泉援引卡西尔的话指出："一部人类理智的发展史在某种意义上就是不断探究世界本质和知识本质的历史。……知识不是游离于认识主体之外的纯粹客观的东西；学习过程也不是打开'知识百宝箱'向学生移植信息那么简单机械。学习乃是学生建构他们自身对于客体的理解，亦即知识是由学习者主动建构的。倘若没有学生积极地参与他们自身的知识表达，学习就不存在。"[①] 可谓一语道破了知识与学习二者之间的关系问题。

事实上，由于知识就其本质来说乃是源自于人的体验，脱离了个人的体验（不管这种体验是直接的还是间接的），就不能构成对个体来说有用的知识。就学校教育来讲，教材中所记载的是前人已经积累起来的经验，对前人来说，可以被称为知识。但对学习者来说，如果不能把书中所记载的内容转化为自身的理解和认识，那么就只能被视为信息。所以知识必须通过学习者的内在和外在体验来获得，通过学习者的主观活动来建构。教育者必须把握知识与学习之间的关系，使学生的学习真正获得知识的结果。

（二）知识的多维属性

学习情境中的知识观有赖于知识的多维属性。可以分辨从本体属性、

① 钟启泉：《概念重建与我国课程创新——与〈认真对待"轻视知识"的教育思潮〉作者商榷》，《北京大学教育评论》2005 年第 1 期。

表现特性、境脉属性、结构特性、默会特性和行动特征加以分析，各个特性的认识都对教学具有启发意义①。

1. 知识的本体属性

具体为知识的个体性与群体性/社会性/公共性。个人与社会是知识的一个十分重要的维度。前者将知识看作居于个体内部的，而后者则认为知识是内含在群体、团队或共同体中的。知识的这一维度正是通过个人与社会之间表现为互动、中介、转化等的张力形式构建一个完整的、发展的知识观。在建构主义的连续体中，激进建构主义正是从个人的角度接近学习和认识的，重点描述的是个人方面的心理。社会取向的建构主义理论强调了知识的社会本质，由此，强调"学习是知识的社会协商"的有关学习的新的隐喻正在这些理论框架中形成，相应的有关建立"学习共同体"、"学习者共同体"的新的教学隐喻也已呈现并受到关注②。

2. 知识的表现特性

最为典型的就是联合国国际经济合作发展组织 OECD 的《以知识为基础的经济》一书中将知识分成以下几类：知道是什么的知识（Know-what），即关于事实的知识；知道为什么的知识（Know-why），即指自然原理和客观规律方面的知识；知道怎样做的知识（Know-how），即关于技能和诀窍方面的知识；知道是谁的知识（Know-who），即人力资源方面的知识。

认知心理学的知识分类观，一般区分知识的表现形式为三种：认知心理学家安德森（Anderson，1983，1990）认为：通过信息加工，人们获得两类知识：陈述性知识（declarative knowledge）和程序性知识（procedur-

---

① 对知识的不同理解，不同分类方法，构成了理解现在世界的一种方式。按照亚里士多德的分类方法，他把知识分为：理论的知识（数学、自然科学、形而上学）、实践的知识（伦理、政治、经济和修辞学）和创造的知识（诗学），这种分类方法假定了理论的知识是一切知识之源，这种分类方法，伴随着的重要思想包括：对文本的阐释、理解的传统。按照福柯的分类方法，他是把从文艺复兴到现代的知识类型分为了三个不同的阶段，并且这三个不同的阶段都发生了一定的断裂。比如文艺复兴时期是"神圣代码的时代"，任何事物彼此都存在着一种相似和呼应，知识是"上帝写下的一部大书"，到了古典时期，"测量表"时期出现了，比如各类周期表，比如我们观察到的各类地图，然后到了现代，"人"的时期到来了，人的功能取代了另两个时期。这些分类方法属于哲学和知识社会学层次，此暂不作讨论。

② ［美］L. 斯特弗：《教育中的建构主义》，高文、徐斌艳、程可拉等译，华东师范大学出版社 2002 年版。

al knowledge）。陈述性知识是关于"是什么"的知识，即有关事物及其关系的知识，包括各种事实、概念、原则和理论等。程序性知识是关于"如何做"的知识，即有关完成某项任务的行为或操作步骤的知识，包括一切为了进行信息转换活动而采取的具体操作程序和从事这种活动的技能。也有学者增加了策略性知识这一维度，美国心理学家梅耶（R. E. Mayer，1987）提出，知识包括三类，除陈述性知识、程序性知识外，还有一类策略性知识。策略性知识（strategic knowledge）是关于如何学习、如何感知、如何记忆、如何思维等方面的知识，即有关学习策略或认知策略等方面的知识。可见，策略性知识属于程序性知识中的一部分。策略性知识的单独提出有助于进一步认识智力的本质以及如何培养智力的问题。

在目标分类体系新修订中，研究者将布卢姆原有分类中"知识"类别中的具体指标单列为一个维度，同时依据教育心理学研究的新进展，增加了元认知知识。所以，修订分类中的知识维度有四种水平，依次是事实性知识、概念性知识、程序性知识和元认知知识，具体共有 11 种子类别。事实性知识（factual knowledge）是学习者在掌握某一学科或解决问题时必须知道的基本要素。概念性知识（conceptual knowledge）是指一个整体结构中基本要素之间的关系，表明某一个学科领域的知识是如何加以组织的，如何发生内在联系的，如何体现出系统一致的方式，等等。程序性知识是"如何做事的知识"，"做事"可以是形成一个简单易行的常规联系，也可以是解答一个新颖别致的问题。程序性知识通常采用一组有序的步骤，它包括了技能、算法、技巧和方法的知识，统称为"程序"，程序性知识还包括了运用标准确定何时何地运用程序的知识。如果说"事实性知识"和"概念性知识"代表着"什么"类知识，程序性知识则关注"如何"类知识。换言之，前者关注"结果"，后者看重"过程"。同元认知知识（metacognitive knowledge）不同，程序性知识一般都是同具体学科挂钩的，当然也反映了具体学科的思维方式。也就是说，科学学科的程序性知识和社会学科的程序性知识相去甚远，两者之间可迁移性甚少。元认知知识是关于一般的认知知识和自我认知的知识。虽然不同的研究者观点各异，术语有别（如元认知意识、自我意识、自我反思、自我调节等），但是都强调了元认知知识在学习者成长以及发挥其主动性中的地位。

3. 知识的境脉属性

具体为知识的情境性与去情境性。关注知识的情境性是揭示知识本质的一个新视角。为此，必须给予有关学习的情境理论以高度关注。有关知识、学习、理解的情境性研究是多视角的，其中包括以莱夫、温格为代表的人类学的视角，以布朗、柯林斯和杜吉德（Brown，Cillins & Duguid）为代表的心理学的视角以及以格里诺（Greeno）等为代表的知识情境观。情境理论都强调认知与学习的交互特性和实践的重要性，这一切都为研究和理解学习的社会、历史、文化的本质开辟了新路。在情境理论中，心理学取向的情境理论十分关注改革学校情境下的学习，因此特别注意达到特定的学习目标和学会特定的内容，其研究重点是真实的学习活动中的情境化，中心问题就是创建实习场，在这个实习场中，学生遇到的问题和进行的实践与今后校外所遇到的是一致的。人类学视角的情境学习与认知理念则不同，它不是把知识作为心理内容的表征，而是把知识视为个人和社会或物理情境之间联系的属性以及互动的产物，所以将研究学习的焦点移至实践共同体中学习者社会参与的特征，从而将"实践共同体"的建构视作教学的新隐喻。

4. 知识的结构特性

具体为知识的良构型和劣构型，也表现为知识的复杂性。长期以来，人们并不区分信息与知识，因此常常混淆了稳定的、自足的、结构良好的和客观的信息与不稳定的、结构不良的和主观的知识。与客观的、相对稳定的、结构良好的信息概念不同，知识总是和认知者相关，与认知者在特定情境中孜孜不倦的未知过程相联系，知识总是包括认知者对真理的质疑、对知识的渴求、对知识的建构与理解以及所有这一切发生的情境脉络。因此，知识是主观的、不稳定的、结构不良的，是与其形成的情境脉络紧密联系的，知识难于直接访取或传递给他人。这样就从简单的知识概念进入更为复杂的知识概念。复杂知识的主要特征就是结构的开放性、不良性、知识的建构性、协商性和情境。根据知识的复杂性，知识是不可能以现成的、孤立的方式掌握的，掌握这种复杂知识就需要掌握组织成系统形式的知识的不同方面。复杂知识运用的不规则性也要求比算法更多的应用方法。知识的这种复杂性来源于我们所面对的并作为一员生活在其中的世界的复杂性与普遍联系性，以及作为认知者的每一个人的认知建构物的独特性。

斯皮罗提出的认知灵活性理论中，知识被确定地划分为良构领域的知识和非良构领域的知识，所谓良构领域的知识，是指有关某一主题的事实、概念、规则和原理。它们是以一定的层次结构组织在一起，即有良好的组织，教师只要讲清它们之间的相互联系，学生就不难掌握了。非良构领域的知识则是将良构领域的知识应用于具体问题情景中时产生的知识，即有关概念应用的知识。非良构领域的知识具有以下两大特性：（1）概念的复杂性，知识应用的每一个实例，都同时涉及许多概念，这些概念都有其自身的复杂性，而且，这些概念存在着相互作用与影响。（2）实例的不规则性，每个实例所涉及概念的数量和种类不同，而且，这些概念的地位、作用以及相互作用的方式也不尽相同。

5. 知识的传播特性

具体表现为外显知识（explicit knowledge）和内隐知识（tacit knowledge）（波兰尼，1956）。所谓外显知识又称为"明确知识"、"明言知识"或"言名知识"等，指的是："用书面文字、图标和数学公式表示的知识。"内隐知识有称为"缄默知识"、"默会知识"、"默然知识"等，指的是："尚未被言语或者其他形式表述的知识，譬如，我们在做某事的行动中拥有的知识。"一个很著名的例子就是："我们能在成千上万张脸中认出某一个人的脸。但是，在通常情况下，我们却说不出我们是怎样认出这张脸的"，而这种能认出某张脸的知识就是内隐知识。显然外显知识和内隐知识是根据知识的可传递的程度来划分的。用文字、图标和数学公式来表示的知识是比较容易传递的，而隐性知识没有用一些显性的工具来表示，往往需要默会，因而是不易传递的。

由前面的分类交叉分析可知，知道是什么的知识和知道为什么的知识是可以通过读书、看报或数据库存查询等途径获得，属于外显知识，如产品设计方案、说明书、科学研究报告等等。知道怎样做的知识和知道是谁的知识由于是难以编码和度量的，也被认为是内隐知识，内隐知识存在于个体的大脑中，是难以表达或无法表达的具有高度个性化的知识，人们拥有的经验通常是内隐知识。由于个体或组织的文化、思维方式和习惯存在差异，因而这类内隐知识是知识创新的重要来源。

6. 知识的活动特征

作为波兰尼两种知识结构基础的，是他对人的觉察和活动的分类。（1）觉察连续统一体。人对一个事物的认识觉察可以分为两类：一类是

"集中的觉察"（Focal Awareness），一类是"附带的觉察"（Subsidiary Awareness）。例如：听一个人的讲话，我们的注意力集中在话的意义上，所以集中觉察的是讲话的含义，但同时，我们显然听到了讲话单词、语音、声调，这是一些我们没有专门注意但附带觉察到了的东西。集中觉察和附带觉察在人的认识中成对出现，组成了"觉察连续统一体"的两个极。（2）活动连续统一体。波兰尼把人的活动分为两种：概念化（Conceptual）活动（要借助语言）和具身化（Embodiment）活动（属非语言行为）。比如：讲演、讨论等是前者；技艺表演、球类比赛等是后者。概念化活动和身体化活动在人的活动中成对出现，组成了"活动连续统一体"的两个极。

把以上两个连续统一体联系起来考虑，结果产生了第三个连续统一体：知识连续统一体即当"集中觉察"和"概念化活动"相联系时，产生了"言传知识"；当"附带觉察"和"身体化活动"相联系时，产生了"意会的知识"。"知识连续统一体"是由言传和意会为两极组成的连续统一体。由此波兰尼给出了一个完整的由言传认知和意会认知组成的认识论结构，确立了意会认识与言传认识平等的地位。这一结构我们称为知识的活动特征，波兰尼的研究表明，知识的建构是一个整体化的连续体，包括从觉察到行动的序列。

（三）知识的三个层面

豪维尔（2001）将新经济体系下的知识分为三个层面[①]，这三个层面并非各自独立，而是相互依存，成为一个整体。知识第一个层面的特点表现为重复运用一个概念或重复一个操作。这一层面涉及的是阶段性知识，它在旧的经济体系里占有主导地位。知识的第二个层面是解决问题。它是建立在第一个层面上的，但是需要更深层次地去理解它。解决问题需要考虑问题是在什么情况下产生的，问题的解决必须与这些情况相结合，而且还要考虑到可能会产生的例外。在新的全球经济里，处在这一阶段的知识型工人是最庞大的一个群体。因此，教育工作者必须为这个群体创造一个学习环境，来帮助他们提高有效解决问题的能力，拥有一个轻松、快乐、自由的思维是解决问题的先决条件。知识的第三个层面是设计和创造。

---

① ［美］多拉·豪维尔：《批判性思维和创造性思维——推动知识社会前进的主要动力》，王爽译，《全球教育展望》2001年第12期。

它包括了前面的两个层面，但已扩展到运用系统知识来解决未知问题，并且创造新的知识。处于这个层次的知识型工人在新的全球经济中占的比例最小。以此为框架来对比分析前述知识的分类体系（包括一些未列举的分类），可以看出，此三层框架具有很强兼容性和层次感，如表1—4所示。

表1—4　　　　　　　　比较不同学习理论的知识观（认识论）

知识层次		层次一：概念知识	层次二：问题解决	层次三：知识创新	贡献者
关注重点		记忆、储存	实践、活动	行动、创造	
知识的多维属性	本体属性	个体知识	社会知识 公共知识		
	表现特性	Know-what	Know-why	Know-who Know-how	OECD（1996）
	加工属性	陈述性知识	程序性知识	策略性知识	安德森（1983，1990） 梅耶（1987）
	目标维度	事实性知识概念性知识	程序性知识	元认知知识	布鲁姆（1956）
	境脉属性	去情境性知识	情境性知识	情境性知识	布朗、柯林斯和杜吉德（1997）、格里诺（1998）
	结构特性	良构知识	劣构知识	劣构知识	乔纳森（1992）
	缄默属性	外显知识	内隐知识	缄默知识	波兰尼（1957）
	活动特征	概念化知识	活动化知识	身体化知识	波兰尼（1957）
	知识类型	记忆性知识	建构性知识	创新性知识	

表1—4虽然对比和归纳了不同知识分类对应的框架关系，但是对于教学和学习而言，仍然缺乏必要的适应性和操作性。进一步来理解，从学习理论发展来看，行为主义认为学习就是在刺激与反应之间建立连接的过

程，任何的知识都是可以习得的；建构主义认为知识是个体依据自己的经验对外界的主观建构。他们都认为知识是客观存在的，学习是可以获得的。不同的建构主义在建构的社会化的程度上不一，但均强调知识的协作性与社会性建构。但上述两大体系均为涉及新知识的建构——课堂中的知识创新，那么对应第三层次，知识创新应该称为一个层次的追求，而实际上，知识建构（Knowledge Building）理论强调的正是基于此层面的知识创新。因此，可以进一步从知识的操作层面归结为知识的三个层面，分别为：记忆性知识、建构性知识、创新性知识。

三　追问：知识的动力学特质与新型知识观

（一）知识抑或信息

厘清"知识"与信息（或内容）的差异对于教学非常重要。日常教学中常常关注信息而非知识，混同于信息的知识只能被看作简单知识。持简单知识观就是把知识看成是可以以某种方式记录下来，以某种形式捕捉到，可以积累、储存和分配，因此，知识是可以分割的，可以用语言和符号方式明示的，可以打包并加以传递的。据此，教学就是对这种简单知识的传递、传授、传播，而学习就是通过对所教知识的复制与同化来获得知识。然而，知识实际上要比信息复杂得多。

美国佛罗里达国际大学教授豪恩斯坦（A. Dean Hauenstein，1998）认为，教学首先应从厘清"知识"与信息或内容的差异开始。他认为，"信息"是人类已经传承下来的知识总体，也就是说能够在图书馆、媒体中心、博物馆、互联网、书面文件及别人的头脑中找到的东西。"内容"则是依据特定的学科或主题经挑选的部分信息。信息与内容都是外在的东西，而知识则是学习者内在的品质。教科书中呈现的内容或互联网下载的信息都不能算是知识，除非经过学习者阅读、收看、倾听等方式来把握要点、理解意义、形成识见之后，才可能发生由信息或内容向知识的转化①。

---

①　A. Dean Hauenstein, *A Conceptual Framework for Educational Objectives: A Holistic Approach to traditional taxonomies*, University Press of America. , pp. 96 - 100；转引自马兰、盛群力《教育目标分类新架构——豪恩斯坦教学系统观与目标分类整合模式述评》，《中国电化教育》2005 年第 7 期。

在布卢姆的分类中，"知识"实际上是学习者以"记忆"的方式获取的知识的各种形式，如"具体事物的知识，方法手段知识，普遍原理知识"等等，但是，他忽略了获得及生成知识的行为方式。按照豪恩斯坦的观点，信息或知识的差别在于：信息是别人内化的知识；知识是自己内化的信息。信息是输入，知识则在某种意义上来说是输出。因此，在豪恩斯坦看来，我们应该将"知识"看成是一种求知的行为方式（a behavioral form as knowing）。"拥有"（possession）信息不是一种智能行为，只有"掌握"（acquiring）知识才真正体现了智能的本义，即能够有效地应用知识并表现出业绩行为上的娴熟性①。

（二）智慧的缺席

教学中关注的是信息与知识的传播问题，而漠视智慧的提升。这种漠视除了教育观念的差异之外，还由于对智慧的界定存在含糊。智慧可以看作为行动中的知识，智慧可以定义为正确判断事物的能力，明智地解决与生活行为有关问题的能力。在全球知识经济当中，智慧对于一个成功的可持续发展的社会将尤为重要。我们在学校里培养成的辨别判断能力和对不断产生的新的知识的感知能力将伴随我们终生。我们以如下的片段来区分知识与智慧：

> 在去亚洲的途中，一位西方学者拜访了一位智者，这位智者问他想知道什么，他说他想知道怎样才能获得智慧。智者点点头，举起茶壶，将水倒在客人的茶杯里，小茶杯里的水很快溢了出来，可是主人没有停下来，一直将茶壶倒干了。和其他寓言故事一样，这个故事有许多寓意，我想告诉你们的是：在你想学到更多的知识之前，必须忘掉旧的知识，你必须清空头脑，为新的想法留下空间。对于我来说，这层寓意是创造性思维的必要条件，即清空头脑为新的想法留下空间。在以知识为基础的社会里，创造性是最高层次的知识。这个故事

---

① A. Dean Hauenstein, *A Conceptual Framework for Educational Objectives*：*A Holistic Approach to traditional taxonomies*, University Press of America, pp. 96 – 100；转引自马兰、盛群力《教育目标分类新架构——豪恩斯坦教学系统观与目标分类整合模式述评》，《中国电化教育》2005 年第 7 期。

还告诉我们，受过教育的人应该孜孜不倦地学习知识与智慧之间的区别①。

信息可理解为简单的知识，是客观的，可以从一个人传递给另一个人，而真正意义上的知识是复杂的，与个体的经验密切相关，需要学习者投入经验、展开求知过程和进行意义的建构，从数据到信息、知识和智慧，是一个学习者经验投入、理解力不断扩展/加深的过程，是一个不断情境化和提升远迁移学习能力的过程，是个体知识不断内化、转化和智慧不断凝练的过程，如图1—2所示②。

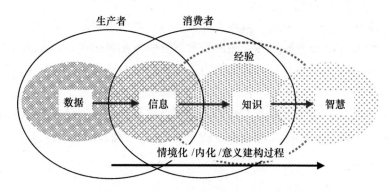

图1—2　从数据到信息、知识和智慧的发展过程（引自钟志贤，2005）

（三）知识创新的动力学属性

通过上述分析，不仅发现知识的多构面特质，而且发现了知识的连续统特质。这些成果为学习情境中的知识操作框架提供了坚实的基础。教学实践是一个实用的层面，必须在理论与实践之间构建一个中介性的动力学特质的框架，使得课堂上的知识教学符合知识的特性，也满足学习的需要。综合上述看法，进一步提出适应课堂教学的实用层次模型，如表1—5所示。

---

① ［美］多拉·豪维尔：《批判性思维和创造性思维——推动知识社会前进的主要动力》，王爽译，《全球教育展望》2001年第12期。

② 本图设计参考［美］R. 沃尔曼《信息饥渴——信息选取》，李银胜等译，《表达与透析》，电子工业出版社2001年版，第35页。

比较项目	层次一	层次二	层次三
知识属性	记忆性知识	建构性知识	创新性知识
学习隐喻	知识习得	知识构建	知识创新
生成机制	大脑习得	协作建构	实践创造
知识特征	记忆	参与	创新
实用层次	习得中的知识	协作中的知识	行动中的知识

表1—5　　　　　　　　　　知识分类的实用层次

　　在该框架中，依据知识动力学机制，建立了知识在实用操作层面的三层次模型，每个层次都是基于下一层次的提升和完善，达成知识创新和智慧生成。关于前两个层面，钟启泉（2005）指出，新课程的"知识观"应当强调知识的经验基础、建构过程及协同本质①，强调知识的经验基础表明某种概念的确立必须建筑在具体的经验（亦即体验）之上，否则，其意义是空洞的。强调知识的建构过程。表明知识建构并非由外界原封不动地灌输到一个人的头脑之中，而是由个人不断地组织其经验而得。强调知识的协同本质提出了"协同的知识"，这里的"协同"意味着人际之间的多向的持续的沟通过程。

　　关于知识的第三个层面。众所周知，知识作为是人们在改造世界的实践中所获得的认识和经验的总和。广义的知识创新泛指对知识的创造性、新颖性变革。在学习过程中表现为知识连续体的转换过程，尤其是作为行动中的知识—智慧的生成。"行动中的知识"正成为一种新的知识观，这预示着知识—社会一体化趋势的到来。这对以学校为中心的传统知识整合方式产生了挑战。由于学校在知识社会化中的特殊作用，"行动中的知识"日益要求把学校、课堂作为学生知识整合、创新和传播的平台。

　　行动中的知识可以从哲学层面和实践层面来进行探讨。在哲学层面，自20世纪西方知识研究的社会转向以来，人类的知识观念发生了根本性的变革。当代认识论超越了传统理性主义对知识的非人化、抽象化、绝对化的理解，把考察知识的视角转向人的生活、人与人的关系和人生活其间的社会。这最早开始于卡尔·曼海姆（Karl Manheim，1897—1947）等对

---

　　①　钟启泉：《概念重建与我国课程创新——与〈认真对待"轻视知识"的教育思潮〉作者商榷》，《北京大学教育评论》2005年第1期。

知识与社会关系的考察，进而创建了知识社会学。但这种知识社会学是把科学知识排除在外的。至 20 世纪八九十年代，科学知识社会学（SSK）把科学知识也纳入了社会研究的范围之内，认为科学事实完全是一种社会的建构，是实验室、企业、政府、公众及社会环境等共同建构的结果，"科学是一种介入性的实践活动而不只是对世界的表象"。当前科学的文化研究转向虽然反对对科学的相对主义解释，但继续强化了对科学的社会实践性解释。由此，整个知识领域发生了根本性的变革。这里可以用社会建构论实验室研究的开创者拉图尔（B. Latour）的"行动中的科学"（science in action，1987）来概括当前知识观方面这种深层次的变革，即"行动中的知识"[①]。它意味着知识由"静态的客观表象"向"动态的实践过程"的转变，由"既成的知识"（Know That）向"生成中的知识"（Know How）转变。在实践层面，也得到其相关研究的支持，比如 De Jong 和 Fergusson-Hessler（1996）提出"使用中的知识"（knowledge-in-use）[②]，即从基于问题解决的任务所需的各种知识的角度，以任务完成过程作为鉴别相关知识的基础，"这种新的知识观意味着知识不再或不仅仅是观念性存在，而是实践性存在，拥有知识意味着拥有实践能力，特别是创新能力"。

因此，不论是从哲学层面还是实践层面来看，新的变化都标志着"行动中的知识"的到来。应该说，从知识社会学到科学知识社会学，从工业时代到知识经济时代，这种"行动中的知识"本质上是知识—社会一体化的产物。这种一体化正如科学人类学所说的。知识的建构完全是一个社会过程。而社会也在一定程度上是知识建构的结果。两者具有内在的一致性，两者相互作用才能保证知识的实践性、动态性和生命力，从而才能进一步保证整个社会的永续性和生命力。

因此，在知识时代需要形成新型的知识观和知识创新观：（1）知识是指一种活动，而不是一个具体的对象；是交互的一种状态，不是事实。（2）知识总是基于情境的，而不是抽象的。（3）知识是个体与环境交互

---

① 冯小素、潘正权：《行动中的知识——企业作为知识整合的中心》，《科学学与科学技术管理》2004 年第 6 期。

② De Jong, T. & Fergusson-Hessler, M. G. M., Types and qualities of knowledge, *Educational Psychologist*, Vol. 31, 1996, pp. 105–113.

过程中建构的，既不是客观决定的，也不是主观产生的。（4）从学习系统的知识动力来看，学习应该是一个从记忆中的知识—建构中的知识—行动中的知识不断迭代的协同过程。

第三节 从个体到群体：教学主体的双向互动回归

一 学习系统中的群体及其支持

作为学习过程的主导者，学习者的结构特质一直是学习系统研究的重要因素。从社会结构的角度，一般可以把教学主体划分为个体和群体两种，组成学习系统的每一个学习者都可称为个体。群体是相对于个体而言的，但不是任何几个人就能构成群体。群体是指两个或两个以上的人，为了达到共同的目标，以一定的方式联系在一起进行活动的人群，是彼此之间某些能产生相互作用、相互影响的人的集合。他们是以交互作用和相互依赖为特征的[①]。可见群体有其自身的特点：成员有共同的目标；成员对群体有认同感和归属感；群体内有结构，有共同的价值观等。在一个学习系统中，一般认为：群体是有共同目标的个体集合；根据群体是否真实存在将群体分为假设群体和实际群体；群体不是静止不变的，而是一个不断发展变化的集体；集体是群体发展的最高阶级，通常在课堂学习系统中的集体一般可以看作一种特殊的群体。

群体具有生产性功能和维持性功能。群体的价值和力量在于其成员思想和行为上的一致性，而这种一致性取决于群体规范的特殊性和标准化的程度。群体规范具有维持群体、评价和导向成员思想和行为以及限制成员思想和行为的功能。群体规范对个体行为的制约表现为服从和从众。群体规范通过内化—外化的机制影响个体思想和行为的变化，是管理上通过建立和维持良好的群体规范培养师生好思想、好品德的心理依据。

群体中的个体与他人发生相互作用，这本身就构成了一种刺激。个体对这个刺激必然要做出反应，于是表现出与个人独处时不同的行为方式。群体情境对个体行为的影响主要体现在社会助长作用和社会阻抑作用、责

---

① 顾自安：《群体认知与行为模式》（http://www.chinavalue.net/Article/Archive/2007/12/8/90959.html, 2009 - 3 - 4)。

任分散、去个性化、决策的极端化等方面，管理者应善于建设性地利用这些规律，发挥群体心理的优势而克服群体情境可能带来的局限性，从而提高管理效能。群体对智力成绩也有影响。最近，由谢勒墨－沙兰（Shlomo Sharan）和耶尔－沙兰（Yael Sharan）在以色列所做的研究显示，在学习过程中，他人的存在对于个体具有显著的促进和提高作用。与只被给予大量的指导而不关心协作和帮助的学生相比，被要求互助和合作完成学习任务的学生，能更快地掌握材料和保持更长久的记忆①。

二　教学传播系统及其结构向度

祝智庭教授指出，用传播学理论来研究媒体与教学过程，探索新媒体在教学过程中的作用机制，是教育技术学的一个传统研究途径②。在教育技术并不漫长的发展历史中，20 世纪 40 年代创立的传播学理论体系深深影响着教育技术的发展，人们开始将教学过程作为信息传播过程加以研究和观察。这种研究技术和视角确实让人们从关注静态的物质手段转向了关注动态的教学过程，从关注教具和教材到关注教学信息如何通过传播者传到接受者的整个传播过程。正是因为传播理论的"引入"，教育技术从"视听教育"阶段发展到了一个全新的"视听传播"阶段③。

从传播学视角来观察和研究学习和教学传通系统，成为教育技术领域的一个重要方向。教育是一种典型的文化信息传播活动。教育传播是一种理性的实践活动，它必须遵循着一定的传播模式来进行（这些模式有意识到的或没意识到的、显现的或隐现的）。科学地探讨和研究这些传播模式是为教育传播活动寻找科学的理论根据，以便理性地实施教育传播活动。教育传播是由教育者按照一定的目的要求，选定合适的信息内容，通过有效的媒体通道，把知识、技能、思想、观念等传送给特定的教育对象的一种活动。是教育者和受教育者之间的信息交流活动。教育传播系统是一个传递教育信息，实现一定的教育目的的，各种相互联系、相互作用的

①　［美］施穆克：《班级中的群体化过程（第八版）》，廖珊、郭建鹏等译，中国轻工业出版社 2006 年版，第 47 页。

②　祝智庭、顾小清、闫寒冰、张屹编著：《现代教育技术——走进信息化教育》，高等教育出版社 2005 年版，第 94 页。

③　黄荣怀、沙景荣、彭绍东：《教育技术学导论》，高等教育出版社 2006 年版，第 5 页。

要素构成的，具有教育功能的综合体。教育传播系统要素的组合与联系，构成了教育传播系统的结构，要素间相互作用的动态过程，构成了教育传播过程。

不可否认，传播学的理论体系为教育技术过程的研究和观察提供了微观的视角。但是由于传播学作为其本体，更多是用来解释和研究大众传播现象及其他社会传播现象，而教育传播与社会传播最大的差异在于其制度的控制性、过程的微观化以及环境的差异化。因此，如果教学设计者和教学实践者无法理解教学的本质——人的发展，而过度以传播学的经典理论和模型来设计教学，将难免误入歧途。而从历史和现实来看，这种传播学误用表现为教学传播系统的单向度，这种单向度在结构上表现为教学传通客体的个体化，在路线上表现为信息传播的单维度，没有考虑群体的传播功用及来自个体信息的汇聚（注意不是单纯的信息反馈）。这种单向度的传播系统始终无法变革教学结构来适应当下的教学发展。

三　追问：学习系统中的群体缺席与互动失衡

上述分析可以看出，目前的学习系统在教学主体的维度上，存在群体或者集体缺席现象，而由于传统教学的惯性，在主体互动上存在单向度问题。我们可以从学习系统的文化价值观及其变量进行解读。

学习系统中的个体与群体是一个重要的文化价值观变量。从价值观角度来看，学习情境同样存在着两种比较对立的观点：个体主义与集体主义。个体主义是西方国家特别是美、英等西方国家的价值观的核心，在教育中表现为普遍采取个别化的教学计划，鼓励学生个人间的竞争。个别化CAI与这种价值观是完全吻合的。集体主义价值观在社会主义国家和许多东方国家中占主导地位，在教育中表现为普遍采取集体化的教学计划，鼓励学生之间相互帮助，发扬团体精神①。这种价值观反映在教学中表现出对个体和集体参与教学的敏感性。祝智庭教授认为，我国的教育系统从其根本属性来说应该是属于集体主义的，但现在出现了异化现象，变成了形式上的集体主义，实质上充满了个人竞争，在中学教育中这种现象更显突

---

① 祝智庭、闫寒冰、顾小清、张屹编著：《现代教育技术——走向信息化教育》，高等教育出版社2005年版，第140页。

出，这是值得我国教育者深思的问题。钟启泉教授曾提出教学中的集体性主体概念，在这里，教学活动的"集体性主体"的概念，所谓"活动"，不是单纯的个体心理学层面上，而是社会集体层面上展开的过程，活动的主体是"集体性主体"①。然而，这种集体的力量在教学和学习实践中少有得到充分的设计。

同时，由于传统教学传播观念的影响，广播式学习传统模式占据了绝大部分的学习空间，教师成为互动的主体和传播的主导，学习者处于被动的地位，互动处于失衡状态；同时由于技术的问题，无法汇聚学习内容并进行交互反馈，无法在集体化教学中汇聚来自学习者的信息和知识，造成了课堂双向互动传通系统的障碍。建构主义强调知识的个体建构和社会建构，知识在群体互动中生成集体知识，集体认知责任有助于学习者形成良好的协作氛围。因此，在构建新型学习系统的时候需要考虑的问题就是：现有学习系统是否充分重视了个体与群体的存在，是否真正尊重了个体主义和集体主义的张扬，是否建立了全方位的互动机制以适应人的发展，如何从技术和活动层面确保课堂双向互动传通系统的回归。

第四节　从习得到建构：学习领域的多重隐喻解构

对学习的不同分析立场导致不同的学习观。本节通过学习的三种隐喻来检视不同的学习观：知识习得、参与和知识创新②。三种隐喻（Metaphor）与不同的学习概念的理解方式相联系。谁是学习的对象？是个体或者社区还是其他？哪些种类的知识应该学习？如何学习？习得隐喻认为学习是知识的传输或者帮助个体学生建构现存知识；参与隐喻强调学习的各

---

① 钟启泉：《教学活动理论的考察》，《教育研究》2005 年第 5 期。

② 国内有学者对学习隐喻做了系统的梳理和译介，比如浙江大学盛群力教授在其著作《教学设计》一书中引用梅耶的观点，从隐喻的视角对学习类型进行了划分，三种隐喻分别为：（1）学习就是增加反映；（2）学习就是获得知识；（3）学习就是知识建构等；这种隐喻划分基本上是按照学习理论的发展脉络的，具有积极的参考价值。盛群力等编著：《教学设计》，高等教育出版社 2005 年版，第 166—168 页；任友群系统归纳了目前为止的各种隐喻，任友群：《以学习者为中心的建构主义学习环境的建构》，《教育科学》2002 年第 4 期；戴维·H. 乔纳森主编：《学习环境的理论基础》，郑太年、任友群等译，高文审校，华东师范大学出版社 2002 年版，第 26—28 页。

种社会化过程以及社区对于学生成长的价值，两者都非常重要，然而学习的第三种隐喻——知识创新隐喻则需要超越前两者，该隐喻强调学习的个体和集体特质，超越信息供给和高级知识的理解，认为学习是一种积极的、协作的、系统的发展过程。这一隐喻其实不是作为某种新的东西提出的，相反且具有各种历史根基。我们认为这种隐喻是越来越重要的，并且能够应答知识社会的挑战，它将更加自觉地作为一种重要的可选择的方式来理解学习和认知。

一　学习隐喻概述

隐喻的概念，是和文明的演进和发展相伴随的。如图腾就是源自远古的隐喻形式，图腾是原始人迷信某种动物或自然物同氏族有血缘关系，因而用来做本氏族的徽号或标志。其中蕴含了隐喻的两个基本特征，即非直接性和相似性，这就是为什么运用图腾解释神话、古典记载及民俗民风，往往可以举一反三，触类旁通。

今天人类生活在一个隐喻的世界。社会信息化和网络化的进程加速推动了隐喻运用的广度和深度。可以毫不夸张地说，隐喻无处不在，隐喻无时不在（anywhere and anytime）。那么什么是隐喻呢？隐喻是指将某一个符号元素固有的意义改为一种只有经过思想比较后才相适应的意义[1]。运用隐喻意味着采用这样一种声画形象：它能够启发观众的地方远比简单看到和听到的明显内容所能提供的多得多。因此，隐喻事实上为我们展开了另一个意义图景，在这个景象世界中，处处为我们所熟悉，易于理解，但是又不是直接的现实世界。

从隐喻的语义学看，隐喻是指利用本体和喻体的相似性，以喻体来指代本体，但是本体和喻体之间并不存在直接的关系，两者具有认知上的指代性[2]。隐喻的非直接性是指本体和喻体在意义上并非同指，产生了偏离；相似性是指本体和喻体存在着某种相似性，这种相似性可以从修辞学中延伸拓展到多媒体技术上，可以是语义、语音、外形等方面的相似，从而成为建立隐喻的基础。

---

[1]　董革非、颜晓川：《论隐喻的基本语义特征所体现的人类思维方式》，《东北大学学报》（社会科学版）2006年第2期。

[2]　束定芳：《论隐喻产生的认知》，《心理和语言原因》，《外语学刊》2000年第2期。

隐喻的使用为人们简化了认知的过程，同时具有创新的建构作用，不仅是感情的作用，而且带来了新的信息。因此，隐喻不仅是一种语言现象，同时也是一种认知现象，作为一种普遍存在的语言现象，它表现出的一些特殊的语义特征为窥视人类的思维及认知的方式提供了一个窗口。本节中，采用隐喻来表征不同的学习观，随着学习理论的发展，对学习的理解及其隐喻也越来越丰富。

二　学习的三种隐喻

Anna Sfard（1998；参照 Lave & Wenger，1991；Rogoff et al.，1996；Wenger，1998）已经区分了学习的两个核心隐喻，或者说理解学习领域的两种基本方法：习得隐喻和参与隐喻。前者强调个体心智过程，后者强调检查文化知识和代代传承的能力的传播。这种区分也是粗略的，因为这种思想表明这两种基本方法能够被看作多个方面、各种模式以及学习理论的基础。

学习的习得隐喻认为，知识是个体头脑的特征，个体是认知和学习的基本单元。习得观点是基于传统认知方法，它强调学习中心智模式和计划的角色（Gardner，1985；Neisser，1976），常常没有认识到环境或者情境的重要性（Fodor，1981）。因此这种方法很容易与一种思维的"民间心理学"联系起来，按照这种观点，思维是知识的容器，学习是一个填充这个容器的过程，只是植入其中而已（Bereiter，2002）。另外一方面，这种隐喻看起来也与积极的、建构性的学习理论联系在一起，相当于建构主义的个体版本。习得观点强调陈述性知识和概念性知识，基本数据被转换到个体头脑中，通过建构过程引发这种知识。但在许多方面，这种隐喻表现了一种人类活动和认识论的笛卡儿观点：知识是通过逻辑的形式被处理在人类头脑中，头脑被看作与物质世界清晰地分离，也与文化和社会环境相分离（Fodor，1981）。

学习的参与隐喻认为，学习是一种参与到各种文化实践和共享的学习活动中的交互过程，这些活动以多种方式结构和塑造了认知活动，而不是仅仅发生在个体头脑中的事情（Lave，1988；Lave & Wenger，1991；Brown，Collins & Duguid，1989）。按照这种观点，学习被看作为一种社会性的协商以及获得技能来交流和行动的过程。参与隐喻观点关注的焦点在于活动，而不是成果或者产品（比如传统意义上的知识）、概括性的规则，或者概念化的知识等等，重要的是人类知识和认知的情境属性。人类活动必然与它的社会的以及物质的环境相联系，知识既不存在于一个它自身的世界中，也不存在于个体头脑中，而是在文化实践中的一种参与。认知和知识被分布于个体和他们的环境中，学习"定位于"这些关系和参与的分布式活动网络。在参与隐喻观点看来，学习是在一个知识建构、文化适应或者合法的边缘性参与的社会过程中的事件。

学习的这两种基本的隐喻是非常重要的。然而，这两者在描述有意义的创建和提升知识的过程中均无所考量。习得隐喻预示知识的预定结构，个体学习者被引导来吸收或者建构。尽管这个过程或许包括创造性和新的意义连接的出现，知识提升没有成为这种隐喻的主要关注焦点。在早期认知科学的框架内，与这种隐喻密切相联系的是，尝试去建模和模仿科学探究过程（Simon，1977）。增加对知识创新协作方面的考虑（Okada & Simon，1997；Thagard，1999），某种程度上扩展了传统认知在这些方面的观点。参与方法关注社区知识的增长，因此这种隐喻关注适应现存的文化实践，并不主张个体去关注在这些实践中任何特殊的创造性的变化。

学习的知识创新隐喻源于革新知识社区理论（Innovative Knowledge Communities），并于知识创新理论息息相关①。革新知识社区理论因此成为学习的第三种隐喻的基础，称之为学习的知识创新隐喻（Paavola et al.，2002；Hakkarainen et al.，2004）。知识创新方法的特征在于根据创建支持知识提升和革新的社会结构以及协作过程来探究学习。从这点上看，它与从参与观点紧密相连。而且，知识创新方法描述了生成新思想和概念化知识的重要性。在这点上，它与习得观点是相通的，因为强调了概念性知识。在知识创新模式背景中的知识概念，一些强调创建知识的概念化方面，而另外一些描述嵌入在新的实践和社会结构中的知识革新。

如果说习得观点表征了关于人类认知和活动的"独白（monologi-

---

① Sami Paavola, Lasse Lipponen and Kai Hakkarainen, Models of innovative knowledge communities and three metaphors of learning, *Review of Educational Research*, Vol. 74, No. 4, Winter 2004, pp. 557 – 576.

cal)"观点，其中重要的事情发生在人类的头脑中，而参与隐喻观点则表征了一种"对白"（dialogical）观点，其中与文化和其他人的交互，而且强调与环境（物质）环境的交流，知识创新隐喻表明了一种"宾白"（trialogical）[①] 的观点，因为强调的不仅仅是个体或者社区，而是人们协作性地形成中介制品的方式，如图1—3所示。

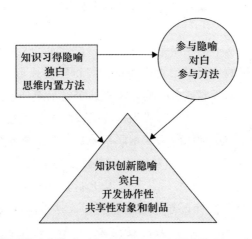

图1—3　学习的三种隐喻（Sami Paavola & Kai Hakkarainen，2004）

　　表1—6展示了有关学习的三种隐喻的某些基本特征的基本的抽象描述。每一个隐喻有其鲜明的特征、焦点、理论假设和分析单元，然而这里没有显著地区分三种方法的理论和方法论边界，没有把这些隐喻看作相互排斥，只是为了能够更充分地理解学习过程。这些隐喻或许不能由强至弱进行排列，因为这些隐喻看起来回答了不同种类的问题，为了理解人类认知的复杂性，我们需要描述所有抽象的层次和相关问题。

---

　　① 此处采用戏剧隐喻学习。元杂剧的每一折内容上都包括曲词、宾白、科范三个部分。其中，宾白也叫"道白"，一般简称"白"，也就是说白、台词。元杂剧以唱为主，说为辅，故把说的部分叫"宾白"。作用是叙述剧情、交代人物，还有逗笑、调节气氛的作用。宾白又分对白、独白、背白、带白等。对白是两个以上人物相对话；独白是人物自我介绍与叙说；背白又叫旁白，是一种不使剧中其他人物知道，只让观众知道的独白；带白是唱中夹白，一般用于主角，剧中多标作"带云"。

表1—6　　　　　　　学习的三个隐喻的理想的典型特征概览

（改编自 Sami Paavola & Kai Hakkarainen，2004）

	知识习得	参与	知识创新
教育关注	采用或者建构主题内容知识和心智表征的过程，具体明确的知识	参与到社区的过程，文化适应、认知社会化，标准、价值和身份	创建和形成新的物质和概念制品的过程，有意识的知识提升，探究和革新，扩展学习
理论基础	知识结构和计划的理论，个体专家，传统认知主义，逻辑中心的认识论	情境认知和分布式认知，实践社区，社会中心的认识论	知识创新组织活动理论知识建构理论中介认识论
协作	个体认知的促进	边缘性参与	活动的转换
技术	构造制品	社会实践	中介和转换制品
方法	实验室	人类学方法、会话分析、观察、生态证实	设计研究
分析单元	个体	小组、社区、网络和文化	个体、小组、创建中介的制品在文化环境中
知识层次	习得中的知识	协作中的知识	行动中的知识

三　追问：多重学习隐喻中的分布式机制

（一）知识习得隐喻——记忆中的知识：群体失衡

人是什么？学者徐友渔的注解是："人是善于记忆的动物。"学习与记忆有着密切的关系。按照信息加工的观点，记忆是信息的输入、编码、储存和提取的过程，它能更全面地体现信息加工系统的工作流程，所以它也是信息加工心理学和教育心理学研究的核心内容之一。

阿特金森和希夫瑞（Atkinson & Shiffrin，1968）等提出了记忆的三级信息加工模型[1]。该模型认为，记忆结构是固定的，而控制过程是可变的，记忆由感觉记忆、短时记忆和长时记忆三个存储系统组成。在信息加工过程中，外部信息首先通过感觉器官进入感觉记忆，这里对信息保持的

---

[1]　邵志方：《认知心理学——理论、实验和应用》，上海教育出版社2006年版，第116—230页。

时间非常短，只有 1 秒钟左右，然后受到注意的信息获得识别进入短时记忆。短时记忆是一个信息加工的缓冲器，其中的信息处在意识活动的中心，但是这里的容量有限，只能保留 7±2 个信息组块，而且信息保留的时间也只有 1 分钟左右。长时记忆的容量很大，我们积累的大量知识经验都储存在这里。长时记忆中的信息可以在激活信号的作用下回到意识状态，供认知系统使用。记忆信息的表征主要是长时记忆的信息表征，而长时记忆的信息也被称为知识，即个人知识。记忆的三存储模型如图 1—4 所示。

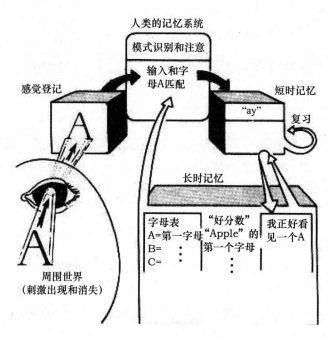

图 1—4　记忆的三存储模型（Atkinson & shiffrin，1968）

群体认知与个人认知的显著差异在于，它并不像个人认知那样存在一个人脑的功能载体，而是以语言和文字等象征性意义符号为载体的。因此，作为一个整体，群体记忆也存在类似的多存储模型。这是研究和实践中常常忽视的。此外，随着技术在学习中的应用，技术和组织作为分布式认知和分布式记忆的单元也得以重视。群体记忆/组织记忆其实是一种隐喻。学者克罗斯和拜尔（Rob Cross and Lloyd Baird）最近在《斯隆管理评论》中，提出群体记忆/组织记忆的五个构面：组织记忆存在于个人记忆、同事间的人际关系、内部数据库、工作流程、公司的服务及产品中。这种集体记忆实质上强调的已经是一种组织和技术环境的分布式记忆①。Wertsch 曾从对方法论的反思开始引入"分布式认知",他认为,在学科樊篱下,心理学的记忆研究倾向于方法论个人主义(methodological divid-ualism),将个人视为记忆的初始来源,社会文化视为次生;另一个极端则来自一些哲学家和社会学/人类学家,将社会视作记忆的初始来源和场所。在 Luria、Vygotsky 等学者的影响和启发下,Wertsch 提倡第三种方法论取向,即"分布式记忆":记忆不能视为仅仅来源于个体或者社会,而是分布于个体与个体之间、个体与文化工具之间,即存在两种"分布":"社会性分布"和"工具性"分布②。

记忆的多存储模型和分布式记忆机制为个体信息加工和认知研究提供了参照。然而在学习情境中,仅仅考虑个体的记忆和信息加工是不够的,群体的信息加工和记忆机制也是学习过程中的一个重要因素。研究表明,个体经过对特定群体范围内随机配对的交易进行试错和经验推理而形成的行为调整,与主体经由互动行为中的模仿和交流而获得的认知提升,不仅表现为个人认知的进化,同时也会表现为群体认知的进化③。

(二) 参与隐喻——协作中的知识:思维迷失

学习的参与隐喻总体上得到情境认知和建构主义学习理论的支持,强调知识的社会特质和建构性质④。参与隐喻把学习看作一个各种文化实践中的参与过程,共享活动,一个多种方式结构和共塑认知活动(Anna Sfard, Jean Lave, Etienne Wenger)。按照这种观点,学习被看作一个成为社区成员协作的过程,学会交流和行使功能,形成一种相应的身份。认知和知识在个体和他们的环境都是有区别的,在他们参与的分布式关系和网络中,学习是"本地的"。边缘性参与是一个过程,其中新手渐渐采用专

---

① 田也壮、张莉、方淑芬:《组织记忆的多层次分布式构成》,《哈尔滨工业大学学报》2006 年第 7 期。

② Hunt, N., Review of voices of collective remembering by James Wertsch, *Human Nature Review*, Vol. 2, 2002, pp. 528 – 530.

③ 顾自安:《群体认知与行为模式》2009 年 3 月 4 日(http://www.chinavalue.net/Article/Archive/2007/12/8/90959.html)。

④ [美] J. 莱夫、E. 温格:《情景学习:合法的边缘性参与》,王文静译,高文审校,华东师范大学出版社 2004 年版。

家的静态知识、文化或者活动，并且通过参与专家实践成长为一个专家文化的成员。

然而，参与的学习观念起源于教育实践，表现为某种传统和稳定的"工艺"文化。传统的参与过程的典型特征在于知识是从一代传送到另外一代，没有稳固的和有准备的变革或者文化变革。甚至参与过程提供了一种学习的重要资源，它认为现代知识社会的重要基础，比如关注有准备的知识提升的工作的出现，不能被描述为一种渐渐掌握专家（传统）知识和技能的过程。因此，在参与学习隐喻中，并没有从根本上强调思维的深度和创新的思想，这称为参与和协作中的思维迷失。

尽管记忆和信息的理解在参与学习中是主要的策略，但是创建新的想法和成果的批判性判断是深度学习中的策略。在深度学习中，学生有意图地为自身理解想法通过把这些想法与先前的知识和经验相联系。相反，学生参与到表面学习中，目的在于记忆事实，或者进行没有关于目的或者策略反思的学习。因此，应该通过提供支持深度学习的教学活动，鼓励学生从表面学习转到深度学习。教学实践中对于协作、合作的表演化批评早已有之。

建构主义的知识观认为，知识是一个动态的表征过程，是针对具体情境进行的再创造，知识是在非常自然的社会情境中，通过学习者自己、与同伴的合作学习而产生、创造的过程。建构主义学习理论强调个人在社会情境中意义建构和协作学习的重要性，其实质是促进学生高级智慧技能的发展。

（三）知识创新隐喻——行动中的知识：创新泛化

当前知识社会的快速发展对人的能力提出了新的要求。知识密集型工作中的高效参与需要个体形成新的能力，提高自身的知识和理解，制造革新和创造新的知识。人们的工作越来越关注知识的有预备的提高，而不仅仅是制造材料（Bereiter，2002）。这种挑战关注教育和工作生活，为了能够高效地参与到知识工作中，年轻学生必须学会超越个体努力，协作地进行知识的创新和提升。

在卡尔贝雷特（2002）看来，知识创新是知识建构方法的一个有价值的方面，它为提升共享知识提供了概念化的工作，目的在于创建知识制品和概念制品。然而，在实践中，这种知识创新很容易走入一种泛化的境地：强调知识建构形式的创新而不是知识建构行动的创新。Yrjo Engestrom 认为，知识创新或许发生在通过反思一个嵌入在社区中的主要活动系统的紧张和骚乱中，这表明了一种深度知识建构行动的实施。情境观认为，知与行是交互的，知识是情境化的，通过活动不断向前发展，参与实践促成了学习和理解。莱夫和温格把学习的概念融进了一种根本的和重要的再思考和再形成。通过重点强调完整的人以及把主动行动者、活动和世界看作相互构成的整体，他们为大家创造了一个脱离假定学习就是接受实际知识和信息的专制观点的机会。

同时，行动中的知识将知识定义为一种学习活动的产物，在这种学习活动中，学习者根据他自己的经验，通过一系列的认知活动，吸收和调整新的信息到学习者自己的认知结构中，来与周围的环境保持一致，与他人进行有效的协作，共同完成一定的任务。按照这样的观点，知识的形成和掌握是一个动态的建构过程。知识的产生和掌握的过程即是知识的建构过程，也就是学习者的学习过程。从表现形式上看，知识的建构过程可以分为两种，即个体的知识建构过程和协作的知识建构过程。这两种方式综合起来，就可以产生好的知识建构过程和结果。

（四）多重学习隐喻的整合

与学习和知识有关的认识论问题正变得日益重要，今天的社会有许许多多的认识论分类出现（Stutt & Motta，1998）；工具和技术植入了越来越多的意义，包含了越来越多的知识和技能。个体开始工作在复杂和异质的网络环境中，这些环境由人类和各种制品构成（Latour，1999）。为了推动更加复杂的活动，人们正在创建和使用认知制品。为了概念化和理解这个社会中工作和活动的属性，每一个人必须学会理解各种类型的知识，以及他们如何被使用和生产并发展成熟。换句话说，一种认识论的转换需要发生在教师、教育心理学、认知科学家、学生和其他所有有兴趣参与到教育系统中的人，来回答各种显现的挑战。

从记忆中的知识、协作中的知识到行动中的知识，从学习的知识习得隐喻、参与隐喻到知识创新隐喻，其实这表明了思维发展的连续统特征[①]，也充分表明了知识的动态性和学习的动力机制。允许和实现多重学习隐喻的实践化，将充分考虑到学习中的本体构成、信息加工、情感

---

① 钟志贤：《面向知识时代的教学设计框架——促进学习者发展》，中国社会科学出版社2006年版，第128—156页。

体验和实践活动，构建多样化的学习活动序列，达成多层次的学习目标，充分发展学生的高级智慧技能，实现深度学习，从而促进个体发展。

自此，对学习系统中的主客体及其关系做了系统的探析。从不同层面的知识观来看，知识具有不同层面的意义和内涵，学习中需要整合相关层面才能落实到教学实践和教学设计中，从知识创新的角度看，知识应该看作一个丰富的动态的过程，可以从这一视角把知识划分为记忆中的知识、建构中的知识和行动中的知识；对于学习系统的本体，个体、群体和集体成为主要的主体；对于主客体之间的关系——学习机制，分别从三种不同的隐喻进行了系统剖析，这一理解也是建立在学习理论的发展基础上的，同时我们也看到学习系统中的主客体及其关系的映射关联，如表1—7所示。

表1—7 多重学习隐喻的整合

学习观	知识习得隐喻	参与隐喻	知识创新隐喻
知识观	记忆中的知识	协作中的知识	行动中的知识
知识分类	信息—知识	知识	知识—智慧
本体观	个体	群体	个体、群体、集体
重点	信息加工	知识构建	知识创新
技术作用	强化	情境	思维
知识属性	记忆性知识	协作性知识	创新性知识
实用层次	习得中的知识	协作中的知识	行动中的知识

第五节 从认知到发展：学习系统的整观取向诉求

一 概述

急剧的全球化、信息与通信技术的深远影响，以及国际竞争下社会发展的强烈诉求，都成为世界各地教育改革和学习变革的发展动力。为了能够给知识时代的教育变革和学习革新提供足够的理论支持，研究者做了许多努力，开展了富有成效的工作，他们从多维度审视来学习并试图建构新的多层面的学习系统框架和理论体系。除了熟悉的学习目标分类体系、多元智能理论等，郑燕祥（Cheng，1998）从学校效能研究出发提出了知识时代的多元思维与多元创造理论，指出学校面对新世纪应该培养学习者五种不同智能，这为学校变革提供了一种系统框架；格雷松等（Garrison Anderson & Archer，2000）提出了技术条件下的临场理论（presence），该理论从学习的三个维度探究在线学习环境中的临场感。分别是认知临场、教学临场与社会临场，最近关于在场的研究（Campbell & Cleveland，2005）则延伸到学习的另外一个重要层面——情感，提出了情感在场的研究角度；而昆因（Clark Quinn，2006）在教育模拟游戏开发研究中把情感作为一个重要的设计要素。

　　学习理论是探究学习如何发生的体系，不同的学习理论阐述不同的学习观。我们通常把学习理论的发展区分为行为主义、认知主义和建构主义三大体系，这些理论体系系统阐述了不同世界观指导下的学习发生机制。可是，环境实在转变太快，急剧全球化，前景充满未知之数，使教育工作者被无数新奇但矛盾的意念困扰，而迷失方向。由于缺乏一个全面的架构，以理解急速的发展及其影响，并提出对课程及教学创新的相关启示，大多数改革难免流于被动、片面零散而最终不见其效；良好的意愿、付出的心血以及耗费的资源付诸东流。因此，面对快速变化的知识社会，还缺乏一种全面而实用的思维，同时考虑技术条件下的学习新框架，同时整合上述学习观、本体观和知识观，必须对现有学习技术系统框架做深度的思考。

二　学习系统及其分析框架

　　一个学习系统是人、材料、设备及程序相互作用以达成某一目标的有机实体[①]。学习系统中的"人"包括了学生、教师及教辅人员；"材料"包括了教科书、黑板、投影仪、录像录音带、图片等；"设备"包括了教室、视听装置、计算机等；"程序"包括了学与教的日程安排与方法等。上述定义对学习系统的规模和复杂程度并没有做出严格的限制。简言之，

---

　　① 参见《学习系统设计：改进教学的途径》（*Learning System Design*：*An Approach to the Improvement to Instruction*）原著/Robert H. Davis Lawrence T. Alexander Stephen L. Yelon（Michigan State University），出版/McGraw-Hill Book Company，1974。盛群力、褚献华编译：《现代教学设计应用模式》，浙江教育出版社 2002 年版。

一个学习系统可以简化为社会系统＋技术系统；一个学习系统可以是一名学生自学也可以是整所学校乃至整个学区等。

学习系统的上述定义有三个基本特点。前两特点同"组织"这一概念有关。当我们说学习系统是各种要素的有机结合，这是指：（1）对人、材料和程序必须做出有意安排（系统的要素不是随意安排的而是根据特定的计划安排的）；（2）系统的各个要素是互相依赖的，彼此都要发挥作用。所以，学习系统的两个基本特点是对其组成要素做出有计划的和相互依赖的安排。学习系统的第三个特点是它有一个目标。目标是该系统设计的主旨。这一特点也是人工系统和自然系统的区别所在。人工系统都有目标，而自然系统虽然按照某种计划对其多种要素做出安排（如太阳系、生态系统、动物的神经系统等），但却没有目标。系统的目标指引着系统设计过程。学习系统多维度分析框架如图1—5所示。

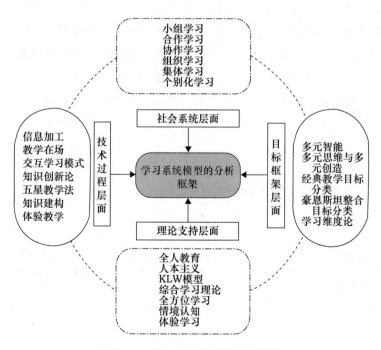

图1—5　学习系统多维度分析框架

一个学习系统的基本功能在于促进个体的发展，其目标指向直接影响到了个体发展的潜能，而支撑其目标指向的则是一种底层框架，称之为学习系统框架。在教学研究不断发展的进程中，学习与个体发展指向历经了从单一到多维、从孤立到整体的发展路径。为了能够给21世纪的教育变革和学习革新提供足够支持，许多学者做了许多努力而有效的工作，他们从多维度审视来学习并试图建构新的多层面的学习理论体系。诚然，他们所希望解决的问题情景各异，但是从学习理论的建构角度，各位都选择了一种多维的视角，并且在实践中日益发挥其理论效用。综合看来，学习系统模型的分析可以从社会系统层面、目标框架层面、技术过程层面和理论支持层面展开，为了阐述的方便，本书重点对智能发展、学习目标、学习领域几个领域进行分析。

三　学习领域与个体发展指向：多维视角

学习领域永远充满活力和挑战。关于学习的研究和观点层出不穷。从行为主义者到建构主义者，均从各自的立场解释了学习是怎样发生，哪些因素影响了学习，学习的原理如何在各种不同的教育背景中应用等问题。但是，无论哪个流派的学习理论者，都认同这样一些观点[①]：学习是行为或者按照某种方式表现出来的某种行为的能力的持久的变化，它来自实践或者其他的经历（Shuell，1986）。学习总是与个体发展紧密相连的，学习，相对于成熟，是在一个活着的人身上出现的相对持久的变化，这种变化不能被遗传，所以它可以看作一种存在于思想、行为、知觉、动机或者所有这些联合之中的变化。这种变化是在行为或者行为倾向中发生的一个系统改变，是作为个体在一些特定情景中的经验的后果而产生[②]。由此，学习是一个多层面的指向，涉及知识、技能、策略、信仰、态度和行为的获得。这一指向直接影响到一定教育体制下的教学目标以及由此产生的教学框架。

[①]　［美］戴尔·H. 申克：《学习理论：教育的视角（第三版）》，韦小满等译，张斌贤审校，江苏教育出版社2003年版，第3页。

[②]　同上书，第1页。

（一）潜能分类框架

1. 心智与学习能力分类框架

多个世纪以来，开发人类潜能的原理和理念已经被扩展到主要的哲学和宗教学。通过宗教和哲学，科学提供了一种方式来更好地决定现实和因果关系的感知的有效性和可靠性，这能够有助于学会以一种积极的和理想的方式，促进潜能和自然能力的发展。哲学家和心理学家赞成的人类心智过程（Human mental processes）的传统模式就是认知、情感和意动（cognition-affect-conation）（Chaplin，1985；Parkinson & Colman，1995）。与此同时，Clarken 从人类属性和潜能发展的研究出发，通过哲学、宗教学、心理学、教育学以及知识的其他领域得到各种各样的概念化，也确定了开发人类潜能中的三个基本能力：识知、钟爱和意动（Knowing-Loving-conation）（Clarken，2003，2005），这分别与心理学和教育学中的认知、情感和意动领域或者能力相关①。在表 1—8 中简要地展示了这些开发人类潜能的基础能力的一些概念的比较。两人关于心智过程和人类潜能的三个维度的指向基本一致，只是在表述上略有差异。以后者来进行三个指向的比较，如表 1—8 所示。

表 1—8　　　　　　人类能力的比较（Clarken，2003，2005）

能力维度	识知	感爱	意动②
能力表现	观察	感觉	行动
能力主体	思维	精神	操作
能力本体	头脑	心灵	身体
能力场域	认知领域	情感领域	意动领域
理论基础	认知心理学	人本心理学	行为心理学
加工对象	事实	团结	操作/欣赏
思维方式	逻辑、认识论	伦理道德	形而上学

①　Rodney H. Clarken, *A Model for Individual, Institutional and Community Development*, Paper presented at the Social and Economic Development Conference, Orlando, FL, December 14 – 18, 2005. *Knowing, Loving and Willing: Basic Capacities for Developing Human Potential.* Paper presented at the Annual Meeting of the American Educational Research Association, Chicago, April 21 – 24, 2003.

②　在 2002 年的一个报告中，作者使用的词为：creating，在后续的研究中采用 conation。参见 Rodney H. Clarken, *Developing Human Potential*, School of Education Northern Michigan University.

续表

能力维度	识知	感爱	意动
能力成果	原理	美感	行善
能力因素	推理	同情	勇气
能力特征	敏感精细	偶然随即	整体协调

2. 加德纳的多元智能理论

如何看待学习者的智能结构成为这一领域的重要基础。霍华德·加德纳（Howard Gardner，1993）在历经了 10 年的研究后提出了多元智能理论[①]。霍德华·加德纳根据解决问题技能的生物观点，指出人类的智能有七种，包括音乐智能、身体机械智能、逻辑数学智能、语言智能、空间智能、人际关系智能及自我认知智能[②]。这多元智能的生物观点，以一套基本能力或智力，理解个人的认知能力（Gardner，1993）。不过，如果要设计课程及教学方法，发展学生的有关能力及智能，让他们赖以在复杂的科技、经济、社会、政治及文化环境生存的话，这观点将会显得太有限，与 21 世纪情境也不强烈相关，不足以应付 21 世纪的需要。比较来说，幼儿教育或低年级小学教育的课程设计及教学法着重发展他们的基本能力，生物观点是有用的；但是对于需要高度切合社会、经济、政治、文化及科技发展情境的较高层次教育，显然这分类是未够适切的（Berman，1995；Guild & Chock-Eng，1998；Guloff，1996；Mettetal & Jordan，1997；Teele，1995）[③]。不过总体而言，多元智能理论比较系统地展现了人类智能的多维度取向。

----

① ［美］霍华德·加德纳：《多元智能——哈佛大学当代心理教育名著》，沈致隆译，新华出版社 1999 年版。

② 加德纳的多元智力观与中国古代"六艺"中的智力观具有惊人的相似之处，"六艺"的内容：五礼、六乐、五射、五御、六书、九数。礼——人际智力，乐——音乐智力，射——身体运动智力，御——空间智力，书——语言智力，数——数学—逻辑智力。林崇德：《多元智力与思维结构》。重行为、重修炼，这是古代中国学习的优秀传统。王夫之说："行焉，可以得知之效也；知焉，未可以得行之效也。"荀子说："不闻不若闻之，闻之不若见之，见之不若知之，知之不若行之。"在学习的整个流程里，行处于至高无上的地位。只有靠实践，靠实行，才能真正改变了人，改变了人的素质。颜习斋也说："读得书来，口会说，笔会做，都不济事，须是身上行出，才算学问。"

③ ［美］坎贝尔：《多元智能教与学的策略》，中国轻工业出版社 2001 年版。

（二）学习目标分类框架

1. 经典教学目标分类理论

教育目标分类学的研究应该从泰勒在 1949 年出版的《课程与教学的基本原理》一书算起，他在课程目标确定后，要用一种最有助于学习内容和指导教学过程的方式来陈述教学目标。泰勒的学生布卢姆和他的合作者们开发了经典的三维教学目标，即认知、情感和动作技能。

2. 豪恩斯坦教育目标分类整合模式

盛群力教授曾指出，历来教学目标是课程与教学理论研究及其教学设计实践关注的焦点，但大多数研究者均将研究视野局限于某一领域，很少有人从整合途径入手同时对教育目标分类研究的三个领域提出自己的独到见解。而美国佛罗里达国际大学教授豪恩斯坦的工作让人耳目一新。在其所著的《教育目标的一种概念架构——对传统分类学的整合》一书中，不仅对布卢姆等人在认知、情感和心理动作领域中所做分类之利弊进行了检核，同时着眼于教学系统的结构——功能机制，在突出教育目标分类的整体统一、简洁明快、协调均衡、聚焦行为的特点的同时，提出了教育目标分类的新架构①。

豪恩斯坦认为，教育目标是可以按照一定的领域来加以区分的。所谓领域（domain）是对知识或理性活动范围做出的明显区分，如教育目标就可以分为认知领域、情感领域、心理动作领域和行为领域。各领域目标又可以进一步细分，例如，认知领域的目标可以分为形成概念、领会、应用、评价与综合五个层级，每个层级中又有若干个子类。同时，我们还可以按照发展水平和成就水平（levels of development and/or achievement）来对目标进行层级分类。教育目标分类学（taxonomy of educational objective）就是一套依据层级体系对教育目标进行分类的办法。

值得注意的是，豪恩斯坦一点也不回避使用"知识"这个词，他主张将认知学习的结果定位在培养"有知识的人"（knowledge able individuals）。在书中他专门辟出一章来讨论什么是知识。他指出："知识是教育系统的基石。但是，如果由此就认为教师在课堂中传递的是知识，那就大

---

① 可以认为，豪恩斯坦的教育目标分类"整合模式"是对布卢姆等人教育目标分类之"要素法"的一种大胆超越，体现了教育目标分类上的新视野。参见马兰、盛群力《教育目标分类新架构——豪恩斯坦教学系统观与目标分类整合模式述评》，《中国电化教育》2005 年第 7 期。

错特错了。课堂中可以传递的只是教师的知识或其他什么人的知识，这些东西对学生来说仅是信息而已。直到学生对这些信息有了自己的体验之后，才会发生两者之间的转变"。① 这就是说，在一个完整的教学系统中，不同类型的信息作为一种输入，只有经历了学习体验这一"过程"之后，认知的各种目标才能以形成概念、领会、应用、评价与综合五个层次予以体现，从而将别人的信息转换为自己的知识，成为一个有"智能"的人，一个具备了批判性、反思性思维能力和问题解决能力的人。豪恩斯坦有关认知目标新架构的理论清楚地看到，面向新世纪的教学不是不讲知识，抛弃知识，而应该是千方百计地考虑如何将别人的知识（也就是信息）转化为自己的知识，这样的知识是生成的、建构的、通过协商取得共识或者基于观察得以确证的，是能够解决实际生活情境中的问题的。这样的知识实际上就是一系列技能和能力。很显然，正是从这一角度出发，可以理直气壮地认为，掌握知识和发展智能在教学过程中是能够达到统一的。

　　豪恩斯坦构建的教育目标分类也关注情感领域②。情感领域（affective domain）对学生的终生学习意愿、兴趣和鉴赏力来说是十分重要的，这样一种"素质"（disposition）是同情感、价值观与信念（feeling, valuing and believing）联系在一起的。情感领域的目标，在我国课程与教学改革中处于十分重要的地位，现在称之为"情感、态度与价值观"。国际上在 20 世纪 60 年代由克拉斯沃（D. B. Krathwohl）等人出版了《教育目标分类学第二分册：情感领域》，开创了情感领域目标研究与应用的新起点。但是，近 50 年来，由于情感目标从本质上说是一种长期目标，不仅分类比较复杂，同时也较难以评估，所以在课程和教学实施中往往会被忽略，由此带来了学生个性各种缺陷和社会问题。

　　同时，豪恩斯坦用新增设的行为领域对学习结果予以统筹。新架构将认知、情感和动作领域统一划分为五个子类，这样既便于整合统筹，同时也减少了教育目标类目的总量，使得教师在实践中操作起来能够得心应手。当然，豪恩斯坦之所以提出用行为领域来统筹其他三个领域，是基于

---

　　① ［美］L. W. 安德森、L. A. 索斯尼克主编：《布卢姆教育目标分类——40 年的回顾》，谭晓玉、袁文辉等译，华东师范大学出版社 1998 年版，第 1—10 页。

　　② 马兰：《实现掌握知识和发展智能的统———豪恩斯坦认知领域目标新架构及其启示》，《全球教育展望》2005 年第 4 期。

一个重要的信念：每一个人的学习都是完整的人的统整行为，智慧、情感和身体动作在学习过程中缺一不可，学习者始终都是依据其知道什么、能做什么和对情境有什么样的感受来表现其行为的。这同"行为主义"并没有什么关系（恰恰相反，豪恩斯坦声称自己信奉的是建构主义！），只是表明了学习中要以衡量学习者真实的行为业绩表现作为实现教育目标或课程标准的重要依据。有分有合，先分后合，这就是豪恩斯坦的整合模式区别于布卢姆"要素法"的高明之处。

3. 马扎诺的学习维度论

学习维度论（Dimensions of Learning，DOL）是当代国际教育改革中涌现出来的一种教育新理论。其创立者是美国著名课程改革专家罗伯·马扎诺博士。学习维度理论认为学习有五个维度，构成了一个以培养认知能力为中心，同时有情感态度和元认知作保障的轮状结构。能学懂、会学习、想学习是其最核心的观点。马扎诺提出的"学习维度论"共有以下五个①。

维度 1：态度与感受

维度 2：获取与整合知识

维度 3：扩展与精练知识

维度 4：有意义地运用知识

维度 5：良好的思维习惯

以上五个维度之间的关系表明：所有的学习都发生于学生的态度与感受中（维度 1）和良好的思维习惯中（维度 5）。这两个维度是任何学习过程所不可缺少的，带有情感态度和元认知的特征。而另外三个维度——获取与整合知识（维度 2）、扩展与精练知识（维度 3）和有意义地运用知识（维度 4）则是学习中进行思考所必需的。维度 4 包含了维度 3，维度 3 又包含了维度 2，这表明：在扩展知识时，学生同时也在获取知识；在运用知识时，他们也在扩展知识。这充分体现了思维的过程和思维的技能并不是互相割裂和线性作用的，而是一个互动循环、彼此影响的过程。同样，学习的五个维度，从总体上实现了认知、元认知与情感的相互作用，共同决定着学生学习的成效。

---

① 盛群力、李志强编著：《现代教学设计论》，浙江教育出版社 1998 年版；马兰、盛群力：《学习的维度要览》，《上海教育科研》2004 年第 9 期。

4. Reeves 的意动目标分类说

Reeves 基于对传统的学习目标的批判，提出了意动子目标分类体系①。他认为经典的认知、情感和心理动作的学习目标分类体系忽视了意动这一维度。意动（conation）在亚里士多德看来是一种努力和愿望，也是思维的一个部分，是引领认知和情感的一个重要因素。在 Reeves 看来，意动作为一个维度比起心理动作更为具体和全面，主要的内涵包括：意志、愿望、努力的程度、驱力、力争、心智活力、自我决断和意图等内部行为，还包括行动、动作、实施等外部行为，如表 1—9 所示。

表 1—9　　　　　　　　　　　Reeves 的意动维度目标

认知（Cognition）	情感（Emotion）	意动（Conation）
——认识	——感受	——行动
思维	感情	意愿
想法	情感	意志
认识论的	感觉的	伦理的
识知	关爱	动手

Reeves 认为：尽管大多数教师希望给大学生教授来自他们学科内容方面的高阶认知、情感和心理动作成果目标，但是他们往往关注他们的评估在一个很狭窄的范围内——低层次的认知成果。同时，学者们总是完全疏忽重要的意动方面的成果比如意志、驱力、努力成就、心智活力以及意图等。大量的依据表明传统的教学方法和过时的技术不能激发意动维度，使新的一代学习者投入大学中，因此，在 21 世纪，被遗忘的意动领域尤其显得特别重要。

（三）学习领域分类框架

1. 贾维斯的综合学习理论

贾维斯（2006）从终身学习的视角提出了综合学习理论，如图 1—6

---

① Reeves, T. C., *Technology and the conative learning domain in undergraduate education*, Invited. presentation at EDUCAUSE ELI 2008, 2008, January, San Antonio, TX.

所示。该理论认为学习的主体是完整的人①。人类学习是一系列过程的综合，完整的人——身体（遗传的、物质的、生物的）和心理（知识、技能、态度、价值观、情感、信仰和感觉）——体验一种社会情景，然后感知的内容加以认知的、情感的或者实践上的转变（或者通过任何结合的方式），这种体验将融入个体发展之中而改变人（或者使人更有经验）。

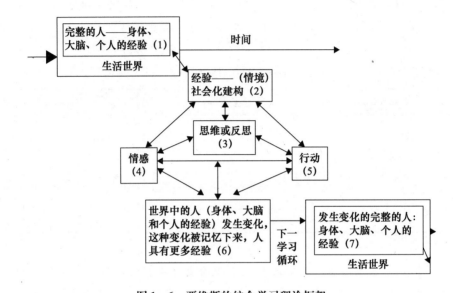

图1—6　贾维斯的综合学习理论框架

2. 探究社区框架中的临场理论

随着技术整合于教学过程，关于交互质量的研究越来越成熟。其中一个研究视角在于借鉴哲学中"存在"的思想探究学习者的虚拟临场感。临场（presence），或是消失（absence），是一种非中介的错觉（illusion of non-mediation）（Slater，2003）。其意涵可从建构主义与存在主义观所宣称的认识论来理解，人们对世界经验的感知必须透过中介，才能将意识与经验建立连接，中介，像是想象、审美、对话等机制，当中介与个人感官融合时，即产生体现客观知识或外在世界的临场感。

据此，格雷松等（Garrison，Anderson & Archer，2000）提出了技术

---

① 　Peter Javirs，*Towards a Comprehensive Theory of Learning*，London：Routledge，2006.

条件下的临场理论（presence）。该理论从学习的三个维度探究在线学习
环境中的临场感[①]。分别是认知临场（cognitive presence）、教学临场
（teaching presence）与社会临场（social presence）。社会在场指的是探究
社区中参与者通过使用的通信中介社会性和情感性地投射自身作为"真
实的"人的能力（比如他们完全的个性）。认知在场指的是学习者在一个
重要的探究社区能够建构和确定意义通过持续的反思和会话中的程度。教
学在场指的是通过认知的和社会的过程设计、促进和指导，来实现个人化
的意义和教育交织的学习成果的目的。由于网上环境缺乏视听指引，社会
存在这一概念显得更为重要。如果学生在网上学习社区中感受不到自己的
社会存在，他们就很难全面参与网上课程的学习。一种媒体传送面部表
情、声调和非语言线索等信息的能力，直接关系到该媒体能将社会存在体
现到何种程度。

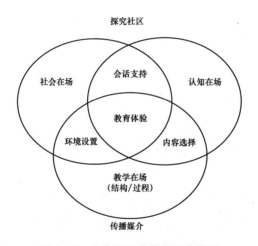

图1—7　在线学习的临场理论模型

3. 情感场及情感维度

最近关于临场的研究（Campbell & Cleveland，2005）则延伸到学习

---

① Garrison, D. R., T. Anderson and W. Archer, Critical inquiry in a text-based environment: Computer conferencing in higher education, *The Internet and Higher Education*, Vol. 2, No. 2 – 3, 2000, pp. 1 – 19.

的另外一个重要层面——情感，提出了学习的第四场——情感临场①；指出情感临场就是学习者和教师改变自身行为来适应外显的和内在的情感的程度。而昆因（Clark Quinn，2006）在教育模拟游戏开发研究中把情感作为一个重要的设计要素，昆因在"感化 e-Motional e-learning：对学习者至关重要"一文中指出，"情感是热门的，商业领域正在研究情感在工作场所的有效性。情感化设计在产品和服务中，我们现在正在出售经验而不仅仅是服务。除了'口味'，还有更多的东西。这些东西对于 e-learning 有什么应用呢?"② 强调情感这一维度在教学及教学设计中的重要作用。

4. 交互学习模式（The Interactive Learning Model）

交互学习模式是国际上一个研究机构"让我学（Let Me Learn）"提出的学习模型，在该学习模型中强调学习的三个维度是认知、意动和情感③。交互式学习模式如图1—8所示。

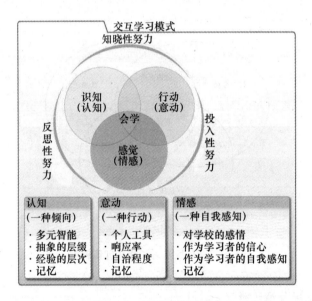

图1—8 交互式学习模式

① Campbell & Cleveland Innes， "Emotional Presence in the Community of Inquiry Model：The Students'Viewpoint"，www. uwex. edu/disted/conference/Resource＿ library/handouts/05 ＿ 2024P. pdf，2007－3－9.

② Clark N. Quinn，Making It Matter to the Learner：e-Motional e-Learning，The eLearning Guild's Learning Solutions：Practical Applications of Technology for Learning，April 3，2006.

③ "Let Me Learn"，http：//www. letmelearn. org/about/unlocking＿ the＿ will/ilm/.

认知是人们如何获得信息，这是一个识知的行动或者过程。认知能力包括多元智能结构（Gardner，1995）和个人生活经验。意动引导绩效表现。学习者在学习中具有自己的表现步法和一定程度的自治。意动也包括学习者在使用他们自己的学习工具比如问题解决策略和精确措辞方面的功效程度。学习者不会使用那些同样精通的工具？情感是学习者形成的一种自我感觉，当他们参与到任务中的时候，在研究保持情感强烈影响学习过程方面最近有了急剧的增加（Goleman，1995）。情感与自尊紧密联系，是自信的一种度量，但学习者给予机会来使用与认知过程相关联的意动工具的时候，学习者形成了一种继续学习的意愿。认知、意动和情感的相互影响形成了学习行为的四种范型，称之为序列型、精确型、技术型和聚合型。序列型学习者看起来遵循一个计划，寻求按部就班的指导。他们小心组织、计划工作，喜欢从头到尾完成任务。精确型学习者期待和保持详细的信息，他们以高度的详尽的方式阅读和写作并且询问问题来探究更多的信息。技术型学习者喜欢自己工作，推论出做事情的技术方式，他们喜欢从真实经验中学习。他们的座右铭是"让我学习"。聚合型学习者避免传统的方式，探究独特的方法来完成任何学习任务。他们准备冒风险，失败并且重新开始。

四　从全脑学习到全人教育：整体诉求

（一）基于脑科学的全脑学习框架

在2008年2月18日的美国学校教育管理者年会上，Daniel Pink（前美国副总统戈尔的报告起草人）在报告说，在知识经济时代，"左脑——线性的、逻辑的、推理的思维方式主导的时光已经过去了，现在最需要的是右脑思维方式——综合性、创造性、情境化"。左脑思维属于逻辑的、循序的、理性的、分析的、客观的、关注局部的；右脑思维属于随机的，直觉的、整体的、综合的、主观的、关注全局的。左右脑平衡与学习变革如图1—9所示。

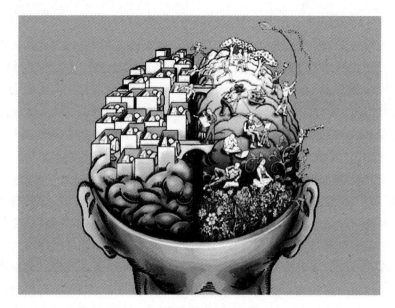

图1—9   左右脑平衡与学习变革（Pink，2005）

大脑的所有学习都是以整个生命系统为中心的，正如凯恩夫妇所言："大脑、思维和身体构成了一个动态的统一体。对于教育工作者来说，这意味着，学习者是一个生命系统，他具有脑学习原则所阐述的所有特征。"① 基于脑科学的研究，全脑教学法（brain-based learning）应运而生，全脑教学法是根据人脑学习的模式而设计的有效教学策略。在课堂中常用的策略包括：（1）多用四肢五官，全人投入记忆；（2）经常变化活动模式，令课堂充满新意；（3）制造欢乐气氛，提高学习情绪；（4）鼓励互相赞赏，提升学习信心；（5）有效运用协作学习，以提高互动效果②。

（二）基于整观主义的全人教育框架

全人教育是针对人本身的教育，注重整体身心的均衡发展，不偏倚某一小部分；全人教育是要促进个人的完整发展，一个完整的个体有其道德、心智、身体、社会及情绪等面向。因此，教育的本质就是追求这些面

---

① Renate. N. Caine, Geoffrey, Caine, What we know about learning, *Data Training*, Vol. 9, 1999.

② 吴刚：《脑科学研究的教育意涵》，《全球教育展望》2001 年第 5 期。

向的均衡且具体的实践。全人教育——指教学时了解学生的心理需求、能力、经验、性格、意愿等主观条件，并加以配合之来进行教学活动，从而激发学生的求知欲、学习动机，而能快乐学习。简言之，即考虑到施教对象是"学生这个人"，施教历程包含知、情、意、行四层面。越来越多的有识之士形成了这样的共识：教育的终极目的就是要激发人的全面潜能，使受教育者在道德、情感、知识、体魄、审美、独立思考、创造力以及公共精神等方面都得到均衡发展——这种教育就是所谓培养"全人"的教育（而不是"完人"教育）。因此，全人教育是一种以促进人的整体发展为目的的教育。全人教育的学习活动模型如图1—10所示。

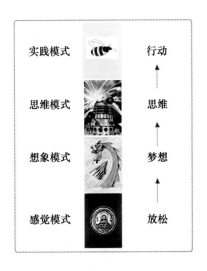

图1—10 全人教育的学习活动模型

五 比较与述评：学习系统要素的抽象

上述不同的理论体系提供了学习研究和发生的不同维度，并且从整体性的视角提供了一种概念框架。上述模型由于研究者的立场和出发点不一，或站在脑科学层面，或站在哲学层面，或站在学习理论层面做出解释和假设，这为协同学习模型的构建提供了坚实的基础和开发方向。本研究的目标在于开发支持课堂学习革新和知识建构的新型学习技术系统，因此，模型的定位应该联结概念框架与实践框架之间，兼具实用性和操作性，各种学习系统的要素抽象（如附录一所示）为新型学习系统构建提供了参照。

新型学习系统构建的基本取向包括以下几点。

（1）整观思维——整观思维（holistic thinking）是全人教育共同的思维——整全观（holism），"整全观"基本上主张每一样东西都以关系网络互相联结，任何一样变动都会导致连锁反应，无论其变动多么微小，因此应该从"整体"上去追求个人"精神的感性与平和"，而不是片面、零碎的。通过学习系统要素的抽象，在传统经典目标分类的基础上，我们扩展了相关内涵，把认知维度看作知识—信息之间的转化与加工，把心理动作扩充为意动维度，保持情感维度的存在，通过考虑到不同文化变量的学习机制，增加学习引导性的价值维度。

（2）系统机制——为了使各个要素协同发展，必须建立相关要素之间的作用机制，分别是信息加工机制——在信息时代，信息与知识之间的转化和加工决定了知识建构的深度和广度；多维记忆机制——借助记忆模型，实现个体记忆、群体记忆和分布式记忆之间的互动，同时充分利用长时记忆和短时记忆原理，实现学习情境中丰富的记忆流程；群体互动机制——充分考虑到文化变量中的本体因素，将群体视作个体的隐喻参与到学习和信息加工中，共同提升个体智慧和集体智慧。

（3）整合协同——从认知、建构到发展，建立从知识习得到参与知识创新的学习连续统。强调情感、意动、价值参与和整体联动，实现创新性学习。全人教育哲学基础中的"联结"和"整体性"都强调整合。"联结"认为系统中的各个部分相互依赖、相互联系；"整体性"是指"整体大于部分之和"，认为一个大的系统包括许多子系统，形成一个网络，这些子系统以复杂的方式相互作用。其次，全人教育强调"整全的教育"，主张在教育过程中，每一种方法都有独特的价值，每一种途径都有独特的作用，都是整体不可或缺的组成部分。因此，从全人教育的视角来看，新型学习系统框架应该整合各种方法和途径，以促进个体的全面发展。

小结·反思:设计研究之广博考究

一个设计研究项目始于广博考究阶段，这里包括境脉问题的确定与分析、研究文献的整理与述评、研究框架的基本取向确立等。广博考究阶段的目标在于确定、描述和分析现象或者问题的状态，为了生成理论的观点，这些观点是关于人们如何学习和行动以及相应的设计指导。

通过定性研究和解释性的设计实验的形成始于一个理论框架的建立，问题序列能够通过研究来回答，框架描述了需要研究中进行探究的问题，评论关于这个主题所需要知道的，所不知道的，为什么它是重要的需要来了解他，以及研究的具体目标（Winegardner，2000）。梅里安姆（Merriam）强调确定理论框架的重要性，这种理论框架形成了支架或者研究的底层结构。问题措辞和问题陈述的形成反映了一种理论导向（Merriam，1992）。因此，在广博考究阶段，通过文献研究形成一个标准的理论和分析框架。同时，按照沃克尔和阿什（Vockell & Asher，1995）的观点，这直接引导研究者的问题，也有助研究者确定研究方法论，也包括预测相反的研究结果。本章从新课程学习情境和学习系统变量分析出发，探究存在的现实问题和研究现状，经过广博考究确定了如下议题：新型学习系统的框架维度、目标指向以及模型建立的基础。

第 二 章
协同学习系统的模型与框架

好理论，最实际，没什么东西比好的理论更实用了。

——勒温（Kurt Lewin）

常常惊叹于网络时代的新创行为，比如说世界跳跃日。一名德裔英国艺术家创建了一个"世界跳跃日"网站①，并虚构了一名叫作汉斯·彼得·尼斯瓦德的德国慕尼黑 ISA 学院重力物理学科学家，该网站援引"尼斯瓦德教授"的话称，只要有 6 亿人在 7 月 20 日格林威治时间 11 时 39 分 13 秒同时猛跳一次，就能让地球轨道距太阳更远一点，从而解决全球变暖问题。而据后续报道说真有 6 亿人于该日齐跳让地球远离太阳。这一创意实现充分表现了信息传播的行为效果，展示了无穷的信息聚能和行为参与力量。

反观专注于信息空间进行知识传播的学习系统，如此聚能效应和参与效果实为鲜见。尽管在近几十年中，知识和技术领域的变革已经重组了人们的生活、交流与学习方式，而学习系统本身的不完善构建难以产生学习行为上的极大参与以及学习效果上的聚能效应。前述广博探究也表明，虽然描述学习原理与过程的学习理论以及相关的实践能反映基本的个体认知需求，但基于传统学习框架的教学体系却无法培养适应社会需要和个体发

①　www.worldjumpday.org. 德国艺术家劳希曼 2005 年成立"跳地球"站点，发起"地球齐跳日"（World Jump Day），号召西半球民众 2006 年 7 月 20 日格林威治 11 时 39 分 13 秒一齐往空中一跳，说只要有 6 亿人同时这么一跳，将能改变地球在宇宙里的位置，即使地球改变轨道，退出太阳一点，从而"停止全球暖化、延长白天时数，创造更适合人居的气候"。劳希曼当初向科学家和 Blog 提出"地球齐跳日"，只当朋友圈里说说，结果消息传开，变成全球话题，好奇、好玩、好事的人纷纷上网，站点挤爆好几次。齐跳日转眼就到，据 7 月 18 日统计，已达 598104080 人登记参加，已近全球上网人数的一半。该站点声称 20 日达到 6 亿人。

展的知识工作者。尽管建构性学习和新技术给学习提供了巨大的条件与动力，且所有学习者似乎都在数字化与网络化空间寻找学习的机会，特别是网络的高速发展已经从内容到形式都变革了学习，然而，知识复杂性及其生态演化和技术持续革新使得教学和学习转型的需求剧增，同时个人和群体知识管理成为一种新景观，时代需要个体具备多重素养、问题解决和批判性思维能力，世界范围内的学习革新成为一种新气象，这种革新呼唤一种面向知识时代的学习系统新框架。

第一节　重塑面向知识时代的学习系统新框架

一　学习系统模型的协同学关照

通过对学习系统及要素与机制的微观分析，发现学习系统要素之间的离散倾向，难以对学习和个体的整体发展形成协同效应；维尔（Vaill）强调"学习必须是一种存在方式——是一系列不间断的个人与集体的态度与行动。他们努力跟上那些令人惊讶的、新奇的、凌乱的、含混的、一再发生的事件，与之齐头并进……"① 而现实并非如此，教育者和学习者在一种离散的教学框架内行动，执行的是一种孤立的教学观。圣吉（Senge）认为，从很早起时，我们学会通过将整体分裂为部分，使复杂性看起来更容易掌控。但这却使理解整体成为非常不可能的事情，因为整体的一个基本特质——相互关联性被剔除，所以我们无法评估各种行动的后果②。对于学习系统的设计同样如此，如果我们将自己看作孤立的个体，就会丧失与更大的整体连接在一起的感觉，就会不经意孤立自己，使自己丧失力量。而纵观目前业已出现的各个流派的学习理论或者学习框架，它们都创建于学习的技术含量尚不高和网络化程度较低的时期。大多数学习理论的中心法则为：学习发生在学习者个体内部。连认为学习是一种社会制定过程的社会建构主义观点都认同了个人（及其生理特征，如大脑结构）在学习中的重要性。目前，技术成为学习场景中的重要因素，重构一种新型的学习技术系统新框架成为当下的理论建构与实

---

① George Siemens, Connectivism, A learning theory for the digital age, *Instructional Technology & Distance Learning*, No. 1, 2005, pp. 3 – 9.

② ［英］罗伯特·路易斯·弗德勒：《反思第五项修炼》，中信出版社 2004 年版，第 16 页。

践应用之需。

（一）人性的回应：发展"完整的人"

马斯洛认为，人的发展不仅包括知识和智力，而且包括情感、志向、态度、价值观、创造力、人际关系等，教育的目的在于人的整体发展；罗杰斯则明确主张教育要培养"完整的人"（the whole man）——"躯体、心智、情感、精神、心灵力量融会一体"的人。马克思曾经指出："人以一种全面的方式，也就是说，作为一个完整的人，占有自己的全面的本质。"① 马克思主义的教育观认为：教育要以人的本质属性为依据，旨在全面拓展人性，使人能全面占有自己的本质。这为教育拓展人的本质提供了理论基础。

人的自然属性、社会属性和精神属性构成人的统一体。从人的自然属性来看，关心学生身心发展的规律不够，满足学生的兴趣需要太少，违背了人的可教育性、可接受性和可发展性的自然规律。从人的社会属性的拓展来看，理解也有偏差。主要是强调学生掌握知识方面的发展，而忽视了学生社会生活能力的全面提高：关注人的生活能力的发展太少，关注人类生活的社会化、人与物的关系过多等。从人的精神属性来看，人的精神生活能力的发展更是一个长期被忽视的教育问题。在我国，人的精神世界主要指人的人格、审美、理想等方面，这一点在教育目的当中更成了奢侈的东西。根据马克思所持有的人性观，很显然，一个全面发展的人是人的自然属性、社会属性和精神属性的全面拓展，也即"全面占有自己的本质"，实现人性的全面提升。

（二）系统的追寻：学习系统的协同观

由杰出的西德理论物理学家哈肯（Hermann Haken）教授于 20 世纪 70 年代提出的协同学是一种应用广泛的现代系统理论，它在自然科学与社会科学之间架起了一座鸿桥。协同学继耗散结构论之后进一步指出，一个系统从无序向有序转化的关键并不在于其是否处于平衡状态，也不在于偏离平衡有多远，而在于开放系统内各子系统之间的非线性相干作用。这种非线性相干作用将引起物质、能量等资源信息在各部分的重新搭配，即产生涨落现象，从而改变系统的内部结构及各要素间的相

---

① 《马克思恩格斯全集》第 42 卷，人民出版社 1979 年版，第 123 页。

互依存关系。一个由大量子系统组成的复杂系统，在一定的条件下，它的子系统之间通过非线性相干作用就能产生协同现象和相干效应，该系统在宏观上就能形成具有一定的功能的自组织结构，出现新的时空有序状态。

教学是一个由教师、学生、教学目标、教学信息和教学媒体等诸要素组成的开放系统，教学目标起着支配教学活动的序参量作用。教学系统中各部分的协调性、同步性、竞争性和协同作用，以及系统与环境之间的相互作用是实现教学过程有序的条件。由于教学系统与教学环境相互作用中存在着耗散结构，必定伴随着涨落现象，所以教学系统内部的协同作用和涨落现象，必然导致系统宏观有序。在教学过程中，教学系统内部各要素之间在宏观上经常不断地发生变化，系统的微观状态在一段时间内也会因各状态参量的变化和相干作用出现波动，从而涨落就不可避免地发生了。涨落使得系统功能发生变化，使整个系统结构失去稳定性。但经过一段时间演化，由于系统内各要素之间相互作用的机制发生变化，教学受空间中的快、慢参量因相互制约而相对稳定地协同运动，又有可能达到一新的稳定状态。从稳定到不稳定，从有序到无序；又从不稳定到稳定，从无序到有序，周而复始，螺旋式地沿着预定的目标态发展是教学系统演化或运转的必然方式。

系统的整体功能是由各个要素的性质和功能以及各要素间相互作用的方式决定的，教学系统的运行与各个子系统的运行及它们之间"匹配"与否直接相关，按照协同学的观点，为增大教学系统的功效，提高教学质量和效率，必须十分重视教学系统各个要素之间的相互联系，教师与学生要有明确一致的教学目标，教学各方必须加强配合、协同合作，通力促使教学系统和谐、健康地向前发展。

二　现有学习系统的局限

要适应这种变革与呼应，重构一种新型的学习系统新框架成为当下的理论建构之需。传统学习系统无法为创新性学习提供支持而转向技术整合，而现有学习技术系统由于缺乏一个全面的理论架构支持，实质上表现了一种离散的思维，教育者和学习者在一种分裂的教学框架内行动，执行的是一种孤立的教学观，难以适应社会的要求。赖格卢斯一语中的："给骨折的患者贴橡皮膏，贴的技术越好；效果越坏。"① 这种"孤立"主要表现为五个方面（祝智庭、顾小清，2006）：

第一，在交互层面，缺乏学习者与内容的深度互动。在任何一种学习技术系统中，交互都被认为是知识获取、认知与技能发展所必需的、基本的机制②。目前对于交互的大部分实践和研究，都强调了其中的人际取向，认为交互是学习环境中，个体为了完成学习任务或人际关系构建而进行的双向交流，通常发生在教师与学生、学生与学生之间③。这些观点忽略了内容与学习者之间的交流这一维度，其后果是，使得学习技术系统的设计忽略内容的适应性，忽略内容与学习者的深度互动。内容是直接影响学习者知识获取和建构的依据，学习中真正的交互活动设计，是教学系统与学习者之间实时、动态、相互的信息交流，包括学生—教师—内容三者之间的深度互动④。深度互动不仅仅关注常规学习活动中的人际交互，还包括学习者对内容的选择、保存、编辑、重用等直接交互操作。从传统黑板到现代电子白板，从技术上提供了这种深度互动的技术，所缺乏的是一种协同思维的系统设计。

第二，在通信结构层面，缺乏信息聚合机制。现有学习技术系统能够有效地支持内容表现、人际交互和学习反馈，却绝少关注对学习过程中所产生的信息进行收集处理及汇聚。实际上，在其系统结构上，根本就未提供相关的信息聚合机制。学习技术系统应该也是一种知识建构系统，按照知识建构的一般规律，应该能够通过一定的通信结构对将个人和组织的信息进行收集、汇聚、存储、共享、创新，从而形成组织的"集体记忆"（collective memory）⑤，并进而创造新的集体知识。从这个

---

① Reigeluth, C. & Garfinkle, R. (1994), *Systemic Change in Education*. Englewood Cliffs, NJ: Educational Technology Publications.

② Barker, P., Designing interactive learning systems, *Educational and Training Technology International*, Vol. 27, No. 2, 1990, pp. 125 – 145.

③ Shu-sheng Liaw, Hsiu-mei Huang, Enhancing interactivity in web-based instruction: A review of the literature, *Educational technology*, Vol. 39, No. 1, pp. 41 – 45.

④ Muirhead, B. & Juwah, C., Interactivity in computer-mediated college and university education: A recent review of the literature, *Educational Technology & Society*, Vol. 7, No. 1, 2004, pp. 12 – 20.

⑤ Roger T. Johnson & David W. Jhonson, "Differences Between Collaborative and Cooperative Learning", http://www.id.ucsb.edu/IC/Resources/Collab-L/Wang Youmei.html, 2009 – 3 – 8.

意义上来说，学习技术系统的通信机制应该提供支持个体学习和集体学习的"文化工具"①。而作为一个教育传播系统，这种聚合机制也将为维持媒体—教学信息—学习者—教育者之间的四元循环提供一种内在的自组织动力。

第三，在信息加工层面，缺乏群体思维操作。由于传统教育观念的刚性影响，现有学习技术系统及其实践中本体模糊现象非常突出，形式上的集体教学却造成个体发展的严重孤立。另外，作为学习的心理学基础的信息加工和当代建构理论，也无法为群体的知识建构提供支持：信息加工理论强调学习是一种个体信息加工过程，强调记忆在信息加工中的作用；建构主义强调信息加工所发生的情景以及协作在其中的作用。但对于群体的知识建构过程，二者均无法提供阐释。因此，学习技术系统在信息加工层面缺乏足够的群体思维操作机制。但是我们应该认识到，思维应该是一种集体的现象，不能只是通过个人加以改善，应该构建群体学习机制来影响个体学习②。

第四，在知识建构层面，缺乏分工合作与整合工具。与合作/协作学习理念与方法相对应，理想的学习技术系统应该提供合适的知识建构工具，既能支持个人责任范围的局部性作业，又能支持多人作品的动态合成。目前虽然有一些单独的共笔（co-authoring）工具，但缺乏与整个学习技术系统架构的有机连接，其本身也缺乏情境相关的信息架构支持能力。

第五，在实用层面，信息、知识、行动、情感、价值缺乏有机联系。由于受传统教师中心、教材中心、课堂中心的观念影响，目前的学习技术系统在实用层面彻底走向一种孤立的教学观，将充满生命活力的学习过程变成了冷冰冰的机械训练。教育者执行一种孤立、分离的教学策略和教学观念，严重影响了个体的发展，背离了知识社会对人才的期望。在这种反素质教育的教学导向下，信息、知识、行动、情感和价值无法在教学主体身上得到均衡发展。其实，主张知、情、行协同发展的理念早已有之，罗

① Iris Tabak, Synergy: A complement to emerging patterns of distributrd scaffolding, *The Journal of Learning Sciences*, Vol. 13, No. 3, 2004, pp. 305 – 335.

② ［美］彼得－圣吉：《第五项修炼：学习型组织的艺术与实务》，上海三联书店 1998 年版，第 4—8 页。

杰斯就曾表示："唯有自我发现及自己喜好的学习才会有意义地影响个人行为，也因此才可成为学习。"[①] 但是现有的学习技术系统并不能为此提供支持。建立这种有机的、协同发展的联系应该成为新的学习技术框架所关注的核心。

三 创设适应知识时代的学习系统新框架

上述局限为学习系统变革提供了革新的需求，但是革新的方向何在？对于这一难题，众多研究者从不同视角进行了探索。包括特瑞林等人（Trilling et al., 1999），也对此问题提出了自己的理论解释和框架。比如，他系统地阐述了 21 世纪教育成功的新公式，即"21 世纪学习 = 3 个 R × 7 个 C"（Bernie Trilling, 2005）。3Rs 即读（Reading）、写（Writing）和算（Arithmetic）；7Cs 指的是：（1）批判性地思考和做（Critical Thinking-and-Doing）：问题解决、研究、分析、项目管理等。（2）创造性（Creativity）：创造新知识、"最佳适配"（best fit）、设计解决方案、巧妙说故事等。（3）协作（Collaboration）：合作、妥协、达成共识、团体建设等。（4）跨文化理解（Cross-cultural understand）：跨种族、知识和组织文化。（5）交流（Communication）：有效地传递信息、使用媒体。（6）计算、处理（Computing）：有效地使用电子信息和知识工具。（7）独立职业生涯和学习（Career and Learning Self-reliance）：应变、终身学习、重新设计职业生涯。更为可贵的是，伯尼－特瑞林还提出了解决两难问题的理论架构，他指出现代学习理论建构的 5Cs，即：（1）语境（Context）：真实的学习。（2）建构（Construction）：建立智力模型。（3）关注（Caring）：内在动力。（4）能力（Competence）：多元智能。（5）团体（Community）：在群体中学习。尽管这些框架还仅限于理论层面，但这种探究已经为深层次的学习系统建构提供了一种导向。知识时代学习系统构建的基本框架如图 2—1 所示。

适应知识时代需求的学习框架，是在新型学习/教学模式基础上，将知识工作技能、学习理论和知识工具三种力量相融合的学习系统（Trilling &Hood, 1999）。知识时代所提出的技能要求，与人类所经历过的时代都有很大的不同。人们现在可以随意使用的知识工具的种类，也比

---

① 卢家楣：《情感教学心理学》，上海教育出版社 2000 年版，第 21 页。

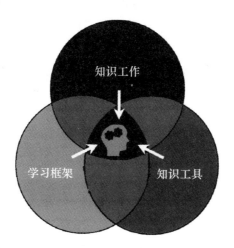

图 2—1　知识时代学习系统构建的基本框架（Trilling & Hood，1999）

那些几年前所使用的工具功能更强大。现代学习理论，也从根本上支持知识时代所需要的、走向成功必备的学习类型。知识时代的这三种力量——知识时代工作技能的新要求、知识工具所提供的新前景和现代学习理论所支持的新型学习方法，将在一种新型学习/教学模式基础上，使三者聚合起来，形成新型的学习系统框架。分裂的教育变革难以适应社会的要求，从这个意义上说，目前所要寻求和构建一种基于系统协同思想和知识生态视角的新框架，是一种能够适应当前网络时代社会结构和技术要求、满足社会变革和学习创新需要的新框架。协同应该真正成为学习和个体发展的一种方式。因此，开发基于知识和技术工具的学习系统框架成为适应学习变革可能之需。

　　除了综述部分的研究成果，值得欣慰的是，国内许多学者也正在积极思考这一问题。浙江大学盛群力教授曾在一篇文章中思考在思考新教育应致力于为新时代的人奠定什么样的基础时，提出我们需要的是手脑并用、情智一体（head，hand and heart）；协同建构、合作与创新（cooperation，construction and creation）的人，最重要的是掌握三种本领（亦即三张通行证）：一是树立终身学习的意愿；二是掌握有效的沟通与解决问题能力；三是拥有良好的道德面貌和心理素质[①]。

其实，关注学习的多维属性是一种普遍的认识。无论是从教育和学习的本质，还是从教学的目标和学习的结果，教育者和研究者都认为知识、情感、态度和价值观是学习所必须面对的基本维度。然而已有研究少有关注学习情境中的技术因素和知识创新问题，尤其是对学习者本体的考虑。基于此，在学习系统要素的抽象和相关分析的基础上（见附录一），可以把学习系统的多维指向表征如图2—2所示。本书将学习的多维要素引入场动力学视野，提出了协同学习这一概念，作为一种面向知识时代的学习技术系统新框架，协同学习以系统协同思想和知识创新为基础，对传统学习理论进行了认识论、本体论、认知加工维度上的拓展，以适应信息技术时代的知识建构和个体发展，并能够成为指导学习技术系统开发的新框架，以适应当前网络时代社会结构和技术要求、满足社会变革和学习创新需要。

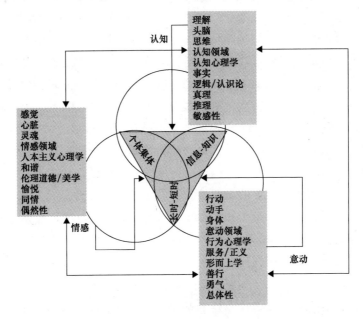

图 2—2　学习系统模型的多维指向

---

① 盛群力：《21 世纪教育目标新分类》，浙江教育出版社 2008 年版，第 367 页。盛群力教授是国内教学设计研究与实践领域的著名学者，笔者在研读盛教授所有著述的时候，在一篇短文的结尾部分发现了这段话，后来此文收录《21 世纪教育目标分类》一文中。这一创新的思维对本书具有极大的启发，除了在学术上的支持外，对笔者展开此课题的研究提供了一种信心上的支持。笔者多年与盛教授有交往，在熟读此段话后特地与盛教授沟通，得到极大的鼓励和支持，在此深表感谢。

第二节　协同学习系统元模型

对于当下的学习系统来说，学习理论与技术发展是互为作用的。近几十年中，技术的变革已经极大地改变了我们的生活方式，但在教育领域，技术的促变作用显得颇为缓慢。究其原因，依据传统的学习理论设计的学习技术系统难以满足培养适应社会需要和个体发展的知识工作者的要求。知识复杂性及其生态演化和技术持续革新使得教学和学习转型的需求剧增，同时个人和群体知识管理成为一种新景观，时代需要个体具备多重素养、问题解决和批判性思维能力。本书中，我们提出了协同学习这一概念，作为一种面向知识时代的学习系统的新框架。协同学习以系统协同思想和知识管理为基础，适应知识与技术的发展，对传统学习理论进行了拓展。以协同学习为基础的学习技术系统，将成为一种能够适应当前网络时代社会结构和技术要求、满足社会变革和学习创新需要的新框架。

一　协同学习含义

（一）协同学习系统建构的背景

协同学习的理念，最早源于祝智庭教授20世纪90年代在荷兰特温特大学做博士研究项目所开发的知识聚合项目[①]。而信息社会和技术变革带来的挑战使协同学习的框架越来越清晰，需求越来越迫切。使用协同学习一词表明一种协同学意义上的教学关系构建和教学结构变革。协同这个词是从古希腊语中借用来的，它标志着开放系统中大量亚系统之间相互作用的、整体的、集体的或合作的效应。哈肯认为，协同学本身就是"协调合作之学"，其观念来自系统学，它认为任何事物的变化实际上与其他相关事物的变化是相互关联，即协同变化[②]。

协同观念之于教学系统并非新事物。然而，特别是在国内，由于传统

---

① Zhiting Zhu, *Cross-Cultural Portability of Educational Software: A Communication-Oriented Approach*, University of Twente, Netherlands, 1996.

② ［德］赫尔曼·哈肯：《协同学——大自然构成的奥秘》，凌复华译，上海译文出版社2001年版，第2页。

教育观念和教育理论的刚性影响，教学系统各个组成要素并未协同起来产生教学增效。表现在教育实践中主体发展失衡，知识接受成为教学实践的唯一目标，无法养成适应知识信息时代的创新素质；教学专注离散知识的传授而忽视整个知识生态系统中的素质发展与知识建构；教育实践中本体模糊，形式上的集体教学却造成个体发展的严重孤立；以及面对 ICT 和创新教育要求的常态范式带来的教育困境等。图 2—3 展示了社会发展脉络中的协同学习定位。

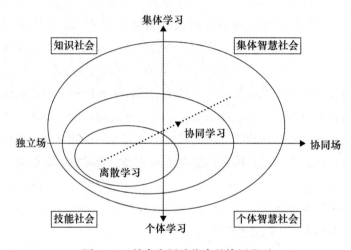

图 2—3　社会发展脉络中的协同学习

本书提出协同学习可能成为一种应对框架。基于知识生态学和当代学习理论，协同学习定位在一种新的学习框架，以支持技术条件下的课堂教学。基于这一认识，我们把协同学习定义为：通过激发学习情景中的多个场域空间，学习个体和群体在相关通信机制的支持下进行知识加工，有效地实现信息的重组、知识的聚合、智慧的生成和素质的发展。该框架着眼于知识社会对个体发展和智力资本的需求，追求个体与集体记忆和知识的共享与协同加工，倡导个体与集体智慧的生成，最终汇聚于集体智能型社会。

（二）协同学习内涵

协同学习系统是一个由社会要素和技术要素相互作用构成的以达成个体协调发展与群体有序互动的有机整体和框架。协同学习框架以系统协同思想和知识管理为基础，使用协同学习一词表明了一种协同学意义上的教学关系构建和教学结构变革。

协同学习与通常使用的协作学习（collaborative learning）和合作学习（cooperative learning）等有着上下位概念的本质差异。协同（synergistic）不同于协作（collaborative）及合作（cooperative），比较如表 2—1 所示。一般而言，"协作学习"是一种特殊的小组学习形式；而"合作学习"与"协作学习"的概念在广泛使用中已经变得模糊不清，并且在很多情况下并没有对二者做出明确的区分。协作学习是一个广泛的概念，囊括了我们称为"合作学习"的众多形式的小组式学习。合作学习可以看作协作学习中的一类[①]。从表 2—1 中可以看出，协同学习强调的是学习技术系统各个要素包括认知主体和认知客体及其交互形成的学习场之间的协同关系与结构，目标在于获得教学协同增效，而后两者表明一种下位的策略含义。协同学习定位于一种新的学习框架，以支持技术条件下的课堂教与学活动。

表 2—1　　　　　协作学习、合作学习与协同学习比较

特征	合作学习 Cooperative learning	协作学习 Collaborative learning	协同学习 Synergistic learning
知识	基础性知识	非基础性的、社会制品	知识三层次
认识论导向	结构化教学	社会性建构	创新性建构
过程	学业导向的	行动	创新导向
小组结构	高度的、积极的相互依赖性	低的、放任自由的个人主义的	活动灵活的
教师角色	微观管理者，动手做/主导者	协调者、促进者、指导者	主导者
学生和参与者角色	合作的、一致的	分歧的、独立的	同质或者异质
目标	为所有成员的学习形成社会技能	通过问题解决的会话和关注进行知识建构	知识建构与全人发展

---

① Roger T. Johnson & David W. Jhonson, "Differences Between Collaborative and Cooperative Learning", http://www.id.ucsb.edu/IC/Resources/Collab-L/Wang Youmei.html, 2009 - 3 - 8.

二　协同学习系统元模型

（一）协同学习系统元模型

综合第一章中关于知识创新的动力学研究、群体记忆与分布式认知的研究、学习的多重隐喻研究、多维学习系统框架的研究以及整观教育研究等观点，我们提出协同学习系统框架，并构建协同学习系统元模型，如图2—4所示。

协同学习从认知主体的社会性、认知过程的动力论和知识建构的生态观对当下的学习系统进行了重构。其实，这个世界的生物和文化，在协同原则的基础上自我组织、适应彼此、适应环境。正如人体中的细胞与其他细胞相互作用的过程中会发生转变一样，协同群体的成员也会通过群体内部的相互影响和协作共享而发生转变。教学系统越来越演变成为一种社会—技术（Social-technical）系统，这需要构建一种全新的学习技术来支持学习的变革。

协同学习系统元模型在一定意义上能够应对知识时代对于教学的汇合性挑战，这些挑战与学习目标、学习需要的多样性、文化工具的合理使用、创新扩散的文化负担有关。协同学习可以看成一种尝试，看成一个全新的体系，以支持知识时代的学习建构需求。基于综述中的学习多维度分析，我们把协同学习认知对象区分为信息场、知识场、意动场、情感场和价值场，前四者源于经典分类中各个领域的衍生，价值场则作为一种系统导向和终极追求。同时引入场域概念表明学习的动力机制，而个体与集体的设计则是对两个重要文化变量的关注，长时记忆与短时记忆的加入完善了学习最基本的大脑基础。各个要素互动构成了协同学习系统元模型。

图2—4显示了协同学习系统元模型。在此协同学习框架内，学习过程体现为一种协同的信息加工及知识创建过程，其中个体与群体的信息加工及知识创建相互关联。在此框架中，学习的微观领域、中观领域和宏观领域被有机地连接了起来。这是一种综合考虑了观念、环境、技术、模式等方面因素以获取协同学习效果的构架，也是一种整合取向的学习元模型。元模型是对表述模型的语言进行定义的模型，更多的教学实践模型则是其例化的结果。

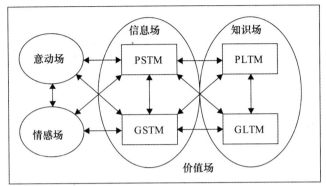

PSTM: 个人短时记忆　　PLTM: 个人长时记忆
GSTM: 集体短时记忆　　GLTM: 集体长时记忆

图2—4　协同学习系统元模型

（二）协同学习系统元模型解释

1. 本体论协同：个体与群体

正如前文所述，群体在认知加工、知识建构中具有积极的作用，这也是学习情境中的重要文化变量。群体可界定为一些个体的集合体，这些个体把其自身视为同一社会范畴的成员，并在对自身的这种共同界定中共享一些情感共识，以及在有关其群体和群体成员身份的评价上，获得一定程度的社会共识①。在课堂情境中，群体之所以存在，是因为群体成员把自身理解为群体中的一分子，并获得认同感和归属感，并且，这种身份归属有基本的社会共识，亦即至少有一个他人表示认可。

社会认知学者认为，群体成员的类同性、相似性、共同命运（这些属于充分条件），以及对共同的隶属身份的感知差异，是群体实体性的一种度量指标②。群体实体性，对于目标群体的社会信息加工、群体边界的维系和群体成员的社会认同，具有重要意义。高实体性的群体，会被感知为真实的社会实在，而不是社会建构；它所勾画的群体边界，会更为牢

---

① Tajfel, H., Turner, J. C., The social identity theory of intergroup behavior, in S. Worchel et al. (Eds.), *Psychology of Intergroup Relations*, Chicago：Nelson-Hall, 1986, p. 15.

② Sherman, S. J. et al., Perceived entitativity and the social identity value of group membership, in D. Abrams and M. A. Hogg (Eds.), *Social Identity and Social Cognition*, Oxford：Blackwell, 1999, pp. 80 - 100.

固；而群体成员的认同感和隶属感，会更为强烈；而其所负荷的认知、情感、价值意蕴，也会更为显著。在学习环境中，个体与群体在认知、记忆、知识建构等方面的协同将有助于个体学习目标的达成。

而学习的社会本质也要求学习和知识建构中个体与群体的协同。群体对个人和组织都有相应的作用：（1）群体是个体获得心理满足的场所，包括力量、信心、社交、尊重。（2）群体对个体行为有增效或者减效的作用。这点在心理学家叶克斯和多德森关于不同性质的工作任务于情绪唤醒水平关系的研究，以及科雷尔等人于 1967 年关于独立和集体学习简单和复杂单词的实验研究中得到证实①。（3）群体对个体不同行为有强化和消退作用。

2. 认识论协同：知识与信息

课堂中的知识与信息之间的转换始终是知识建构的基础。在教学系统中，信息或内容（information/content）就是系统的"输入"。关于信息与知识之间的关系，豪恩斯坦指出：把教师在课堂内传递的信息或内容视为知识是不准确的②。课堂里传递的是教师的知识、教材的知识或统称为"他人的知识"，这些"知识"对学生而言只是"信息"，它们借助教科书、视像媒体、讲授、演示、图书馆、互联网等各种手段亦可以获取（输入）。只有当学生对信息或内容本身有所体验之后，信息才能转化为知识。所以，在教学过程中，作为一种输入的信息或内容并不会自动转化为知识，除非学习者形成了概念或领会了信息。将别人的知识转化为自己的知识，这是教育目标（educational objective）功能的体现。

很显然，教育目标是在某一活动中，我们付诸努力试图达到的东西。实现教育目标的过程就是在教学系统中开展学习体验的过程或积累学习经验的"过程"。认知领域目标涉及求知的过程及培养智能；情感领域目标涉及培养情感、价值观和信念；心理动作领域目标涉及发展体能；行为领域目标是对认知、情感与心理动作领域的整合，最后形成实际的教育结果（educational outcomes），即培养有知识、有情感和有胜任力的人。这一切就是教学系统的"输出"。同时，依据对输出结果的比较分析以及实施过

① ［美］J. L. 弗里德曼：《社会心理学》，高地等译，黑龙江人民出版社 1984 年版，第 551—553 页。

② A. Dean Hauenstein, *A Conceptual Framework for Educational Objectives: A Holistic Approach to Traditional Taxonomies*, University Press of America, 1998.

程的监控，系统会对其成效做出"评价性反馈"。这样的教学系统就形成了一个封闭回路，并据此实现持续的改进。

从知识管理的角度看学习情境中的信息与知识协同，本质上是一个知识建构与智慧生成的过程。一般说来，数据、信息是由生产者提供的，如教科书、网络信息等。任何人都可以成为数据和信息的生产者。但在信息向知识的转化过程中，我们不能指望知识可以直接传递到自己的头脑中，而是要通过自己的努力才能将信息转化为知识，并内化为自己的知识。信息向知识的转化，运用知识提升智慧过程都需要学习者经验的切入，包括自己原有的经验与他人的经验，这种转化和提升的过程也是自己与他人彼此创造经验、凝练智慧的过程。

3. 方法论协同：多场互动协同

元模型的构建是基于多场互动协同，这也可看作学习和知识建构的方法论层面。多场要素分别为信息、知识、情感、意动、价值等。教学是一个知识、情感、行为相互作用的过程。教学活动虽然是以传递认知信息为中介，却又时时离不开人所固有的情感和行为因素，教学既可看成是"一个涉及教师和学生在理性与情绪两方面的动态的人际过程"，也可看成是"与个性及社会心理现象相联系的情感力量和认知力量相互作用的动力过程"（Chavez and Cardenas，1980）[1]。可以说，知识与情感交融，在人类的教学活动中比在人类一切其他活动中理应获得更为突出而典型的表现。当代人文主义教育观也表明了三者的内在关系，比如，以罗杰斯为代表的人本主义教育思想，十分注重教学中的情感因素，"唯有自我发现及自己喜好的学习才会有意义地影响个人行为，也因此才可成为学习（Rogers，1969）"[2]。

而对于由行为外化的意动场，同样在学习过程中扮演多重角色。黑格尔说：人的活动是由一系列的行为组成的，"主体就等于它的一连串的行为"[3]。人类的行为和行为活动组成了人类社会的各个领域。行为与行动是紧密联系在一起的，但两者又不能简单地画等号。人的个别的单一的行动，是人对外界事物的直接反应，在没有明确的目的的条件下，这些行动

---

① 江绍伦：《教与育的心理学》，江西教育出版社 1986 年版，第 1 页。

② 卢家楣：《情感教学心理学》，上海教育出版社 2000 年版，第 21 页。

③ ［德］黑格尔：《法哲学原理》，范扬、张企泰译，商务印书馆 1961 年版，第 126 页。

还不能称为真正意义上的行为。就两者关系而言，列文（Revans，1983）一语中的："没有缺乏行动的学习，也没有缺乏学习的（冷静的和审慎的）行动。"① 在元模型中，除了作为学习对象的知识，情感场还是人的行为的重要驱动力来源，是作为知识协同加工过程的动力协调整个学习过程，而活动场则提供了行为表现、行动展开和智慧生成的空间。当代情境认知观直接表明，知与行是交互的，知识是情境化的，通过活动不断向前发展，参与实践促成了学习和理解。莱夫和温格（1991）把学习的概念融进了一种根本的和重要的再思考和再形成。通过重点强调完整的人以及把主动行动者、活动和世界看作相互构成的整体，他们为大家创造了一个脱离假定学习就是接受实际知识和信息的专制观点的机会②。

众所周知，教育和心理学的一个基本的应用研究领域就是认知、动机，情感过程以多种不同的形式与世界相联系。认知过程指的是知识的习得和表征，是一种关于客观世界和事实的代表性联系。动机过程指的是机体目标的状态，与外界有一种行动上的联系。情感过程是基于客体和事实的接受或者拒绝，是对世界的一种评价关系（Kuhl，1986）③。情感，尽管与认知和动机过程相联系，被认为是一种独特的人类精神状态、经验和行为表达的要素得以研究，情感可以发起、终止或者中断信息加工过程。它们可以导致选择性信息加工或者它们可以组织回忆（Pekrun，1992）④。

近年来，随着教育理论研究的不断深化，人们越来越倾向于关注人的情感、态度和价值观（即"自我系统"）在人的行为中的决定作用。美国当代著名的课程与教学改革专家罗伯特·马扎诺（Robert J. Marzano）在

---

① ［英］伊恩·麦吉尔、利兹·贝蒂：《行动学习法》，中国高级人事管理部门官员培训中心译，华夏出版社 2002 年版，第 153 页。

② ［美］J. 莱夫、E. 温格：《情景学习：合法的边缘性参与》，王文静译，高文审校，华东师范大学出版社 2004 年版。

③ Kuhl, J., Motivation and information, In R. M. Sorrentino & E. T. Higgins, eds., *Handbook of Motivation and Cognition*, Chichester: Wiley, pp. 404 – 434.

④ Pekrun, R., The impact of emotions on learning and achievement: Towards a theory of cognitive/motivational mediators, *Applied Psychology*, Vol. 41, 1992, pp. 359 – 376.

《一种新的教育目标》（2000）一书中用这样一种思路来描述人的行为模式①：当一个人面对新学习任务时，他首先调动的是自我系统、情感动机和价值观，考虑自身是否有必要介入这个任务，是否值得去做这件事情，如果回答是"否"，那么他就会放弃新学习任务；如果回答为"是"，那就会接着调动"元认知系统"，确定完成新任务的目标与策略，然后再调动"认知系统"，并且结合"知识系统"去完成各种具体的认知操作。由此看来，合作学习较之于掌握学习，似乎略胜一筹，因为它从调动情感因素入手，让每一个学习者都悦纳同伴、肯定自己，并在欣赏自己的同时在小组中表现自己，帮助别人，并在此基础上发展认知，进行学习。

意动活动离不开知识、情感、意动的参与和作用。主体认知能力影响实践问题的产生，认知结构影响实践对象的选择和确立，认知水平影响实践材料的加工整合；情感对实践活动具有双重作用：良好的情绪和心境为实践活动提供了内在心理条件，情感的升华、热情的激发，为人们战胜实践中的困难提供了强大的动力，情感的亢奋、激情的焕发，为激活人们的创造思维提供了主体契机。否定或消极的情感对实践活动具有抑制作用，失去理性驾驭的情感会降低人们的判断力和控制力，使实践遭受挫折，意志有助于主体对实践目的和手段的选择，有助于主体排除内外干扰，坚定实践主体的行动，制止与实践目的发生偏离的行为。

4. 认知加工协同：个体/群体—短时记忆/长时记忆—信息/知识

第一章对当前得到公认的解释记忆储存的模型——记忆的三存储模型进行了阐述。该模型认为记忆加工有三个不同的阶段，它们分别是感觉记忆、短时记忆和长时记忆。这里不再赘述，此处主要从多因素交互角度分析。协同学习元模型是个体和群体知识协同加工的辩证统一。人类的学习不是个体意义上的，而是个体、群体相统一的文化传承。个体建构指基于个体操作的过程，而群体建构指基于群体讨论、协商的意义建构过程。个体建构是进行群体建构的基础，而群体建构是个体建构是否成功的外部参照。综合传统信息加工理论和知识管理理论，我们把个体与群体之间的知识加工看成一个"认知"过程。在认知科学家诺曼（Norman）也对信息加工模型提出了批评的时候，他曾认为该模型缺乏对人的行为的其他方面

①　盛群力、褚献华编译：《现代教学设计应用模式》，浙江教育出版社2002年版，第456—458页。

的考虑，如人与人之间的互动，人与环境的互动，人的社会性以及影响人的行为的历史与文化因素①。借助知识加工等文化工具，协同学习关注个体与群体知识加工，实现信息—知识之间的加工和保存，实现个体记忆与群体记忆的转换和给养。

群体作为个体的一种隐喻，基本上遵循当代信息加工理论的基本原则。然而针对群体知识建构，认知主义对于人类学习的解释仍有缺陷：传统信息加工模型隐含着客观主义的知识观或者说很容易误导人们演绎出客观主义知识观，信息加工模型甚至可以看作客观主义知识观在心理学层面的科学证据②。认知主义虽然强调学习是一种个体信息加工过程，过于强调记忆在信息加工中的作用，似乎学习是一种记忆过程。当然对于这种认识，建构主义给予了坚决的抨击。而对于群体的知识建构过程，建构主义从情景学习的角度提出了一种角度。实际上，20世纪70年代后期，认知心理学的创始人之一的奈瑟（U. Neisser）也在其著作《认知与现实》（1976）一书中进行了反思，他说："认知心理学在过去几年的实际发展一直令人失望，而且有限……，它的总方向是否真正富有成效？……信息加工的概念值得仔细审查……认知心理学应当做出更加现实主义的转变。"③为此，奈瑟主张以生态学的方法取代信息加工的方法，强调研究自然情景中的认知，而不是研究为满足实验室需要的实验范围内的认知。这些观点在学习的社会文化理论中得到支持，后者不是对认知理论的一个否定，而是对于认知理论的一种补充和发展，它更多地从集体层面来了解组织学习。其基本假设是：组织成员创造出一整套与每个人有关的意义（构建现实），这些意义可以通过象征、隐喻、礼仪和虚拟说法等人为的东西来接近，并通过价值、信念和情感组合在一起④。在维果斯基的社会历史文化观看来，学习是个人与比较有知识的其他人在"最近发展区"内的社会交互作用。因此可以这样认为，在协同学习中群体实质上扮演着一种"最近发展区"的支架角色。

---

① 钟启泉主编，高文著：《教学模式论》，上海教育出版社2002年版，第287页。

② 杨开城：《以学习活动为中心的教学设计理论：教学设计理论新探索》，电子工业出版社2005年版，第23页。

③ 李维等主编：《心理学百科全书》（第一卷），浙江教育出版社1995年版，第38页。

④ ［德］迈诺尔夫·迪克尔斯等主编：《组织学习与知识创新》，上海人民出版社2001年版，第38—39页。

（三）协同学习系统的框架指向：3ACHs

基于学习变量中的认知加工的深度和认知主体的属性，协同学习系统强调学习文化变量到学习技术系统中的映射关系，主张在全人发展的学习环境中进行协同汇聚（annotation，aggeration，augmentation）和合作创新（cooperation，construction，creation），其目标在于促进手脑并用、知行合一、培养情智一体（head，hand，heart）的人，如图 2—5 所示。

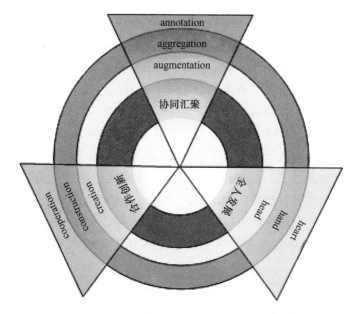

图 2—5 协同学习系统的框架指向：3ACHs

1. 协同汇聚

在"习得中的知识"层面，主要是知识习得，依靠信息标注（annotation）产生深度互动，不同个体的标注信息通过技术系统得以聚合（aggregation），实现双向互动的教学传统系统，从而增强（augmentation）个体与群体在信息共享和知识共享的成效，促进信息加工和知识建构。

2. 合作创新

在"协作中的知识"层面，主要是学习的参与隐喻。认知加工和思维操作依赖于个体协作和群体合作（cooperation），共同促进知识的建构（construction），并在情感体验中实现知识的创新（creation）。

3. 全人发展

在"行动中的知识"层面，主要是学习的知识创新，根据知识时代学习目标框架，培养学习者成为手脑并用、知行合一、情智一体的个体，实现"完整的人"。

第三节　协同学习系统场论及其动力学

一　从场、认知场到学习场

（一）场

"场"是贯通当今各个研究领域的一个通用词汇，无论是自然科学、社会科学研究等均从各自的角度借用了场的隐喻。场的概念在西方国家有很长的历史，可以追溯到古希腊的 Chora 和 Topos，前者的意思是场，而后者的意思则指本体得到表现并持续发生变化的场位。在心理学、社会学和教育学则更进一步把"场"看作一种研究和解释方法。"场"的概念最初在物理学中是指从质量、动量和能量等不同角度，来描述物理实体之间相互作用结构的学说。各种物质载体之间的相互作用是"场"的最基本的特征。我们认为，如果把"场"的概念用来考察人类社会的学习活动，来描述诸因素之间相互作用所形成的氛围和机制，这在一定程度上就可以把人类与自己的对象世界的各种活动及各种关系有机地组成一个大系统——"统一场"。

（二）认知场

"场"作为一个术语系统引入教学和认知领域，与从"格式塔心理学"派的著名代表人物勒温提出来的"认知场"的概念直接相关。勒温在界定他的场概念的时候，就曾引用爱因斯坦的定义："场是相互依存事实的整体观念"。[①] 纵观勒温的心理场论，它主要是对情境进行整体性和动力性的研究，因而也为研究学习情境提供了最直接的方法论支持。在我们看来，一切事物的发展过程就是情境场中各要素相互作用产生的动态时空的发展和变化。"场"，就是事物的相对相关性和为此相对相关性所依据的根源所在。事物的相对相关性乃是事物的"存有本性"。即场即有，有与场不可分[②]。事实上，事物本身就是"场有"，都是一个

---

① 申荷永：《心理场论》，中国和平出版社 1996 年版，第 11 页。
② 同上书，第 53 页。

相对相关的所在。基于此，我们把学习情境当作一个场来分析，试图解构其内在的动力格局。在勒温的心理场论看来，"情境"实际上就是个体的生活空间，是一种场的存在。既非一般的纯客观环境，也非意识中的行为环境，而是相对于人的行为发生实际影响者为存在标准，将主体与客体融为一个共同的整体，并表现为整体所具有的格式塔特性，即其中任何一个部分的变化，都必将引起其他部分的变化，都必然与整体有关。

"认知场"的概念最早是由"格式塔心理学"派的著名代表人物勒温提出来的，在他看来：任何一种行为都产生于各种相互依存事实的整体，这些相互依存事实具有场的特征，这就是场论的基本主张①。我们认为："认知场"是指以具体的认知时空为参照系，以认知主体与周围环境的认知互动关系为核心的具体的历史变换结，也就是说，在主体—客体的认知关系中把人类的认识、实践活动等有机地结成"认知场"。他看来：任何一种行为都产生于各种相互依存事实的整体，这些相互依存事实具有场的特征，表现为个体和他们的心理环境共同组合成心理场——生活空间，这就是心理认知场论的基本主张②。

（三）学习场

学习场这一术语可以有种种含义，它可以视为学习环境或者系统的同义词，但是无论是环境还是系统，教师都处在学生学习系统的外部，发挥着建构、整顿学习系统的作用。这里的所谓学习场是指所有事件交织在一起，具有内在统整性的整体③。存在于这个整体中的所有的人包括教师、事件与事件之间的关系，都是作为整体的一分子发挥作用的关系场，学习场无论是对于教师还是学生，都是耳濡目染的场所。它是学习的背景、学习的脉络。师生各自从中获得信息、解读信息。同时，其结果又在改变脉络。师生在教学相长之中，学习场的质也在发生变革。表2—2展示了不同学科领域对场的理解。

---

① ［德］库尔特·勒温：《拓扑心理学》，竺培梁译，浙江教育出版社1997年版，第165页。

② 申荷永：《心理场论》，中国和平出版社1996年版，第9页。

③ 钟启泉：《学习场的生成与教师角色》，《上海教育科研》2004年第9期。

表2—2 不同学科领域对场的理解

比较	场	认知场	知识场	学习场
学科	物理学	心理学	管理学	教育学
特征	物理实体之间相互作用结构	认知主体与周围环境的认知互动关系为核心的具体的历史变换结构	知识转换的平台	事件交织在一起，具有内在统整性的整体
要素	物质及其作用	主客体及其作用	信息—知识转化	学习要素互动

当代认知交互—场理论强调个体与所知觉到的环境之间的交互作用，认为学习实质上发生在一个认知—场交互活动中，个体与他所知觉到的环境两者之间有一种目的性的关系。这种学习理论描述了个体如何理解自身和周围世界是如何建构的以及个体和个体的心理环境共同组成一个交互依存的共存因素的整体①，为协同学习场构建提供了基本参照。

二 协同学习场

协同学习系统中引入了"场"这一动力学概念，协同学习场是协同学习系统结构和功能发生和发展的具体空间。而这一学习场又是由多场协调作用而成的。基于前述学习系统模型的多维度分析，可以从本体认知的角度进行协同学习场的构建。具体而言，协同学习场包括信息场、知识场、意动场、情感场和价值场。当然，作为包括人及与之有关的心理环境的场域空间，也指在特定时间内影响个体的心理因素的总体，因此，在勒温看来，生活空间既是个体的，也是团体的②。下面分别述之。

总体而言，学习场强调学习者的体验和建构③。学习作为一种意义建构活动，能够激发学习者在不同层面的反映，而这些个体的体验层次能够

---

① ［美］Morris L. Bigge，Samuel S. Shermis：《写给教师的学习心理学》，徐蕴、张军等译、郝京华审校，中国轻工业出版社2005年版，第15页。

② 高觉敷主编：《西方心理学的新发展》，人民教育出版社1987年版，第188页。

③ 在情境理论中，心理学取向的情境理论十分关注改革学校情境下的学习，因此特别注意达到特定的学习目标和学会特定的内容，其研究重点是真实的学习活动中的情境化，中心问题就是创建实习场，在这个实习场中，学生遇到的问题和进行的实践与今后校外所遇到的是一致的。参见戴维·H. 乔纳森主编《学习环境的理论基础》，郑太年、任友群等译，高文审校，华东师范大学出版社2002年版，第38—39页。

反映出情感、想象力、价值、思想和行动等维度上[①]。认知作为学习的重要过程和阶段，认知心理学家布鲁纳（1990）曾经指出要把认知心理学的焦点放在与经验和意义的建构相关度的阐释性过程上。这也被描述认知的一种扩展形式——在这种意义上扩展，这一认知方式涉及一种复杂的和多维度。而从经验认知研究——学习作为体验活动的多层面来看，这里的维度主要这里有五种不同的经验的场域涉及其中：信息—知识—情感—价值—意动。他们能够被看作影响学习者接受、认知和感知，学习者主要是通过体验的不同维度，意义的成就才被激活。从这五个场域来观察学习和体验，实际上是把信息、知识、情感、价值和意动看作一个分析工具。协同学习场如图 2—6 所示。

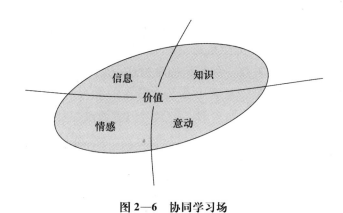

图 2—6　协同学习场

1. 信息场

认知主体与外部环境之间围绕信息加工而构成的互动结构与平台，信息场中信息源是引发学习发生的基本动力，经过个体与群体的短时记忆，结合分布式记忆机制，进行知识—信息之间的转换，同时作为一种刺激，信息还承担着知识—意动—情感之间的激发，成为诱发因子。豪恩斯坦教育目标分类的一个创新特点是将认知领域的目标放在完整的教学系统中进行优化设计，强调了输入、学习过程、输出和评价性反馈四个要素相互作

---

①　Gjedde, L., *Making Sense of Science：Experience as Cognition through the Use of Narrative in Popular Science*, Paper presented at：IAMCR, University of Glasgow, In the Beginning Was the Experience, 1998.

用的意义。在教学系统中，信息或内容（information/content）是系统的"输入"。认知教学系统的输入主要是符号性信息和描述性信息输入（他人的知识）。其中，符号性信息（symbolic information）是一系列信号和符号，旨在用以表征观念和概念，为达成沟通理解服务。像书面语词、口头语言、声音、形状、触摸、闻、尝等感知的东西是用符号来表意或释义的（编码与译码）。

2. 知识场

经过长时记忆机制，以及情感、意动维度的参与，信息被加工成知识。知识场涉及获得新知识以及使用这些知识，这些知识是提供给告知者以及在一定的情境下展示——它可以是事实性知识，它被嵌入一种情境和背景中。它也是阅读者的先前知识相关，在一定的情境中激活。当代学习理论都认同知识是由认知主体积极建构的，建构是通过新旧经验的互动实现的；认知的功能是适应，它应有助于主体对经验世界的组织。实际上，把学习看作一种知识的建构这一隐喻表明人类首次参照人脑的机制构建学习模型，是真正意义上对人的学习研究的开端。由此，能提供认知工具，蕴含丰富资源，鼓励学习者通过与环境的互动去建构个人意义。

信息场与知识场在认知维度和本体维度上的互动构成了知识构建的基本场域——认知场，Chaplin 的《心理学词典》（1985）罗列了认知与知识的各种观点，它界定认知为："包含所有识知方式的一般概念，包括感知、想象、推理和判断。传统地看来，认知是与意动或者意欲以及情感和感觉相对应的。"认知从根本上来说是一种智力活动，通过认知、加工我们的感知，同时分析我们内部经验。

3. 情感场

情感层面是涉及对事物态度标的物的一种喜、恶或爱、恨的情感因素。情感，就一般意义而言，是人对客观事物是否符合个人需要而产生的体验，是对客观事物与人的需要之间的关系的反映。人在认识客观事物过程中，总是对事物产生不同的态度，并以带有特殊色彩的主观体验和外部形式表现出来。一般来说，当客观事物满足人的需要时，人就会产生肯定的、积极的情感，如愉快、喜悦等；反之则会产生否定的、消极的情感，如悲伤、沮丧等。情感是人类独有的一种心理活动形式，它调控着人类的各种行为。在教学活动中，情感是一种非常重要的非智力因素，它对激发学习者的学习动机、创设优良的教学情境、促进学习者的认知和人格的健康发展都起到积极的推进作用。

　　情感是课堂教学中的一个重要要素，常常被人忽视。在社会关系和行动中，情感场能够被看作人们、动物、自然以及物理对象之间的连接。情感场是内在表征的一个部分，也是信息告知者建构的一个部分，与材料或者情境中的文本的和比喻的要素相关。它紧密与创造性相关，并且使告知者深深参与其中。至于经验，是从外部转移到内容领域的一个经验移动的层级。在接受过程中，个体从来不能忽视情感畅，他们总是活跃的，但是在具体的经验项目中，他们或许和能够或者不能关注情感场①。

　　4. 意动场

　　意动比起行为、行动、活动等相近词汇更加适合学习情境和学习目标表达②。从亚里士多德开始就把人的心智分成为三个部分：认知（Cognition）、情绪（Emotion）和意欲（Conation，Will）③，意动早已成为人类智潜能发展的一个取向，并且已经成为学习的一个新维度。意动与行为、动作技能等学习目标相近，布鲁姆学习目标分类采用心理动作作为一种表述，就学习而言，正如 Reeves 所言，心理动作并不能涵盖此领域的全部意义，采用意动或许是一种较为合理的选择。意动场还与外在行为相关，与日常活动相关，学习者可以跨越不同的状态，意动场还涉及身体。比如，你可能具有如何骑自行车的知识，但是实际上骑自

---

　　①　情绪、情感、感情的之含义。从语言比较角度分析，商务印书馆所编《辞海》和汉语大辞典出版社的《汉语大辞典》对情绪的解释基本相同：情绪最初指缠绵的情意，对情感，虽所用表达词汇不同，但意义大致相似，都是外界刺激而引起的不同心理状态。《辞海》对情感所下定义为"有所触动而起的心理状态"；《汉语大词典》中，"情感"被解释为受外界刺激而产生的心理反应"人受"，如喜、怒、悲、恐、爱、憎等。但对"感情"一词，语言似乎不够清晰，有含糊之嫌。两本辞典都将"感情"解释为"触动情感"，《辞海》补充道："后称有外界事物的刺激而引起的喜怒哀乐等心理反应为感情"，《汉语大词典》补充的是"感情外界刺激所反映的心情"。结合情绪、情感、感情的中文内涵和"emotion"、"affect"、"feeling"之含义，可看来 emotion 既可指情感，也可指情绪，感情可用英文 feeling（s）表示。感谢罗红卫博士的关于此语义的系统比较。

　　②　Reeves, T. C., *Technology and the Conative Learning Domain in Undergraduate Education*, Invited, 2008.

　　③　Citation：Huitt, W. & Cain, S., "An overview of the conative domain. educational psychology interactive. valdosta", GA: Valdosta State University, http://teach. valdosta. edu/whuitt/brilstar/chapters/conative. doc, 2009 – 03 – 08.

行车不是那样的，你的身体试图来学习掌握平衡，并且踏板和控制车轮。

意动常常被看作人类心智过程的第三个方面（也常常指的是意志和意欲）。意动连接行为的认知和情感，被个体用来执行有目的的行动（Huitt，1997，1999）。它被认为意动解释了认知和情感如何转换到人类的行为中（Bagozzi，1992），尽管在一个世纪以前意动被定义为心理学研究的一个重要部分（Kivinen，1997），但是这个研究领域看起来衰败了，因为很多人去关注外显的行为和认知（Ford，1987）。

其实，在心理学领域，意动早就成为研究的重点。比如，沃德认为，心理学是研究个体经验（individual experience）的科学，心理学有其自身作为一门独立科学的权力。经验的自我或主体不能根据经验来解释，但他们本身可以解释经验的统一性和连续性。自我离不开心理的分析，但自我也不能分成能力的碎块。自我是统一的主体活动，可称之为"注意"（沃德也称之为"意识"）。注意可以分成认知和意动两个成分，它们是最基本的、不可再分的主体活动①。沃德还从主客体关系上来进一步界定认知、情感和意动。从主体的角度讲：（1）认知是指主体非有意地注意于感觉连续体的变化；（2）情感是指主体感到愉快或苦恼；（3）意动是指主体有意地注意，使运动连续发生变化。从客体的角度讲：（1）认知是感觉的客体呈象，相当于洛克的观念，包括了感觉、记忆、思维等；（2）意动是运动的客体呈象；（3）感情不是一种呈象，而是感觉性呈象的后果和运动性呈象的条件。他认为，意动和认知一样，也处于经验之内。

当然，需要指出的是，沃德的心理学强调心灵的统一性和主动性，都属于英国机能心理学的范畴。但是该研究确实为学习目标的连续性和内隐性提供了依据，难怪有学者（如 Reeves）大声疾呼意动维度的必要性。

表2—3 对意动相关词汇语义进行了比较。

---

① 波林：《实验心理学史》，商务印书馆1981年版，关于技能心理学还可以参照 Hearn-shaw, L. S. A. short history of British psychology：1840 – 1940. London：Butler & Tanner Ltd. . 1964. Stout, G. F. Analytical psychology. London LondonUniversity Press，1896.

表 2—3　　　　　　　　　　意动相关词汇语义比较

比较	行为	行动	活动	动作技能	表现	意动
英语	behavior	action	activity	skill	performance	conation
界定	有机体所进行的某种反应	行为与周围环境结合在一起呈现的结合结果，有一定目的性的活动	主体与客观世界的交互作用的过程①泛指人们在日常生活中参与、表达自己行为的一种方式	全身或身体的一部分的活动	表演，比较正式那种	连接行为的认知和情感，被个体用来执行有目的的行动

意动能够区分动机在于，意志过程是"后决定的"（Kuhl，1985），在个体已经被激发来做出决定或者开始行动之后意动开始起作用。意动表征熟思、有意图和努力实现目标：如果一个个体将要参与到自我指导和自我调节，意动是非常重要的。因为意动代表着意欲或者选择的自由，它表示一种人类行为的本质成分（Bandura，1997）。尤其是与知识的获取相关，意动在人类学习中扮演着重要的角色（Miller，1991；Snow，1989）。Huitt（1999）认为为什么意动的研究滞后于认知和情感的一个原因在于意动常常与其他几个领域交织在一起并且很困难去分离开，他引用 Wechsler 的智能量表和 Goleman（1995）的情感智能建构，后者都是包含意动成分。

5. 价值场

这里的价值并非仅仅指的是情感态度价值观的这一维度，而是学习系统的一种引导性思维和导向。价值场是与价值的个体和集体属性、规范、道德系统相联系的②。这些价值扮演着一个重要的角色。我们认为，价值

① 钟启泉：《教学活动理论的考察》，《教育研究》2005 年第 5 期。
② 其次，"情感态度与价值观"连在一起使用，这是从外国引进的。在中国，"价值观"是与"世界观"、"人生观"联系起来使用的。课程目标的"每一维"上都有"价值观"的问题。选择什么样的"知识"、"技能"、"态度"、"方法"对学生更有意义，都涉及"价值观"。"价值观"是一个哲学层次的大概念。在中文里，将"价值观"仅仅与"情感态度"相连，至少是词义搭配不当。

是师生或者设计者在考虑某些教学认同（即信念命题或价值叙述）的重要与否及是否值得投资于教学和学习时，选择和判断的依据，并且透过教学活动实践进行实践。因此，价值是筛选教学和学习认同（与学习相关的信念命题）的判断标准。因此，如果要区分情感、态度和价值观，价值看似应属于后设情意（meta-affect），而信念和态度则倾向情意（affect）的范畴。表 2—4 对协同学习场域的内涵进行了详细解释。

表 2—4 协同学习场域的内涵

场域	内涵
信息场	信息及其结构、传播的生态空间
知识场	知识及其结构、传播、共享空间，与获得新知识并且能够运用这些知识有关，这些知识在一定的场合中呈现和共享
意动场	学习主体有目的有意义的行为结构及作用空间，包括主体的行为和活动
情感场	情感是一个精神饱满为自己目标而奋斗的人的本质力量，在课堂中教师的情感、学生的情感、知识所蕴含的情感信息相互作用，形成一定的张力作用，构成了一种空间，我们将情感信息所辐射和作用的时空称为情感场。包括态度、情绪、自我效能、动力等要素
价值场	与集体和个人的价值、规范和道德系统相关，是主体对事物的做出反应的基础。包括学习文化、社会文化、价值观等要素

三 五场协同模型

在协同学习系统构架中，把人看作"场"的连续统一体，从而形成系统的"协同场"。从个体信息加工的角度看，学习实质上发生在一个认知—场交互活动中，认知交互理论强调个体与所知觉到的环境之间的交互作用[①]。个体与他所知觉到的环境两者之间有一种目的性的关系。它将对学习意义的解释集中于情景的各个方面，在这种情景中，个体和他们的心理环境共同组合成心理场——生活空间。这种学习理论描述了个体如何理

[①] ［美］Morris L. Bigge，Samuel S. Shermis：《写给教师的学习心理学》，徐蕴、张军等译，郝京华审校，中国轻工业出版社 2005 年版，第 106—118 页。

解自身和周围世界是如何建构的以及个体和个体的心理环境共同组成一个交互依存的共存因素的整体。构成学习场的五个作用域，包括信息场、知识场、意动场、情感场和价值场，前四种场，是经典分类中三个领域目标的衍生，而价值场则作为一种系统导向和终极追求。五场既是学习的目标，又是实现目标的途径。场域的要素之间、场域之间依靠系统动力和相互作用机制，表现为自组织、关联和协同，如图2—7所示。

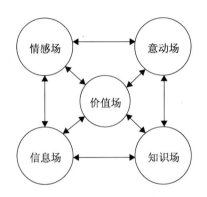

图2—7 五场协同模型（祝智庭等，2006）

达玛西欧（Damasio）在其1994年出版的《笛卡儿的谬误》一书中这样写道：（1）人脑和身体的其他部分构成了一个不可分离的有机体；（2）有机体作为一个整体与环境互动；互动不是仅仅涉及身体，也不仅仅涉及大脑。这意味着，学习与行为的各个方面都在彼此互动。也就是说大脑、思维和身体构成了一个动态的统一体。在协同学习框架中，多场协调以及个体与群体的信息加工及知识建构，构成了学习的发生机制。协同学习元模型是基于多场互动协同的，其核心就在于强调个体与集体的信息加工和知识建构，实现知识创新和全人发展。场域之间互动协调，把人作为一个完全独立的生命系统来看待，各个场域都深深地与其他每一个方面呈网络联结。

信息—知识—情感方面。对于信息刺激的情感性反映自身就是一种信息。它直接影响到我们如何理解展示给我们的信息，但是作为知识的一个方面，它被忽视了很长一段时间。心理学的研究开始改变这种经典的观点，也就是情感是某种必须克服的东西（Cacioppo & Gardner，1999）。情感信息可能包括我们如何感觉一辆汽车的具体样式，或者我们对于一件艺术品的反映等，知识的这个方面是不外显的，当与认知方面进行比较的时候，并且通过词汇和图像的潜文本进行表征的时候，它们通过各种方式进行组合和整合。比如，文本的相似的片段，通过两个不同的图像和颜色进行展示将具有完整的意义。

知识—意动方面紧密相关。意动性知识由行动的部署和实施的可能的能力构成，某种程度上它不是被认知系统所覆盖。具体技能的学习常常设计一种原始的动机性的努力（也就是包括认知努力）。比如，用球棒打板球能力需要花时间来学习，学会合理去击打，需要集中注意力。然而，技能不仅仅是行动的能力，而是以具体的方式来规划和执行行动（比如，坚持联系合理地击打板球）。

信息—情感—意动方面。信息作为知识的刺激，一个人对它的反应与信息的不同组块是不同的。实际上，一种不同的反应可以在带有相同信息组块的不同的人群中发现，或者即使是带有相同的信息的相同的人在不同的时间上。比如，欣赏一个艺术作品需要认知活动的参与（分析图像、理解其中包含的内容，连接艺术家的历史等）。然而，也很清楚这里存在一种强烈的情感性方面（在观看会话时候的快乐，艺术家希望你去感觉的情感的唤醒等）。这些艺术品或许甚至会导致你做出某种行动或者坚持某种行为，一种意动性结果。另外一方面，聆听一个讲座或许涉及一种强烈的认知反映，当你聆听和设法去理解展示的材料的时候。然而，你将仍然具有一种情感性反映（比如灵感）。同时，演讲或许可以激发你以某种形式进行行动（比如参与一个讨论会）。同样的灵感不会影响到坐在你旁边的人。同样地，如果你前一天已经参加到演讲中，以一种轻微的不同的情绪，演讲将根本不能激发你。

四　协同学习场动力学

如果把协同学习系统看作一个具有特定结构和关系的系统，那么可以从协同学—功能层、场域论—结构层、联结观—实用层、知识管理—动力层四个角度进行分析和建构。也就是说，协同学、场域论、联结观及知识管理的有关理论，分别从不同方面为协同学习提供了理论支持。从协同学的角度看，社会和自然界的根本组织原则就是一种协同原则。我们的教学世界中也早已存在一种意义深远的协同秩序，这种协同学习方式在一定范围内实现了群体协作，体现了个体之间及个体与外界环境之间的生存方式。

在协同学习系统构架中，把人看作"场"的连续统一体，从而形成系统的"协同学习场"。学习作为一个"大场域"就是由这些既相互独立又相互联系的个体和集体行动者"子场域"构成的，个体和群体在学习活动中存在一种逻辑性的联系和相互支配。因此，在学习空间进行个体与集体的分化与整合正是协同学习展开的主要动力，"场域理论"为探究协同学习的动力系统提供了参照，如图2—8所示。

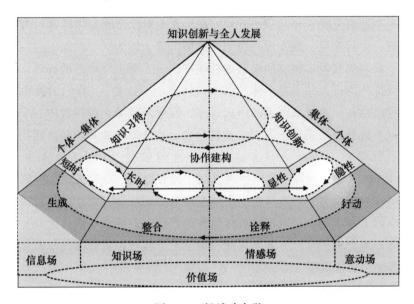

图2—8　场域动力学

（一）协同学—功能层

协同学习元模型核心在于强调了个体与集体的知识加工问题。是通过激发学习情境中的多个场域空间，并在相关通信机制的支持下进行知识加工和思维操作，有效地实现信息的重组、知识的聚合，智慧的生成和素质的发展。从知识管理的视角看，协同学习实质上是一个知识管理和创新过程。知识管理对于教学系统最大的启发在于：一般的教学只关注了知识冰山的外显部分，而对内隐部分关注甚少。同时，以往学习技术系统设计者只关注了知识传播这一环节，而没有从知识管理的角度提供一条完整的知识链和协同学习场以支持学习和知识创新。

在功能层上，协同学习系统在于追求一种学习中的协同效应。协同学是关于多组分子系统如何通过子系统而相互协同行动，导致结构有序演变的一门自组织理论。其目的主要解决系统从无序到有序的转变过程和一般方法与规律。它指的是在复杂性系统中，各要素之间存在着非线性的相互作用，当外界控制参量达到一定的阈值时，要素之间互相联系，相互关联代替其相对独立，相互竞争占据主导地位，从而表现出协调、合作，其整体效应增强，系统从无序状态走向有序状态，即"协同导致有序"[①]。

其实，社会和自然界的根本组织原则就是一种协同的原则。1970 年，鲁思·本尼迪克特（Ruth Benedict）在研究不同社会的文化群体行为模式时发现了协同效应。她发现，协同度高的群体会因为同一时间、同一行为而产生共同的利益，而协同度低的群体则产生了更多侵略性的行为。协同度高的群体的行为结果是个体和整个群体发生了转变[②]。我们的教学世界中也早已存在一种意义深远的协同秩序，在学习领域，协同看作一个过去一直以来被忽视的模式，当今学校教学发生了从简单的知识和技能获取到认知、行动和交流的学科方式的适合性的转变（Bransford & Brown，etc.）[③]。但教学系统却对这些漠视已久，教育者执行一种孤立、分离的教学策略和教学观念，严重影响了个体发展和知识社会对人才的渴求。基于协同学习方式实现一定范围内群体协作的产生，它体现了个体之间及个体与外界环境之间的生存方式。因此，为学习寻找更好的协同共享方式是推进变革的一种取向。

（二）场域论—结构层

同时，今天的大多数学者仍然承认一个事实，那就是说学习是个社会性和认知性的过程，学习作为一种社会性的行动，布尔迪厄的实践场理论为我们提供了分析的视角，场域理论来源于法国社会学家布尔迪厄（Pierre Bourdieu）的社会研究领域，场域不仅是布尔迪厄实践社会学中一个非常重要的概念，也是布尔迪厄从事社会研究的基本分析单位。他把场看作一个相对独立的社会空间，而是在其中有内含力量的、有生气的、有潜

---

① ［德］赫尔曼·哈肯：《协同学——大自然构成的奥秘》，凌复华译，上海译文出版社 2001 年版，第 2 页。

② ［美］斯塔格格奇：《协作领导力》，燕清联合译，机械工业出版社 2005 年版，第 3 页。

③ Iris Tabak, Synergy: A complement to emerging patterns of distributed scaffolding, *The Journal of Learning Sciences*, Vol. 13, No. 3, pp. 305 – 335.

力的存在。具体说,场域就是现代社会世界高度分化后产生出来的一个个"社会小世界"。一个"社会小世界"就是一个场域,场域是由社会成员按照特定的逻辑要求共同建设的,是社会个体参与社会活动的主要场所,布尔迪厄认为:"在高度分化的社会里,社会世界是由具有相对自主性的社会小世界构成的,这些社会小世界就是具有自身逻辑和必然性的客观关系的空间,而这些小世界自身特有的逻辑和必然性也不可化约成支配其他场域运作的那些逻辑和必然性。"① 学习作为一个"大场域"就是由这些既相互独立又相互联系的个体和集体行动者"子场域"构成的,个体和群体在学习活动中存在一种逻辑性的联系和相互支配。因此,在学习空间进行个体与集体的分化与整合正是协同学习展开的主要动力。

布尔迪厄认为社会空间中有各种各样的场域,场域的多样化是社会分化的结果,布尔迪厄将这种分化的过程视为场域的自主化过程。自主化实际上是指某个场域摆脱其他场域的限制和影响,在发展的过程中体现出自己固有的本质②。在布尔迪厄看来,场域是那些参与场域活动的社会行动者的实践与周围的社会经济条件之间的一个关键性的中介环节③。首先,对置身于一定场域中的行动者产生影响的外在决定因素,并不直接作用在他们身上,而是通过场域的特有形式和力量的特定中介环节,预先经历了一次重新形塑的过程,才能对他们产生影响;其次,各种场域都是关系的系统,而这些关系系统又独立于这些关系所确定的人群。这样,一方面个人像电子一样,在某种意义上是场域作用的产物;另一方面又并非被外力机械地推拉扯去的"粒子"。学习作为一个"大场域"就是由这些既相互独立又相互联系的个体和集体行动者"子场域"构成的,个体和群体在学习活动中存在一种逻辑性的联系和相互支配。因此,在学习空间进行个体与集体的分化与整合正是协同学习展开的主要动力。

(三)联结观—实用层

协同学习系统要素和各场域之间的作用机制我们概括为"联结"。从学习理论的发展来看,"联结"并不是第一次成为学习理论建构和探究学

---

① [法]皮埃尔·布尔迪厄、[美]华康德:《实践与反思——反思社会学导引》,李猛、李康译,中央编译出版社1998年版,第134页。

② 李全生:《布尔迪厄场域理论简析》,《烟台大学学报》(哲学社会科学版)2002年第2期。

③ [法]皮埃尔·布尔迪厄、[美]华康德:《实践与反思——反思社会学导引》,李猛、李康译,中央编译出版社1998年版,第144—146页。

习发生原理的关键词。作为一种学习新框架，我们必须在学习理论视野寻找内在的联系。教育心理学在 21 世纪的趋向是由行为主义的学习理论转向学习的认知—场交互理论。在勒温的心理场论提出来后，个体与"情境"实际上就是个体的生活空间之间的关系成为学习关注的焦点。联系到最近发展的联通学习观①，有必要从这个角度考察协同学习中认知主体的运动。

当代的学习研究表明：从本体论角度可以认定教学系统由个体、群体、集体构成，从价值观角度可以分为知识、信息、情感、价值、行动构成。从支持系统角度考虑技术和情景/环境，从这个视角，对各个联结理论做一一比较，以探究和构建适应知识时代的协同教学体系。考虑学习发生过程中环境与个体建立联结的演化。从联结主义到新联结主义再到联通主义，其联结的内涵和本质是有差异的，基本上可以归纳为由外部刺激—反应联结、内部神经元联结、外部知识关系联结的演进思路②。而从当代建构主义认识论的角度，显然，基于分布式知识库的外部联结和基于信息处理的内部神经元联结成为学习过程发生的未来学习体系的基本取向，学习理论视野的学习个体与环境作用关系的连续体，如图 2—9 所示。

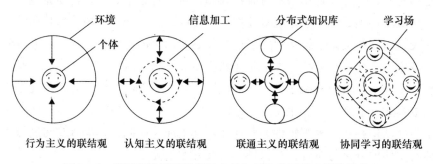

图 2—9　学习理论视野的学习个体与环境作用关系的连续体

协同学习定位于技术支撑下个体和群体的学习场的联结，目的在于实现个体与集体智慧的实现。学习是互联的过程，是学习交流网络构建

---

① George Siemens, Connectivism：A learning theory for the digital age, *Instructional Technology & Distance Learning*, Vol. 1, 2005, pp. 3 – 9.

② 祝智庭等：《从联结主义到联通主义：学习理论的新取向》，《中国电化教育》2006 年第 2 期。

的过程。因此个体学习和群体网络是在相互促进中协调发展，个体学习交流网络建构的水平直接体现了群体网络发展的整体水平。反之，群体网络的整体水平直接影响着个体学习网络的建构。个体学习依赖群体的存在，群体的存在也依赖个体的存在。对个体学习的考察，实际就是对个体所建构学习网络的规模考察，个人的学习能力不仅取决于个体在网络空间参与群体建设的构建过程，而且也取决于群体的整体的学习能力水平。

（四）知识管理—动力层

而从知识管理的视角的角度，显然知识的转换和生成需要在一个具有动力机制的平台和空间进行，教育者和开发者重要的任务之一就是构建这些"知识加工场"，为知识创新提供平台和动力。

知识管理对于教学系统最大的启发在于：一般的教学只关注了知识冰山的外显部分，而对内隐部分关注甚少。同时，教学设计者只关注了知识传播的一个环节，只创设了一种单一的情境，而没有从知识生态的角度提供一条完整的知识链和协同的知识加工场以支持学习和知识创新。知识加工场来源于日本哲学家北野西田关于 Ba 的概念，最近 Ba 已作为一种知识创新平台（Nonaka & Konno，1998），被认为是正在形成的关系的一个分享精神（心智）的场[1]。这种场可以是物质的，也可以是精神的，比如共同分享的经验、观点、理想。Ba 描述了人类物质本质的存在背景，与笛卡儿的抽象的无限空间概念形成对照。全部的时空世界在空间中被反映出来（怀特海德，1929）。Ba 可以被认为是正在形成的关系的一个分享精神（心智）的场。这种场可以是物质的，比如一间办公室、一个分散的会场。可以是虚拟的，如电子邮件、电子会议、网络聊天室。也可以是精神的，比如共同分享的经验、观点、理想。Ba 为个人知识和集体知识之间的相互作用提供了一个平台。总而言之，Ba 作为一个具有抽象意义的具体平台，把所有信息融为一体，并允许进行自我认识。

因此，从知识建构的动力空间来看，依据个体和群体知识加工的基本过程，把 Ba 作为一个自然出现的知识创新平台，为个人知识和集体知识之间的相互作用提供了动力。我们把知识加工场建立在 Ba 概念的基础之

---

[1]　［英］乔治·旺·科鲁夫、Lkujiro Nonaka、Toshihiro Nishiguchi：《知识创新：价值的源泉》，北乔译，经济管理出版社 2003 年版，第 88 页。

上，构建一种具有真实意义的技术平台和活动平台，把所有场域交互融为一体，并允许进行个体和集体的信息处理和知识建构，以促进个体发展和知识创新。

第四节　协同学习系统的理论维度

一　知识生态维度

前述的知识三层观表明了知识创新中的连续统机制，从理论上看，这种知识创新的实用分类与知识生态学紧密联系。"知识生态学"是知识科学和管理研究的一个跨学科领域，主要研究知识的创造与应用的关系及其社会和行为方面。知识生态学重点是探讨为知识的创造和应用找到适宜的社会和技术条件，使知识、思想和灵感得以自由流动，相辅相成，求得共生，它注重的是学习、知识的分享和合作，而不是竞争。知识生态由知识节点和知识交流或者知识流构成（如图2—10所示）。在一个知识生态系统，合作和生存的基础在于在不同知识节点之间的差异化和相似性，正如一个自然生态系统的发展是基于物种多样性。知识生态发展是基于知识的多样性。这种多样性依靠合作性的竞争、多样化的知识节点维持，知识生态把知识创新作为一种动力学的进化过程，知识在不同的时间和情景中得到创造和应用。知识管理的传统观点主要关注信息，知识生态增加了情景、协同和信赖的需要以把信息转化为可行动的知识[1]。因此，我们把知识生态观作为协同学习的重要基石。

知识生态观认为：（1）知识存在于人类认识事物的行动中。比如专家的知识是经验的积累，是他们行动、思考和谈话的一种"提炼物"。而他们的经验又是动态的、在持续地变化。这种知识不是静态的知识体，而是一个活动的过程。（2）知识是显性的，也是隐性的。我们所理解的比我们所能够表达的要多。分享隐形知识要求互动和非正式的学习。（3）知识的个体属性和社会属性。知识不仅仅属于个体，知识是通过共同参与的过程形成的。在这样一个几乎所有领域都变化太快、太多且个人

---

[1] Yogesh Malhotra, Toward a Knowledge Ecology for Organizational White-Waters, Keynote Presentation at the Knowledge Ecology Fair 98: Beyond Knowledge Management (A Virtual Event on the Web), February 2 – February 27, 1998.

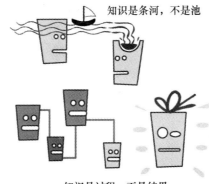

图2—10　知识是条河（George Siemens，2005）

很难掌握的时代，理解知识的集体本质尤为重要。解决今天的复杂问题需要多样的观点。达芬奇的时代已经过去，我们需要他人来补充和发展自己的专业技术。但知识的集体特性并不意味着个人就不重要。（4）知识是动态的。知识不是静态的，它在持续地运动。知识复杂性要求知识加工过程中每一个知识转换的技术系统能够与知识生态链系统巧妙地融为一体，以创造和保持知识的推动力，这样的知识链系统把行动与思维联结起来，推进了知识转换的过程。图2—11展示了协同学习视野中的知识生态与个体发展空间。

二　学习联通维度

在场论一节中，我们把场域的连接作为协同学习的一个实用层面，实际上强调的是协同学习场域之间的交互，共同促进学习者发展。其实从更广的范围来讨论学习，发现涉及一种新型的学习论，也就是——学习的联通主义理论（Connectivism）[1]。联通主义的理论脉络可以始于联结主义（Connectionism）学习理论[2]。

---

①　George Siemens, Connectivism: A learning theory for the digital age, *Instructional Technology & Distance Learning*, Vol. 1, 2005, pp. 3 – 9.

②　祝智庭等:《从联结主义到联通主义:学习理论的新取向》,《中国电化教育》2006年第2期。

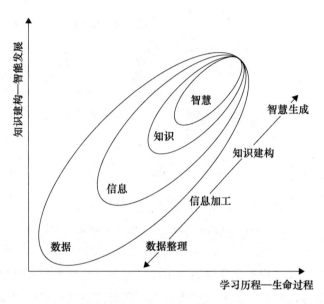

图 2—11　协同学习视野中的知识生态与个体发展空间

"联结"并不是第一次成为学习理论建构和探究学习发生原理的关键词。所谓联结，即指某情景能够唤起某种反应的倾向①。20 世纪初，美国心理学家桑代克提出"学习即联结，心即人的联结系统"②，开始了学习理论的系统研究，并第一次从联结的视角对学习现象和行为进行了探究。行为学习理论把行为看作一种刺激与反映之间的联结，认知主义认为信息是整个交互作用的神经节的激活模式，知识信息并不存在于特定的地点，"改变网络的联结关系就可以改变网络的功能"③。而联通主义理论则把学习情景视野放在了网络社会结构的变迁当中，认为学习是在知识网络结构中一种关系和节点的重构和建立，"学习是一个联结的过程"④。因此，从联通主义学习论的视角，可以进一步挖掘这一学习理论的发生学原理，并

---

① ［美］杜·舒尔茨：《现代心理学史》，人民教育出版社 1981 年版，第 79 页。

② 叶浩生、贾林祥：《西方心理学研究新进展》，人民教育出版社 2003 年版，第 360 页。

③ ［美］Morris L. Bigge，Samuel S. Shermis：《写给教师的学习心理学》，徐蕴、张军华等译，中国轻工业出版社 2005 年版，第 32 页。

④ George Siemens，Connectivism：A learning theory for the digital age，*Instructional Technology & Distance Learning*，Vol. 1，2005.

试图把协同学习看作为网络时代的学习过程提供一种创新体系和理论取向。学习作为网络联结如图2—12所示。

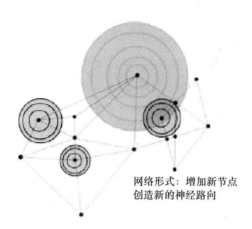

网络形式：增加新节点
创造新的神经路向

图2—12　学习作为网络联结

联通主义表述了一种适应当前社会结构变化的学习模式。学习不再是内化的个人活动。当新的学习工具被使用时，人们的学习方式与学习目的也发生了变化。在认识到新的学习工具所带来的影响及学习意义的环境变化方面，教育领域已经落于人后了。关联主义提供了一些学习者在数字时代成功学习所需的学习技能与学习任务的见解。联通主义学习理论建立在这样一种理解上，即知识基础的迅速改变导致决策的改变。新的信息持续被获得。区分重要信息与非重要信息的能力至关重要。当新的信息改变了建立在昨天决策基础上的知识全景时，我们要有识别能力，这点同样非常重要。关联主义的起点是个人，个人的知识组成了一个网络，这种网络被编入各种组织与机构，反过来各组织与机构的知识又被回馈给个人网络，提供个人的继续学习。这种知识发展的循环（个人对网络对组织）使得学习者通过他们所建立的连接在各自的领域保持不落伍。

联通主义学习理论是一种经由混沌、网络、复杂性与自我组织等理论探索的原理的整体[1]。学习是一种过程，这种过程发生在模糊不清的环境

---

[1]　George Siemens, Connectivism：A learning theory for the digital age, *Instructional Technology & Distance Learning*, Vol. 1, 2005.

中，将核心成分——（部分）置于个人的控制之下。学习（被定义为动态的知识）可存在于我们自身之外（在一种组织或数据库的范围内）。我们可将学习集中在将专业知识系列的连接方面。这种连接能够使我们学到比现有的知识体系更多、更重要的东西。其实，关联主义表达了一种"关系中学（learning by relationships）"和"分布式认知（distributed cognition）"的观念。贝尔·温（William Winn）认为：新的、高度交互的、高度网络化的媒介，推动人们探讨一种对有意义的交互和远程协作反应灵敏的框架，比如分布式认知。这是支持分布式或者集体智力的更为一般的系统设计的具体形式。当人们听到虚拟社区、协作网络课程、分布式多媒体、虚拟协作、浸润式环境和泛在计算的时候，他们需要一种类似分布式认知这样的整合性理论观点，用户构建他们对于如何利用这些新技术的理解（Implications of New Media，1995）①。

在 George Siemens 看来，学习作为网络联结存在的（如图 2—12 所示），在管道比管道中的内容物更重要。个体对明天所需知识的学习能力比对今天知识的掌握能力更重要。对所有学习理论的真正挑战是在应用知识的同时，促进已知的知识。不过，当知识为人所需，而又不为人知时，寻出出处而满足需要就成了十分关键的技能。由于知识不断增长进化，获得所需知识的途径比学习者当前掌握的知识更重要。知识发展越快，个体就越不可能占有所有的知识。网络、情景和其他实体（许多是外部的）的相互影响导致了一种学习的新概念和方法。

从整个学习理论发展过程来看，联结主义是基于行为主义的，在他们看来，学习发生在我们的刺激和反应的联结之中。而新联结主义（神经和认知科学）关注的是神经网络—关注我们的学习方式——类比于把学习看成一种基于神经元联结的信息加工过程。关联主义继承了认知科学的新联结主义的某些特性——把学习看作一个网络形成过程。但新联结主义仅仅关注学习是如何在我们的头脑中发生的，而关联主义关注形成过程和创建有意义的网络，其中也许包括技术中介的学习，承认学习发生当我们于别人对话的过程中。关联主义强烈地关注外部知识源的联结，而不仅仅设法去解释知识如何在我们的头脑中的形成。

---

① ［美］戴维·H. 乔纳森主编：《学习环境的理论基础》，郑太年、任友群译，高文审校，华东师范大学出版社 2002 年版，第 113 页。

如前文所讲，目前的各种学习理论正在不断的分化和整合当中。关联主义不能严格地看作一种"学习理论"，而应该看作一种面向网络时代的"学习观"。正如加拿大学者西蒙斯（George Siemens）与笔者通信中所提出的："我不知道关联主义是否能够很好地解释人类的学习。做这样一个描述和论断还非常早。然而，在笔者看来，联结主义能够更精确地解释学习而不是建立一种理论。"因为"大多数学习理论来源于我们没有能力实现联网和使用技术来组织信息的时代。关联主义作为一种理论，承认学习的显性、隐性，直接、间接，外部和内部特性"。① 因此，该观点仅仅在学习的外部联结上提出了一种视角，并未系统关注和解决学习的发生问题，更不能很好地解释和应对当前学习实践发展，对学习的其他特征和需求关注显然远远不够。

协同学习系统元模型表明：从本体论角度可以认定教学系统由个体、群体、集体构成，从价值观角度可以分为知识、信息、情感、价值、行动构成。从支持系统角度考虑技术和情景/环境，从这个视角，对上述联结理论做一一比较，以探究和构建适应信息时代的新型学习理论及体系。为了更清楚地厘清其发展脉络和走向，这里把联想主义和其他学习理论也纳入比较体系。

第一，考虑学习发生过程中环境与个体建立联结的演化。从联结主义到新联结主义再到联通主义，其联结的内涵和本质是有差异的，基本上可以归纳为由外部刺激—反应联结、内部神经元联结、外部知识关系联结的演进思路。而从当代建构主义认识论的角度，显然，基于分布式知识库的外部联结和基于信息处理的内部神经元联结成为学习过程发生的未来学习体系的基本取向，如图2—8所示。

第二，考虑知识的分布性。基于物理世界与心理世界共存的二元论，杰根把知识来源区分为外源论（以现实世界为中心）和内源论（以心智世界为中心）②。联结实质上发生在一种以知识（刺激）为中介的个体——情景关系构建。顺着联结的来源，学习理论的联结视角从外部—内

---

① "Q & A on connectivism", http://www2.wznc.zj.cn/physics/et/courselog/index.asp, 2005 - 10 - 20.

② ［美］莱斯利·P. 斯特弗、杰里·盖尔主编：《教育中的建构主义》，高文、徐斌燕、程可拉等译，华东师范大学出版社2002年版，第14页。

部—外部—内外结合进行转移。实质上这种视角代表了一种知识来源。杰根在社会建构论中发展他的"对话空间"的观点时提出了一个类似但更为激进的观点。他认为知识根本不存在于个体之中，而存在一个文本中。更确切地说，存在于集体认可的文本中。知识属于社会领域是因为一些知识见解（或文本）并非由任何个人所决定，而由所有人给出建议的所决定①。联结的新取向应该代表了这样一种知识分布的个体性与群体性特征。

　　第三，考虑学习的社会本质。社会学、人类学和社会心理学等不同领域都已经证实，我们是完全的社会个体，即使那些喜欢花大量时间独处的人也不例外，在我们的整个生命历程当中，作为与他人互动的结果，我们的大脑在不断变化，以至于个体必须被视为更大的社会系统的整合型部分。高普林克（Gopnik）、麦特索福（Meltsoff）和库尔（Kuhl）在1999年写道：我们是强烈的社会性物种，为了我们每一个人的生存，我们必须深深地相互依赖。布拉泽斯（Brothers）称之为"联系的依赖"②。沃茨奇和托马认为知识存在于不同的场所，特别存在于社会和文化的结构和时间中③。因此新取向应该基于个体与群体的互动，强调行动、情感、知识、信息和智慧的协同与整合，在于构建一个社会性的联结学习系统。

　　第四，考虑群体认知和共享。群体是个体的隐喻。集体智慧往往是个体智慧的集散和提炼。在很大程度上源于苏联社会主义心理学家、符号学家和教育家维果茨基的中介行为的社会文化观，就认为个体心理功能源于社会生活，提倡要从社会和个体的层面来理解人类行为。在其倡导的文化发展的一般发生学原理中，突出强调了社会层面和心理层面的联系。因此，当代心理学中，至少在西方，诸如记忆、认知和主义这些术语被认为自然适用于个体，这意味着，当把这些术语应用于群体过程的时候，必须进行改造。于是，已有研究者开始研究社会共享的认知和集体记忆。研究表明，除非特别说明，诸如认知和记忆这样的术语可以自动地应用于集体

---

　　① ［美］莱斯利·P. 斯特弗、杰里·盖尔主编：《教育中的建构主义》，高文、徐斌燕、程可拉等译，华东师范大学出版社2002年版，第139页。

　　② George Siemens, Connectivism：A learning theory for the digital age, *Instructional Technology & Distance Learning*, Vol. 1, 2005.

　　③ Ibid. .

中的个体和独立的个体①。

最后对联结脉络的学习理论做进一步的系统分析，以学习过程为参照，把比较要素进行细分，通过表2—5就可以进行以联结为基点的分析，并判断其发展取向。

表2—5　　　　　　　　　联通主义视角下的学习理论比较

项目	联结主义	新联结主义	关联主义	协同学习
重点	行为	认知	关系	智慧
学习者	个体	个体	个体	个体—集体
分析单位	刺激单元	信息加工	关系	协同因子
互动结果	行为	知识	素养	个体与集体智慧
学习场所	个体	学校	社会	学校—社会
学习目标	经验的获得	知识的获取	素养的提高	智慧的提升
教育意义	强化训练	个体主动	分布式学习	多场协调
联结焦点	刺激—反应	神经元	知识点	学习场
知识源流	外源	内源	外源	内源—外源协同

三　认知加工维度

协同学习建立了系统的认知记忆机制，通过群体与个体的认知交互实现"个体记忆—短时记忆—工作记忆—长时记忆—群体记忆"的知识协同加工的自组织过程。根据美国学者南希·迪克荪（Nancy Dixon，2002）的观点，个体与群体进行学习的过程也就是彼此间进行意义结构的共享。她提出意义结构这一概念取代传统使用的知识、信息或者知识结构等话语②。本书采用这一表述来表示协同学习中个体和集体进行处于不同发展阶段的知识加工和共享状态。个体意义结构通过知识聚合的形式从形成集体意义结构，并最终通过技术聚合形成稳定的集体记忆，这也是达成集体智慧的一条必经之路。在社会学家鲁曼德理论中（1984），认知体系是自动生成系统，社会体系同样是由自动生成的过程赋予其特征。这些因素构

---

① ［美］莱斯利·P. 斯特弗、杰里·盖尔主编：《教育中的建构主义》，高文、徐斌燕、程可拉等译，华东师范大学出版社2002年版，第127页。

② Nancy Dixon, *The Organizational Learning Circle*, McGRAW-HILL Book Company Europe, pp. 37 –387.

成了它们自己的真实。让我们在观察过程中得以认识各种区别①。根据这一理论，知识是不能被输入的：它只能被生产。协同学习把群体隐喻为一个认知加工系统，在与个体加工系统交互中实现意义结构的建构。

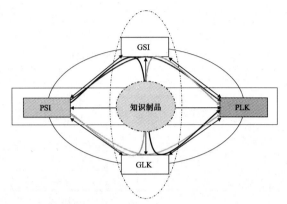

PSI:个人短时信息 PLK: 个人长时知识 GSI: 群体短时信息 GLK: 群体长时知识

图 2—13　协同学习的记忆机制

　　传统信息加工理论虽然为个体信息加工提供了支持，但限于研究取向和技术条件却忽视了群体的信息加工，更为重要的是忽视了个体—群体的协同信息加工。同时，学习的社会文化理论虽然能够从集体层面来了解组织学习，但对微观的信息加工过程则甚少关注。协同学习以不同层面的技术条件为支持，参照信息加工基本原理，构建了个体—群体之间的信息—知识加工模型。从加工的对象来看，信息场和知识场的信息与知识转换，表现为一个协同的知识创建过程，是借助信息技术的支持，实现信息聚合与知识构建与共享的过程；从加工的主体来看，借助知识会聚工具，个体思维操作与群体思维操作实现协同互动；从加工的过程来看，在多场协调中，群体与个体的协同可以喻为一个"（个体短时记忆［PSTM］—个体长时记忆［PLTM］）×（群体短时记忆［GSTM］—群体长时记忆［GLTM］）"的知识协同加工的自组织过程。

　　分布式认知（distributed cognition）是认知科学的一个新分支，它借鉴了认知科学、人类学、社会学、社会心理学的方法，认为要在由个体与

---

　　①　［英］乔治·旺·科鲁夫、Lkujiro Nonaka、Toshihiro Nishiguchi：《知识创新：价值的源泉》，北乔译，经济管理出版社 2003 年版，第 60 页。

其他个体、人工制品所组成的功能系统的层次来解释认知现象。那些在个体的分析单元中不可能看到的认知现象，在分布式认知研究中得到了强调。尤其重要的是，分布式认知强调个体、技术工具相互之间为了执行某个活动而发生的交互[1]。在这里，记忆这一概念具有了新的内涵，它涵盖了个体与群体本身的信息存储功能以及学习技术系统所提供的信息表征、存储与共享机制。学习技术系统为信息聚合、个体—群体的知识共享、个体—群体记忆的保存转换提供了可能性，为知识的内化与外显提供了切实的操作通道。这样，在协同学习框架内，信息技术为不同个体、群体以及个体—群体之间的记忆转换和加工提供了协同空间，并真正从信息加工和知识建构的微观层次上把现实层面、虚拟层面、活动层面的学习融为一体，而这正是目前大部分学习技术系统所欠缺的。

四 多场协调维度

多场协调可以从有意义的学习角度进一步分析。所谓有意义学习（significant learning），不仅仅是一种增长知识的学习，而且是一种与每个人各部分经验都融合在一起的学习，是一种使个体的行为、态度、个性以及在未来选择行动方针时发生重大变化的学习。在这里，我们必须注意罗杰斯的有意义学习（significant learning）和奥苏伯尔的有意义学习（meaningful learning）的区别。前者关注的是学习内容与个人之间的关系；而后者则强调新旧知识之间的联系，它只涉及理智，而不涉及个人意义。因此，按照罗杰斯的观点，奥苏伯尔的有意义学习只是一种"在颈部以上发生的学习"，并不是罗杰斯所指的有意义学习。

多场协调的目标是最终实现协同学习效果，促进知识的建构。而这是由协同学习框架中的信息—知识协同加工模型实现的。这一模型是一定活动情景下的个体与群体的协同信息加工与知识建构模型，记忆是其中的重要环节。为此，协同学习框架对记忆这一关键概念重新进行了阐释，并在此基础上对信息加工理论进行了拓展。从图 2—12 我们看到，在个体与群体的协同信息加工与知识建构过程中，个体与群体的长时记忆、短时记忆也是协同作用着的。

---

① 任剑锋、李克东：《分布式认知理论及其在 CSCL 系统设计中的应用》，《电化教育研究》2004 年第 8 期。

协同学习的发生机制就在于基于多场协调的以个体—群体信息加工—知识构建为核心的意义建构过程，不同条件的技术为信息与知识的高度聚合与协同提供可能性。信息场—知识场提供了知识创新的空间，情感场为学习行为发生和维持提供了重要驱动力来源，是作为知识协同加工过程的动力协调整个学习过程，而意动场则提供了行为表现、行动展开和智慧生成的空间，是学习过程的延展和迁移。价值场则与集体和个人的价值、规范和道德系统相关，是主体对事物做出反应的基础，包括学习文化、社会文化、价值观等要素，表征个体和群体在学习空间中的基本取向和追求。从实践角度看，多场协调为学习技术系统构建了全新的框架。通过整合多元化资源和信息架构，建构技术协同机制，促进内容为中介的深度互动；利用技术条件进行协同学习场的转化、生成与协同，实现信息、知识、情感、行动和价值的有机协同；重组课堂本体，充分发挥信息技术的知识聚合作用，实现个体与群体思维过程的协同。

第五节　协同学习系统的实践框架

一　协同学习的实践空间

（一）知识建构与协同学习

知识建构和全人发展是协同学习系统的功能定向，这两者在实践中协调共存，知识建构是实现全人发展的操作路径，全人发展是知识建构的价值导向。从现实出发，协同学习系统的需求何在呢？除了第一章所描述的问题，还有专家进一步指出，目标世界范围内，学校均在不同程度抑制知识建构[①]，表现在以下几个方面。

（1）学校教育仅仅关注个体学生的能力分布和前景。教育者不能抓住积极的公共的知识建构的社会结构及社会的动态需求。

（2）学校教育仅仅涉及知识的可见部分：比如正式的知识和可描述的技能。非正式的知识或者隐形的知识都是学生生产的知识种类，并且这种隐形知识他们将来成为专家是必需的——这些一般被学校课程忽略。结果常常是惰性的知识、没有联系的知识，实际上无法形成有效的思想和

[①]　Scardamalia, M., Bereiter, C., Computer support for knowledge-building communities, *The Journal of the Learning Sciences*, Vol. 3, No. 3, 1994, pp. 265 – 283.

行为。

（3）追求的知识对象，局限在或许是学生可见的部分。知识对象被翻译成任务和活动。学生的注意力经常成为教师的一部分，同样是关注活动而不是他们自己提出的目标。

（4）专家技术的实践范围——对于积极问题解决来说，一般是仅仅教师可以得到，学校教育没有提供相关的机制让教师把专家技术传输给学生。

因此，研究者呼吁，学校应该成为一个知识创建（knowledge creating）空间！应该提供知识创建的学习环境（Scardamalia，M. & Bereiter，C.，1999；Hargreaves，1999）。而随着对知识建构的社会性的展开和认同，不同的学术群体在使用知识建构一次上出现了较多的分歧。比如，在国际上使用较多的知识建构主要有三：Knowledge Construction，Knowledge Building①，Knowledge Creation。这三个词汇均表明使用者认同上述认识论。但是由于使用场景、目的不一，成为了具有特定内涵的词汇，简要区分如表2—6所示。

表2—6   **知识建构的不同表达**

比较项目	Knowledge Construction	Knowledge Building	Knowledge Creation
原义	知识的建构	知识建构	知识创新
内涵	强调知识的建构性	强调新思想的生成	强调新知识的创造
取向	一般性概念	过程性概念	宏观概念
领域	教育	教学	管理
词源源起	建构主义者	斯卡德玛利亚	野中郁次郎
定位	一种观念	一种方法	一种框架
层面	认知加工	思想生成	知识创造
对象	信息	思想	知识

需要说明的是，由于翻译的原因，三个词汇在中文世界里面达到高度

---

① M. Scardamalia, C. Bereiter, R. S. McLean, J. Swallow and E. Woodruff, Computer-supported intentional learning environments, *Journal of Educational Computing Research* , Vol. 5, 1989, pp. 51 – 68.

一致。尽管其中有特定内涵和微妙差异，但是从本书的研究意图来看，并不刻意采用何种表达，关键取其意而不拘其名。在无特定说明的情况下，均不做区分。

按照 Scardamalia 的观点，知识建构有以下特点[①]：（1）知识建构是整个学习社区的一项活动；（2）聚焦具体的问题，进行持续的、深度探究（inquiry）；（3）探究是自主式的（通常是在小组中进行），是由学习者提出的问题引起的；（4）达到对问题的理解和解决是小组的共同目标；（5）交流和对话是严肃认真的，集中于解释和表达个人对问题的理解；（6）把个人的理解在小组中公开；（7）通过协作，反复讨论，持续对观点和解决思路进行修正，逐步达到收敛和一致；（8）教师（指导者）是知识建构的推动者、专家型的学习者，不是知识的提供者。

作为一种面向知识时代的新型学习系统，协同学习系统强调学习文化变量到学习技术系统中的映射关系，主张在全人发展学习环境培养手脑并用、知行合一、培养情智一体的人，在教育实践中具有广泛的应用空间。当下的教学及其改革取向往往学只关注知识的接受和技能的训练，过程、方法，情感、态度、价值观受到了冷落和忽视。即使在新课程确立了知识、技能，过程、方法，情感、态度、价值观三位一体的课程与教学目标，也由于现有教学系统设计框架使其实施异常艰难[②]。协同学习以动态场域的视角在信息、知识、意动、情感、价值之间建立有机的、协同发展的联系；并将其落实为三种可行的教学/学习新范式，通过不同的技术条件加以实现，真正使新课程的课堂教学注重追求知识、技能，过程、方法，情感、态度、价值观三个方面的有机整合，在知识教学的同时，关注过程方法和情感体验，以实现知识创新和全人发展。

（二）深度学习与协同学习

按照 Scardamalia 关于学习与知识建构的理解，学习和知识建构有深浅之分。学习是增加知识和理解。Brown、Bull 和 Pendlebury 把学习定义

---

① Robert S. McLean, "Meta-Communication Widgets for Knowledge Building in Distance Education", http://sll. stanford. edu/projects/CSCL99/papers/ wednesday/Robert_ S_ McLean_ 383. pdf, 2004 - 02 - 15.

② 余文森：《新课程教学改革的成绩与问题反思》，《课程·教材·教法》2005 年第 5 期。

为"知识、理解、技能和态度方面的改变，通过体验和反思经验所带来的"①。并且总结为学生期望具备两个方面主要的知识和思维技能。一些学生把学习看作以教师能够接受的方式进行记忆和复制知识的事件，仅仅来应付课程要求。其他人认为学习是一种建立个人意义的方式。通过转化与他们现有知识和经验有关的信息和思想②。显然这两种学习在深度上有所区分。

研究者指出，深度学习的主要特征在于：学生概念化方法、寻找概念和数据之间的相互联系、参与反思③。按照比格（Bigg）的观点，深度学习是"高阶的、抽象的认知过程的使用，教师希望学生来发展的，包括解释、争论、反思和应用知识到问题中，这些都不是在课本中，建立新问题与确定的原理、假设之间的关系"④；考克斯和克拉克（Cox & Clark）把深度学习描述为"创造性使用解释性概念的能力，引导学生思考有关情境问题的能力，并且设计新的解决方案到这些问题上"⑤。Rosie认为深度学习不是一种功能或者学习者的属性而是一种学生能够采用的策略。他建议深度学习需要高阶认知技能、有意义的投入，并且享受在学习中，希望来概念化地思考而不是收集详尽的资料⑥。黎加厚教授（2004）认为深度学习是指在基于理解的学习的基础上，学习者能够批判性地学习新的思想和事实，并将它们融入原有的认知结构中，能够在众多思想间进行联系，并能够将已有的知识迁移到新的情境中，做出决策和解决问题。与那种只是机械地、被动地接受知识，孤立地存储信息的肤浅学习相比，深度

---

① Brown, G., Bull, J., Pendlebury, M. (eds.), *Assessing Student Learning in Higher Education*, Routledge, London, 1997, pp. 21 – 39.

② Entwistle, N., Promoting deep learning through teaching and assessment, In: *Assessment To Promote Deep Learning*, American Association for Higher Education (AAHE), Washington, DC, 2001, pp. 16 – 26.

③ Jenkins, T., The motivation of students of programming. proceedings ITiCSE 2001, *ACM SIGCSE*, Vol. 33, No. 3, 2001, pp. 53 – 56.

④ Biggs, J., Assessing for quality in learning, In: *Assessment To Promote Deep Learning*, American Association for Higher Education (AAHE), Washington, DC, 2001, pp. 70 – 73.

⑤ Cox, K., Clark, D., The use of formative quizzes for deep learning, *Computers and Education*, Vol. 30, No. 3 – 4, 1998, pp. 157 – 167.

⑥ Rosie, A., Deep learning: A dialectical approach drawing on tutor-led, *Learning in Higher Education*, Vol. 1, No. 1, 2000, pp. 45 – 59.

学习强调学习者积极主动的学习，批判性的学习①。综合相关研究成果②，表2—7表征了深度学习与浅表学习之差异③。

表2—7　　　　　　　　　　深度学习与浅表学习之比较

深度学习	浅表学习
学习者的知识体系与以前的知识和体验相关	学习者关注知识点
掌握普遍的方式和内在的原理	记忆知识和例行的解题过程
列出证据归纳结论	理解新的思想感到困难
有逻辑地解释、慎重地讨论、批判性地思考	在活动和任务中收获较少
学习过程中逐步加深理解	学习中缺少反思自己学习目的和策略
对学习的内容充满兴趣和积极性	对学习感到压力和烦恼
主动学习	被动学习
关注的焦点在于"符号化的内容"	关注的焦点在于"符号"本身
先前的知识与新知识的联结	关注任务的不相关的部分
不同的课程的知识关联	仅仅记忆需要评估的信息
理论观点与日常经验联系	事实和概念粗糙关联
论点和论据之间的显著区分	原理与范例无法区分
组织和结构内容到一个整体	任务被看作一种外部强制性接受

---

①　黎加厚：《信息时代的深度学习》，上海师范大学2004年10月28日，黎加厚教授在此报告中，阐述了信息技术支持的深度学习问题，并提出了深度学习策略：问题导向式教学；关注高级思维能力培养；丰富的教学策略；过程性教学评价；充分激发学生学习动机；师生情感的交流。

②　Ramsden, Ramsden, P., *Learning to Teach in Higher Education*, Routledge, 1988, 1992.

③　值得一提的是，文献中深度学习的对立面表述多有两种表达方式，即 surface learning 和 shallow learning，从解释来看，两者都是作为深度学习的比较面而出现的，并无本质上的差异，在本文中统称为"浅表学习"。国家新课程标准其实也蕴含深度学习思想。课程标准要求注重提高全体学生的科学素养；注重自主学习，让学生积极参与、乐于探究、勇于实验、勤于思考，提倡教学方式多样化；关注过程性评价，注意学生的个体差异，帮助学生认识自我、建立自信，促进学生在原有水平上发展，重视评价的内在激励功能和诊断功能；认为学习重心应该从过分强调知识的传承和积累向知识的探究过程转化；从学生被动接受知识向主动获取知识转化；培养学生的科学探究能力、实事求是的科学态度和敢于创新的探索精神。

续表

深度学习	浅表学习
重点在于学生内部	重点在于外部，评估的需要

　　表面学习和深度学习之分，其实可以从学习目标分类体系中找到依据。为了开发学生的认知技能，布鲁姆等创建了一套学习目标分类体系，总共分为学习的六个层级，提倡认知技能的开发[1][2]。布鲁姆分类的种类能够分为两个层级，表面学习和深度学习。表面学习由布鲁姆分类的前三个层级构成，也就是知识、理解和应用，这些层级强调再认、低层次的过程性的知识。布鲁姆分类中的最后三个层次，即分析、综合和评价，整合成一个问题解决技能类型或者深度学习层级。可以注意到每一个连续的层级认为都是在前一个层级的基础上的。

　　（三）协同学习的实践空间：支持深度知识建构

　　世界改变如此迅速，教育和学习必须适应一种新的情景。在过去的一个世纪里，教育的设计适合于一种稳定的、慢慢演化的社会的需要。然而，变革的速度在增加，因此保持社会和技术的变革的一致性变成了教育的一种新的挑战。现在我们进入一个新的阶段，称为知识社会。其中挑战不仅仅是保持变革的一致，而且要"制造"它们，其差异如表2—8所示。

表2—8　　　　　　　　　不同社会条件的社会适应[3]

时代演变	社会条件	课程挑战	长期变革
农业时代	稳定的社会，传统的技艺和专业	传输文化遗产和基本技能	学习的持久爱好

---

　　① Bloom, B. S.（Ed.），"Taxonomy of Educational Objectives：The classi？"Cation of Educational Goals：Handbook I，*Cognitive Domain*，New York，Longmans，1956.

　　② Anderson, L. W., Krathwohl, D. R., *A Taxonomy for Learning*，*Teaching and Assessing*：*A Revision of Bloom's Taxonomy of Educational Objectives*，New York：Addison Wesley，2001.

　　③ Carl Bereiter（2003）．Bringing Classrooms Into the Knowledge Age. Lecture presented at the Conference on Reform Initiatives in Teaching and Learning，University of Macau，November 2003，p. 28. The Ontario Institute of the University of Toronto.

续表

时代演变	社会条件	课程挑战	长期变革
工业时代	工业时代加速了知识和技术的增长	保持与知识和技术发展的同步	终身学习准备来学习和忘却学习
知识时代	知识时代知识创新主要的生产性的工作	沉浸在一种知识创新和个性的文化中	革新的终身学习

许多当前关于教育变革的讨论描述了表 2—8 的第二行所提到的。在课程层次，主要关注信息素养，终身学习的问题获得了很宽的认知但是仍然很大程度上没有解决。然而，这些是工业时代晚期所关注的。计算机会媒体技能以及易读性对于学习新技能是重要的，但是它们远离足够的来确保全球的、知识经济的国家空间。因此需要技能的一种总体差异层级，能够在创造性的工作中使用思想，或者我们更喜欢把它称为知识建构①。

相对于学习研究（比如 Ausubel，1968；Spiro，1980）的吸收新知识的能力依靠先前的知识，知识建构过程也必须首先发生在次序的文化传输过程中，通过吸收新的知识，后来朝向知识建构。这是传统的方法，但是在大多数的知识建构情境中，三个过程都同时进行且彼此强化，直至获得深度学习。表面学习和深度学习的差异在于高阶能力目标定位与多维度投入性参与，协同学习系统通过建立多个要素之间的协同关系，主张在全人发展学习环境中进行协同汇聚和合作创新，支持深度学习。深度学习并不排除手脑并用、知行合一、情智一体的协同学习目标指向。范威格尔（Van B. Weige）认为深度学习应该关注学习者的态度；促进概念的教学与知识及经验相结合；在原理之中寻找出学习模式；检查证据使之与结论相结合；谨慎的评论及批判；随时察觉学习进行中的发展；使课程充满生动与趣味；重视形成性评价；参与虚拟团队的学习；培养学生编撰的能力；关注伦理道德教育②。表 2—9 表明了适应深度学习和浅表学习的不同的学习和知识建构策略。

---

① Carl Bereiter (2003). Bringing Classrooms Into the Knowledge Age. Lecture presented at the Conference on Reform Initiatives in Teaching and Learning, University of Macau, November 2003, p. 28. The Ontario Institute of the University of Toronto.

② Weigel, Van B., *Deep Learning for a Digital Age：Technology's Untapped Potential to Enrich Higher Education*, San Francisco：Jossey-Bass, 2002.

表 2—9　　　　　　　　深度学习与浅表学习策略的比较

（改编自 Biggs，1999；Entwistle，1988；Ramsden，1992）

比较	深度学习	浅表学习
定义	批判性地探究新的事实和观点，努力在现有认知结构中挖掘其意义，并且创建观点之间的多种联系	不加批判性地接受新的事实和观点，试图存储这些事实和观点作为一种鼓励的无联系的条目
特征	探寻意义 关注解决一个问题需要的论点和概念的中心 积极的互动，论点和论据之间的区分 创建不同模块之间的联结 联系新旧知识 连接课程内容与真实生活	依靠机械学习 关注解决一个问题需要的外部符号以及公式 被动地接受信息，不能区分范例与原理 涉及部分的模块，孤立的程序 不能基于先前的工作来再认新的内容 简单地寻找课程内容作为材料来学习以应付考试
学生被鼓励……	具备学科中的一种内在好奇心 当完成学业作品的时候，决定做好以及心智上参与 具备适当的背景知识作为一种健全的基础通过良好的时间管理，有时间来追求兴趣积极的教育经历引导在理解和成功方面的信心	为获得资格完成一个学位，在学科中没有兴趣 不关注学业领域，但是强调其他（比如社交的、运动的） 缺乏理解必需的内容的背景知识。 没有足够的时间，太多的作业负载 对教育具有一种愤世嫉俗的看法，认为事实的记忆是全部必需的 高度焦虑

续表

比较	深度学习	浅表学习
教师被鼓励……	在学科中表现个人兴趣 表达学科结构 集中关注和确保关键概念教学的足够时间 使学生面对错误概念，鼓励学会参与到积极学习中 使用需要思考，需要一起使用的观点的评估 联结新内容到学生已经掌握和理解的内容上 允许学生在没有惩罚来试误并且给予有价值的回报 在评估公开的学习成果中保持一致和公平，建立信任	传播没有兴趣的或者甚至一种与内容相负的态度 展示材料以能够被感知为一系列不相关的事实和观点 认为学生是被动的 孤立的事实的评估（简短的问答） 急于覆盖太多的内容 在深度的代价上强调覆盖 创建不适当的焦虑或者低期望的成功，通过令人气馁的陈述或者过度的学业负载 短期的评估循环

　　深度知识建构成为协同学习系统实践空间的重要定向。在表层学习中，学生通过被动的再复制进行学习。他们简单地学习记忆事实、没有反思的学习，接受没有问题的给定的信息。相反，深度学习中，学生多场的激发，基于技术的知识建构、思维机制，通过积极的转化进行学习。他们努力理解与内容有重要关联的问题，来建立想法和先前知识和经验之间的联系，来研究争论的逻辑性并且与结论中呈现的依据进行关联，变得对课程内容感兴趣。通过行动中的知识，他们需要应用知识来解决实际问题。一旦这样做他们就能抽象出知识和经验，并应用已知的解决方案到新的和创新的应用中，使用判断来评价可选择的解决方案。因此说从习得中的知识到协作中的知识到行动中的知识，可以认为学生从表层学习开始系统演进到深度学习。

　　通过不同场域的交互协同，由教学目标的不同维度实现不同的教学方式，习得性学习、建构性学习以及创新性学习。习得性学习依赖于记忆的多模型结构，通过信息聚合工具进行信息加工，实现教学中的基础性目标和结果性目标；建构性学习强调基础性知识和技能的迁移与应用，基于建构工具和思维工具，通过社会性学习实现知识建构。创新性学习集中关注行动中的知识，强调知行合一，重视过程与方法的学习，通过意动表现、情感参与、活动设计来实现，为知识与技能学习中提供活动与应用和创新空间，以实现知识与技能的远迁移。整个协同学习连续统从学习价值与学习文化角度，关注学习者情感、态度价值观的养成。三个层次的学习共同构筑完整的教学新体系。不同技术条件提供不同的学习支持，具体如表2—10所示。

表2—10　　　　协同学习范式与深度知识建构的实践空间列表

	知识类型	学习隐喻	场域	学习方式	关注核心	目标描述	三维目标指向	操作路径
浅表学习	记忆中的知识	知识习得	信息—知识场	习得性学习	知识习得	结果性目标	知识与技能过程与方法情感、态度与价值观	标注工具建构工具思维工具活动设计情感设计情境设计反思活动
	参与中的知识	参与	信息—知识场、意动—情感	参与性学习	共享参与	结果性目标体验性目标		
深度学习	行动中的知识	知识创新	信息—知识场、意动—情感、价值	创新性学习	实践体验	体验性目标		

二　协同学习的深度知识建构框架

网络搜索可以发现32000个页面使用知识建构一词。这些简单的东西暗示：商业化的人们使用这个词来表示知识创新，然而在教育中它看起来被用于作为学习的一种同义词。这样模糊了一种重要的区别：学习是有内在的、无法观察到的过程结果导致信念的、态度和技能的改变。相反，知识建构导致了公共知识的创新或者修正——知识存在于"世界中"，可以获得工作和供人们使用。当然，创造公共知识导致个人的学习，但是几乎所有的人类活动在实践上都是这样。伴随知识建构的学习（包含基本的学习），其他方法追求的次级技能和社会认知动力也会沿着轨迹运动来培植知识创新。

知识建构或许可以被定义为社区中有价值的思想生产和持续改进（Scardamalia & Bereiter，2002），不管他们是否是研究细胞增长的科学家，还是工程师设计高效能料工具，或是护士计划提高病人护理等，知识建构参与相似的过程和相似的目的，目标在于改进知识的边界。知识建构超越了创建新知识的重要性的认识，这种关键的区分在于：知识建构是有目的地努力来增加社会的文化资本。可以看出，这是一种典型的深度学习特征，称之为深度知识建构。

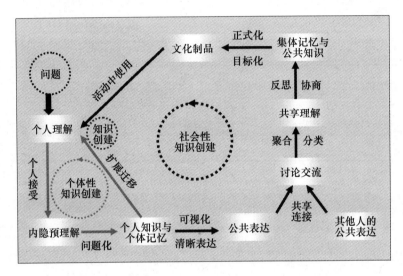

图 2—14 知识的协作建构流程（Gerry Stahl，2000）

大多数学习者中心的、基于探究的学习社区或者其他标签为建构主义者的方法，都是分布于肤浅建构和深度建构的两个极端之间。在其中间范围，参与者参与到更大的或者更小的程度，实现目标承担较大的或者较小的责任。但是承担责任和提升知识的边界的方式要么是不在场，要么是保持在教师或者项目设计者的控制之内。引导性探究的观念暗示了这种中间状态。中间层次的建构主义方法最好归类为建构主义学习而不是知识建构，知识建构要求在所有的教育层面上进行深度建构，这对于革新非常关键。

我们试图把协同学习的三层次的学习体系纳入深度知识建构隐喻[①]。原因如下：知识建构的理论反映 21 世纪知识型社会所着重的能力，强调创新；并且从个别学习转到群体学习、群策群力、解决问题、创建新知。在 Bereiter 和 Scardamalia（1996）看来，学习与知识建构还不能等同，一般而言，学习是指"通过学习过程一个社会的文化资本能够连续时代"，但并不关注新知识的创新，具体的学习过程包括协作学习、引导性探究、项目学习、学习社区、实践社团和抛锚式学习。

知识的协作性建构目的在于努力增加文化资本[②]，如图 2—15 所示。因此，这需要把知识建构从宽泛的活动领域中区分开来，并分享其建构主义者的基础。知识建构是关于观念创新和提高的工作。动力学是社会性的，导致公共知识的创造。相对于知识情境化存在于个体头脑中（教育的传统关注）以及知识位于小组实践中（情景认知和实践社团），公共知识具有一种格外的特征。公共知识自身能够成为一种探究对象和更多知识建构的基础，这样就存在一种知识建构动力学的可能，来驱动新知识的持续创造和提高，使知识建构成为一种现实方法，使个体能够参与其中。基于协同学习系统元模型及上述分析，我们以图 2—15 表征协同学习中的深度知识建构的基本模型，也称之为协同知识建构模型[③]。

在此模型中，基于传统学习系统存在的问题，深度贯彻知识建构的思想，以合作的社会性动力和互动的技术性动力来实现知识建构动力机制，而聚合机制保证了两者的通信结构，聚合机制包含了集体思维和深度互动两个路径，深度互动主要强化学习者与内容的信息交互，为聚合提供了外

---

① 注意区分知识建构中建构一词的表述，建构（construction）一词源于建构主义思想，强调知识的主观性和建构的个体性。建构（building）是一种最新的隐喻，源于强调知识学习的社会性、思想的生成和文化资本的传承，知识建构的理论作为一个专门化比较强的领域得到大量的国际实证和研究，是由加拿大多伦多大学心理学教授 Carl Bereiter 及 Marlene Scardamalia 所创建，知识建构平台（knowledge forum）是让学生在网上建构知识的讨论平台。Bereiter 和 Scardamalia（1996）IKIT 的知识建构事业的重要努力已经扩展了教育和知识工作的限制。这里以知识建构来表征协同学习所强调的学习连续统。

② Stahl, G., A model of collaborative knowledge-building, In B. Fishman & S. O'Connor-Divelbiss（Eds.）, *Fourth International Conference of the Learning Sciences*, Mahwah, NJ: Erlbaum, 2000, pp. 70 – 77.

③ 协同知识建构也是一个多义的词汇，散见于文献中大量的协作知识建构、合作知识建构、合作学习。协同学习、协作学习等，很大程度源于协作学习合作学习一词，两者区分参见前述。

在的源泉和条件，集体思维强调思维加工的群体性，保证了信息—知识之间转化的可能性和可以性，也实现了个体与群体的协同。知识建构发生于五个场域之中，场域的协调保证了知识建构的有效性。

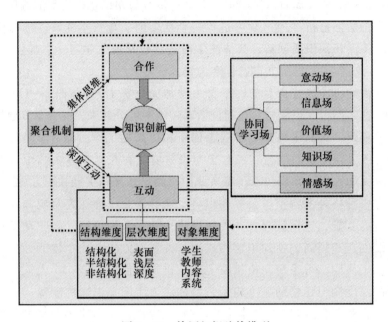

图 2—15　协同知识建构模型

三　协同知识建构的过程模型

下面进一步来讨论协同知识建构的微观过程模型。就学习过程中的知识加工过程，许多研究者已经就如何理解学习过程进行了阐述，他们的结论有助于为分析协同知识建构的过程。David Merrill（2002）综合各种观点提出了针对认知领域课程设计的新的综合性框架，它来源于折中主义观点，明显努力吸收了系列教学理论的处方原理。Merrill 的框架中，他首先提出了教学法的第一原则和教学过程的四个阶段：（1）激发先前的经验；（2）示范技能；（3）应用技能；（4）整合这些技能到真实的世界中去（Merrill，2002）①。亨利（1992）开发了一种分析模式，能够被教育者用来获得一种对学习过程的更好理解。这个模式强调了学习过程的五个维

---

① Merrill, M. D., First principles of instruction, *Educational Technology Research and Development*, Vol. 50, No. 3, 2002, pp. 43 – 59.

度：参与、交互、社会性、认知和元认知，奥利弗和麦克朗林（1996）建议对前者的模式作一些变化。他们认同了五种交互学习模式：社会性的、程序的、解释的、说明的、认知的[①]。而本书基于知识管理及生态视角，整合上述成果，提出协同知识建构的四个循环阶段：生成、整合、互动、诠释和行动，如图 2—16 所示。

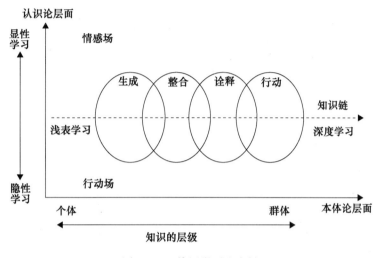

图 2—16 协同学习生态链

在知识协同加工的生态链中，生成（Generate）是指信息和知识的广泛创造，这一阶段主要是在个人层面上完成。个人在这一阶段中从学习场景（learning scenario）中完成信息收集、信息整理、对信息的重新理解和信息的个人储存等一系列学习过程。个人对一系列的新信息进行处理最终储存并生成问题和任务的过程。美国学者南希·迪克莘把这一过程看作是知识创新的过程[②]，也是协同学习的起点。整合（Integrate）指把新的信息整合到群体的情景中。协同学习关注的中心不仅在个体意义结构而且还关注集体意义结构的构建。对个人生成的信息和问题进行整合，将其融为

① Jianxia Du，Byron Havard and Heng Li，Dynamic online discussion：Task-oriented interaction for deep learning，*Educational Media International*，Vol. 42，No. 3，September 2005，pp. 207 – 218.

② Nancy Dixon，*The Organizational Learning Circle*，McGRAW-HILL Book Company Europe，2002，pp. 37 – 38.

群体认知系统的一部分，这是群体学习的开始。当然这部分并不是所有个体都必须进行群体整合，需要根据教师及任务的安排。诠释（Interprete）即对问题和信息做出集体的探讨、解释和说明，并在群体的认知场中被赋予新的意义。对个体意义结构集体化的过程即对已经成为集体意义结构那一部分的个人意义结构进行重新解释的过程，是知识协同加工的关键所在。行动（Act）是在对信息和知识所诠释的基础上，授予个体和集体可靠和可行的行动。行动是知识转化和价值实现的必需环节，个体或者集体性的认知行动和活动应该得到支持和扩展。知识的最终意义必须在行动中体现和检验，以实现协同综效和深度学习。结合上述微观过程和协同学习机制，构建了图2—17的协同知识建构的过程模型。

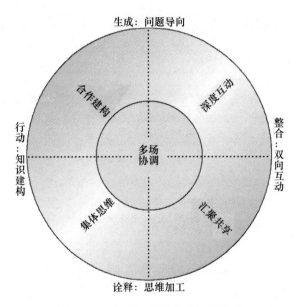

图2—17　协同知识建构的过程模型

小结·反思：设计研究之原型开发

设计研究中，系统设计为理论生成和建构提供了一种非常有用的情景。在关于设计研究的跨学科观点中，弗里德曼（2003）指出："设计失败是基于方法缺失以及系统的和全面的理解缺失，这些包括知识和准备中的鸿沟，正是在这里研究和理论扮演重要角色。"一种有关设计、研究和理论的整合型观点能够促进解决实用性教育问题情景中认知过程的阐明和明晰表述。迪塞瑟和柯比（DiSessa and Cobb，2004）认为："在生成、选择和确认设计选择性的时候，理论必须进行真实的设计工作。"同样地，设计必须进行真实的理论工作，一种系统的设计过程需要生成、选择和确认理论框架。

我们的立场在于，系统设计的情景为生成、建构和精细化理论模型提供了丰富的框架，并且提供了一种生成性的、渐进性的和动态的讨论机制以支持整合研究和实用性问题解决。相关的问题和方法来自设计过程的具体阶段，这能够极大地引起教学绩效。这种结果将向设计研究者提出挑战：在演化的设计和研究结果之间，明晰地表述和记录显现、动态的辩证关系，以获取丰富的关于学习和绩效的信息，这些信息典型地在传统的设计努力中被忽视。在提供设计研究的详细案例的时候，我们希望在设计情景中阐明学习和绩效的生成性的理论模式及其渐进属性，同样明晰地阐明显现的和应用的以及实用的基本问题和研究方法。这是一种关于理论、设计和研究的整合型观点，而不是一种竞争性观点，或许当解决实用教育问题的时候，最终将引起和提高我们关于教和学方面的知识。

本章主要进行理论原型开发，包括协同学习元模型构建，而后从场论的角度展开论述，从理论和实践两个维度进行阐释，最终构建协同学习的深度知识建构模型，为后续开发提供理论原型。协同学习从认知主体的社会性、认知过程的动力论和知识建构的生态观重构了当下的教学体系，并从场域和知识生态学的角度阐明学习的系统动力学原理，以及知识协同加工问题。其实，这个世界的生物和文化，在协同原则的基础上自我组织、适应彼此、适应环境。正如人体中的细胞与其他细胞相互作用的过程中会发生转变一样，协同群体的成员也会通过群体内部的相互影响和协作共享而发生转变。教学系统越来越演变成为一种社会—技术系统，这需要全新的体系来支持变革。协同学习新框架能够提供一种对教学挑战的汇合的应对，这些挑战由学习目标、学习需要的多样性和文化工具的合理使用有关。协同学习可以看成一种尝试，看成一个全新的体系，其中包含了理论、技术、设计和工具领域，以支持知识时代的学习建构需求。

第 三 章
协同学习原理与机制

我们现在好像在大山脚下从不同的两边挖一条隧道，这个大山至今把不同的学科分隔开，尤其是把"软"科学和"硬"科学分隔开。

——哈肯（Hermann Haken）

几年前的春晚上，由冯巩和朱军联合表演的情景相声《笑谈人生》作为一个优秀的语言类节目一直存留在脑海中，其中经典的段落在于：刚出场冯巩就概括了朱军《艺术人生》的四大招数："套近乎、忆童年、拿照片、弹钢琴"，并信誓旦旦地表示要把朱军煽哭了，借用双方的母亲经过一番努力之后冯巩终于如愿。存留记忆中的是冯巩对朱军在《艺术人生》节目成功的招数的小结，且不要小看这四大招数，其实这结构化的思维完全吻合教学中的主要维度，实现了多个场域的协调。所以不由得感慨：学习其实与娱乐何其相似呀！

要实现协同学习所提出来的目标定位和功能定向，也需要对学习机制进行结构化的思维。依据综述的基础、协同知识建构的基本过程，以及对现有学习技术系统的分析，本书认为，协同学习是对现有学习技术系统框架的突破：在信息、知识、行动、情感、价值之间建立有机的、协同发展的联系；交互层面，提供内容与学习者的深度互动；通信结构层面，提供信息聚合机制；信息加工层面，提供群体思维操作和合作建构机制。简而言之，协同学习的基本机制与原理归纳为"深度互动，汇聚共享，集体思维，合作建构，多场协调"[①]。

---

① 关于协同学习原理和机制的开发，主要借鉴 Merrill 关于"首要教学原理"的方法，Merrill 赞同 Reigeluth 所谓的基本方法之说，认为 Reigeluth（1999）提出两类基本的教学方法：一类是"基本方法"，另一类是"变通方法"。Charles M. Reigeluth（ed.），*Instructional Design Theories*

第一节 深度互动原理

一 互动与深度互动

（一）互动

互动被看作教学中的一个重要因素[①]，互动"提供了一种促进和刺激学习者学习的方法，也给老师提供一种让学生思考学习内容和过程的方法"（Juler，1990）。学生倾向于把互动看作"一种教师对学生实时的和一致的反映而不是一种特定的活动"，或者教师在课堂中使用到的技术（Jone，1996）。加里森（Garrison）1993 年曾把互动性定义为：两人或两个以上的个体为了解释或反驳某种观点而进行的持续的双向的交流。Gilbert 和 Moore（1998）把互动定义为：在某种学习环境中，两个或两个以上的个体为了完成学习任务或人际关系构建而进行的双向交流。互动活动通常发生在老师与学生，或学生与学生之间。在具体的学习环境中，互动不会自然发生，而需人为设计成相关的教学程序。然而，如何进行设计要取决于设计者的世界观以及他的教育哲学观（Berge，1999）。

在教学设计领域，教学互动得到了广泛的研究和应用。教学设计是基于某种教学目标而进行的教学环境的系统设计，这种设计涉及各种教学法，如程序教学法、指导教学法、自学、计算机辅助培训等；也涉及各种媒体如交互式多媒体。在中小学教育和高等教育中，教学设计人员常常要

---

and Models: *A New Paradigm of Instructional Theory*，LEA publishers，Vol. 2，1999，pp. 52 – 55. 但把它改称为教学的"首要原理"，将"变通方法"看成是在课程方案和教学实践中灵活变通的方法。一项"原理"（基本方法）是一种关系，这种关系不管具体的课程方案或教学实践如何变化（变通方法），只要有适当的条件，它总是成立的。一项"实践"是指某一具体的教学活动。依据此，Merrill 提出了各种设计理论和模式都共同体现的几条原理，他认为，无须去确定这些原理有哪些经验性实证结果。作者假设，一条教学原理就算没有经过充分的实证，但如果这么多不同的教学设计理论都聚焦于它，那么，这一教学原理要么是通过经验提炼出来的，要么是通过已有的研究确认的。Merrill，M. D.，First principles of instruction，*Educational Technology Research and Development*，Vol. 50，No. 3，2002，pp. 43 – 59. 盛群力、马兰节译：《首要教学原理》，《远程教育杂志》2003 年第 4 期。完整译文参见 http://www.ced.zju.edu.cn/id/index.asp. 盛群力、马兰：《首要教学原理·新认识》，《远程教育杂志》2005 年第 4 期。

① 互动（Interaction）是一个认知度更高的词汇，在跨学科中常常出现。有时也表述为：交互。

求进行具备良好互动性的教学设计。Gilbert 和 Moore（1998）曾问道："我们是否已清醒地认识到，实施网络教学是因为这种方式可以让我们通过真正的交互和灵活的方法来促进学生的学习。"而深入探究互动的类型和层面成为教学设计者需要思考的主体。根据学习系统中互动发生的要素，互动可以按照不同的维度进行划分。

（二）互动对学习的积极影响

纽曼、格里芬和科尔（Newman，Griffin & Cole，1989）认为："认知变化既是一个个体过程又是一个社会过程"，并且他们"检验了社会互动，在这些互动中，对认知变化的建构足以组成一个理论，该理论表明个人和社会是怎样交织在一起的"。与被动接触各类信息而进行的学习活动相比，交互特别受到重视的原因在于它能使学习者深入学习材料。因为积极的参与给学生提供了一种学习的动机，这种动机在传统学习中不可能得到（Petraglia，1998）。Maddux，Johnson 和 Willis 于 1997年曾指出："计算机区别于当前许多其他电子媒体的一个重要方面在于，它能为学习者提供高级的交互活动。"交互活动为学习者提供了选择教学形式的机会，在某种程度上，教学形式的选择对于学习者构建自己的知识和经验非常必要，也能让学习者在不同的学习情景下进行学习。

Jiang 于 1998 年指出：当某门课程特别强调在线交互的运用时，学生经常把课程的学习看作是一种较高的学业成就。Berge 在 1999 年也指出，交互已成为教师和学习者关注的中心。在某种程度上，它已成为教育过程追求的基本目标。更为重要的是，由于在学生与老师或学生之间一般存在反馈活动，交互也就成为教学的一个重要的组成部分。许多人始终认为：高级的交互活动是必不可少的，因为它可能影响到教学效果。在这里必须澄清交互作用与教学理论之间的关系。有三种理论阐明了这两者之间的关系：布伦纳（Brunner）的三层次理论、梅里尔（Merrill）的教学事件处理理论和斯皮罗（Spiro）的认知活性理论。

在布伦纳（1996）看来，个体通过三种方式认识世界，即动作、映像和象征。学习者能把现实转化为自身独特的现实再现方式。本质上，动作包括表演和示范；映像包括图形和图像；象征包括言语和数字。动作性模式是基于刺激反应理论，是对行动的再现说明；映像模式是一种概括性意象或图解；象征模式由语言构成，是一种抽象的形式，因为言语是从它所表现的世界中分离出来的。

Merrill 和第二代教学设计者认为，教学事件处理理论以三种类型的知识元素来描述知识：实在、活动和过程。他们认为知识对象由四种元素之间的六类关系构成，这四类元素是存在于实在、活动和过程中的成分、属性、概念和联想。教学事件处理理论提出了一个教学系统称为教学处理壳。一个教学处理壳由一系列规则组成，这些规则用来选择和索引知识元素。教学事件是指某个学生与计算机之间的一次交互活动。在系统里，一个教学处理壳是一组用于显示知识元素或资源和对学生输入进行翻译的规则。

斯皮罗（Spiro）的认知活性理论强调现实世界的复杂性和对知识的解构（Spiro，1991），从知识解构的角度看，应用这种理论能促进学习者提高知识习得结果。比如获取对概念复杂性的理解，获取运用习得概念进行推理和推论的能力，获取灵活运用知识概念到陌生的学习情景之中。这种认知活性理论已被系统地作为一种教学理论应用到教学领域。一般认为，解构有如下特征：随机获取；学习活动是学习环境中的一种对信息的非线性探索；对教学内容的多维表现等（Maddux，1997）。

在以计算机为媒介的学习活动（CMC）中，一种常见的交互活动是反馈。学习者主动接受计算机输出的信息，而信息反过来影响学习者的这种接受活动，这一过程被称为反馈（Weller，1988）。学习中真正的交互活动设计是教学系统与学习者之间实时、动态、相互的相关信息的交流（Merrill，Li & Jones，1990）。

（三）互动的分类

一般教学中存在两种常见类型的交互活动（Gilbert & Moore，1998）：即人际交互和教学交互。人际交互活动可以通过电子邮件、声音邮件、邮件列表、新闻组、聊天室、电子公告牌、在线会议或其他双向传播媒体进行。教学交互则通过即时反馈、问答、步调控制、频率控制和其他交互工具进行。学习系统能提供多种交互活动，如教学交互和人际交互，在参与者中强化异步交流或同步交流，以及为教学和人际交互进行的个人交流和团体交流。

上述互动的划分和界定，基本上建立在传统的人际层面，而对内容层面的互动关注不够。然而，仅仅从人际层面来观察学习系统中的互动，往往忽视了两个基本因素：一是无法适应学习者多维互动的需求，除了学习系统中的人际要素，非人际要素也是学习者的重要互动对象；二是无法适应技术化和信息化的学习系统的需求，从而无法真正实现深度的互动。关于第一个问题，我们知道，现有的学习技术系统往往提供了丰富的学习内容体系和资源类型，如何与这些要素进行互动从而支持学习成为一个重要的问题；第二个问题在于在传统环境中，教师和学习者均无法实现有效的内容互动，或者说，采用传统的互动手段展开的交互活动，却没能有效地促进教学。这也是互动设计中的一个盲点。

(四) 深度互动的全维模型

上述分类给研究提供了极大的启发，阐述和区分了互动发生的不同层面的要素，应该是一个比较全面观察和研究教学互动的模型。从此模型出发可以构建深度互动模型。同时，深度互动还可以从如下维度进行研究。

（1）交互的沉浸度，互动是建立在两个或者两个以上的对象之间的一种动力，沉浸度可以表示交互的深刻程度，是一种衡量交互质量的纵向指标

这种沉浸度可以从广度、强度和聚度三个方面分解。交互的广度是指交互对象多维性，在学习情境中，交互的对象往往是指其他个体或者教师，而内容、技术系统的对象属性往往被忽视。交互对象的多维度可以丰富学习者思维操作的多元化。交互的强度是指交互加工深层次，比如浏览教学信息是一种较为浅层次的交互，而经过标注则可以看作一种深层次的交互。交互的聚度是交互信息聚合度，交互的聚合度将有助于主题的集中和思维的聚合。一个理想的交互途径应该是广度、强度和聚度的平衡与统一。

（2）交互的参与度，参与度是一种衡量交互质量的横向指标。这种参与度可以细化为频度、密度和叉度来理解

交互的频度是指交互频率持久性，交互的频度可以看出个体参与交互活动的频次。交互的密度是指交互活动密集性，在一个单位时间和空间中，个体参与交互活动的密集程度。交互的叉度是交互内容关联性，不同交互活动的展开都是与学习内容和个体发展相关，交互关联性将直接影响到学习者学习的积极性和投入程度，如图3—1所示。

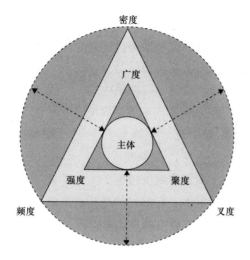

图3—1　深度互动的全维模型

二　深度互动原理及其推论

在系统分析了互动原理及其全维模型之后，下文中将根据学习和知识建构的基本原理和阶段，陈述相关的原理和推论，并尽可能使其易于识别和便于操作，同时为协同学习的实践应用提供一些指南。原理和推论的确立通过引证一些代表性的理论观点和研究观点予以支撑①。

原理一：深度互动（Deep Interaction）：当学习者有机会获取深度互动的机会并积极投入其中，学习和知识建构能够得到有效支持。

推论1：互动的层级（Levels of Interaction）：当学习者参与多层次的有意义的互动活动的时候，学习能够得到促进。

推论2：互动的平衡（Equivalency of Interaction）：当学习者能够在平衡的互动机会中进行知识建构的时候，学习能够得到促进。

推论3：内容互动（Content Interaction）：当学习者能够与教学内容和资源进行互动的时候，学习将能够得到促进。

推论4：技术的支持（Technical Support）：当学习者能够利用技术来参与学习环境中的互动的时候，学习将能够得到有力的支持。

① 此处的行文方式、结构方式和思维方式莫不受到梅里尔（Merrill）"首要教学原理"工作的影响。在很多层面上，本部分内容都与梅里尔的研究具有异曲同工之妙，作为学习者，无论是从学术养分上还是从思维方式上，笔者均受到莫大的启发和参照。

原理一：深度互动

当学习者有机会获取深度互动的机会并积极投入其中，学习和知识建构能够得到有效支持。深度互动指的是互动的全维机制，尤其强调内容之间的互动。互动是当前教育与学习领域中的一个重要研究主题。关于互动的定义有很多讨论，而且常常与互动性混淆。互动性是媒体的特征：允许用户通过技术体验系列交流。互动是一个学习成果。瓦格纳（Wagner，1994）定义互动为互惠事件，至少要求两个对象和两个行动。互动常常发生在这些对象和事件相互影响的过程中。一个教学互动是一个发生在学习者与学习环境之间的事件。它的目的在于响应学习者以一种有目的的方式来改变他们的行为来实现教育目的。教学互动具有两个目的：改变学习者，使学习者实现目标。

互动（派生出来的术语为互动性）在教育事件中起到多种功能。西姆（Sims，1999）已经罗列了这些功能，比如：允许学习者控制，促进基于学习者输入的程序适应，辅助有意义的学习的发展。此外，互动性对于李普曼（Lipman，1991）、威戈（Wenger，2001）提出的学习社区的创建来说是基础性的，其他教育理论者他们关注学习中社区的重要角色。最后，一个人的观点的价值，常常通过互动来获得，这在建构主语学习理论中是一个重要的成分（Jonassen，1991），包括诱导学习者的思维（Langer，1989）。

互动已经在教育中得到积极评价。早在 1916 年，杜威（John Dewey）提及有目的的互动的一种形式作为教育过程中的确定的成分，发生在学生转换他们的迟钝的信息到他们自身外的另外一个人，并且建构它到知识中加上个人的应用和价值（Dewey，1916）。霍姆伯格（Holmberg，1989）赞成学生和导师之间书面的反馈或者通过实时的电话导师支持的个体化互动。霍姆伯格还提出模拟互动的思想，这种互动确定了书面的合适风格为独立的远程教育项目的研究模式，他看作为"引导性的说教性的互动"。格里松和沙尔（Garrison & Shale，1990）认为教育的所有形式在本质上是在内容、学生、教师之间的互动。劳里劳德（Laurillard，1997）建构了一种在所有教育领域可以应用的学习的会话模式，其中学生和教师之间的互动扮演了重要的角色。最后，贝茨（Bates，1990）认为互动性应该是选择媒体为教育传输的基本的标准。因此，关于互动的重要角色的研究和认识具有很长的历史来支持甚至界定教育。

推论 1：互动的层级

当学习者参与多层次的有意义的互动活动的时候，学习能够得到促进。交互常常在不同的情境中为了不同的目的得以强调，比如知识的建构[1]，学生的满意度[2]，莫尔（Moore，1989）通过提供一个交互的三种类型的重要框架讨论了互动的层级问题：学习者—内容、师生、生生互动[3]。莫尔指出，学习者—内容的互动是一种"教育的定义化特征"，学习者—内容互动的结果，学习者获得了智力发展或者观点变化。第二种类型，师生之间的互动，强调教师的重要角色。第三种互动类型就是生生互动，发生在学习者与其他学习者实时或者延时学习过程中，这种学习者之间的互动能够养成学习通过学生协作和知识共享。

希尔曼等（Hillman et al.，1994）增加了学习者—界面互动的第四个要素来进行讨论，他们定义学习者—界面互动作为"一个操作工具来完成任务的过程"，他们强调学习者—界面的互动的重要性因为"学习者必须与技术媒体互动来实现与内容、教师或者其他学生的互动"[4]。学习者必须被授权来表示必需的技能使用交流工具并且感觉到学习环境是比较舒适的。对于在线学习者来说，良好的界面设计能够强化互动性并且最小化技术障碍。

亨利（1996）使用计算机会议脚本来研究在线互动，她通过研究互相联结的信息的趋势评价了互动范式[5]，比如，通过会议参与者的信息发

[1]　Gunawardena, C. N., Lowe, C. A. & Anderson, T., Analysis of a global online debate and the development of an interaction analysis model for examining social construction of knowledge in computer conferencing, *Journal of Educational Computing Research*, Vol. 17, No. 4, 1997, pp. 397 – 431.

[2]　Hackman, M. Z. & Walker, K. B., Instructional communication in the televised classroom: The effects of system design and teacher immediacy on student learning and satisfaction, *Communication Education*, Vol. 9, 1990, pp. 196 – 206.

[3]　Moore, M. G., Editorial: Three types of interaction, *The American Journal of Distance Education*, Vol. 3, No. 2, 1989, pp. 1 – 6.

[4]　Hillman, D. C. A., Willis, D. J. & Gunawardena, C. N., Learner-interface interaction in distance education: An extension of contemporary models and strategies for practitioners, *The American Journal of Distance Education*, Vol. 8, No. 2, 1994, pp. 31 – 42.

[5]　Henri, F. & Rigault, C. R., Collaborative distance learning and computer conferencing, In T. T. Liao (Ed.), *Advanced Educational Technology: Research Issues and Future Potential*, Berlin: Springer, Vol. 145, 1996, pp. 45 – 76.

送或者回收的数量。这种互动研究的类型或许告诉读者一个具体会议参与者发送的需求和响应的数量，但是这些数量不能说明互动的质量或者互动的意图；冈纳瓦德纳等（Gunawardena et al.，1998）提供了一个不同的互动层次分析模型，其中他们界定互动为"通过意义协商和知识的合作创建发生在一个建构主义学习环境中"[①]。互动分析模型被提出来研究知识的社会建构过程。

推论2：互动的平衡

当学习者能够在平衡的互动机会中进行知识建构的时候，学习能够得到促进。深度的和有意义的正式学习只要交互的三种形式（学生—教师、学生—学生、学生—内容）的一种处于一个高阶水平就会得到支持。其他两种或许是最低层次，甚至不存在。没有忽视教育体验，这三种模式中的不止一种的高阶水平将可能提供一种更加满意的教育体验，尽管这些体验或许不是像互动式的学习序列那样代价和时间上有效。从交互的平衡观点来看，学习过程中的交互越多且平衡，学习者就越能通过自我表现和个人理解而获取知识。但是如果不能正确运用同步活动和交互活动，交互将误导学习者的注意力和视野，引起信息超载和学习挫折（Berge，1999）。因此，对于教学设计（或其他基于技术的教学设计），有一种意见就认为：（教学内容的）表达方式将最能促进师生之间的交互性。增加交互活动的灵活性将会增加交互的平衡性。

推论3：内容互动

当学习者能够与教学内容和资源进行互动的时候，学习将能够得到促进。传统的互动研究对内容层面的互动关注不够，纵然有传统的互动观的问题，但更为重要的是这种互动的有效利用缺乏技术手段，从而使内容互动缺乏可利用性。在这方面，有研究者进行了这个层面的互动研究，但大多数的学习者—内容互动仍然指的是人机互动。而不是学习者与内容之间发生的交互。比如安德森和格里松（Anderson & Garrison，1998）在远程教育文献中除了讨论了互动的三种非常普通的类型外；扩展到关于其他三

---

① Gunawardena, C. N., Lowe, C. A. & Anderson, T., Transcript analysis of computer-mediated conferences as a tool for testing constructivist and social-constructivist learning theories, Proceedings: Distance learning '98: The 14th Annual Conference on Distance Teaching and Learning, Madison, WI: University of Wisconsin, 1998, pp. 139 – 145.

种互动类型的讨论（教师—教师，教师—内容，内容—内容）。如图 3—2 所示，德里亚利奥格卢等（Delialioglu，O. & Yildirim，Z.，2007）在研究混合学习环境中的互动维度提出了互动的四个维度：分别是学习者—内容、学习者—环境、学习者—教师、学习者之间[①]。这些模式注意到了内容维度，但实质上强调的是人机操作，本质上还是属于人机互动。

　　而真正的内容交互应该触及信息加工层面，由学习者直接与教学信息和内容对话，辅之以思维线索和问题分析，通过调动学习者的短时记忆和长时记忆参与到内容互动中，从而引发问题序列，通过特定的机制可以将交互的信息进行聚合，这种内容互动其实是一种标注机制，关注的是学习者内容交互中的信息加工和问题汇聚。

　　比如，个人笔记本可以说是学习者的知识集，是学习者在系统中由事件的主题而制成的笔记。在个人笔记本中有新增、修改、删除、共享等功能，以及是否有通过评鉴的记号，会有笑脸或是哭脸来显示。我们利用框架的方法来设计笔记本的格式，而笔记的知识内容则利用知识表征方式的不同来规划，分成叙述性知识和程序性知识的表征方式，主要的目的是让笔记本方便管理且阅读起来简洁明了。学习者的知识必须利用到网络的资源，在事件出现的同时，会有一些参考的网址，提供给学习者自行连接至网站中寻求解决方法，再将答案加入笔记本中，还要将知识来源的网址加入参考网站的字段中，是为了之后评鉴的人在评鉴笔记时有所依据，快速且有效地找到答案并确认这知识的正确性。学习者可以自由的选择是否要将笔记分享给其他学习者看，但为了鼓励知识分享，分享的总篇数越多，就能够得到越多的积分，不过笔记必须要评鉴通过才可以分享，确保知识正确，所分享的知识才有其价值。

　　推论 4：技术的支持

　　当学习者能够利用技术来参与学习环境中的互动的时候，学习将能够得到有力的支持。技术本身的功能就在于为学习环境提供给养。显然包括互动的支持。技术革新已经允许来增加学习者和教师之间的互动。大部分研究已经认为，增加的互动的层次将导致增加的动机，对学习的积极态度，

----

　　① Delialioglu，O. & Yildirim，Z.，Students' perceptions on effective dimensions of interactive learning in a blended learning environment，*Educational Technology & Society*，Vol. 10，No. 2，2007，pp. 133 – 146.

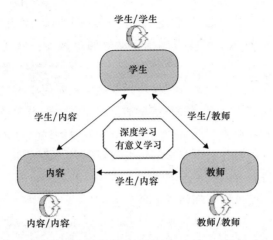

图3—2 远程教育中的交互模式（Anderson and Garrison，1998）

关于教学的高满意度，深度的、更加有意义的学习以及较高的学业成就（Entwistle & Entwistle，1991；Garrison，1990；Hackman & Walker，1990；Ramsden，1988；Ritchie & Newbury，1989；Schell & Branch，1993；Wagner，1994）。每种技术都有其针对特定教学目标的交互特征。莫尔（Moore，1989）认为，远程教育者常常限制他们自身在某种媒体上，常常仅仅使用一种媒体限制了所有其他三种类型的互动的整合。同样地，柯兹玛（Kozma，1991）注意到这里有某些媒体的属性允许互动，认为教育者应该整合相关的媒体技术在所有类型的互动设计中。

仍以内容互动为例，技术支持的内容交互技术目前已经得到快速的发展，国外，针对不同的学习资料，采取了不同的标注工具来促进学习者的学习，如用在线注记系统初步验证 Web-based 教材上的注记量与学习成就之间存在正相关关系，针对认知有用性、认知易用性、虚拟笔注记系统对学习满意度的影响、虚拟笔系统在个人阅读在线教材上的用途、虚拟笔系统在分组阅读在线教材上的用途等方面进行的研究表明技术在交互中的积极价值①。

---

① Motta E，Vargas Vera M，et al.，"MnM：Ontology Driven Semi2 Automatic and Automatic Support for Semantic Mark2 up"，Semantic Authoring，Annotation & Knowledge Markup Workshop，ECAI 2002，Lyon France，July 22 – 26，2002.

第二节　汇聚共享原理

如前所述，从传播学视角来分析教学过程提供了一种微观的分析路径，现在一般将传播看作是特定的个体或群体即传播者运用一定的媒体和形式向受传者进行信息传递和交流的一种社会活动。然而，经典的大众传播模型无法解释和适应当代教学的基本需求。强调来自学习者的信息汇聚与共享成为协同学习对传统传通系统的变革，也成为学习设计的一个重要原则。

一　教育情境中信息传播的汇聚与共享

1. 汇聚与共享

根据《牛津英文词典》的注解，汇聚一词最早源于科学领域，如1713 年英国科学家威廉·德汉（William Derham）谈到光线的汇聚或发散（convergences and divergences of the rays）。随后，该词被逐渐运用于气象学、数学、进化生物学、政治学和经济学等学科。汇聚一词进入学科领域最早是传播学和信息科学，两者联姻源于20 世纪70 年代中叶计算机和网络的发展。法伯（Farber）和巴冉（Baran）于 1977 年发表了"计算和通讯系统的聚合"（the convergence of computing and telecommunication systems）一文①；目前国内 Convergence 一词在传播领域应用较广②。据考证，该词在中国大陆、中国香港和中国台湾通常来说有四种翻译法：汇流，融合，聚合，整合。根据《现代汉语词典》和别的一些汉语词典的释义，汇流主要指水流或人潮的会合；聚合有两层意思：（1）聚集在一起，（2）化工上指由单体结合成高分子复合体的方法；而融合是指几种不同的事物合成一体；整合则是集结不同的意见或事物，重新统合，成为新的整体。

---

① Farber, D. ; Baron, P. , The convergence of computing and telecommunication systems, *Science*, Vol. 195, March 18, km7, pp. 1166 – 1170.

② 最佳的译法当然是根据 convergence 一词不同语境下的不同含义将其分别翻译成合并（如媒体所有权合并 Convergence of Ownership）、联合（如媒体战术性联合 Convergence of Media Tactics）、融合或整合（如媒体科技融合/整合 Convergence in Media Technology），在教育与学习领域一般称之为汇聚，与此相近的一个词汇就是 congregation 及 aggregation，一般翻译为聚合。

　　在一个微型教学传通单元中，汇聚可以看作过程，那么结果和目的便是共享。共享（Sharing）是指信息被组织成员所共同拥有和利用。利用信息技术可以提供一个集成的系统，组织所有成员可以通过这个系统获取、提供和利用组织记忆信息，最大限度地实现信息的共享。

　　2. 基于汇聚共享的教学传通结构模型

　　在一般的教学理论研究中，将教育者、学习者、学习材料三者作为教学系统的构成要素，它们在教学环境中，带有一定的目标性，经过适当的相互作用过程而产生一定的教学效果。借鉴经典传播学的模型，教学传播过程是一个连续动态的过程。但为了研究方便起见，南国农等将它分解为六个阶段，如图 3—3 所示。

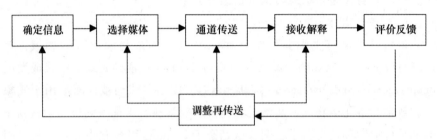

图 3—3　教育的单向传播模型

　　从信息传播的视角来看课堂的传播活动，我们发现存在两个方面的问题，一是传播模式的缺失[①]，没有真正反映课堂学习系统的学习传统系统模式；二是实践路线的漠视，无法形成双向互动汇聚的教学传播路线。20世纪 40 年代，数学家香农出于对电报通信问题的兴趣，提出了一个关于通信过程的数学模型。此模型最初是单向直线式的，不久，他与韦弗合作改进了模型，添加了反馈系统。此模型后来被称为香农—韦弗模式，在技术中应用获得了巨大成功。后来，罗密佐斯基（A. J. Romiszowski）又提出了一个比较适用于教育的双向传播模式（见图 3—4）。

---

　　① 视听传播的理论框架和定义开始出现于 1962 年，南加州大学博士研究生埃博克（Sidney C. Eboch）提出了"视听与教育传播过程的关系"的理论模型，后来该模型被以伊利（D. P. Ely）为首的"定义与术语委员会"所采用，成为视听传播的理论框架。

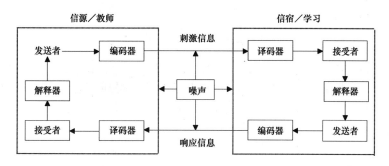

图 3—4 教育的双向传播模型

上述模型均建立在学习者处于被动地位的教学系统的三元模型之上。教师仍处于信息传播的主导地位，对来自学生的信息传播定位为反馈和响应，并没有从实质上尊重学习者的主体地位。祝智庭教授研究指出，在现代教育传播活动中，媒体起着相当大的作用，因此必须将媒体作为教学传播系统的要素之一，祝智庭教授提出如图 3—5 所示的教学传播系统四元模型[①]。四元模型实际上是由三元模型细化而来的，因为我们把学习材料看作媒体化的教学信息，把学习材料这一要素分成了"教学信息"（即内容）与作为内容载体的"媒体"两部分，这四个组元在适当的教学环境中相互作用而产生一定的教学效果。更为重要的是，该传播模型考虑到了在教学信息传播过程中师生的同等地位，从而在实质上为教学传播系统的汇聚共享的实现提供了理论依据。

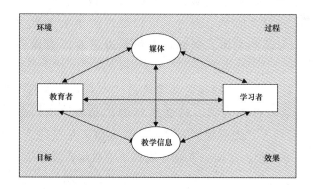

图 3—5 基于汇聚共享的教学传播系统构成（祝智庭，2005）

[①] 祝智庭、闫寒冰、顾小清、张屹编著：《现代教育技术——走进信息化教育》，高等教育出版社 2005 年版，第 95 页。

二　汇聚共享原理及其推论

原理二：汇聚共享（Convergence and Sharing）：当教学信息能够快速地汇聚并有效地分享时候，学习和知识建构能够得到促进。

推论1：信息聚合（Information Convergence）：当来自学习者的信息能够快速地聚合并呈现给教师的时候，教学能够得到有效改善。

推论2：问题聚类（Structured Cluster）：当教学信息以结构化的问题聚类的时候，学习能够得到促进。

推论3：群体记忆共享（Collective Memory and Sharing）：当个体信息能够经过群体信息加工和记忆的时候，学习能够得到促进。

推论4：逆向传播（Retrorse Communication）：当学习信息能够有效地进行逆向传播的时候，学习能够得到有效促进。

原理二：汇聚共享

当教学信息能够快速地汇聚并有效地分享时候，学习和知识建构能够得到促进。汇聚共享的诉求其实与人们对学习的理解有关。行为主义教学观强调的是教师为中心的授导型教学，学习者处于被动接受教学信息的地位。20世纪50年代中后期开始，部分行为主义心理学家转向了学习的认知观，即个体如何处理外部信息并使之内化的过程。70年代，借助于计算机的结构模型，建立了个体内在认知过程模型。当今任何良好的教学设计都将认知理论纳入考量范围，例如图式激活、实时帮助、复杂认知技巧等。认知主义认为学习是对已有知识的转换和扩展，并由此产生了建构主义的学习理论。可以说，认知主义教学观虽然把学习者看作一个主动的个体，但基本上仍然遵循着以教师为中心的教学范式。

建构主义取向隐含的理论是儿童透过"亲自直接参与"的方法去完成学习过程，学习者称为学习传通系统的传播者。他们由"实践中学习"，而非依赖别人"告诉他们"会发生什么事。儿童自己不受干扰地去推断、发现及下结论。建构主义教学观尊重了教学传播系统中的学生主体地位，但是以学生为中心的教学观点与课堂教学的现实之间存在距离。这也与学习情境中的文化变量有关，也就是说教师能够向学生广播信息，但是不能快速收集和处理来自学生的信息。因此如果能够通过一定的机制实现汇聚共享，知识建构所要求的社会化互动将可以实现。

推论 1：信息聚合

当来自学习者的信息能够快速地聚合并呈现给教师的时候，教学能够得到有效改善。布鲁纳的认知交互理论认为："多数背景下的学习都是一种文化分享过程。我们碰到的社会现实不是我们的绊脚石，不会把我们碰得鼻青脸肿，它们具有一定的意义，我们只要分享人类的认知，就能获得这些意义。"① 知识时代是个媒体信息碎片化的年代，互联网的出现，让信息变得普遍化、容易化；同时，也形成信息的复杂化、混乱化。教师如何针对教学需求进行信息传递，并影响学习者实现学习目标，实际上变得越加困难，形成巨大的信息鸿沟。这就要求通过一定的活动、技术和机制，聚合来自学习者个体的学习的有效信息，真正实现教学传通系统的双向互动。

信息聚合可以通过多种途径实现，主要有活动途径和技术途径。前者如小组学习中由组长使用结构化的表格收集组员的意见和观点，经过讨论会呈现给教师，或者与其他小组进行交流和分享，达到学习的目标。后者如通过汇聚技术，比如 RSS 和 Tag 技术等②，实现来自客户端特定信息的聚合。信息聚合本身是通过一定的中介将个人和组织的知识进行汇聚、存储、共享、创新的过程，使之成为个体学习和集体学习的媒介。聚合的形式主要有包括主题聚合、过程聚合、成果聚合三种过程。

推论 2：问题聚类

当教学信息以结构化的问题聚类的时候，学习能够得到促进。问题聚类是指快速将来自学生的问题进行分析和归类，以满足一定范围的学习情境中教学的需要。在自然科学和社会科学中，存在着大量的分类问题。聚类分析又称群分析，它是研究（样品或指标）分类问题的一种统计分析方法。将物理或抽象对象的集合分子成为由类似的对象组成的多个类的过

---

① ［美］Morris L. Bigge，Samuel S. Shermis：《写给教师的学习心理学》，徐蕴、张军等译，郝京华校，中国轻工业出版社 2005 年版，第 92 页。

② RSS：几个缩写源：A. Really Simple Syndication（真正简易的聚合）；B. Rich Site Summary（丰富的站点摘要）；C. RDF Site Summary（RDF 站点摘要）。这是一种站点与站点之间共享内容的简易方式，现在通常被用于订阅 Blog，可以订阅你工作中所需的技术文章，也可以订阅与你有共同爱好的作者日志。一旦使用上 RSS，用户就可以发现，不但可以减少许多微内容的查找时间，而且连自己在互联网上的阅读习惯都可以改变。Tag（标签）：这是一种灵活有趣的日志分类方式，使用者可以为每篇日志添加一个或多个标签，这其实是一种元数据的建立过程，元数据建立之后，就可以建立更多的与其他用户的联系和沟通。Tag 体现了群体的力量，使得网络微内容之间的相关性和用户之间的交互性大大加强。

程被称为聚类。聚类分析起源于分类学，在古老的分类学中，人们主要依靠经验和专业知识来实现分类，很少利用工具进行定量的分类。尤其在教学情境中，来自学生的问题可谓五花八门，但是每个问题都应该得到尊重和回应，因此，问题聚类就显得尤为重要，不仅可以提高课堂学习效率和效果，而且可以真正从操作上解决学生在学习过程中的信息反馈问题。

问题聚类的目的在于形成问题序列，梅里尔（Merrill，2002）在首要教学原理中证明了问题序列对于学习的积极意义[①]。问题序列能够为学习内容汇聚提供信息源，也为教师内容教学提供导向。学习者必须完成的问题中的有些方面或者整个任务本身是非常复杂的。大多数理论家都认为，只解决某个问题，或者只给予一点点或者干脆一点都不给予指导，收效甚微。为了掌握某个复杂的问题，学生必须先从较简单的问题着手，逐步深入，循序渐进。通过对问题序列的层层推进，学习者的能力也就在不断提高，最终能够解决复杂的问题。问题序列这一见解是由"精细加工理论"（Reigeluth，1999）、"四成分教学设计模式"（Van Merrienboer，1997）"样例序列"（Gibbons，Bunderson，Olsen & Robertson，1995）、"支架作用"（Collins et al.，1989）以及"理解业绩表现"（Perking & Unger，1999）等倡导的。问题聚类工具举例如图3—6所示。

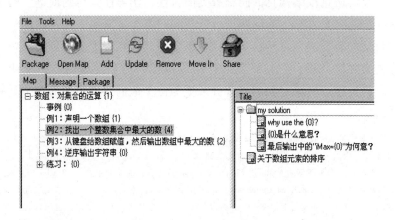

图3—6　问题聚类工具举例

---

① Merrill, M. D., First principles of instruction, *Educational Technology Research and Development*, Vol. 50, No. 3, 2002, pp. 43 – 59.

推论 3：群体记忆共享

当个体信息能够经过群体信息加工和记忆的时候，学习能够得到促进。群体记忆（collective memory）最先由莫里斯·哈伯沃奇斯（Maurice Halbwachs）在 1925 年写的《记忆的社会框架》（*Les Cadres Sociaux de la Memoire*）一书中提出他认为是一种模型，是用以教育和发展的一种基础，是个体与集体记忆协调与冲突的结果。利用群体认知和群体记忆，将充分发挥群体在学习和知识建构中的作用和优势，实现集体智慧。群体记忆一般借助于信息技术对群体学习的记忆功能，也称为组织记忆，组织记忆是指存储可以供未来使用知识的仓库，也被一些学者叫作团体知识或团体遗传学。组织记忆在组织学习中扮演着极其重要的角色。组织记忆可以通过一个包含人和技术的复杂内外部连接网络而被广泛地传播，记忆的传播加剧了组织定位和交换组织记忆中特殊元素的问题。

群体学习的示范性和可用性取决于群体记忆的效力。因此，对一个集体而言，解释信息和创造便于提取的群体记忆是集体学习面临的最大挑战。人类的记忆是很容易出现错误、遭受侵蚀和产生误差的，将人脑记忆作为群体记忆的一部分显然很不完整。群体记忆也很容易出错，这是因为作为个体的集合，群体只能维护当前可以获得的极小一部分信息。信息技术的进步极大地促进了群体记忆，也使得组织能够很容易地编译、交流、吸收、存储和检索信息，从而极大地增强了组织获取和集成显性知识的能力，大大提高了组织将过去和现在的知识应用于解决组织目前面临问题的能力。

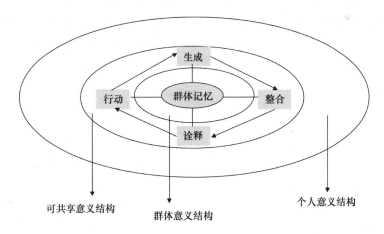

图 3—7　协同学习系统中的群体记忆共享

推论 4：逆向传播

当学习信息能够有效地进行逆向传播的时候，学习能够得到有效促进。如果我们把从教师到学生的传播看作正向传播的话，那么从学生到教师的逆向传播在学习过程中也非常重要。所谓"逆向传播"，即是指学习者对学习系统的信息传播和影响。逆向传播的心理学原理在于：教育传播学与心理学之间仿佛存在一种血缘关系，人的一切心理现象，按其产生的方式来说，都是反射，即有机体对外界和内部刺激的规律性的回应受众的心理活动。受众的这种心理活动，就是反映自然界和社会生活的信息，通过教学媒介作用于受众的视觉或听觉器官后，在大脑皮层上引起的高级神经活动。受众在接受媒体信息传播的过程中，其心理活动很复杂，它并不是被动地、消极地做出反映，而是能动的、积极的和有选择的。对于其心理认同的信息和急需了解的信息，他们就会接受；对于自己不认同的或反对的信息，总是加以拒绝或置之不理。这种心理活动又表现为外在的行为、语言和行动，并由此反射给学习系统，迫使系统选择更加适当的方式对学习者进行恰当、合理的引导。

第三节　集体思维原理

思维是认识活动的高级形式，思维是学习和知识建构成功的核心智力因素。只有通过思维才能认识事物的本质属性和内在规律性，使认识由感性上升为理性，构成一定的理论体系。物理学家牛顿说过："如果说我们对世界有些微小的贡献的话，那不是由于别的，而是由于我辛勤耐久的思维所致。"思维是认识的高级阶段，即理性认识。思维能力也是智力活动的核心。它在学习活动中起着主导的、决定性的作用。在日常的教学情境中，教育者强调的是个体思维技巧训练，而对思维的集体和群体特质较为忽视。

一　思维的个体与集体特质

在教学主体上，协同学习系统强调个体与群体的双向互动，而思维是学习过程中的主要活动，也是信息加工和认知的主要方式。为实现有效教学，有必要分析思维的个体与集体特质。

（一）个体思维

个体思维是个体独自进行的思维活动。这是传统班级教学和学生发展的基础。个体思维是相对集体思维而言的。

（二）集体思维

集体思维又称群体思维，是社会思维的形式之一，也是创造性思维的一种重要途径。群体思维是群体决策中的一种现象，是群体决策研究文献中一个非常普遍的概念。最初的群体思维理论是由简斯（Janis）于 1972年提出并于 1977 年和 1982 年进一步扩展的。他在 1972 年通过对一些执行问题解决任务的小群体行为的观察，提出了一系列的假设，并将这些假设综合后称为群体思维。随后，简斯运用群体思维概念解释了一些美国历史上失败的高层政治和军事决策事件，例如 60 年代的越南战争、尼克松的水门事件等。

（三）个体思维与集体思维的互动

个体思维是集体思维的构成因素，没有个体思维就没有集体思维。个体思维又与社会思维相对应，个体思维是在社会思维环境中存在与发展的，离开社会思维环境，个体思维的存在与发展就成为不可能。个体思维无不具有社会性。社会思维又是通过群态的个体思维和集合的个体思维表现的。个体思维活动不具有思维的社会性，而且具有思维的自然性，即它是一种自然运动形式，有不以思维社会形式为转移的自然形式，即逻辑思维形式、形象思维形式和直觉思维形式。对个体思维自然形式及其规律和机制的研究，是思维科学基础科学的最基本内容。

二　集体思维原理及其推论

原理三：集体思维（Collective Thinking）：当思维能够在个体和群体两个层面有效得以展开，学习和知识建构能够得到促进。

推论 1：群体思维共享（Group Thinking Sharing）：当群体的思维制品能够有效地进行共享，个体思维加工能够有效提升。

推论 2：结构化思维（Structured Thinking）：当提供一定的思维结构给学习者的时候，个体和集体的思维将得到促进。

推论 3：可视化思维图式（Visual Thinking Schema）：当赋予丰富的可视化思维图式给予学习者的时候，个体和集体的思维将得以提升。

推论 4：思维句首词支架（Thinking Sentence-Openers）：当能够提供相关句首词引导思维过程，学习和知识建构能够得到促进。

原理三：集体思维

当思维能够在个体和群体两个层面有效得以展开，学习和知识建构能够得到促进。鲍姆最特出的一项贡献在于，把思维看作集体的现象，因而对团体学习产生独到的见解。鲍姆很早就对"电子海"的集体特质，这可以与个体思维运作方式进行类比。他认为，思维既然在很大程度上是集体的，我们不能只是透过个人加以改善。"我们必须将思维看作整体现象，起因在于我们如何互动以及如何交谈。"① 同时他指出大多数思维的起源都是集体的，周围的每个人对自己的思维都有程度不同的影响。集体思维是一种过程，像是一个源源不断的水流，想法则是浮在水流表面，而被冲上两岸的叶子，是那个思维过程所产生的结果。鲍姆认为，集体学习不仅可能，而且对于发挥人类智力的潜能至关重要②。思维这一现象从其根本上来说，是集体性的而非个体性的。提倡在对话群体重共享意义（shared meaning within a group）。当思维能够在个体和群体两个层面有效得以展开，学习和知识建构能够得到促进。

关于"集体思维的本质（collective thought）"，伯姆提出了知识库（pool of knowledge）的观点③。知识库是人类长期进化和积累而成的，既包括内隐知识，也包括外显知识。伯姆认为，我们正是通过知识库来感知和认识世界的，并对自身的活动及事件赋予一定的意义，乃至形成我们自身的个性，这种知识也可以称为思想或者思维。伯姆认为，我们对事物的表征是基于记忆的，而记忆本身只是对现实的映射，其真实性并未得到充分的验证。我们不是把表征当成行动的相对指导，而是把它们当成是对客观实在的真实再现，这就是问题的本质所在。在伯姆看来，也许应当是对那些在集体中所隐匿形成的表征加以认真的关注。

推论1：群体思维共享

群体的思维制品能够有效地进行共享，个体思维加工能够有效提升。关于这一点，伯姆不无遗憾地指出，共享性思维是一种不同的感知和思考方式，是百万年前人类的思考方式，但在近5000年以来，我们却弃置了

①　［美］彼得·圣吉：《第五项修炼：学习型组织的艺术与实务》，郭进贤译，杨硕英审校，上海三联书店1998年版，第273页。

②　同上书，第10页。

③　［英］戴维·伯姆：《论对话》，李·尼科编，王松涛译，教育科学出版社2004年版，第12页。

它（群体思维共享）①。学习是意义制定的过程，而不是知识的传递过程。人与世界中的其他人，与人工制品进行互动，并自然地持续地试图理解这样一种互动。当代学习理论越来越关注意义制定过程的社会本质。行为主义与认知主义关注的是作为学习媒介的个人，有能力将他们自己的表征与他人的表征进行比较而不是共享的个人对信息进行加工、存储、拾取和应用。多年来，社会建构主义者一直相信意义制定是任何活动参与者之间的社会协商过程。从这一观点看学习就是对话：既是内部的，又是社会的协商。学习就本质而言是一个社会对话过程。②

集体思维是小组、团队、组织、社区以至整个社会进行学习，解决问题，计划未来，理解和适应内部环境和外部世界的能力。通过集体思维共享能形成集体智能，从而有助于学习的提升。集体智能在生活中有很多实例：如清华大学学生铊中毒后进行的网上求助③；中央电视台智力游戏节目和场外求答。还有目前愈演愈烈的开源社区，微软工程师 Vinod Vallop-pillil 的白皮书这样写道："OSS（Open Source Software，OSS）聚积，发挥 Internet 上千百万人集体智能的能力令人惊异。"④

集体思维不是各个个体思维的集合，而是一个小组或集体像一个大脑一样工作的智能体。集体思维共享是分布式个体智能的有效组合，是个体思维的合作和凝聚，从而导致整体智能的加强和提高。集体思维共享表达了两种思维的联结⑤：一是肯定了个体思维的独立性；二是肯定了个体思维在观察复杂情境时的交互性。由于存在"针对某一场景的不止一种角度"，"复眼式观察"允许我们从许多角度综合一种强烈的视觉感知，使我们把镶嵌某一对象的环境连接起来，从而使意义充满张力。于是，复眼式观察或思维展示了比任何个体观察更宽阔和更逼真的视野⑥。

---

① ［英］戴维·伯姆：《论对话》，李·尼科编，王松涛译，教育科学出版社 2004 年版，第 12 页。

② ［英］戴维·H. 乔纳森主编：《学习环境的理论基础》，郑太年、任友群译，高文审校，华东师范大学出版社 2002 年版，第 3 页。

③ 《探访当年奇异"铊"中毒的清华女生朱令》（http：//news. cic. tsinghua. edu. cn/news. php？ id＝473&PHPSESSID＝20e91e3d1b6861d8ebfb384932a0b9d2，2009－3－8）。

④ "Linus Torvalds"，http：//www. lslnet. com/linux/docs/linux－2058. htm，2008－12－25.

⑤ 甘永成：《虚拟学习社区中的知识建构和集体智慧发展——知识管理与 e-Learning 结合的视角》，教育科学出版社 2005 年版，第 103—104 页。

⑥ 吴刚：《网络时代的课程理念及课程改革》，《全球教育展望》2001 年第 1 期。

推论 2：结构化思维

当提供一定的思维结构给学习者的时候，个体和集体的思维将得到促进。老子曰：一生二，二生三，三生天下，就是结构化思维的经典描述。在认识过程中，认识主体是否存在着思维结构、认识结构的问题，一直是哲学史上的一个争论问题。[①] 旧唯物主义者一般都否认思维结构、认识结构的存在。如亚里士多德认为，认识是由于受外物的刺激，即感官接受了客观事物的可感觉的形式，犹如蜡块接受图章的印迹一样。洛克说得更明确：人的心灵如一张白纸，上面没有任何标记、任何观念；人的一切观念都是由经验引起的。与此相反，一些唯心主义者如康德则认为，人认识客观世界先验地有一个认识结构，它把感觉材料组成知识。

结构化思维是指个体在进行问题解决的时候，站在整体的视角，遵循启发性的原则，充分发挥右脑的功能，通过对问题的自我理解和分析，充分利用已有的认知结构彻底地认识问题，合理地分解问题，循序渐进，逐步求精，从而进一步完善自己的认知结构，全面完整地对问题进行系统思考和解决。系统论主张从对象的整体和全局进行考察，反对孤立研究其中任何部分及仅从个别方面思考和解决问题；整体性原则是系统论的基本出发点，它要求人们在认识和处理系统对象时，都要从整体着手进行综合考察，以达到最佳效果。因此，人们在研究问题时，往往不是着眼于问题的各个组成部分，而是有意识地放大考察问题的"视角"，将需要解决的问题看作一个整体，而关于整体的知识一定是结构化的、相互联系的，结构化的知识一定是要系统完整。[②]

梅里尔也指出，在教学采用结构化思维来处理内容，形成结构化的内容将有助于学习[③]。激活不只限于引导学习者回忆旧经验如提供相关经验，激活还包括了引发需要进一步调整改造的心理模式以确保能够将新知识整合到旧知识中。在他引证的材料中，Andre（1977）研究的理论和研究表明，同将要学习的新知识相关联的主题（themes）能够起到一种组织结构的作用。教学应该向学习者提供能用以构建理解新知识所必需的某种

---

① 齐振海：《关于思维结构及其在认识中的作用》，《现代哲学》1986 年第 4 期。

② 朱良学：《结构化思维的科学依据和基本原理》，《科技咨询导报》2007 年第 30 期。

③ Merrill, M. D., First principles of instruction, *Educational Technology Research and Development*, Vol. 50, No. 3, 2002, pp. 43 – 59.

框架结构，以此促进学习。安德烈（Andre，1997）探讨了先行组织者为后续学习提供结构的实际作用。梅耶（Mayer，1975）也提出，向学习者提供一种概念结构模式能够促进掌握。克拉克和布拉克（Clark & Blake，1997）曾建议提供一种动态的图式结构和类比方式来促进实现远迁移。

推论3：可视化思维图式

当赋予丰富的可视化思维图式给予学习者的时候，个体和集体的思维将得以提升。所谓思维可视化是指通过可以察觉的视觉方式将思维进行外化呈现的过程，即应用视觉表征手段来表现思维的状态、过程及其细节，其实质是将思维以图解的手段表达出来，从而促进理解和记忆，更大程度地调动学习者的学习积极性和主动性，促进学习者深层次理解和迁移活用知识技能，发现知识内容的关系以及知识与学习者经验、学习情境之间的关系，使得外部的知识有可能转化为学习者的心理意义。

可视化思维图式源于图式理论。图式是人脑中存在的知识单位，是个体对世界的知觉理解和思考的方式，是学习者的认知构架。图式理论认为新的信息必须与先前的知识相连，人们吸收新的知识并将其储存在先前的层级中。学习的一个重要过程就是将新的知识整合到学习者原有的认知结构中，建立新的图式和形成意义建构。因此，在考虑教学支架工具时，采用图式分析的方式是很重要的：首先，图式分析有助于知识的长期记忆、理解与迁移。其次，图式分析有助于建构学生的知识结构。图式分析以简洁明了的方式呈现了内容材料的主要框架。在教学中我们可以构建宏观的图式，来表明本章或本单元所学材料的整体大意；也可以组建微观的图式，来表示某一部分的具体知识结构。这样，学生对有关概念的具体内容及其在整个知识框架中的地位就能有更清晰认识，有助于他们建构自己的知识。[①]

人类80%以上的信息是通过视觉获得的，常言道："百闻不如一见"、"一图胜过千言"就是这个意思。知识可视化是指应用视觉表征手段来促进群体知识的传播和创新，其实质是将人们的个体知识以图解的手段表示出来，并形成能够直接作用于人感官的知识外在表现形式，从而促进知识的传播和创新。而双重编码理论为知识可视化提供了很好的理论基础。帕

---

① 王珏、张军英、夏方：《可视化思维图式工具——图形组织者及其教学应用微探》，《第十届全球华人计算机教育应用会议（GCCCE2006）论文集》，2006年。

维奥（Paivio）在 1986 年提出的双重编码理论的一个重要原则是：同时以视觉形式和语言形式呈现信息能够增强记忆和识别[①]，这成为知识可视化的理论基础，从该理论可以看出，知识可视化将知识以图解方式表示出来，为基于语言的理解提供了很好的辅助和补充，大大降低了语言通道的认知负荷，加速了思维的发生。

知识可视化是在科学计算机可视化、数据可视化、信息可视化基础上发展起来的新兴研究领域，它应用视觉表征手段，促进群体知识的传播和创新。概念图作为一种已有的知识可视化工具，在国外已经发展得比较成熟，由最初作为一种质的研究工具，发展成为教育策略、学习策略，涉及的应用领域也从科学学科发展到人文学科、商业领域。我国台湾地区除了引进介绍之外，在实践中也进行了一定的研究，并在可视化知识运用方面有进一步的研究。因此，在教学应用可视化思维图式工具，能够表示知识体系中知识点之间的联系，还有学习者认知结构中已有的知识以及相互的关系，只有这样，才能以最快的速度发现学习者内在的认知结构和知识本身的结构体系之间的差别，决定是通过同化或是顺应达成一致，从而完成学习的过程。

现已有的几种知识可视化工具有：概念图、思维导图、认知地图、语义网络。可视化（visualize）是指一种通过可以觉察的视觉方式将思维进行外化呈现的过程。可视化将抽象事物变成图形、图像的表示手法，形成能够直接作用于人的感官的知识表现形式，从而促进知识的获取、共享与创新。霍恩（Robert Horn）在著作《Visual Language》中指出，尽管人们日常的工作场所大多是语言性或非图式化的（口语、文字和数字等），但事实上人脑的大部分功能都是用于处理视觉信息的。因此，通过视觉的方式组织观点，这一学习方式的优势是明显的[②]。附录二列举了可用的可视化思维结构和图式。

推论 4：思维句首词支架

能够提供相关句首词引导思维过程，学习和知识建构能够得到促进。学习本质上是一种知识建构的过程，是学习者通过一系列的活动建构自己

---

① Paivio, A., *Mental Representations*, New York: Oxford University Press, 1986.

② 熊频、胡小勇：《可视化思维支架：概念图研究的新视角》，《信息技术教育》2005 年第 10 期。

的知识的过程，包括个体建构和社会建构。"知识建构过程是逐步形成并改进共同的理解的过程……各个成员共享信息，展开论证和协商活动，对已有的见解进行评价、质疑、改进、丰富和汇总，共同发展出对于小组或者虚拟协作社群都有价值的理解。"① 有研究表明，共享、论证、协商、创作、反思和管理、情感交流都是实现协同知识建构的基本单位②。当能够提供相关此类句首词引导思维过程的时候，学习和知识建构能够得到促进。

在支持知识建构的学习技术系统研发中，由于计算机支持的学习系统面对的是复杂多变的口语输入，技术系统对自然语言的处理技术尚未成熟，很多研究者为了改善技术系统的学习效能，多开发基于预定义的句首词（sentence openers）或者言论类型分类框架来支持思维过程和知识建构的有条件发生。比如斯卡德玛利亚和贝雷特（Scardamalia, M. & Bereiter, C.）开发的知识论坛项目（Knowledge Forum）③、祝智庭教授的协同学习技术工具套件④、黄荣怀和刘黄玲子的协作学习系统⑤均采用结构化的交互信息来引导思维和知识建构的发生。

比如为了支持利用知识的工作，斯卡德玛利亚和贝雷特（Scardamalia & Bereiter, 2003）及其同事已经开发了一个计算机支持的知识建构环境称为KF，KF数据库完全由学生创建：使用网络化的计算机，大量用户能够同时创建笔记（文本或者图片）增加到数据库中，搜索现有笔记，评注其他同学的笔记，或者组织笔记到更加复杂的结构。KF设计来帮助学生精练、再组织和提升思想。比如，当在KF中写作一个笔记，学生能够增加其他的笔记作为参考，因此创建一个完整的笔记网络作为他们的工作进程。思想之间的视觉化的连接为学生提供了重要的图示，反映了知识的连接属性和对话属性，这些属性支持了知识建构观点。KF

① 刘黄玲子：《协同知识建构研究》，博士学位论文，北京师范大学，2007 年。

② Scardamalia, M. & Bereiter, C., Computer support for knowledge-building communities, *The Journal of the Learning Sciences*, Vol. 3, No. 3, 1994, pp. 265 – 283.

③ Scardamalia, M. (2002), "Collective Cognitive Responsibility for the Advancement of Knowledge", IKIT, OISE, University of Toronto, http: //db. ikit. org: 37495 (15/02/2009).

④ Wang Youmei, *Synergistic learning technology system and its usability testing based on analytical model of CoINs*, ICCSE, 2008.

⑤ 刘黄玲子：《协同知识建构研究》，博士学位论文，北京师范大学，2007 年。

包括支架——句首比如"我的理论"和"我需要理解"——是元认知的提示帮助学生使用来清晰地表达进行信息交流的目的。比如，支架"我的理论"显示笔记中显示的信息是推测性的，它将需要批评、测试和应用。

第四节　合作建构原理

合作建构原理是基于建构主义和学习的社会性。或许有人会说，建构主义思想和关于学习的社会性观点之间似乎有些相互矛盾[①]：建构主义强调头脑中发生的可迁移的认知过程的主导地位，活动是附属于思维的；而关于学习的社会性观点则认为，认知是以特定活动为情境的，是社会分布性的（socially distributed）（Hewitt & Scardamalia，1996）。但是，这更多的是一种表面性的而非实质性的矛盾。一方面，个体单独的认知过程和分布性认知是相互依赖的，彼此之间存在双向的相互促进关系（Salomon，1993；Salomon & Perkins，in press）。另一方面，关于学习作为主动的知识建构过程的观点和学习作为一种社会互动过程的观点并不是相互排斥的，事实上，协同学习系统成功地实现了这两种观点的整合。

一　合作建构的内涵

（一）合作与协作

合作和协作都是日常用语中的概念，从字面上看，合作是"二人或多人共同完成某一任务"[②]，"互相配合做某事或共同完成某项任务"[③]。而协作则是"若干人或若干单位互相配合来完成任务"[④]。从这个解释中，可能看不到它们之间的差别。同样，英文中带有"合作"、"协作"含义的词，如 collaboration，cooperation 等，都强调其"联合、伴同"之意。所以，在阅读一些西方管理文献时，对其中所涉及的"合作"、"协作"的概念，也往往不再作中文意义上的区分了。

① Gavriel Salomon, Tamar Almog, Educational psychology and technology：A matter of reciprocal，*Relations Teachers College Record*，Vol. 100，No. 2，1998，pp. 221 – 241.

② 新华汉语词典编纂委员会：《新华汉语词典》，商务印书馆 2004 年版，第 396 页。

③ 同上书，第 509 页。

④ 现代汉语词典编纂委员会：《现代汉语词典》，商务印书馆 2002 年版，第 1392 页。

在这里，之所以要区分协作与合作这两个概念，是因为这两个概念影响到知识建构和学习过程中的人际关系以及行为模式，从而突出了协作与合作的差异性思考。有研究者指出，在人们的社会生活及其交往关系中，合作是一种不同于协作的行为模式。然而，人们往往把它们混同起来。其实，在工业社会的生产和生活框架下，所造就的只是一种协作的行为模式，在对工业社会历史阶段的超越过程中，我们需要确立的是合作的行为模式。人们的合作关系以及行为模式的建构，将意味着人们交往活动中出现一种更高形态的"差异互补"机制，也意味着人类社会走向一个更高级的历史阶段①。

协作需要一系列的限定条件：其一，协作必须具有相对封闭性。协作者的范围、协作的内容、协作的程序以及协作应遵循的规范和规则等，都只有是明确的才有利于协作的顺利开展。其二，协作具有排除性。协作在对协作者的选择上往往是经过充分考虑的，其中，协作者是否具有协作共事的能力，有无遵守契约以及其他协作规则的诚信记录等，都需要在协作的实质性进展开始之前就已经被考虑过，即通过这种考虑对协作者进行选择和排除。其三，协作的目标不限于协作，或者说，协作的目标是对协作的扬弃。比如，协作可以把某种利益的获取作为协作的目标，也可以把在更大范围内的竞争力的增强作为协作的目标。总之，协作的目的不是协作，为了协作而协作是没有意义的，或者说，天下没有为了协作而协作的傻瓜。

合作则具有充分的开放性，它不需要任何设定的限制条件，也不需要对任何事、任何人进行排除。而且，合作本身就是一种社会生活，是人之为人的标志。所以，合作就是目的，人的其他活动都是合作的前提，是为了合作关系的形成和健全所做的历史性准备。而且，从人类历史趋向合作的进程看，从农业社会的互助到工业社会的协作，都是后工业社会成熟的合作形态的胚芽发育过程，所以，也可以依次把互助看作合作的初级形态和把协作看作合作的低级形态。或者说，互助是合作的感性形态；协作是合作的工具理性形态；正是经由了这个从感性的存在到工具理性的存在，合作才走向成熟的价值理性的物化形态。就此而言，合作作为理性的实现即价值理性在现实生活中的展开，是对互助这一感性存在、协作这一工具

———————————
① 张康之：《"协作"与"合作"之辨异》，《江海学刊》2006 年第 2 期。

理性存在的扬弃和超越。

（二）合作建构的内涵

合作建构强调在学习过程中通过中介来支持学生之间的交互活动。这种交互活动是指以小组形式，在师生之间、学生之间进行讨论、交流和协作，学生通过协作过程共同完成学习任务。它有利于培养学生形成良好的学习态度，培养鉴赏力、协作精神和人际关系，以及培养认知领域的某些高层次技能，如问题解决和决策。

合作建构的理论来源主要有两个：（1）心理学家维果斯基的社会学习理论。根据他的观点，学生在协作交互活动中获得的能力，能够被内化而变成他们的独立发展成果。他提出了"最近发展区域"的概念。临近发展区域是指当前实际发展水平和潜在发展水平之间的距离。在他看来，与教师和同伴在学习环境中的社会交互和协作，是学习的一个重要的因素，能够唤醒一系列的内部发展过程，形成最近发展区域。根据维果斯基的理论，社会交互对认知发展起着最基本的作用。最近发展区之内的充分发展，依赖于充分的社会交互，在教师的帮助及同伴的协作下，能够得到的发展远远胜于独立的发展。因此，协作对学习和发展起着至关重要的作用。（2）建构主义学习理论。建构主义认为，知识不是通过教师直接传授得到的，而是学习者在一定的情景下，借助其他人（教师和学习伙伴）的帮助，利用必要的学习资源，通过意义建构的方式获得的。"情景"、"协作"、"会话"和"意义建构"是学习环境中的四大要素。协作学习把同学和教师当成一种学习资源和环境，通过协作和互动获取知识，是建构主义学习理论的一种体现。

合作建构可以为每个成员提供良好的知识资源，使每个成员能够从中获得更多的知识。由于每个成员的知识结构具有一定的差异性，因此，看待问题的角度和视点也具有一定的差异性。这种差异性就为新的视点和新的看法的出现提供了最好的条件，也为每个成员探究精神的发展提供了契机。合作性"学习活动"通过"知识交换"过程，使得每个个体与其他个体之间的知识比较得以实现。这不仅使得个体的知识得以加工、检验和修正，促进认知的深化，而且有助于提高沟通对话的能力，增强学习的自信。合作性"学习活动"有助于恰当地评估自己的知识水准。这种评估不是搞"排行榜"，而是使学生对自身的知识有一个准确的了解，促进学生自主学习能力的发展。可以说，"学习"这一合作性建构活动，就是作为参与者之间的不同思维视点的碰撞而实现的。

二　合作建构原则及其推论

原理四：合作建构（Collaborative Building）：当学习者之间能够进行充分的协同合作完成学习任务和开展学习活动，学习和知识建构能够得到促进。

推论 1：合作技能（Collaborative Skills）：当教师能够提供相关的合作技能的时候，课堂中的合作建构将得到促进。

推论 2：思想中心（Ideas-Centered）：当为学习者创建思想中心的学习流程，学习和知识建构将得以提升。

推论 3：深度建构（Deep Constructivism）：当学习者持续参与深度知识建构活动的时候，知识创新得以发生。

推论 4：集体责任（Collective Responsibility）：当学习者赋予学习的集体责任的时候，学习将更加有意义和有效。

原理四：合作建构

当学习者之间能够进行充分的协同合作完成学习任务和开展学习活动，学习和知识建构能够得到促进。所谓合作学习，是指学生在小组或团队中为了完成共同的任务，有明确的责任分工的互助性学习。要正确地理解合作的价值和精神内涵：强调学生之间的资源共享和积极依赖，促进学生之间的交流，培养学生的合作意识和社交技能。当学习者与其他人合作，他们会学得更好，能正确地解决更多的问题，特别是当任务很复杂时①。协作也能产生其他的效应，如加强社会关系和增进学习动机②。间接性的知识，也就是不能通过亲身的实践得来的知识，可以通过协作来建构，这种知识的建构与交互的程度相关。经过协作学习，学习者具有相似

---

① Gabbert, B., Johnson, D. W. & Johnson, R. T., Cooperative learning, group-to individual transfer, process gain and the acquisition of cognitive teasoning strategies, *The Journal of Psychology*, Vol. 120, No. 3, 1986, pp. 265 – 278.

② Sharan, S., "Cooperative Learning in Small Groups: Recent Methods and Effects on Achievement, Attitudes and Ethnic Relations", *Review of Educational Research*, Vol. 50, No. 2, 1980, pp. 241 – 271.

的智能模式和知识，协作知识量与学习量相关①。

　　协作相对个别化学习可以带来诸多好处：（1）扩大学生知识面，加深对学习内容的理解；（2）激发学生的学习热忱和学习动机，积极主动地参与学习；（3）学生可以学到许多有效的学习方法，学习他人的知识和长处；（4）增强学生学习成功的自信心，使之思维更活跃，更富有创造性；（5）通过讨论和问题解决，培养学生批判性思维能力和多角度看问题的能力；（6）培养学生协作精神；（7）增强学生人际交流的能力，提升其心理素质②。

　　推论1：合作技能

　　当教师能够提供相关的合作技能的时候，课堂中的合作建构将得到促进。学习者个体的差异性的一种形式是不同的认知风格，或者说叫多元智能。学习者在虚拟学习社区中遇到的每一个难题也是一个机会，它需要运用合作智能去认识这种难题和参与来提高我们的智能。合作的一个挑战是创造性地运用个体的差异性，因为学习者个体之间的差异性对学习有正面的积极作用，也有负面的消极作用。如果学习者之间的差异性有对立的相互作用时，学习者之间就会相互泼冷水，甚至相互攻击，对学习产生阻碍作用。合作智能就是要用各自的差异性创造合力，达到共同解决问题的学习目的。合作智能的表现特征为：（1）相互提供有效的帮助；（2）相互交换所需的资源；（3）相互提供反馈；（4）相互质疑和解释彼此的结论，从而产生高质量的决策，使成员对所讨论的问题有更深入的了解；（5）为共同的目标而努力的意愿；（6）共同协作以达到最优的学习结果；（7）彼此相互信任；（8）相互激励；（9）良好的人际沟通能力。合作性的学习带来的结果为：合作的成就感、积极的人际关系和良好的心态。

　　协作是知识时代学习、工作和生活的典型特征③。协作能力是多元能力的综合体，主要包括交流/沟通能力、组织管理/协调能力、民主意识、理解能力（尊重差异和多元）、人际关系能力、跨文化交流的能力、集体智慧的生成能力等。通常说来，团队协作是解决复杂问题、创造复杂工

---

① Heisawn Jeong and Michelene T. H. Chi, "Construction of Shared Knowledge During Collaborative Learning", http：//www. oise. utoronto. ca/cscl/papers/jeong. pdf（28/01/2004）.
② 甘永成：《Web协作学习与CSCL的应用》，《中国远程教育》2003年第1期。
③ 钟志贤：《面向知识时代的教学设计框架——促进学习者发展》，中国社会科学出版社2006年版，第76页。

具、产品和公益事业的唯一选择——因为多种智力的交互作用是其根本。从合作、协作到协商、达成共识，这些有效的技能和协作小组工作模式，是知识时代工作的一个必备特征。作为团队工作的必然扩展，为了有效的工作，知识工作者必然要在不同的种族、社会、组织、政治和学科知识文化之间建立起沟通协作的桥梁。随着跨文化社会、全球化经济、技术规范的全球化和平面化的"网络"组织模式的日益发展，跨文化交流协作能力的价值将越显重要。

推论 2：思想中心

当为学习者创建思想中心的学习流程，学习和知识建构将得以提升。知识时代的教育面临的最大挑战，不是如何帮助学生获取现存的知识和技能，而是帮助他们学习如何产生和运用新的思想，并贡献到新知识的创造过程中。在知识建构的过程中，思想、观点、原理和假设都被看作智能制品（intellectual artifacts）和探究的对象。在探究的过程中，学习者可以对它们进行讨论、审视、改进和应用于新的环境。传统的教育聚焦于学习，其目的在于增加个人的知识。而教育中的知识建构，其焦点应转移到集体知识的协作建构和开发上来。知识构建中的思想中心如图 3—8 所示。

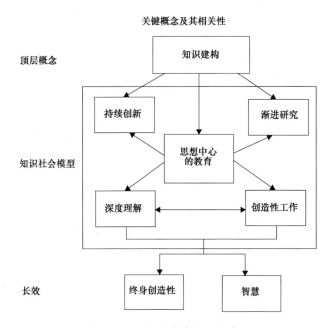

图 3—8　知识建构中的思想中心

知识时代的教育，应该让学习者参与到创造新知识的活动中去，并把它看作生活的一部分。因此，开发这种能力的环境是必需的。教育的理念和实践就需要革新，应把焦点从以"活动为中心"（activity-centered）转移到"以思想为中心"（idea-centered）上来。传统的教育非常重视学习的结果，即教师传授知识，学生接受知识。知识时代的学习，不仅要重视学生学习知识的数量，更要重视知识的质量。在传统教育中，学生学习的知识主要是概念性知识，并且是低质量的。他们学习的知识常常是基于错误的理解，并且是分门别类的和惰性的。也就是 Scardamalia 所指出的那样，他们的知识是"浅建构"的。学习者往往不能基于已学习的知识和原理从多角度处理问题和解决问题，因为传统教育要求他们的往往是记住单个的没有联系的概念。要改变这种状况，就要把概念性的知识和丰富的问题情境联系起来。一个解决问题的方法就是采用协作知识建构。协作知识建构具有探究和讨论复杂问题案例的特点，特别能培养学生从多角度考察问题的能力和促进知识的应用。

知识建构目标在于思想的创新和提高，通过社会性的知识建构动力学导致公共知识的创新。与存在于个体头脑中的知识相反（传统教育的理解），公共知识具有一种贯通外部世界的特征。公共知识它自身能够成为一种探究的对象以及更多知识建构的基础。这样就具有一种知识建构动力学的可能性，来驱动新知识的持续创新和改进。

推论3：深度建构

当学习者持续参与深度知识建构活动的时候，知识创新得以发生。斯卡德玛利亚（Scardamalia）认为，知识是一个建构的过程，但建构主义可以分为两种形式：肤浅的和深刻的建构主义。所谓肤浅的（shallow con-structivism）形式是指，学生在参与任务和活动的过程中，其观点和思想没有公开显现而是完全隐性的，学生描述他们参与的活动，对这些活动所要传达的内在原理缺乏意识，他们的主要目的是完成学习任务，而没有把注意力放在这些活动所要表达的理论上。深度的（deep constructivism）形式是指，在社区中，人们拓展了知识的范围和深度，并用这个目的来指导学习活动。如鉴别问题，根据进度制定和修正目标，收集信息，提出原理假设，设计试验，回答问题，改进原理，建立模型，监控和评估进程，撰写报告等。所有这些都使参与者导向知识建构的目标。目前，大多数以学生为中心的学习社区和一些标记为建构主义的方法都是介于这两者之间。知识建构需要深度的建构主义，这是创新的关键。

　　渐进探究模式（Progressive Inquiry：PI-Model，Kai Hakkarainen，2004）是基于知识建构理论开发的一种思想为中心的模式[①]（见图3—9）。通过模仿科学研究社区的实践，学生参与到扩展的问题过程和研究驱动的探究中。因此，积极探究的一个重要方面在于引导学生建立自己的研究问题和工作理论，在时间上，这意味着学生建立他们自己的公共概念和一起工作，在积极探究中参与。在以前的案例中，参与常常被嵌入在计算机支持的协作学习环境中，这为支持积极探究过程提供了专门化的工具。

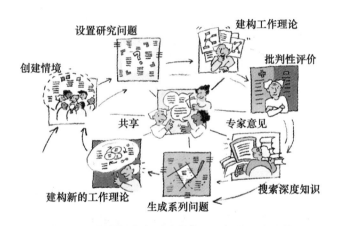

图3—9　渐进探究学习的模式：知识的深度建构

　　推论4：集体责任

　　当学习者赋予学习的集体责任的时候，学习将更加有意义和有效。传统教育没有认识到知识是一个逐步的动态建构的社会化过程，而是建立在一个简单的知识概念上，忽略了学习者成为一个专家所必须具备的知识条件，即大量的非正式的隐性知识。而这种知识，是学习者亲身参与活动情境而获得的主观体验，是通过研究性学习、协作学习和问题探究性学习等过程所获得的。

---

　　① Hakkarainen, K., Palonen, T., Paavola, S. & Lehtinen, E., *Communities of Networked Expertise：Professional and Educational Perspectives*, Amsterdam：Elsevier, 2004.

斯卡德玛利亚和贝雷特（2003）把知识建构定义为"社区中有价值的思想的持续生产和持续提升"。他们认为，在一个革新影响的时代，学生需要指导如何成为一个知识建构者，这些建构者渐进探究地工作并且集体地进行思想的提升。知识建构的基础方面包括"可提升的思想"和"集体认知责任"。与科学和学术探究一样，思想被看作概念制品得以提升通过公共会话的方式，在一个知识建构社区中，社会互赖理论认为，社会互赖的结构方式决定个体的互动方式，依次也决定活动结构，积极互赖（合作）产生积极互动，个体之间相互鼓励，促进彼此的学习。建构主义认为，知识是依靠社会性的协商与对话，通过合作的方式实现意义建构的。可见，群体互动结构和参与性特征，不仅会影响学习氛围，而且在很大程度上也决定了协作学习的质量和群体知识建构成败。斯卡德玛利亚描述了学习论坛知识建构的 12 个特征①，强调学习者为社区达到共同目标所做的贡献应受到鼓励和奖赏。学习成员提出各种有价值的观点形成了社区的共同知识，并承担知识建构的共同的责任。一个智慧性的学习社区的标志就是，所有成员共同承担责任，进行高层次的、深度的知识建构。按照斯卡德玛利亚的观点，解决传统教育问题的一个最有前景的方法就是建立知识建构社区，着重于培养学习者解决问题的能力，通过学习者协作进行知识建构的过程，促进学习者元认知水平的提高，成为一个智慧型的学习者。

第五节　多场协调原理

一　多场协调的教育意蕴

（一）多场协调的含义

多场协调是强调学习的整观原则的综合体现。整观原则要求教学时了解学生的心理需求、能力、经验、性格、意愿等主观条件，从认知、情感、意动上激发学生的参与，并加以价值引导，并加以配合之来进行教学活动，从而激发学生的求知欲、学习动机，而能快乐学习。

从人的潜能取向来看，Rodney H. Clarken 指出，生活的目的在于去识

---

① Scardamalia, M., "Collective Cognitive Responsibility for the Advancement of Knowledge", IKIT, OISE, University of Toronto, http://db.ikit.org: 37495 (15/02/2008).

知、感爱和创建。在一个个体层面上，目的在于通过开发识知、感爱和意动的优势得以发展。在一个社会的层面上，这些优点来源于社区和制度上的发展，能够培植个体进程以及提高社会文明。识知、感爱和意动因此对于个体和集体提升都是一种工具和手段。人类能力的这三个方面的支持在宗教、哲学和心理学领域都得到支持。在宗教领域，它们反映了在大多数世界经文中发现的箴言的综合：识知上帝、感爱上帝以及使用我们的意动来服务上帝。在哲学领域，这些三个领域能够在真善美的理念中得以发现。这三个理念在逻辑学中也得以探究，逻辑学主要研究推理、美学主要研究美感、伦理学主要研究道德标准和行为。在心理学领域，这些能力在认知（识知）、情感（感爱）和意动（意动）领域得以讨论和研究。

（二）多场协调的时代特征

知识时代的特征映射到教育领域，对人才素质提出了新的要求，这一要求的总体原则是创新和发展。围绕适应知识时代需求的人才素质结构问题，国内外不少学者和相关机构进行了深入的思考和研究，钟志贤教授系统梳理了相关研究成果，提出了"知识时代对人才素质要求的偏向模型"[1]；祝智庭教授在多个场合呼吁教育的转型和人才培养的社会价值，提出教学应该四位一体，即做中学、探中学、例中学和评中学[2]；盛群力教授在研究国内外的学习目标框架之后，提出了新时代的人应该奠定的素质基础[3]，都为协同学习系统的多场构建提供了宽阔的研究基础和视野。学习场域和知识场域，之所以对适应时代需求的人才素质问题如此关注，在我们看来，因为人才素质观，不仅是教育观念变革的重要组成部分，是教育为了适应时代需求首先必须实现的转化任务，而且是直接影响乃至决定课程观、教学观、学生观、教师观、评价观和管理观等方面的关键性因素。

二 多场协调原理及其推论

原理五：多场协调（Multi-field Coordination）：当调动个体和群体的

---

① 钟志贤：《面向知识时代的教学设计框架——促进学习者发展》，博士学位论文，华东师范大学，2004 年。

② 祝智庭：《教育技术的研究场分析》，《学术报告·团队学术交流》2006 年第 5 期。

③ 盛群力：《21 世纪教育目标新分类》，浙江教育出版社 2008 年版，第 367 页。

多维潜能参与学习过程的时候，知识建构和个体发展将得到促进。

推论1：脑基学习（Brain-based Learning）：教学和学习建立在脑的结构与功能上，学习和知识建构将会有效发生。

推论2：意动表现（Conative Performance）：知识外化和迁移为一种外在的可操作的意动和行为表现，学习和知识建构将得到提升。

推论3：情感参与（Emotional Engagement）：丰富适宜的情感设计将改善学习过程提高学习和知识建构的效果。

推论4：价值引导（Value Guiding）：符合文化情境的价值引导将有助于学习和知识建构的发生。

原理五：多场协调

当调动个体和群体的多维潜能参与学习过程的时候，知识建构和个体发展将得到促进。多场协调源于学习中的整观教育，整观教育源于对行为主义盛行的反思，其哲学与心理学基础可回溯至怀海特、马斯洛、罗杰斯等的人本教育哲学或心理学理论。早期罗吉斯的学习理论特色为以学习者为中心，认为每个人都是不同的个体，其学习状态亦不相同，故反对标准化；每一个人都是完整而活生生的人，所以学习要包含知识和道德各层面，有意义的学习必须包含概念及情感的全人学习，即教学需具全人化取向，称之为"完整的人的教育"（whole-person education）。马斯洛提出把"人"当作一个整体、一个系统来研究，认为"个人"是一个统一的、有组织的个体，"人"有自我实现的潜在天性，可以让"天赋、能力和潜力"充分开拓和利用。在教育学上所产生的影响是潜能开发教育等教育理论的崛起。

所谓整体的人其实就是在认知（信息—知识）、情感、意动等三个场域实现协同。这三个潜能的支持来自于东西方宗教和哲学，以及当前的心理学文献。这些三个建构和之间的区分在心理学领域得以良好研究。所有有目的的人类行为，尤其是学习，包括这三个方面：认知的（识知）、情感的（钟爱）、意动的（意动）领域。主张在全人发展学习环境中进行协同汇聚和合作创新，其目标在于促进手脑并用、知行合一、培养情智一体的人。强调调动学习者多维潜能参与到学习过程中，进一步发展各自的潜能。

认知方面："从感知或者理念中获得的知识的一种智力过程"（Webster's Dictionary），认知领域的分类学工作由布卢姆等（Bloom，

Englehart，Furst，Hill & Krathwohl，1956）得以完成。认知领域是心理学和教育领域最重要的研究之一。识知需要关于整理的独立研究的安排；一种关于现实的真正理解，而不是关于我们如何想象成这种结果。那些对于事实理解较好的能够更加彻底、愉悦、诚实、有效和成功的生存。

情感方面："一种情感或者情绪区别于认知、思维或者行动"，情感，"一种紧张的情绪；一种复杂的以及常常强烈的主观反映，比如爱、恐惧"（Webster's Dictionary）。克拉斯伍等（Krathwohl，Bloom & Masia，1956）开发了感情领域的分类系统。钟爱能够被界定为吸引力的主动力量，并且，同时能够被看作宇宙中最基础的力量。感情被认为是一种在所有的世界的信仰中重要的和基本的方面。钟爱给予我们能量和指导我们的行动。在最高层次上，钟爱对真善美具有吸引力的。尽管情感和感情在他们对于发展的角色中得到研究，在科学文献中，钟爱是作为一种能力很少得到接受和解释。

意动方面："选择的能力和力量"，以及"行为或者心智过程方面，指导行动或者变化，以及包括刺激、愿望、意志、努力"（The American Heritage Dictionary of the English Language，Fourth Edition）。意动领域的分类存在于五个阶段：感知、关注、投入、参与和超越（Atman，1987），关于意动能力的理解和研究比认知和情感领域更少。班杜拉（Bandura，1997），斯诺（Snow，1987）和柯尔伯（Kolbe，1990）做了关于意动的相关重要研究工作。

其实，"手脑并用"、"做学合一"也是我国近代职业教育的开创者黄炎培先生所提出的重要教学原则。早在 20 世纪初，他就指出了"今科学之昌明，皆人类手与脑二者联络发达之成绩"，"故手、脑二者联络训练，一方增进世界文明，一方发展个人天赋之能力，而生活之事寓其中焉"；"手脑联合训练，确是人类生活教育上最基本的工夫"；"手脑联合训练，适合青年期身心发展的自然要求"，"使动手的读书，读书的动手，把读书和做工并起家来"。同时，他还提出了"理论与实际并行"、"知识与技能并重"的教学原则，强调动手能力的培养和基本技能的训练，造就实用人才。

推论 1：脑基学习

教学和学习建立在脑的结构与功能上，学习和知识建构将会有效发生，这包括大脑平衡协调，同时基于脑科学的学习设计。从宏观的视角而言，对于大脑与学习之间所存在的关系，存在两个方面的理解，即：大脑是学习的基础①；学习是大脑的功能。人的大脑就像人的其他器官一样，自然地承担着各自的功能，而学习正是归属于脑的特有功能。列斯力·哈特（Leslie Hart，1983）曾把人脑称作"学习的器官"②。因此，考虑学习的多向维度首先必须考虑大脑在学习中的协调作用。

关于协同左脑右脑，大量实践表明，科学上的任何发现和发明，都是抽象思维与形象思维相互结合的产物。因此，在课堂教学中，既要训练学生的抽象、概括、分析、综合、归纳、演绎等逻辑思维能力，又要训练他们的感觉、体验、想象等形象思维能力，有意识地使左脑、右脑协同活动，使各自的功能都得到充分的发挥，从而提高用脑效率，采用"全脑协同学习"，在学习过程中，要注重把符号与形象结合起来，把阅读和朗读结合起来，把用脑与用手结合起来。教师还应帮助学生掌握健脑技术（如引入音乐，气功入静等），让学生科学高效地学习，协同和谐地发展。

脑本位的学习（Brain-based learning）是建立在脑的结构与功能上，只要脑能正常运作，将会产生学习。脑本位学习的核心原则，脑为一平行处理者，可同时执行几项活动，例如闻或尝；学习涉及生理学；找寻内在的意义；找寻来源于形式的意义；情感对于形式很重要；同时进行全部及部分的过程；学习包含注意与周边的认知；学习包含知觉与非知觉的过程；有空间与机械两种记忆的形式；事实是依自然和空间记忆而来；学习由挑战和威胁而强化；每个脑都是独一的。与教学有关的三点：一是弦乐式的浸润（Orchestrated immersion），创造学习的环境；二是放松式的警觉（Relaxed altertness），减少学习者的恐惧；三是主动处理式（Active processing），经由主动过程凝聚内化信息。尤其教学者必须重视各种学习形式，以符合个体认知发展的需求。

推论2：意动表现

知识外化和迁移为一种外在的可操作的意动和行为表现，学习和知识

---

① ［美］约翰·D. 布兰斯福特等编著：《人是如何学习的》，程可拉等译，华东师范大学出版社2002年版，第131—132页。

② L. Hart, *How the Brain Works*: *A New Understanding of Human Learning*, *Emotion*, *and Thinking*, New York: Basic Books, 1983, p. 4.

建构将得到提升。中国工程院院士、复旦大学医学院教授顾玉东曾经从医学的视角谈到创新，他说，人们容易联想到的是人脑功能的开发，而实际上人的双手的活动对大脑功能的影响也是非常大的，遗憾的是这种作用远未得到应有的重视。从人的进化过程看，手脑的关系非常密切，脑功能的形成和充分发育，人类思维的形成都与手的解放有关，并且是在手的解放后才变得可能。人脑形成后反过来又促进了手的运用更灵活，成为人类认识世界、改造世界的特殊工具。可以说手与大脑皮层的形成和创新思维的活动紧密相关。正是从这一意义上讲，创新应该从注重个体的意动表现开始。

因此可以说，学习活动中的意动表现是学习的重要方式和途径。因为只有动手才能发现、了解事物的本质，只有动手才会引发好奇心，也只有动手才会发现事物的正常和反常，创新实际上很多是反常思维的结果。现在的问题是，在应试教育的体制下，学校强调的是分数，学生基本上没有什么动手实践的课程和机会。这是与创新时代的要求格格不入的。到了成年仍要强调动手实践，因为创新只能出于社会实践。时下对人才的评定不太看重解决问题的实践能力，而更多的是看学位、看论文，这样就很难有创新的活动。我国南宋大诗人陆游在对子女论述写诗之道时说："纸上得来终觉浅，绝知此事要躬行。"可见，即使是文学创作也离不开实践，离不开动手。

杜威也把教学过程看成是"做"的过程，也是"经验"过程。就是说，只有通过"做"才能获得经验。有了经验，也就有了知识，学到了东西。他把行知统一起来，说道："仅有活动，不能构成经验，如果不把活动与因此承受的结果彼此有意识地联系起来，由动作而生的变化便没有意义。假如把二者有意识地联系起来，那么由动作而生的变化就有了意义。"因此，也就有所学习。他又说："盲目的任性的冲动……毫不用心，由一事改行另一事，有了这种情况，所做的事都是白做，不能因此获得什么经验。这种行为不能逐渐构成有真意义的经验。"因此，也就无所学。在此杜威又把目的（指行动的目的）与方法联系起来，理论（思维）与实际联系起来了。他这个主张，开始是针对传统的教学而言的。传统的教学是教师讲学生听，学生获得的知识是教条，没有通过做，也没有获得结果，所以这种学是没有意义和价值的。这是一种"心"与"身"分离在教学上产生的恶果。杜威的这个观点分析起来涉及两个问题：一是知识来源于行，知行不能分；二是知识与经验的获得来自主体与客体相互作用的结果，有意识的联系。因此，杜威讲的"从做中学"是符合人类认识客观事物的规律的，即知识经验是从做（实践）中获得的。

做的目的是体验，所以做中学与体验中学密切相关。体验是在对事物的真切感受和深刻理解的基础上产生情感并生成意义的活动。体验的过程是对事物产生感受、体会、联想和理解的过程，其结果是获得情感态度和价值意义的生成，促进人的内心世界的丰富和内在素质的发展，在"做"中获得亲身的体验和感性经验，并在对经验和体验的反思中获得知识、技能和态度的学习方式，适合于综合实践活动、课外探究、综合学科等课程的学习；在其他学科课堂教学中，用得更多的是"想验式体验性学习"，即是指在教学过程中，教师根据学生的认知特点和规律，通过创造实际的或重复经历的情景和机会，呈现或再现、还原教学内容，使学生在亲历中理解并建构知识、发展能力、生成意义的学习方式。

推论3：情感参与

丰富适宜的情感设计将改善学习过程、提高学习和知识建构的效果。众所周知，教育和心理学的一个基本的应用研究领域就是认知、动机，情感过程以多种不同的形式与世界相联系。认知过程指的是知识的习得和表征，是一种关于客观世界和事实的代表性联系。动机过程指的是机体目标的状态，与外界有一种行动上的联系。情感过程是基于客体和事实的接受或者拒绝，是对世界的一种评价关系（Kuhl，1986）。情感，尽管与认知和动机过程相联系，被认为是一种独特的人类精神状态、经验和行为表达的要素得以研究，情感可以发起、终止或者中断信息加工过程。他们可以导致选择性信息加工或者他们可以组织回忆（Pekrun，1992）。

来自现象学、行为学、心理学、认知、发展、社会的、临床的理论以及心理学之外的多种方法有助于描述和解释情感过程（Strongman，1996）。按照克雷吉娜（Kleinginna，1981）对有关情感的100多种定义的分析，情感是一种主客体因素之间交互的复杂装置，以神经系统为中介，能够（1）引发情感表达，比如激励、愉悦、不愉快；（2）生成认知过程，比如情感化的相关的知觉效果；（3）激活普遍的生理学的调节来唤醒条件；（4）引导行为，常常是，但是不总是，表情的、目标导向的和适应性的。

心理学研究表明：情感对认知、记忆、动机等方面都有极大的影响，甚至于最枯燥机械的学习都离不开情感。对大脑以及对情感的各项研究已经证明情感与认知不是两个对立的概念。表现为：（1）情感在认知的基础上产生，情感对认知产生巨大的影响，成为调节和控制认知活动的一种内在因素；（2）情感和记忆的关系是相辅相成的，情感的特性和发展受记忆的特性和发展的影响。并且，情感和记忆各方面的合作对于行动和发展有重要意义；（3）人类的认知和行为不仅受情绪和情感的影响，而且是在动机支配下进行的，所以动机是指推动人的活动，并使活动朝向某一目标的内部动力。由此可看出，情感影响着人们如何感知，如何行为和如何思维。情感往往通过判断，直接呈现世界的信息，帮助人们决策。忽视情感不但会蒙蔽自身，而且妨碍理解如何解决学习者的学习/认知问题。积极情感对学习、好奇心和创造性思维尤为关键。

推论4：价值引导

符合文化情境的价值引导将有助于学习和知识建构的发生。价值与人的日常生活密切相关，人的一切行为、思想、情感和意志都以一定的利益或价值为原动力，人类的一切活动都是以价值创造与价值消费为核心内容，人类社会的一切关系（如经济关系、政治关系和文化关系）归根结底都是价值关系。

价值观就是一条纽带。我国的传统教育以提高人的智能水平为主要目的，以评价人的智能水平为主要判断标准，传统教育的基本理念存在严重的片面性、机械性、功利性，缺乏全面性、辩证性和非功利性。针对这种情况，目前我国教育界提出了"素质教育"的基本理念：素质教育是依据人的发展和社会发展的实际需要，以全面提高全体学生基本素质为根本目的，以尊重学生主体和主动精神，以培养学生的实践能力和创造力为核心，注重开发学生的智慧潜能，注重形成人的健全个性为根本特征的教育。

知识时代强调人才的创新特质。创新是知识时代的生命线，是素质教育的灵魂[①]。所谓创新，是指在原有的基础上或一无所有的情形下，创造出新观点或新产品。创新人才应具备三个条件：创新人格、创新意识和创

---

① 钟志贤：《深呼吸：素质教育进行时》，教育科学出版社 2003 年版，第 311—314 页。

新能力（王极盛，2000）。美国当代著名心理学家斯腾伯格（R. Sternberg，1991）认为，创造力是六种因素相互作用的结果：智力、知识、思维风格、人格、动机和环境。在笔者看来，创新既有智力特征，又有人格特征，它体现的是人的一种综合素质。

小结·反思：设计研究之学习轨线

设计研究的挑战在于灵活地开发学习轨线（也称设计轨线：Cobb，2002），来满足有价值的革新，以及开发更多有用的知识，这是一种双重目标（Design-Based Research Collective，2003）。而且，设计研究的成功将能够通过它自身告知和提升教育实践的能力，作为一个教育研究范式的选择，在于它对研究创新学习和教学环境的潜力，以支持和促进 ICT 在真实环境中的采用，增加人类革新的能力。

范德亚克（Van den Akker et al.，2006）和巴拉布·斯奎尔（Barab & Squire，2004）认为，教育设计研究包括如下变量：一系列方法、新理论的生成目的、制品、实践，能够在自然情境中有助于和潜在影响学习和教学。这里有许多指导性原则，当它作用于有效的教学和学习的时候，差异就会发生在学校、教师和学生特征上面，这导致了许多成功应用的模式，这些模式产生了积极的成果。这些原则和轨线的确立，不是要去寻找固定的程式，设计研究中也没有单一的正确的方法。因此，不是通过外部的华丽的一整套教学方法来嵌入教学实践中，而是通过设计原则和轨线的不断修正完善，并通过这种哲学观和良好的设计得以巩固和发展。

本章依据综述的基础、协同知识建构的基本过程，以及对现有学习技术系统的分析，采用结构化思维方法，系统开发了干预真实世界的协同学习原理和机制。协同学习从认知主体的社会性、认知过程的动力论和知识建构的生态观对当下的学习系统进行了重构，对现有学习技术系统框架的突破：在信息、知识、行动、情感、价值之间建立有机的、协同发展的联系；交互层面，提供内容与学习者的深度互动；通信结构层面，提供信息聚合机制；信息加工层面，提供群体思维操作和合作建构机制。简而言之，我们将协同学习的基本机制与原理归纳为"深度互动，汇聚共享，集体思维，合作建构，多场协调"，具体而言包括以下几点。

（1）深度互动（Deep Interaction）：当学习者有机会获取深度互动的

机会并积极投入其中，学习和知识建构能够得到有效支持。

（2）汇聚共享（Convergence and Sharing）：当教学信息能够快速地汇聚并有效地分享时候，学习和知识建构能够得到促进。

（3）集体思维（Collective Thinking）：当思维能够在个体和群体两个层面有效得以展开，学习和知识建构能够得到促进。

（4）合作建构（Collaborative Building）：当学习者之间能够进行充分的协同合作完成学习任务和开展学习活动，学习和知识建构能够得到促进。

（5）多场协调（Multi-field Coordination）：当调动个体和群体的多维潜能参与学习过程的时候，知识建构和个体发展将得到促进。

第 四 章
协同学习技术系统设计

真正的学习已不再仅止于知识的充实和技能的发展，而在于能深入人之所以人的核心意义。经由学习，我们得以重新认识世界和我们的关系；透过学习，我们再次扩展我们的创造力，而这正是生命中最为可贵的部分。

——彼得·圣吉（Peter Senge）

技术的发展，一开始只是以工具的角色进入工作世界，随着运算速度与相关技术的快速进步，互联网的蓬勃应用，计算机技术已化身为不同姿态融入生活脉络中，数字技术的扩展已进入了人类在社会活动中的劝诱、教化的行为体系。Captology，相信除了斯坦福大学"说服科技实验室"（Persuasive Technology Lab）的一组研究人员外，这个字对其他人而言可能都相当陌生。这组研究人员正探求计算机科技可被用来影响人们的理论及方式。Captology 是 Fogg 教授在 1996 年所创造，系由 Computers As Persuasive Technology（计算机说服技术）这几个字的第一个字母及表示学科或研究领域的字尾 – ology 所构成[①]。主要研究计算机科技如何潜移默化地影响人类的行为与想法。

学习技术领域也是如此，Jonassen 提出用技术支持思维建模，已经超越了传统的技术应用思路[②]。在协同学习系统中，技术是一个非常重要的要素，一个沟通学习文化变量、认知变量到学习技术系统的中介，在信息

[①] 祝智庭教授将 Persuasive Technology（captology）译作为感化技术，更加吻合其本意。祝智庭：《信息化教育的社会文化观》，学术报告，广州，2006 年 12 月 30 日。

[②] 祝智庭、顾小清：《技术支持的思维建模——用于概念转变的思维工具》，华东师范大学出版社 2008 年版，第 9 页。

技术工具的支持下，信息得以通过一种抽象意义的知识工具（Knowledge Tools）平台被融为一体，被以个体和集体协同的形式进行标注、思维与建构。在相关信息技术工具作用下，个体意义借助知识聚合工具形成集体意义，并最终借助聚合工具形成稳定的集体记忆，通过集体思维技术与合作建构技术，达成集体智慧和知识创新。协同学习把群体和集体系统隐喻为一个认知加工系统，在与个体加工系统协同作用中生产知识。如果这一系统要真正作为整体发挥作用，而不仅仅停留在隐喻层面，那么技术必须成为其不可分割的组成部分。本章描述了基于协同学习系统元模型和协同学习机制的技术系统设计及其可用性测试的迭代过程，以作为整个设计研究循环的一个重要技术制品生成环节。

第一节　信息技术与学习系统创新

如果说，知识经济是以知识为动力的经济，教育和学习就是名副其实的发动机。新世纪的到来将人类带入一个以信息和知识为基础的新经济时代。知识经济时代的到来，借助信息技术的参与，从根本上改变了人类的生存和生活方式。而实际上，技术已成为了知识经济时代的"语言"，成为一种人们生存和发展的"交流工具"。"技术已经成为人类社会生活的一种决定性的力量，或者如海德格尔所说，已经成为现代人的历史命运。今天，需要借助复杂的技术系统来满足各种需求：食物、住所、服饰、安全、通信、交通、健康娱乐和学习"①。毫无疑问，教育与学习已经成为技术干预的一个对人类发展至关重要的领域。由于信息技术的迅猛发展和知识爆炸似的增长，世界各国越来越多的专家学者把目光集中到"如何使人学会学习"的研究上。"学会学习"也是联合公报教科文卫组织在其报告《学习——财富蕴藏其中》提出的四大支柱之一，可见其对于人类生存和发展的重要意义。彼得·德鲁克在《后资本主义社会》一书中指出："在知识社会里，对于任何一个人、组织、企业和国家，获取和应用知识的能力是竞争成败的关键。"因为无论何种类型的知识的获取、运用和创新，都离不开人的学习。正是在这个意义上说，知识经济时代也是学习时代，知识经济呼唤学习系统变革，信息技术造就学习系统变革。

---

① 高亮华：《人文视野中的技术》，中国社会科学出版社1996年版，第8页。

一　信息技术与学习系统变革

到底以多媒体和网络为主流的信息技术如何变革了学习系统？现行的学习行为和技术面对新信息技术的无限扩展存在哪些需要转变的地方？人们能否在技术王国面前重塑自己的学习个性和风格，从而获取高效能的学习业绩？先来看看，技术如何改变了学习系统及其要素？

根据技术哲学关于技术的一般定义，可以把技术理解为那些人类借以改造与控制自然满足其生存和发展需要的包括物质装置、技艺与知识在内的操作体系①。很明显，技术的目的在于满足人类的生存与发展，而满足的途径则在于一种包括物质技术和智能技术在内的操作体系。技术涉入教学领域有了一个漫长的过程，正如桑新民教授指出的：最初在教育活动中出现的技术工具不是人类肢体的延伸，而是书本、黑板、粉笔等向学生传递信息的物质手段。近代迅速发展起来的工业技术在物质生产领域里取得了极其辉煌的成就，但对于人类自身生产的教育领域却影响甚微，直到21世纪初发展起来的视听技术在大众传媒中亮相之后，才迅速被引入教学教育过程中来，由此展开了从媒体技术到现代教育技术迅速发展的生动画卷②。但是，到了信息技术时代，技术对教育的参与完全不同于教育技术发展的任何一个阶段，技术不单纯是一种媒体，也不仅仅是"人的延伸"，而是作为一种外来特质存在于系统中的各种关系和要素当中，深深地变革着整个系统。下面做一分析。

1. 技术营造了人的发展和学习发生的新空间

新信息技术对生活带来了深刻的影响。目前这种影响使经济转变为一种全球性的信息经济，或者说"知识经济"。人们都在使用"以知识为基础的经济"这个说法，是因为学习者都发现，获得的知识越多，对家庭、对公司，以及对自己的价值就越大。"技术已经改变了全球劳动力的本质特点"。正是技术增加了对教育、培训和学习的需求，特别是成人（继续）教育领域，可以看一组数据：1990年，全球高等学校在校生人数为4800万。到2010年，这个数字将增加到9700万。到2050年，增加到

---

① 高亮华：《人文视野中的技术》，中国社会科学出版社1996年版，第8页。
② 桑新民：《技术—教育—人的发展——现代教育技术学的哲学基础初探》，《电化教育研究》1999年第2—3期。

1.6亿。其中8700万的高校学生在亚洲，超过总数的50%①。

2. 技术体现了人对学习资源的干预

根据祝智庭教授的理解和分类，学习资源是指可资学习之源，包括支撑教学过程的各类软件资料和硬件系统。广义上的也包括一切可以为教学目的服务的人、财、物②。美国AECT于1997年曾经把学习资源分为两大类：设计的资源和利用的资源。而1994年定义则还包括了教学材料、教学环境和教学支持系统，并将学习资源界定为：资源这里是指支持学习的资源，包括支持系统和教学材料与环境，这个领域开始是由于人们对教学材料的使用和传播过程产生了兴趣而发展起来的，但资源并非仅指用于学与教过程的设备材料，它还包括人员、预算和设施。资源可以包括有助于个人有效学习和操作的任何东西。③ 可以看出，资源的发展正是随着技术的侵入（人对技术的利用过程）而不断发展的。教学技术正是产生在技术对资源的一种干预（包括五项操作）基础上的。人类的可利用的学习资源相当有限，必须创造出各种技术并且加以利用技术来设计资源，对资源的设计、开发、使用、管理和评价又必须借助技术的力量，从而确保学习的高效能。

3. 技术极大地改变了学习的内容

互联网已经成为提供教育的可行的，并且是需求甚大的工具。它在传统的课堂教学中发挥着越来越重要的作用。互联网不但改变着获得信息的方式，它还改变着学习内容和手段的性质。通过结合计算机和互联网各自的长处，形成增进交流的能力，互联网改变了学生、教师、学校、商店、应用软件公司以及出版社各自的作用和彼此之间的关系，技术工具和印刷内容实现整合，电子考试的复习和认证考试的增长，内容和应用软件提供商进入教师和学生的教学活动，并极大地影响着学习的体验。技术的进步迫使员工把学习当作工作的一部分——并在整个职业生涯中保持始终。技

---

① ［美］罗伯特·克里斯蒂：《21世纪的学习：技术将带来人类学习的变革》（http://www.bimba.org/chinese/forum/index.php，2008/10/16）。

② 祝智庭、闫寒冰、顾小清、张屹编著：《现代教育技术——走近信息化教育》，高等教育出版社2005年版，第100页。

③ ［美］巴巴拉·西尔斯、丽塔·里齐：《教学技术：领域的定义与范畴》，乌美娜、刘雍潜等译，尹俊华、张祖忻等校，中央广播电视大学出版社1999年版，第34—35页。

术不仅仅提高了进一步学习的需要，而且还使得电子学习成为可能①。

4. 技术改变了学习情景（context）

网络等技术拓宽了学生接受知识的范围与途径。技术可以用来模拟真实的环境，使用者在其中可以与环境相互作用。模拟可以为探索和启发式活动提供一个逼真的情境，使学习者能够构建适合环境和过去经验的心智模式。模拟环境中提供的相互作用能使学习者看到实验的结果（而这在现实世界中进行或许太危险了或成本太高了），从而在相对较短的时间内获得经验。模拟的环境要对学习有效，就必须可信并允许想象以及给学习者控制权，后者在维持学生的兴奋心情和动机中是一个关键的因素。开发这种学习环境所面临的挑战是要促进富于想象力的投入，导致经验、学习者控制和反思推理。

5. 技术改变了系统要素相互作用的过程与关系

技术使教师的职责也发生重大变化，它将不再是以传播知识为主，而是重在培养学生掌握信息处理的方法和分析问题、解决问题的能力。通过协作性技术可以实现对教与学的实质性功能包括一对一和一对多的交流以及能以小组协同工作。技术化的通信机制和传通系统使学生看来可以更多地参与学习过程，这从根本上改变现有学习系统结构，学生获得了有价值的技能和高质量的学识。从教育的观点来看，网络最有用的功能是它能被有效地用作学生合作的交流媒体，用作一个信息资源、搜寻工具以及一种发表自己见解的媒体②。

6. 技术提供了学习表达、学习评价的新手段

信息技术的发展使学习者表达学习成果的方式多元化，他们可以采取数字式、网络化的表达形式。电子学档或电子作品则是这一思想的直接体现。强化这种思维，可以在学习的过程中强调学生运用各级层次 IT 技术进行学习表达，充分体现了一种在"做中学"的教学观念，是一种非常直接的信息技术环境下的教学途径。比如在学生的电子学档创作活动中，鼓励集体协作、鼓励学生全员参与。当然核心是学习者个体的独立思考和创新。评价作为学习的重要一环，技术使得学生作为评价的主体而参与评

---

① ［美］罗伯特·克里斯蒂：《21 世纪的学习：技术将带来人类学习的变革》（http：//www.bimba.org/chinese/forum/index.php，2008/10/16）。

② 鲍宗豪：《互联网将带来六大变革》，《解放日报》2000 年第 7 版。

价成为可能，学习者可以在技术的帮助下对自己的学习负责。基于表现的评价必须依托于教师、学伴、学习者、父母等的共同参与和合作，而在网络等技术条件下，这一切都顺利发展。让学生选择自己进行评价的一种办法是提供有超级链接的文件同教师认为有关的其他信息联结起来进行对比，开放学生学习主页进行学习者之间的评价，开发学习空间让教师参与讨论等等。

7. 技术改变了学习的方式

信息化教育使参与式、启发式教学真正成为可能。信息化教学告诉人们的并不仅仅是知识结果，更主要的是让学生们了解知识发现的方法和体验知识发现的喜悦。此外，技术将使终生学习成为普遍趋势，教育的重点将由知识和劳动技能的培养，逐步转到提高劳动者的素质上来。传统的以教师为中心、以课堂为中心的教育方式将逐步弱化，代之以学生为中心、以实践为中心的现代教育方式。比如互联网，互联网可以认为是一种有效的学习工具，因为多种多样的信息由超级链接（hyperlinks）连起来，学生可以自由地跟踪，从而增加学习的参与度和体验感。

二 技术系统与学习方式的发展演变

学习方式是指学习者完成学习任务过程中基本的行为和认知取向。[①]人类跃入信息社会，其学习方式要不要随之变化呢？从历史上看，人类历次生产方式的改变都要求人类的学习方式随之变革，学习方式必须变得更加有效，才能满足社会的需求。学习总起来说有两种方式：一种是维持性学习或称适应性学习，它的功能在于获得已有的知识、经验，以提高解决当前已经发生的问题的能力，即"学会"；另一种是创新性学习或自主创新性学习，它的功能在于通过学习提高一个人发现、吸收新知识、新信息和提出新问题的能力，以迎接和处理未来社会发生的日新月异的变化，即"会学"。在传统的农业经济和工业经济时代，科技进步和知识更新的速度相对缓慢，人类习惯于用已有的知识来解决现存的各种问题，形成了"维持性学习"为主的模式。而在知识经济时代，信息技术强化了已有知识的归类，且由于归类，知识获得更多的商品属性，知识的扩散得到加

---

① 钟启泉主编：《〈基础教育课程改革纲要（试行）〉解读》，华东师范大学出版社2002年版。

速,人们接触知识较以往更为容易,费用也更为低廉,从而使得选择和有效利用知识和信息的技能和能力变得日益重要起来。选择相关信息,忽略不相关信息,识别信息中的专利,解释和解读信息以及学习新的、忘掉旧的技能,所有这些都比传统意义上的知识本身的学习更为重要。因而知识经济必然要求人们在学习方式上实现从"维持性学习"向"创新性学习"的转变,变"学会"为"会学"。

国内教育技术学专家、未来教育研究专家桑新民指出:随着 21 世纪的降临,以多媒体和国际互联网为代表的新信息技术,正以惊人的速度改变着人们的生存方式和学习方式。他强调为了应付这种变革,必须"在教育系统中确立和传播新世纪的文化价值观念,并据此改革教育模式,在新一代人身上塑造未来社会所必需的品格、能力、思维与行为方式,使我国广大教师和学生尽快适应日新月异的数字化生存新环境"[①],桑新民教授曾通过对人类历史发展中生产方式的考察,以其深厚的哲学基础,提出了人类学习方式演变发展中的三个里程碑。他指出:"生产方式是由生产力发展的水平决定的,而且受到作为生产力之物质基础的生产工具制约,由此揭示生产方式演变发展的历史阶段及其规律已成为理论界的共识;学习方式同样要由学习能力发展的水平决定,而且受到学习活动之物质载体和物质手段制约"[②]。

桑教授从历史的纵向考察中,揭示人类学习方式演进发展的不同阶段:

基于文字方式的学习阶段——文字是文化传播与学习的重要物质载体。在文字产生之前,人类的学习活动只能通过直接经验和依靠口头语言或体态语言传递的间接经验进行,这显然要受到时间和空间的局限。文字产生之后,人类世世代代积累的直接经验或间接经验借助文字形态得以保存和传播,而且经过不断研究和总结越来越系统化、理论化,书面语言不仅超越了人类文化传播的时空障碍,提高了文化传播的效率,而且扩展了教育的内容与形式、提高了学生抽象思维和学习能力,使人类的学习活动以越来越抽象、间接的方式进行,大大提高了学习效率。正是由于文字的

---

① 桑新民:《多媒体和网络环境下大学生学习能力培养的理论与实验研究阶段性总结报告》,《中国远程教育》2000 年第 11 期。

② 同上。

出现，使学习从社会生活中分化出来，并逐渐发展成为相对独立的活动领域和活动方式，至此才出现了狭义的文化学习形态。

基于印刷方式的学习——这种狭义的文化学习形态获得加速发展，并成为近现代社会中占主导地位的学习方式，主要得益于印刷术的产生，尤其是活字印刷技术的发展。因为仅仅依靠手写的文字，绝不可能实现文化和教育的普及，只有当印刷体的书籍在社会成员中广泛传播之时，狭义的文化学习形态才有可能普及，这不仅大大加速了科学文化的传播速率，而且大大提高了个体乃至整个人类的学习能力。学习方式的变革，必然导致教育模式的相应变革发展，只有当印刷体的书籍出现之后，也才有可能出现我们今天这样的班级授课制形式和规模越来越大的学校。

基于信息技术的学习——当代信息技术的发展和普及，将使人类走出工业文明，步入信息时代，也必将使人类的学习方式从印刷时代跨入信息时代，人类的智慧将会创造出与多媒体和信息高速公路时代相适应的一整套全新、高效的学习模式与教育模式，从而大大提高人类个体和整个社会的学习与创新能力！毫无疑问，当代信息技术将成为人类学习方式演变发展中的第三个里程碑，这一代人将亲身经历并直接参与这场人类学习方式的伟大历史性变革！这场变革将使学习成为每个社会成员生活、生命中最重要的组成部分，使每个公民的学习生活质量成为衡量一个国家或民族现代化水平的一项重要标志！

很明显，桑教授的学习方式变革论是走在媒体发展的道路上的，这种媒体路线的归纳清晰地显示了"人类自身生产"[①] 对于媒体科技发展的依赖性，有助于在面对教育信息化的过程中突出信息技术的教学与学习优势，合理地运用信息技术的功能来改造和变革我们的学习、发展和生活。按照麦克鲁汉的观点，"媒介即是信息"[②]，从教育传播的角度看，正是作为教学技术的媒介发展，改变了信息结构和人们认知方式，改变了人类的学习平台和学习空间，甚至彻底变革了人们的学习观念和思维。计算机科学发展非常快，计算机使人的脑力得到延伸，计算机用于生产过程，弥补

---

① 桑新民：《多媒体和网络环境下大学生学习能力培养的理论与实验研究阶段性总结报告》，《中国远程教育》2000 年第 11 期。

② 桑新民：《呼唤新世纪的教育哲学——人类自身生产探秘》，教育科学出版社 1993 年版。

了人们某些脑力方面的局限，大大提高了人们驾驭生产的能力，如果用于发展人们自身的智能，也必将会对智能产生深刻的影响，同时这种影响能够保证人们更好地适应已经发展了的生产力。

至此，从知识传播和媒体传播的角度分析了学习方式发展变革的可能方向。正是这两者构成了新型教学系统形成的关键要素，也成为教育教学改革的基本动因。目前所倡导的教学模式创新、教学信息化和信息化教学的发展都与知识如何有效传播和运用、媒体技术如何整合于教学中等问题直接相关。因此，从知识传播和媒体传播的角度，归纳出信息时代教学／学习方式的发展演变和可能态势，如图4—1所示。

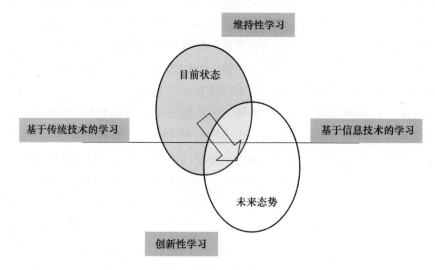

图4—1 信息技术与学习方式的互动演变

三 学习系统中的技术角色

关于技术对变革教育、教学和学习方式的作用，已有许多理论假设和实证研究。尽管有些学者，特别是后现代主义学者对技术的作用提出了这样或那样的质疑，但总的来说，关于技术对教育革新的作用研究结果是肯定的、积极的和多方面的（C. Bagley & B. Hunter, 1992；Barnard & Sandberg, 1993；J. Delors, 1995；桑新民，1998；J. Galbreath, 1999；NETS, 1998；祝智庭，2001；祝智庭、钟志贤，2003；陈琦、张建伟，2003 等)①。技术作为学习工具是"用技术学习"的技术应用观的具体反映。NETS（2000）提出的六大面向学习者的技术基础标准中有四大标准内容是"技术作为学习工具"，亦即技术作为提高学习效率的工具、交流工具、研究工具和解决问题与决策工具。乔纳森（D. Jonassen）等人（1999）认为，技术作为学习工具主要表现为六大工具作用：效能工具、信息获取工具、认知工具、情境工具、交流工具和评价工具。我们认为，二者对学习工具的定位是比较一致的。乔纳森等人的工具相对说来更为全面，且突出了技术作为认知工具的作用。由此，可以用视图的形式表现各种学习工具的角色和功能，如图4—2所示。

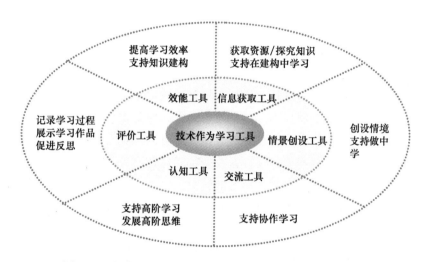

图4—2 技术作为学习工具的角色和功能（钟志贤，2004）

① 技术对教育变革的积极意义是多方面的，此方面的研究论述比较丰富，可参见 Bagley, C. & B. Hunter, Restructuring, constructivism and technology: Forging a new relationship, *Educational Technology*, Vol. 77, 1992, pp. 22 – 27; ICCE 1993；联合国教科文组织中文科译《教育——财富蕴藏其中》，教育科学出版社1996年版，第166—173页。桑新民：《基础教育信息化的理论与实践探索》，载全国中小学现代教育技术实验学校领导小组办公室主编《学校教育现代化建设》，中央广播电视大学出版社1998年版，第37—53页。Galbreath, J. , Preparing the 21st century worker: The link between computer—based technology and future skill sets, *Educational Technology*, Vol. 39, No. 11 – 12, 1999, pp. 14 – 22. ［美］国际教育技术协会《国家教育技术标准》项目组：《面向学习者的国家教育技术标准——课程与技术整合》，祝智庭、刘雍潜、黎加厚主译，中央广播电视大学出版社2002年版，第2页。祝智庭、钟志贤主编：《现代教育技术——促进多元智能发展》，华东师范大学出版社2003年版，第70—77页。陈琦、张建伟：《信息时代的整合性学习模型》（http://www.pep.com.cn/6/6/2003）。

各种学习工具包括相应的软件、方法或活动。效能工具包括文字处理软件、作图工具、数据处理工具、桌面出版系统、计算机辅助设计软件等。信息获取工具指各种搜索引擎、搜索工具和搜索策略、方法等。情境创设工具包括各种丰富的、情境化的问题空间，如基于案例的学习，基于问题/项目的学习、微世界等教/学活动方式。交流工具包括各种同步（如视频会议，网络聊天）通信和异步（如 E-mail，listserv，BBS）通信技术。认知工具包括数据库、电子报表、语义网络工具、专家系统、计算机化通信等。评价工具包括 EPSS 和电子学档（ELP）等。

教育目标是教育系统实现其功能的导向。随着信息技术的传播与推广，技术成为影响教育系统实现目标的重要因素。吉布森（Gibson James）直接把这种技术干预称为给养（affordance），然而教育系统的变革并非只由技术而决定，但技术却常常充当着教育变革进程的导火索。进入信息化的新世纪，信息技术使教和学置于数字化的全球背景之中，对于教育系统的作用力愈加强烈。信息技术促进和推动教育现代化的过程，并不只是一系列名词术语的外在变化表征，而更意味着人类由工业社会向信息社会转型时期将要产生的深刻教育变革。这是因为，新技术必定带来新的认知方式、教育关系和教育形态的转变。

从认知方式的转变来看，信息技术在教育中可以起到拟人与拟物两方面的作用。在拟人方面，信息技术（计算机）可以充当导师、学习伙伴、学员、师生助手等，例如寻找和整理资料、代理通信联络、提示事务日程等。在教育中的拟物作用上，可以用计算机和网络构造便于学生进行探索性学习的情境，如微型世界、虚拟实验室、虚拟学社、虚拟教室等。利用网上资源丰富的特点，可以发展基于资源的学习。更自然的做法还包括让教师和学生使用信息工具，包括效能工具、认知工具、通信工具，支持他们教与学的活动。

从教育关系的转变来看，因为信息技术的应用改变了信息的社会分布形态和人们对它的拥有关系，造成了信息的多源性、易得性和可选性，从而改变了人们之间的教育关系。传统的知识占有的教师本位让位于对教育知识的对等拥有，知识表达的丰富、知识传播的分布性使得在教育环境中师生的关系发生了巨大转变，教育关系从传统的严格的等级制转变为新型的扁平制。

从教育形态的转变来看，随着信息技术领域的不断革新和发展，进入21世纪以超微计算机和无线通信网为基础的"泛在计算技术"（Ubiquitous Computing，简称 UC）将是信息技术的重要发展方向。将人与计算机看作一个人机共生的社会，用生态学的视角来看待这个问题。早年人们使用昂贵的大型机时，利用分时办法使得许多用户可同时共享一台机器，通过硬件资源共享达到经济性，人机形成"多一"对应关系；当 PC 机出现后，经济性已不成问题，可以做到一个人独用一台机器，人机形成"一一"对应关系；自从出现了网络以后，许多人同时上网操作，共享许多联网计算机的硬件、软件以及信息资源，人机变为"多多"对应关系；现在还剩下"多一"对应关系，这就是"泛在计算技术"的真实含义。将来每个人可以拥有许多超微型计算机，它们通过无线联网，无时不刻，悄然无声地为人们服务。在 UC 时代，任何人可以在任何地方、任何时刻获取所需的任何信息，真正的信息化社会得以实现，那时真正的学习型社会也将随之到来。

需要说明的是，尽管这里提出了技术的角色，但并不认为技术能够脱离设计和情境独立其作用，我们更多地认同一种泛技术观的思想。高文教授在阐述创造性教学设计观时指出，教学设计者和技术人员之间的一种联合，而这种联合的关键应当是一种泛技术观。所谓设计的泛技术观是指依据一定的学习与教学理念，开发和运用各种产品形态的媒体与技术，以提高学习与教学能力的系统化的实践知识。对于教学设计而言，这种泛技术观不仅与计算机、多媒体、网络等技术设施及其应用有关，它更包括了最新的学习与教学理念在技术中的体现，以及用以实现确定教育成果的系统设计过程、与个体学习者和学习者小组一起工作的步骤、方式和策略、测量与评估技术以及从学习与教学的实际需求出发进行的多样化模式的开发等"软技术"、"过程"技术或建模技术等。[①] 这就使得那些原先认为他们的主要工作就是应用从有关教学、学习和人的行为研究与理论中产生的教学原则去开发培训教材的教学设计者，能够从解决实际问题的真实需求出发将理论、模式与技术整合起来开展工作，这其实也是一种社会技术系统观念。技术在学习系统中的形态演变如图 4—3 所示。

---

① 高文：《教学设计的昨天、今天和明天》，《中国电化教育》2005 年第 1—3 期。

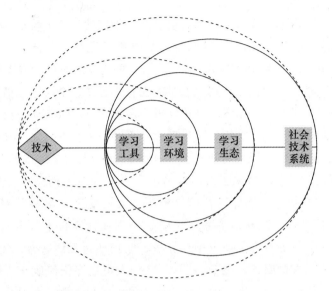

图4—3　技术在学习系统中的形态演变

第二节　协同学习系统中的技术隐喻

一　协同学习系统的技术要素

协同学习系统通过激发学习情境中的多个场域空间，并在相关通信机制的支持下进行知识加工和思维操作、有效地实现信息的重组、知识的聚合、智慧的生成和素质的发展。根据上述分析，再来思考协同学习系统中的技术角色与作用。技术是协同学习系统的关键要素①。主要表现在学习系统的文化敏感性，建立了学习文化变量、认知变量、教学传通系统变量到学习技术系统变量之间的映射关系。

在学习文化变量方面，个体与集体是一个重要的因子。从技术层面来观察，协同学习表现了一种新的知识表征、传递、衍生模式。这种知识外在行为的变化影响了学习的形式进而改变了学习。如果没有信息技术的在场，协同学习的发生是难以实现的。也就是说，信息技术的参与，为协同学习提供了可能性。最明显的例子是课堂环境。由于各种条

① 20世纪90年代中期，祝智庭教授在国际上最早提出网络学习文化的分类模型，并发现了从学习文化变量到教学传播技术系统构量之间的可靠映射关系，后来发展成为网络教育的教学传播定律和具有国际创新意义的协同学习系统模型。

件所限，在课堂上，信息流的传递模式一般为一对多（教师对多个学生），这种基本模式导致了教育过程的知识流的单向性，只有个别学生在很短的时间内得到表达的机会。这也意味着课堂教学中学习者与教师的信息不对称以及地位的不对称。这种信息过程导致了灌输式的教学模式。

在教学传播系统变量层面，传播主体和路径的双向倾向满足学习者的主体地位。在新型的信息技术条件支持下，学生的个体信息得以即时表达，并能快速地汇聚到统一的"场"或"空间"进行操作。实现信息场的广域（每个学生个体）多向性传播，从信息操作层次实现协同，为多个体协同学习提供保证。我们把协同学习建立在知识管理的原理之上，在信息技术工具的支持下，所有信息得以通过一种抽象意义的平台被融为一体，被以个体和集体协同的形式进行处理。

在认知变量层面，分布于个体、集体和技术系统中的记忆类型在技术系统中得以支撑。在相关信息技术工具作用下，个体意义借助知识聚合工具形成集体意义，并最终借助聚合工具形成稳定的集体记忆，这也是达成集体智慧的一条必经之路。利用信息技术促进知识共享主要体现在两个方面。首先，信息技术使信息共享成为可能。利用信息技术可以实现对信息进行标准编码，并以一定的形式存储在一个允许所有组织成员访问的集成系统中，这是实现信息共享的基础。其次，信息技术促进了信息共享。信息技术可以提供多种信息传递方式，如电子邮件、电子公告牌、电子会议系统、文档传输系统和工作流管理系统等。学习者利用这些技术手段可以超越时空障碍，很便利地获取、提供、交流、存储和检索信息。另外，现代信息技术的发展使得共享信息存储形式更为多样化，如音频、视频和图像等。这些形象化的存储方式更加促进了人们对信息的理解和兴趣，增强了信息共享行为产生的动力。这些都可以促进信息的共享程度。

二　支持知识建构的技术系统

目前国际上技术支持知识建构的学习技术系统越来越成熟，为协同学习技术系统设计与研究提供了坚实的基础。主要包括以下几种：

1. CSILE：计算机支持的有意义的学习环境①

这是一套协作性知识建构的教育知识媒体系统，1983 年由加拿大安大略教育学院（Ontario Institute for Studies in Education，University of To-ronto）的 Marlene Scardamalia 和 Carl Bereiter 开发。1986 年改进为功能完整的版本，90 年代改进为"知识论坛"（Knowledge Forum，简称 KF）系统。

CSILE 的主要目的是提供一个可以促进学生思考的策略性工具，因此CSILE 并不针对特定的知识领域而设计。学生通过 CSILE 的数据库可以取出（retrieve）目前及先前同学所留下的"想法"（thoughts），并留下自己的意见以便与他人互动。在知识建构的过程中，学生持续努力去确认他们所不知道的事情，并借由他人的想法与协助，以扩展自己的知识体系。"知识论坛"是 CSILE 的改进版本，其中参与者可以张贴问题到在线数据库的合适环节，能够阅读和反复阅读其他参与者对问题的理解。能够协同工作，以形成更好的问题和可能解决方案的理解。知识通过这些交流方式得以表征，然后可以作为一个持续的数据让参与者来重新获取、反复访问、重新修正，促进长远的发展。

CSILE 和 KF 在定位上试图支持跨行业领域、跨年龄、跨文化的互动，这体现了各种知识建构和创新活动的共同的社会认知基础。CSILE/KF 是专门为支持知识建构和创新而设计的技术，它不是一个工具集，而是一种知识建构环境，能够支持在各类知识型机构中进行的知识探究、信息搜索、对思想的创造性加工等活动。CSILE/KF 的核心是一个多媒体的共同体知识空间，共同体成员通过写短文（Note）在这个空间中贡献自己的理论、工作模型、计划、证据、参考资料等，这些短文被组织成为不同的"视窗"（View）。CSILE/KF 大大超越了一般的 BBS 功能，为观点的互动、发展、链接、评点、参考引用等提供了有力的支持。这样学习者就有了一个开放共享的"网上杂志"，每个学习者都是这个杂志的作者，也是其评委和读者，就像一个研究领域的科学家所拥有的学术杂志一样，杂志内容的发展就反映了共同体知识的增长历程。目前，知识论坛在北美、亚洲、欧洲、澳大利亚、新西兰等地的学校教育（从小学到研究生）、医疗、社区、企业等机构中都得以广泛应用。

---

① http://www.ed.gov/pubs/EdReformStudies/EdTech/csile.html.

2. KIE（知识整合环境）[①]

Linn（1998）提出"支架式知识整合"（Scaffolded Knowledge Integration）的思想，试图利用以计算机为核心的信息技术为学习者创造一个知识整合环境，让学习者可以很方便地利用计算机进行模拟实验，或实时地收集实验数据，进行统计分析；能够促进学生之间的互动，特别是通过互联网络交流彼此的见解，同时结合讲解描述，将不同途径得来的知识联系起来，并与原有的知识经验联系起来，形成融会贯通的理解。

3. 合作视觉化科学探究项目（CoVis）[②]

CoVis 是计算机可视化技术应用于学习和探究最成功的项目，美国伊利诺伊州西北大学教育与社会政策学院学习科学研究所开发。本系统采用了科学可视化工具作为协作式超型多媒体著作系统，协作（collaboratory）的目的在发展探究能力，而非课程内容，通过教师或学生提出一种猜想，如"进出医院会感染 SARS 吗？"作为问题支架，学习者能提供证据或是发展调查计划来支持猜想。CoVis 的学习评估方法以态度信念问卷及个案自我陈述为主。

4. 合作式多媒体互动学习环境（CaMILE）[③]

本系统主要特点在于集体思维的支架——NoteBase 功能系统，针对其多媒体子窗口所提供的图形与电子表格等不同文件格式，进行讨论及辩论。CaMILE 由美国乔治亚科技大学所研发。

5. 未来学习环境（FLE3）[④]

FLE3 是一个基于网络的计算机支持的协作学习（CSCL）的组件，由芬兰赫尔辛基大学开发。为了支持协作性渐进探究（Progressive Inquiry）过程，FLE 提供了几个模块，比如首页、知识建构模块、聊天模块、管理模块。首页为每个小组提供了一个空间，能够储存和共享数字材料。聊天模块能够把短信留给每一个其他人，并且自动生成信息，告诉他们自从上次访问后所发生的过程。知识建构模块主要参考知识论坛的

[①]　Linn，M. C.，The impact of technology on science instruction：Historical trends and current opportunities，In：B. J. Fraster & K. G. Tobin（Eds.），*International handbook of science education*，Kluwer Academic Publishers，1998.

[②]　http：//www. covis. nwu. edu.

[③]　http：//www. cc. gatech. edu/gvu/edtech/CaMILE. html.

[④]　http：//fle3. uiah. fi/.

功能组件，为学习者渐进探究提供支持。

6. 知识建构共同体（Knowledge Building Community）[1]

KF 项目有演变为知识建构共同体的趋势。知识建构共同体（Knowledge Building Community，简称 KBC）是一个以思想的形成和持续改进为关注点的团体，其成员通过建构性的互动过程发展对于共同体有价值的思想。在 KBC 之中，各个成员共同完成"思想"（ideas）的生成和持续改进过程。在一个由学生构成的 KBC 之中，学习者针对共同关心的探究领域发现和界定需要理解的问题，展开探究活动，形成初步的见解，并将这些见解作为观念对象在公共知识空间之中公开，而后共同对这些见解进行评点、质疑、改进、丰富和汇总，并延伸出新的问题。

上述几种技术支持的知识建构工具，分别通过支持猜想与科学证据、意向学习与科学探索、科学性论证与做笔记等做法来促进推理思考，产生知识。在结构化的可视化学习系统里，学习者扮演重要的角色，除了对话，必须分析别人的作品、提出批判、修正自己的现象诠释，最终重新框架问题，伴随而来的是更深层的推理历程。而教师角色则着重在无法运作的部分，注意力除了放在教材、推理、学习成果外，也注重学生学习态度、解决问题历程，以及处理群组成员达成有效问题解决历程。

三 协同学习技术系统作为深度知识建构工具

在实践层面，深度知识建构是协同学习系统的功能定向。技术系统在其中起着独特的知识工具的作用。建构主义的技术应用观认为，学习者不能直接从教师或技术中学习什么，学习者只能从思维中学习（learning from thinking）。思考是学习的中介，学习的结果源于思维的过程。思维的发展需要相应的活动/技术来培育或支持，不同的活动需要学习者运用不同的思维类型，如背诵、读书、听演讲、解决问题、设计新产品、争论等等。这些活动可以由教师或技术来支持/表现，但是教师和技术的作用是间接的——可能创设活动，激发或支持学习者进入学习的思维状态[2]。因

---

① Scardamalia, M. & Bereiter, C., Computer support for knowledge-building communities, *The Journal of the Learning Sciences*, Vol. 3, 1994, pp. 265 – 283.

② 祝智庭、钟志贤主编：《现代教育技术——促进多元智能发展》，华东师范大学出版社 2003 年版，第 229 页。

此，技术应当作为学习者思维发展与深度知识建构的参与者和帮助者。

这里还有必要进一步提及 Jonassen 的工作。因为他的工作已经成为知识建构系统开发的指南。Jonassen（1999）认为在具体的学习过程中，技术可以通过如下方式促进学习者的知识建构和思维发展：（1）作为知识建构的工具：表述学习者的观点、理解和看法；帮助学习者形成组织化、多媒化的知识库。（2）作为信息的搜寻工具，帮助学习者"在建构中学习"：自由地获取必需的信息；比较不同的观点、看法和世界观。（3）作为情景创设工具，支持"做中学"：描述、模拟有意义的现实问题，创设相关的情景和背景；表现他人的观点、看法、论点或经历；为学习者的思维发展定义问题空间。（4）作为交流媒介，支持学习者"在交流中学习"：与他人协作；与某个学习共同体的成员一起讨论、争辩或达成一致的看法；支持知识建构共同体的内部/外部交流。（5）作为智能伙伴，以支持学习者"在反思中学习"：支持学习者清晰地解释和表达所知；帮助学习者反思他们的学习结果和学习过程；支持学习者进行内部协商和意义建构，以建构个人化的意义；支持学习者发展高阶思维。

应该说，上述系统在支持协作性知识建构和知识提升方面具有显著的优势，参与者能够使用协作性会话来支持知识的建构，包括观点、评注、附注、支架和提升的注释。然而，在深度互动方面还没有涉及内容交互层次，比如，参与者在知识论坛中张贴他们的注释的时候，实际上是一种新的思想，作为一种评注或者一种提升的标注。但这显然不是一种有关教学内容信息的思维加工制品；又比如，学习支架的应用能够促进笔记中思考的组织和形成，当参与者提前概括他们所描述的问题的时候，系统允许参与者来收集相关的注释，并把这些注释聚集在一起，形成公共知识的一部分，但是仅仅限于结果性描述，集体思维过程没有得到强有力的支持。这些都是协同学习技术系统设计需要参照和考虑的。

第三节　协同学习技术系统初步架构

一　协同学习工具套件规划

结合协同学习系统元模型、协同知识建构框架以及五个原则，在分析现有知识建构系统的基础上，本节提出技术支持协同学习的两个技术要素：知识标注与知识建构工具。

标注工具的作用是将思维外化为符号；建构工具的作用是方便教师以图的形式描述集体思维。协同学习工具的作用是将课堂信息视觉化，通过将存在于学生们心理活动中的信息可视化来帮助教师形成决策，课堂信息包括学习者在学习过程中产生的疑问、概念、规则、过去经验的回忆、情感体验等内心的制品。表 4—1 揭示了协同学习原则到协同学习工具的映射关系。

表 4—1　　　　　　协同学习原则—协同学习工具的映射关系

原理	内容	支持工具	涉及场域
深度互动	互动的方式、支架、效果	知识标注工具	信息场
汇聚共享	信息汇聚效果	知识标注工具	信息场
集体思维	集体思维对集体认知的影响与设计	集体思维活动①	知识场
合作建构	合作建构的方法、支架与效果	知识建构工具	知识场
多场协调	多场因素对集体认知的影响研究	场域活动设计	意动场 情感场 价值场

二　知识标注工具设计

1. 协作标注技术概述

用笔在纸上写字、画图是很多人的日常行为，它给人们的工作带来了很大的灵活和便利。在一般传统纸本的阅读行为中，标注行为一直是学习时的重要活动。阅读是一项包含了对文章内容进行深思熟虑的积极过程。阅读时的注记行为除了可以促进阅读者对内容的理解，同时也会对后续阅读者有所帮助②。另外，在课堂环境下，信息从教师广播到学生比较容易，但是从学生汇聚到教师比较困难。协作标注技术体现了教学系统与学习者之间实时、动态、相互的信息交流，包括学生—教师—内容三者之间的深度互动。技术的实现在一定程度上需要工具的支持，协作标注工具是一套适用于课堂教学环境的工具软件，它强调构建群体学习机制来影响个

---

① 在本书的第一阶段，考虑到集体思维的活动特质，还没有规划集体思维工具。

② Catherine C. Marshall, *Annotation: From Paper Books to the Digital Library*, Proceedings of the Second ACM Conference on Digital Libraries, July 1997, pp. 23 – 26.

体学习，它建立了整合传播到汇聚的通信模型。协同标注工具将所有学生在文档上做的标注自动传送到教师的文档上，使学习内容集中在同一区域一目了然。根据目前国内外的研究，协作标注技术的类型从功能的角度大致可分成以下几种。

（1）显式选择（Explicit Selection）：定义一段文字的排版格式（是否高亮、有没有下划线）。

（2）文本性标注（Textual Annotation）：读者阅读的时候做的笔记或者书签。

（3）自由形式数字墨水（Freeform Digital Ink）：读者可以对文档的任意位置进行任意形状的标注[1]。

目前，协作标注技术领域的研究和开发得到快速的发展。主要的研究有：

SMORE（Semantic Markup，Ontology and RDF Editor）[2] 由美国马里兰州大学 MIND 和 SWAP 研究小组开发。它的功能包括普通文档创作与标注，它包含一个全特性的 Text/HTML 编辑器和三元组示范窗口，用户可以在 Web 页面上选定文档片段，将其放入三元组占位符中。另外，它也支持内容的查询、使用、创建、编辑、修改和扩充。MnM 是由一所开放的知识媒体研究大学开发的[3]。该技术先对 Text 或 HTML 文档学习库进行标注，然后利用标注结果生成词汇规则，该词汇规则可用于对其他未标注的文档集提取信息。用户可以对选定的文档片段进行标注，MnM 会将其相关的元标记标签插入文档中。另外，它还支持插件，便于功能扩充和系统集成。AeroDAML 属于 UML Based Ontology Toolset（UBOT）项目的一部分[4]。它有两个版本：一个是 Web-enabled 版本，它支持常见类型及关系的默认通用内容标注，用户只需输入一个 URL 即可返回该 Web 页面的标注内容；另一个是 Client server 版本，它支持定制本体标注，用户输入一

① Gene Golovehinsky, Laurent Denoue, Moving markup：Repositioning freefrom annotations, In：UIST 02 2002，Paris，FRANCE，2002 – 10.

② Kalyanpur A, Hendler J. et al.，"SMORE2Semantic Markup，Ontology and RDF Editor［EB/OL］"，http：//www. mindswap. org/papers/SMORE. Pdf，2003 – 09.

③ Motta E，Vargas Vera M. et al.，MnM：Ontology Driven Semi2Automatic and Automatic Support.

④ Onto Web：A Survey on Ontology Tools，Onto Web Deliverable 1. 3，http：//babage. dia.

个文件名即产生文本书档的标注。

除了以上几种协作标注技术外，还有 OntoMat-Annotiser、Annotea、COHSE、SHOE Knowledge Annotator 等标注技术。它们基本上都是基于 Web 内容的协作与标注技术，大部分技术支持对静态 HTML 页（文本）的标注。相对比较而言，SMORE、MnM、AeroDAML 三个技术工具的使用与 Google 组件 Notebook 相似。

2. 协同标注工具原理与实现

协同标注工具的原理是，首先把学生头脑中的信息符号化，然后把符号汇聚起来，最后用算法生成适用于不同情境的逻辑视图。这就像医生诊断病情需要用 CT 机（computer tomology）获取分层扫描图那样，协同标注工具可比作教师用的 CT 机。符号化是非常关键的步骤，需要通过行为动作把内在的东西转换为符号并记录在媒介上。从具体操作的层面上看，教师把一份电子学习文档传递给所有学生，然后学生在文档上添加标注。一旦外化为符号之后，就可以用符号机器也就是计算机来快速地汇聚，加工这些符号，接着根据需要进一步生成各种逻辑视图。例如学生问题分布图等。协同标注工具的策略模型如图 4—4 所示。

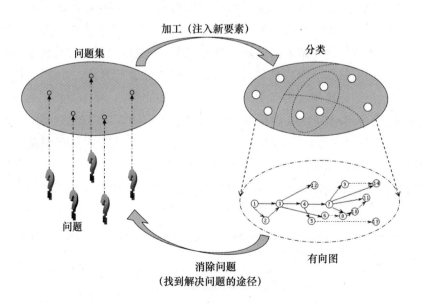

图 4—4　协同标注工具的策略模型

三　知识建构工具设计

1. 知识建构工具概述

基于本章第二节的分析，知识建构工具都具有如下特征：（1）探究性：学习开始于问题，学习过程中最主要的活动是高水平思维，学习的结果是深层整合的，可以灵活迁移的知识和高级思维技能。（2）整合性：以问题解决学习为主线，与其他学习途径互补。在问题的推动下，学习者会主动查阅有关的资料，进行现场考察、观测分析或访问专家，而后将不同途径得来的信息综合运用到问题解决活动中。（3）协作互动性：学习者分工协作，彼此交流分享成果经验，进行观点交锋和综合，共同贡献于探究任务。（4）可视化：学习信息往往以可视化的方式得以表征和呈现，强化学习和记忆效果。协同学习工具中的知识建构工具采用可视化图式方式进行知识制品表征，通过协作机制实现互动和合作，实现知识的集体建构。问题标注与汇聚可视化如图4—5所示。

图4—5　问题标注与汇聚可视化

2. 协同建构工具原理与实现

基于上述，协同建构工具还增加了可视化图式结构，以支持学习者的知识建构。协同建构工具实现了知识的集体建构和集体记忆的图式化呈现。了解一个问题的多种解法对于启发学生的思维是非常有帮助的，尤其同伴的解题方法更能引起班级中其他学生的兴趣。例如教师把作业本发给学生以后，对错误之处学生就很想知道别人是怎么做的。教师除了提供参考答案之外，还应该展现其他学生的正确解法。教师虽然可以在课堂上组织各种展示或者讨论形式，但是一旦下课，这些短时的集体记忆就消失了。若能将个人记忆汇聚成集体记忆并保存下来，那么可以帮助学生在期末复习的时候回忆起以前的课堂讨论，避免犯重复的错误。协同建构工具可以用来汇聚、加工和保存集体记忆。协同知识建构用户界面如图 4—6 所示。

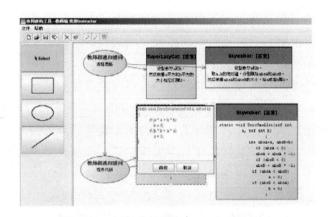

图 4—6 协同知识建构用户界面

第四节 协同学习技术系统的可用性测试

依据设计研究的基本程序和模型，技术作为 DBR 的重要制品和学习环境的重要要素，其可用性测试是本地评价的重要环节，其功能有二：一是在本地情境中评估理论原型和技术原型的有效性和有用性；二是为下一阶段的设计研究循环提供基于证据的评估报告[①]。

一 研究目的

教学系统越来越演变成为一种社会—技术系统，可用性成为教育技术系统成功的关键特征，对于教学效果的影响日益显现[②]。可用性是那些影

---

① 王佑镁：《协同学习技术系统的可用性测试研究》，《电化教育研究》2009 年第 3 期。

② Melis, E., Weber, M. & Andrès, E., Lessons for (pedagogic) usability of e-learning systems, In G. Richards (Ed.), *Proceedings of World Conference on E-Learning in Corporate*, *Government*, *Healthcare and Higher Education*, Chesapeake, VA: AACE, 2003, pp. 281 – 284.

响用户对产品或系统体验的因素的组合。用户研究、界面设计和可用性测试构成了可用性工程学的三个部分。可用性测试是一种建立在认知心理学理论基础上的产品原型测试方法，是在模拟的实验环境中，用户或潜在的用户被邀请到可用性试验场所，根据脚本设计，操作产品功能的每一个步骤。参试者（Participant）被要求在测试的过程中通过一定的方式表达他们真实的感觉。可用性研究通过对用户、产品和环境交互的研究，来实现用户高效、满意和安全地使用产品。测试的方式一般使用量表或者动作分析仪等相关设备①。本书根据如下原理建立分析框架和解释模型。

二 分析模型

1. 联通主义理论

从协同学的角度看，社会和自然界的根本组织原则就是一种协同原则。教学世界中也早已存在一种意义深远的协同秩序，这种协同学习方式在一定范围内实现了群体协作，体现了个体之间及个体与外界环境之间的生存方式。这种方式也可以从学习理论视野找到其脉络，协同学习系统要素和各场域之间的作用机制概括为"联结"。联结的内涵和本质是有差异的，考虑学习发生过程中环境与个体建立联结的演化，从行为主义的联结观到认知主义的新联结观再到联通主义（George Siemens，2005）②，基本上可以归纳为由外部刺激—反应联结、内部神经元联结、外部知识关系联结的演进思路。而从当代建构主义认识论的角度，显然，基于分布式知识库的外部联结和基于信息处理的内部神经元联结成为协同学习发生的基本取向。协同学习的联结发生在一种具体的行动空间。从联通主义视角，一方面发现了学习的社会性的表现路径和方式，另一方面也为协同学习系统的评估模型提出了新的思路，协作创新网络模型从构建创新性的协作网络框架提供了新维度。

2. 协作创新网络模型

协作创新网络（Coin：Collaborative Innovation Networks）（Peter Gloor，2005）是一种新的团队管理理念和实践框架，其背景是协作知识网络，

---

① Nielsen，J.，*Usability Engineering*，San Francisco：Morgan Kaufmann，1994.

② George Siemens，Connectivism：A learning theory for the digital age，*Instructional Technology & Distance Learning*，Vol. 1，2005.

后者把各类协作网络分为兴趣网络、学习网络和创新网络[1]。协作知识网络（CKN）是基于对传统知识组织的批判而提出的，是一种自组织小组，高度动机激发的个体通过协作组成一个互联网上的团队，个体作为一个协作知识网络的成员来共享目标，并实现他们共同的事业。在协作知识网络中的人们通常在组织边界之外和跨越传统组织结构的新思想中进行聚合[2]。因此，协作知识网络是一种革新创新小组的管理的新方法，目的在于实现一种更加交流通畅的、协作性的和革新型的组织。其最核心的是协作革新网络，这是一个自我动机激发的人群，他们具有集体的愿景，通过网络来协作来共享思想、信息和工作，完成共同的目标。Peter Gloor 及其团队开发了适应协作创新网络的工具，并提出了协作创新网络模型的基本分析维度，包括连接性、共享性和交互性三者[3]。基于协作创新网络的组织被认为是具有有效的领导力、文化、结构和电子商务流程，强调高度革新和生产力、有效的组织、无缝的端到端的流程整合。目前，协作知识网络在 IT 外购、软件和分布式产品开发、运作政治竞选活动以及在线慈善活动等领域中得到广泛应用。这些组织如世界银行，开源团队，Daimler-Chrysler，Novartis Roche，Deloitte，Sun 和 IBM 等均成功地应用基于协作知识创新的网络团队来完成需求的项目。芬兰的阿伦那（Teem Arina，2006）用于分析知识密集型的环境中的交互与模型分析，而在正规学习领域的应用还不多，考虑协同学习系统的目标及情景，可以把一个学习技术系统看作"协作知识网络"，并从协作创新网络的分析维度进行评估研究，主要缘由如下：

● 协同学习关注知识时代的学习技术系统创新，核心是知识的协同建构；

● 在协同学习技术系统中，工具不是"嵌入式的"，而是"给养式的"，已经主动或者被动改变到了学与教的方式。因此，不能单纯地分析单个工具的有效性（后续研究中为了识别界定了工具）；

● 该框架正是从群体协作的角度来考察系统的知识创新网络；

① Gloor, P., "The Future of Work and Collaborative Innovation Networks", http：//www. ickn. org/html/ckn_ publications. htm.

② Gloor, P., *Collaborative Knowledge Networks*, eJETA the Electronic Journal, 2002.

③ Gloor, P., "The Future of Work and Collaborative Innovation Networks", http：//www. ickn. org/html/ckn_ publications. htm.

三　研究设计

1. 研究组织

本节采用"新手"和"专家"的视角进行三角互证，以保证研究的可靠性。新手定义为没有任何教育和技术基础的学生、新生、普通学习者。两个班级共74人；专家界定为具备良好的教育技术专业背景的学生，具有一定的教学经验和技术能力的毕业生，对学习技术系统感兴趣，共23人；时间跨度为三个月，其间建立以协同工具套件为技术的协同学习技术系统，在安装工具的网络教室授课，课程分别为《教育技术学》和《教育技术应用课题》；授课者为专业教师，还有两位合作辅助教师。由于工具的可用性，每次课建构工具使用频率较高，标注工具使用很低，但每位学习者均熟练使用两工具。"专家"学习者还增加了教师端的使用机会。本研究兼顾研究和用户测试，采用话语分析（内容分析），进行统计特征描述。试验阶段结束，要求学生完成三个任务：（1）分别写出两个工具支持的教学情景的优势和劣势；（2）专家还要求给出改进意见；（3）专家还要求对两个工具的使用场景进行设计。数据收集中对工具的优势和劣势根据 Coin 进行话语关键词分析、编码和分类，并进行特征统计。

2. 研究问题与动机

研究问题与动机包括以下几点：（1）测试协同学习的用户反馈；（2）研究协同学习及其工具效果；（3）通过上述研究，尝试一种研究路径来展开协同学习研究，并初步设计一种评估框架来评估协同学习。

3. 话语分析

话语分析成为研究 CMC、CSCL、交互分析、知识建构的重要方法（Suthers[1]，2001；黄、刘[2]，2006）。话语分析的重视表明了研究方法的一种语言学转向（哲学、语言学、心理学、教育学等领域）。话语分析与内容分析有着密切的联系，两者均是对质性研究资料进行量化分析。但

---

[1]　Daniel D. Suthers, Towards a systematic study of representational guidance for collaborative learning discourse, *Journal of Universal Computer Science*, Vol. 7, No. 3, 2001. "Electronic publication", http：//www.jucs.org/jucs_ 7_ 3/towards_ a_ systematic_ study.

[2]　刘黄玲子、朱伶俐、黄荣怀：《基于交互分析的协同知识建构研究》，《中国电化教育》2005 年第 2 期。

是，各位研究者对"话语"一词有着不同理解，比如罗兰·巴特从社会科学领域理解出发把"话语=语言"，而波特从语用学与修辞学角度认为"话语=文本"。本书更多认同波特的观点，他认为"话语"是"在最开放的层面上使用话语这个词，涵盖了各种形式的正式的或者非正式的言语互动以及各种形式的书面文本"（波特，2005）[①]。在本书中，对研究话语的资料进行基本编码，依据协作创新网络中的三个分析维度，编码体系如表4—2所示。

表4—2　　　　　　基于协作创新网络模型的分析维度编码

维度	关键词描述	积极话语	消极话语
连接性（C）	技术性、连接性、连接点数、个体之间连接、个体与机器的通信	肯定	否定
交互性（I）	个体交互程度、互动性、内容交互	肯定	否定
共享性（S）	社区群体性、群体功能、知识共享	肯定	否定

四　数据分析

1. 话语样本数据统计

本研究主要以新手的数据为主，专家数据作为印证。从统计来看，新手话语理论值为（39+35）×5×4=1480，实际话语值为290+308+287+313=1198，有效样本率为1198/1480=80.95%。样本充足有效，详细情况如表4—3、表4—4所示。

表4—3　　　　　　　　新手数据统计（74人）

有效总样本	样本率（740）	积极话语	样本率（370）	工具	消极话语	样本率（370）
598	80.81%	290（3.92）	78.38%	标注工具	308（4.16）	83.24%
600	81.08%	287（3.87）	77.57%	建构工具	313（4.23）	84.59%

---

① ［英］乔纳森·波特、玛格丽特·韦斯雷尔：《话语和社会心理学》，肖文明等译，中国人民大学出版社2006年版，第5—16页。

表4—4 专家数据统计（23人）

人均	积极话语	工具	消极话语	人均
4.22	97	标注工具	95	4.13
2.83	65	建构工具	90	3.91

2. 协作创新网络模型三维度分析

协作创新网络模型分别从连接性、交互性和共享性对一个知识网络进行分析。根据上述模型维度和编码体系，研究者对来自专家和新手的话语进行对应的编码和特征统计，结果如表4—5、表4—6所示。以下的标注指的是协同标注工具 ClassCT，建构指的是协同建构工具 ClassKC。

表4—5 专家视角的三维度分析

项目	标注积极	表现（87）	标注消极	表现（95）	建构积极	表现（65）	建构消极	表现（90）
C（连接性）	8	9.20%	45	47.37%	7	10.77%	32	35.56%
I（交互性）	39	44.82%	32	33.68%	20	30.77%	27	30.00%
S（共享性）	40	45.98%	18	18.95%	38	58.46%	31	34.44%

表4—6 新手视角的三维度分析

项目	标注积极	表现（291）	标注消极	表现（308）	建构积极	表现（287）	建构消极	表现（316）
C（连接性）	36	12.37%	164	53.25%	61	21.25%	158	50.00%
I（交互性）	150	51.55%	81	26.30%	46	16.03%	46	14.56%
S（共享性）	105	36.08%	63	20.45%	180	62.72%	112	35.44%

从专家的视角看，在连接性上，两个工具都表现较差，尤其是标注工具，从实践和技术角度看，主要是因为两个工具都是基于 JAVA 开发的，标注工具还需要以特定文档作为学习对象，因此连接性上适应当前的网络系统和环境有一些困难。而两个工具在共享性上则表现出较大的效果和优势，这对于形成创新性的知识网络非常关键。在新手的观点看来，基本与上述相近，只是在优势上，新手更看重标注工具的交互性和建构工具的共

享性，可能对于新手来说，内容交互是此系统别于其他学习技术系统最大的特征。而建构工具的快速和可视化也给新手的协作学习和集体思维提供了非常重要的支持。

3. Coin 模型映射

根据上述表4—5和表4—6话语分析结果，可以映射到协作创新网络模型中，对基于协同工具架构的学习技术系统做一模型比较，三个维度分别采用表中的积极话语百分率进行统计，得出如图4—7所示的映射模型，可以相对清晰地判断基于协同工具的学习技术系统在协作创新网络模型中的不同优势层面，也可了解本工具套件和学习技术系统需要加强和改进的维度。

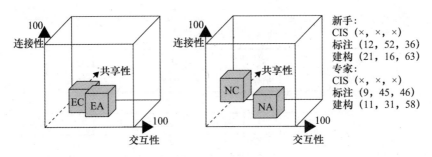

图4—7　专家视角的 Coin 模型值（左）和新手视角的 Coin 模型值（右）

五　可用性分析

上述研究表明，新手和专家对基于两个工具的协同学习技术系统效果评估和使用功能基本一致。两个工具在课堂情景中的协同学习技术系统框架内其 Coin 模型值趋同。通过本书，初步明确了学习者在协同学习技术系统中的需求，初步验证了协同学习工具套件的效果：在连接性上，建构工具优于标注工具；在交互性上，标注工具的价值更大；在共享性上，建构工具的表现更优。当然，本研究采用了一种新的模型来进行编码分析，在此过程中，发现 Coin 的编码和框架的细化值得进一步推敲；内容分析的体系值得进一步细化。此研究能够为后续研究提供路径，为工具的修正提供用户反馈。同时，发现如下问题：

（1）知识标注工具在技术路线上选择 Open Office 作为文档支持，在使用上存在访问上的障碍。

（2）知识建构工具在客户端用户界面上信息分布不均，呈现效果欠佳。

（3）采用 JAVA 作为开发语言，工具的使用预先需要配置和启动相关组件，给用户带来不便。

（4）在知识标注工具和知识建构工具之间缺乏思维的技术支撑。

第五节 支持深度知识建构的协同学习技术系统架构

一 协同学习技术系统的框架设计[①]

（一）系统功能概述

（1）允许教师用户与多个学生用户参加讨论，并且教师用户对学生用户有管理权限，学生用户登录时，要经过教师用户的许可。学生用户在授权后，也有对系统进行操作的权力。

（2）支持共享文档功能，允许多个用户通过共享文档讨论共同感兴趣的学习内容。

（3）支持用户之间的实时文本交流。支持文档标注与汇聚功能。

（4）支持协同思维加工流程，提供思维图式支架。支持知识建构功能。

（二）系统框架简介

多用户协同学习系统在实现上可以采用有服务器和无服务器两种模式。为了便于对使用者的管理，本协同学习工具套件采用了有服务器的胖客户端/服务器（RC/S）架构。服务器端监听客户对某个特定端口的网络连接请求，并与之建立连接，这样，这个客户的数据就可以发送到服务器，由服务器再根据数据的类型进行处理或转发给其客户。客户端将用户输入的数据和本身产生的控制信息传送给服务器，同时接收服务器转发过来的其他用户的数据和控制信息，再根据这些数据和控制信息完成相应的功能。每个客户端只与服务器进行通信，并不直接与其他客户建立连接。协同学习工具套件的系统框架如图 4—8 所示。

---

① 此部分内容参考了祝智庭教授领衔的华东师范大学教育信息化系统工程研究中心，《协同学习工具套件需求报告》2008 年第 10 期。参与人员有季隽、吴永和、薛耀锋、钱冬明、王佑镁等。

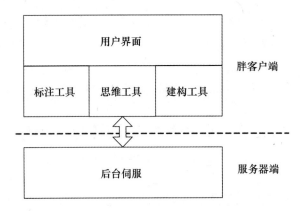

图4—8   协同学习工具套件的系统框架示意图

　　胖客户端的优点是充分利用客户端的资源，可以离线工作，能提供丰富的界面元素，可以存取本机资源，网络传输量小，速度快。可以方便地在客户端和服务器端执行加密解密操作，安全性较高。协同学习工具套件的胖客户端通过用户界面与最终用户交互。响应用户的操作，将用户的操作进行直接处理或转换为请求发给服务器进行处理，接收显示回传结果。协同学习工具套件的服务器端主要负责对客户端应用程序的集中管理。它根据用户不同角色、不同要求，提供不同的功能。

　　（三）设计与实现

　　1. 协同技术

　　本系统提供的协同学习方式不但有主（教师）—从（学生）模式，即体现传统的以教师为主导的教学模式；还提供了对等模式，即鼓励学生与教师、学生与学生之间展开讨论的创造性学习模式。

　　共享机制：本系统对客户的权限进行了分级，教师具有最高的权限，可以接受或拒绝学生的加入请求，可以将当前会话中的学生清除。学生的权限包括观看权和操作权，其中观看权指客户对文档等内容只可以观看不可以操作，操作权指对系统内的某些特定功能进行操作。如果教师只赋予学生观看权，即为传统的主从模式，如果教师赋予学生操作权，即为对等模式。

　　迟到者问题的解决方案：本系统采用了对象序列化传送的方法来解决迟到者问题。当一个学生登录到系统时，服务器检查当前会话是否已经有教师，如果有教师，说明该学生已经迟到了。服务器向教师客户端发出更新请求，由教师客户端将窗口对象及其事件监听对象序列化后，发送给迟到的学生。

2. 并发控制策略

协同学习系统具有一定共享工作空间，由于多协作者即多个输入通道的网络传输时延不同、数据包到达的顺序变化等因素的影响，经常会导致操作结果不一致的问题。因此，在协同学习系统应用中，需要实现共享对象操作的并发控制。并发控制的一般策略有：集中控制法，事务机制，依赖检测法和加锁法。在本系统中我们采用了依赖检测法，依赖检测法是一种适合实时多用户的并发控制方法，它对每个操作给出时间戳，然后根据操作的时间戳检查多个操作之间是否有冲突。这种方法的最大优点是无须同步控制、本地操作立即执行、没有冲突的操作也立即执行。

为了实现这一目的，我们在服务器端设定一个冲突检测类，这样每当客户端将要进行一个远程操作时，都要先在服务器端进行冲突检测，如果确认当前操作没有冲突可以进行，客户端才可以进行随后的操作。在该操作进行的同时，与之相冲突的操作将被禁止，直至该操作结束。

3. 协作感知技术

协同学习系统中，感知是一种信息的通告，它包含三个方面的含义：（1）感知是关于动态环境的知识，随环境的变化而变化；（2）感知是通过从环境中收集到的知觉信息来实现的；（3）感知是一种手段，它为某一目的服务。C. Gutwin 将协同学习系统中的感知行为分为能力感知，位置感知，行为感知，变化感知等 11 种感知。

二 协同学习工具套件

（一）基本组成

协同学习工具套件包含协同标注工具（ClassCT）、协同思维工具（ClassGT）和协同建构工具（ClassKB，早期使用过 ClassKC）等三个工具软件。根据协同学习工具套件的总体架构，在用户接口上采用"工具栏"式图标样式交互（类似 QQ 及其面板）。整个工具套件的系统组成如图4—9 所示：

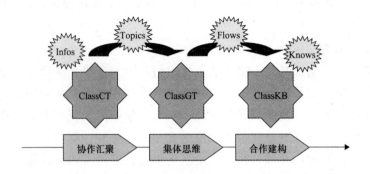

图 4—9 协同学习工具套件系统组成示意图

三个工具软件之间的功能分工为：协同标注工具主要完成教学文档的信息标注和汇聚功能，输出为课堂需要解决的几个主题（Topics），这些主题也就是协同思维工具需要进行群体思维加工的主题。群体思维加工的流程在协同思维工具中完成，结果输出为一个思维流程图，供新知识建构使用。协同建构工具则实现了知识建构的功能。

（二）知识标注工具

协同标注工具主要实现文档的标注和汇聚功能。系统是为中学及以上学校的课堂教学所专门开发的教学软件。这个系统应提供在校园网环境下，对学习文档的分发和验证，以及标注汇聚、共享和分析的自动化的软件方案。在这个系统今后的发展过程中，很有可能将应用范围扩展到 Internet。这个系统必须能够和已有的或者将要有的其他协同学习系统（协同建构、协同思维等）互补共存才能得到长久的发展。这个系统既要能够向其他系统（包括数据分析软件）提供数据，也要能够从其他系统读取数据。以学生为中心的教学观点与课堂教学的现实之间存在距离。教师能够向学生广播信息，但是不能快速处理学生反馈的信息。因此知识建构所要求的社会化互动较难实现。协同标注工具是为了给教师提供自动化的信息汇聚能力，帮助教师了解课堂情况并决策。为教师和学生创造一种实时的标注信息汇聚和呈现环境，使课堂环境下的社会化交互成为可能，从而促进知识建构。

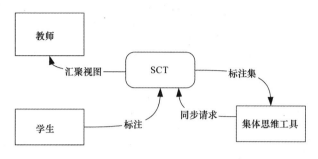

图4—10　知识标注工具应用环境

（三）协同思维工具

1. 协同思维工具——背景与需求

对于学习环境来说，技术能够为认知提供给养。表现之一在于信息技术支持思维过程。在一个特定的课堂教学情境中，思维的群体化和可视化对于深度学习的发生至关重要，也是实现知识建构的基础性条件。传统课堂中，个体思维的发生具有个体化、单一化、隐含化、主观化等倾向，无法为新知识的建构提供认知加工基础。而传统的环境，包括授导型教学和自主型学习可以一定程度上实现群体思维加工，但无法可视化，相关可视化教学策略却因点对面的组织形式无法实现群体化。这一切借助信息技术的优势则可以提供一种解决方案。

思维操作的群体化指的是个体思维与群体思维的协同。个体思维特制单个用户的思维加工和表征，群体思维不仅仅是群体中多个个体的思维之和，还指个体思维操作的交互、汇聚和提升。这样就能够通过集体思维的力量来提升个体思维的深度和层次，从而促进学习。

思维操作的可视化指的是利用思维图式来支持个体和群体思维的发生。思维本质上是一个混沌的过程，但是通过一定的思维图式结构能够支持思维快速有效准确的发生，比如比较作为一种思维操作，如果能够提供一个比较图式表格，那么在这种可视化思维表征的基础上，用户就能够快速地对两个对象进行比较思维，从而建构出新知识。

与思维的群体化和可视化发生的环境还包括多层级问题空间，以及思维操作的管理。多层级问题空间指的是思维发生的对象能够以多个空间存在，每个空间包含一个问题，同时具备层级子问题空间，子问题就是思维操作的最小单元。思维操作的管理包括问题的管理、思维图式的共享、思维过程的回放、思维过程的记忆、思维过程操作的监控等等。

2. 协同思维工具的工作流程

协同思维工具的工作流程：来自协同标注工具或者其他来源的多个主题，在 ClassGT 中进行群体思维。教师预先通过教学设计，选择若干 Topics 作为思维对象展开，顺序和要求均可教师定义，同时为每个 Topic 提供一个参考思维图式供学生进行个体思维支持。在一定的教学指导下，假设某个体 A 选择 Topic1，结合老师的建议的思维图式，在个体问题空间，进行思维加工，添加各种思维制品如信息、图片、文档等等，构成一个个体思维结构，并实时将成熟的思维结构上传至公共问题空间。

与此同时，个体可以参考群体中同伴的思维结构，可以回放公共问题空间的思维过程，对自己的思维制品加以完善；也可通过会话的消息机制（比如聊天），修改和完善自己的思维制品，直至满意，而后上载，完成群体思维操作。教师在服务端可以随时监控整个群体思维加工过程，并加以思维指导，最终完善为一个群体思维结构制品作为输出。然后使用协同建构工具进行知识建构，生产新知识。图 4—11 描述了协同思维工具的工作流程。

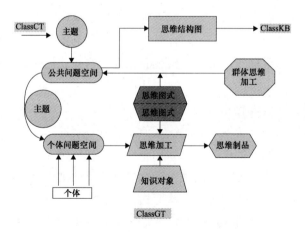

图 4—11　协同思维工具工作流程图

（四）协同建构工具

教师们乐于把课堂教学看作一个参与者主动思考并且积极交流的学习过程，而不是一个单纯的演讲。在这个过程中，教师需要引导学生思考（始终让学生知道该做什么），并实时地展现集体思维的过程和结果。其目的是让每个学生都能够感知（看见）其他人的进度，从而帮助他积极地参与到学习过程中。虽然黑板是个很好的展示工具，但是它的面积有限，放不下所有的内容，也不能让所有学生都上来书写。为了呈现动态多变的学习过程和保存学习结果，教师需要相应的信息工具。协同建构工具前期版本中存在的问题有：

（1）图形的种类比较有限，只有矩形和椭圆。

（2）在没有投影仪的机房环境中，学生看不见汇聚的结果（教师端窗口）。

（3）学生对已经提交的内容不能修改，也不能复阅。

（4）若学生的回答数量较多，则界面显得混乱。

协同建构工具实现了新知识的建构功能，主要采用胖客户端/服务器端模式。知识图式的表征在建构工具中具有重要意义。知识的图形表征可能存在无数种方式，不必拘泥于数据结构意义上的"图"。因此从抽象角度可认为该工具是一个集体共享画板，画板上可显图形或文本对象。连接在画板上的任何人都能够新增/删除或者修改对象的属性。避免冲突的规则是对象在同一时刻只能被一个人选中，只有选中它的人有权修改。抽象文档结构由背景和对象构成。背景有 X 和 Y 属性；对象有 Size、Position、Order、Text、Selected、Draw 等属性与方法。所有对象存储为对象数组，当鼠标单击或拖拉算法区域时，设计算法判断有哪些对象和点击位置或者选中区域有重合。自定义图形库可考虑借用 Visio 的模板。协同建构工具教师端、学生端工具界面如图 4—12、图 4—13 所示。

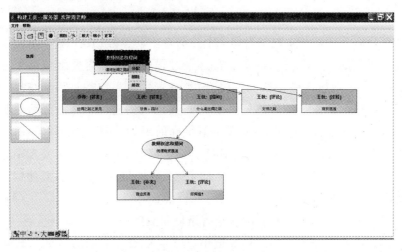

图4—12　协同建构工具教师端工具界面

图4—13　协同建构工具学生端工具界面

小结·反思:设计研究之技术制品

　　教育技术学研究不仅是要干预和改善教育实践，同时也要推动教育技术与理论的发展。而基于设计的研究很好地符合了教育技术学的目标与任务，因而，它既能汲取传统研究范式的经验与教训，同时又能为教育技术学最终形成自己特有的研究方法而做出积极的和有效的尝试。设计研究中包括循环的教育设计过程，分析、设计、评价和修正活动，直到在"有目的的"理念和已经实现的现实之间达成一种满意的平衡。

这种严格的执行显然包括研究的迭代性。这也是设计研究区分于其他研究范式最主要的区别。基于这一思路，本章在协同学习系统元模型、协同学习原理和机制以及协同知识建构的理论框架基础上，采用技术设计—原型开发—可用性测试—系统改进的迭代开发思路，开发了从知识标注工具＋知识建构工具到包含协同标注工具＋协同思维工具＋协同建构工具的协同学习工具套件，作为协同学习系统的技术制品产出。

第 五 章
协同学习设计的映射
模型与应用框架

没有无研究的行动，也没有无行动的研究。

——勒温（Kurt Lewin）

常常思考学习与科学研究这两种活动的差异，从知识建构角度来看，两者具有同样的使命。或许科学学习是一个很好的解剖对象，以 HOU（Hands On Universe）项目为例，HOU 为一天文教育机构，积极推行各种天文教学模式，并且以"动手做"（Hands-on）活动为主要精神，目前该项目进一步拓展为 GHOU（Global Hands-On Universe）。该项目最重要的特征在于"动手做科学（Hands-on science）以及主动做中学（Hands-on active learning）"。科学是一种发现活动，因此本质上说，它是一个生产新知识的过程。

其实学习该是如此！是通过手脑并用、知行合一、培养情智一体追求知识创新的过程。作为一个全新的学习系统框架，协同学习系统立足于此，整合了相关学习系统和学习理论的要素，变革了现有学习技术系统的基本框架。本章将基于前述的理论框架、学习原理和技术系统，进一步阐述协同学习设计及其应用。从理论框架到实践应用的实现其实就是一个设计过程，因此，本章将从建立协同学习设计的模型出发，通过映射和结构于多维场域空间的教学活动和技术工具，建立协同学习的应用框架。

第一节　协同学习设计的映射模型

一　协同学习设计概述

1. 教学设计与学习设计

在阐述协同学习设计的模型之前，有必要对相关的概念做一区分。这就是教学设计和学习设计。教学设计或者教学系统设计已经是一个稳定的专业化的词汇，尽管表述和立场不一，但是都认同教学设计作为一个实现教学最优化的系统化规划过程[①]。如，"教学是以促进学习的方式影响学习者的一系列事件，而教学设计是一个系统化规划教学系统的过程"（加涅，1992）。"教学系统设计是运用系统方法分析教学问题和确定教学目标，建立解决教学问题的策略方案、试行解决方案、评价运行结果和对方案进行修改的过程"（乌美娜，1994）。美国著名教学设计专家梅里尔（M. David Merrill）在其发表的《教学设计新宣言》一文中，将教学设计界定为：教学是一门科学，而教学设计是建立在教学科学这一坚实基础上的技术，因而教学设计也可以被认为是科学型的技术（science-based technology）。教学的目的是使学生获得知识技能，教学设计的目的是创设和开发促进学生掌握这些知识技能的学习经验和学习环境（梅里尔，1996）。

而学习设计（Learning Design）的表述不是简单的教学主体的转移或更新，作为一个结构化的专业词汇，学习设计是一个随着学习技术的标准化建设而出现的新领域。全国信息技术标准化委员会华东师范大学工作组在《学习设计信息模型 V1.0》中指出，学习设计是这样一种描述方法，其能够帮助学习者在某种学习环境下，通过某种编列的学习活动之后获得学习目标。学习设计是基于设计者的教育原则以及具体的领域与环境变量（比如数学教学的设计不同于语言教学，远距离教学设计不同于面授教学）而提出的一系列学习规范的描述。

[①]　关于教学设计/教学系统设计的观点和立场，可以参照如下著述：盛群力、李志强《现代教学设计论》，浙江教育出版社1998年版；何克抗、郑永柏、谢幼如《教学系统设计》，北京师范大学出版社2002年版；钟志贤《面向知识时代的教学设计框架——促进学习者发展》，中国社会科学出版社2005年版。

在本书中，学习设计有两种含义：在和标准、规范相关的论述中，学习设计是指 IMS 学习设计规范，是 IMS 发布的描述教学活动和教学过程的规范；在和教学设计相关的论述中，学习设计是指以学习者为中心、注重学习活动、面向过程的教学设计，它是教学设计的一个视角①。两者的比较如表 5—1 所示。

表 5—1　　　　　　　　　教学设计与学习设计的比较

比较项目	教学设计	学习设计
界定	系统化规划教学系统的过程	编列学习活动实现学习目标的方法
目标	优化教学流程	课程与教学的多样化与互操作
基础	教与学的理论、传播理论	教学设计
重心	教学流程	学习活动
关系	作为学习设计的先导	作为教学设计的结果
应用领域	教学与培训领域	学习技术开发
建模方法	结构化思维	教育建模语言（EML）
实现	设计思维	元语言、技术系统

2. 协同学习设计

本书将用协同学习设计一词来表述协同学习系统框架内的学习活动的开发方法。这也是支持协同学习的教学设计的重要内涵，通过开发协同学习设计模型来构建灵活的活动体系和技术环境，以支持协同学习的实现和实践。

为什么提出协同学习设计的理念呢？或者说为什么要从学习设计的视角建构协同学习的应用框架呢？奥利（Oliver）指出，许多关于学习创新的描述及案例都认为是利用或者基于某种理论——比如建构主义，但实际上并没有解释这种理论是如何具身于（embody）这种方法的原则和价值（Oliver，2002）。或许作为一个结果，许多设计反映的是一种"常识"而不是一种理论广博的设计（theoretically informed design）。而协同学习系统作为一个新框架，在学习设计上必然充满灵活性。因此，

① 曾苗苗：《基于学习设计的 ICT 教育应用模式研究——以初中科学课程为例》，硕士学位论文，浙江师范大学，2007 年。

建构协同学习设计模型，可以建立一种在理论上更加一致的方法，来关联不同的理论与学习的期望特征，并在教学设计中映射到相关的活动、工具和资源（包括人力和技术的）以支持教学实践。这种方法的目的在于使实践反映支持的理论。本章首先概述了协同学习设计工具箱的规范，这一规范使用了一种教学模式方法作为开发有效的学习设计规划的基础，同时描述了这一模式的应用框架。

二 协同学习设计的映射模型

基于现有学习系统和理论的要素抽象（见本书第一章），本章提出了一个协同学习设计的模型，这个模型清楚地表明了协同学习的关键成分及其与现有学习理论的关联，显示了它们之间的内在关系，并且提供了一种映射彼此的方式。有效的协同学习设计应该是根植于不同学习活动的成分外显。这种方法论途径由下列阶段组成：

●根据协同学习系统元模型及新框架抽取关键要素；

●述评学习理论，探究协同学习的学习理论基础；

●确定不同学习理论之间的共同特征；

●使用这些特征构建一个模式；

●映射一个学习理论到这个模式并且确定学习理论簇；

●应用和测试模型，开发一个学习设计工具箱来映射学习理论到学习活动中，并且关联中介工具和资源。

通过这种思维方法构建的模式具有三个明显的好处：

●映射不同的学习理论并且彼此聚类；

●清晰地表达了实践者的理解；

●把教学法与活动连接起来，并且把资源和工具联系起来。

协同学习设计模式的框架由以下八个要素组成[1]：

●个体——个体是学习的核心；

●群体——群体蕴含学习的社会属性。群体学习通过与他人的交互得以解释（比如一个导师和学生），通过会话和协作以在更广阔的社会情景中使学习发生；

---

[1] 价值这个要素影响到全部其他要素，是作为一个整体性因素出现，这里暂时不表征出来。

●信息——知识建构的基础，信息的外部实体比如文本、制品和知识的主体形成了体验的基础以及学习的原始材料；

●知识——知识建构连续统的重要一极，学习的重要结果；

●意动——学习过程中个体和群体的行为、表现、体悟、行动、反思等，这是信息的深度加工和知识的深度应用。通过这种意动获得的体验能够被转换成学习；

●情感——情感是学习的动力，也是学习的条件，能够促成信息加工、群体互动和意动表现，从而促进深度记忆和学习；

●短时记忆——单元信息加工的最初方式和基本方式；

●长时记忆——信息加工的常态方式和学习的基础。

三　协同学习设计模型的表征与解释

协同学习设计模型通过下例三种方式得以表征和解释：

第一，模式作为一系列的连续统来定位协同学习理论与实践，四对要素连续统构成四个谱系，如表5—2所示。

表5—2　　　　　　　　　协同学习设计要素连续统

信息	– – – – – – – – – – X – – – – – – – – – – –	知识
个体	– – – – – – – – – – X – – – – – – – – – – –	群体
情感	– – – – – – – – – – X – – – – – – – – – – –	意动
短时记忆	– – – – – – – – – X – – – – – – – – – – –	长时记忆

第二，这些连续统能够被表征为多个维度在一个可视化图式内，呈现一种学习理论空间的拓扑映射，如图5—1所示。

第三，这个表征与第二个相关联，在连续统的末端以八面体的形式强调这些要素的内在联系，通过三个轴线进行关联的解析。依靠映射来开发不同的学习活动、学习场域和学习环境，如图5—2所示。

最后一个方法对于帮助确定学习路径是有用的，这种方法看起来许多学习理论都支持。比如，设计中学（design-besed learning），能够被映射到本框架中，作为个体联结群体实现合作，通过制品生成产生意动行为，以及具体经验通过情景中的概念测试获得（情感体验）。根据协同学习的基本追求，遴选和组合出典型的支持协同学习的学习范式，如图5—3所

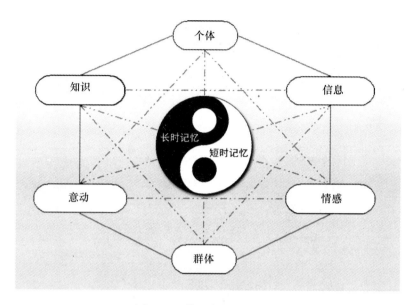

图 5—1　协同学习设计模型

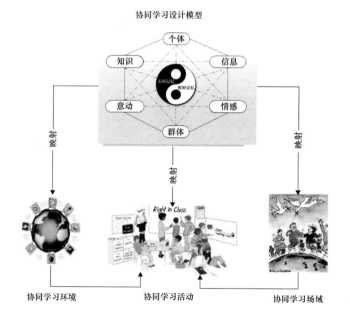

图 5—2　协同学习设计的映射模型

示。包括做中学（Learning by doing）、体验中学（Experiential Learning）、设计中学、操作学习（Hands on）、体悟学习（Embodied Learning）、心流学习（Flow Learning）、游戏学习（Learning by playing）等。这些学习范式乃至更多的学习范式可在协同学习设计模型中得以映射（见附录三）。

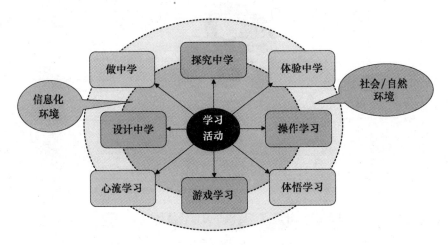

图5—3   支持协同学习的典型学习范式

可以看出，不同的教学方法都能够被映射到模型的不同部分。模型能够在两个方面起作用：第一，模型提供了一种可视化的方法以及分类理论的方法，并且表明了不同成分之间的内在关系和联结。这能够以一种外显的方式理解被表征的理论，允许不同的同源性领域和观点之间的意义建构。第二，模型能够作为一种工具，显示从理论到具体应用的方式，模式有助于映射不同的教学方法和学习活动来帮助有效的学习设计和不同中介工具和制品的合理使用。大量的学习活动分布在附录三中得以呈现。

第二节   协同学习活动开发

一   协同学习活动

通过协同学习设计模型的构建，可以建立从协同学习元模型到协同学习应用的映射关系。从教学设计的角度看，学习活动和技术系统成为设计的重心，也是学习设计考虑的要点。本节将基于协同学习设计模型，进行协同学习活动的映射与开发。而在开发协同学习活动之前，探究学习活动的结构非常重要。

学习作为人类的一种认识活动，既包含活动的过程，也包含活动的结果，单纯强调其中的某一方面是片面的。于是苏联心理学家提出应采用"活动"来定义学习的主张，认为学习是"传递——掌握社会文化历史经验的活动，它经历了从外部到内部的转化"。[①] 关于学习活动的结构以及学习的活动特质，众多学习理论予以关注。根据"活动理论"，学习这种心理现象也与其他心理现象一样，是主客体的一种相互作用活动，人通过学习活动认识和反映客观世界，获得关于客观世界的知识经验。根据维果茨基的"社会文化历史理论"，学习被看成是一种掌握社会文化历史经验的心理现象；根据列昂杰夫的"活动理论"，学习被看成一种活动；而根据洛莫夫的"系统观点"，学习这种活动则是一个活动系统，是由活动的不同侧面构成的，这为学习活动的多侧面性提供了理论依据。人类的进步不是受生物学法则支配，而是受社会法则制约的，这种社会法则制约着每一个人的发展，人类进步发展的特殊性是由人类的社会生存方式带来的，人类的经验不是借助遗传机制而固化着，而是靠人类特有的社会方式传承。人类个体的发展不是靠内在的遗传机制的展开而发展，而是靠人类的活动——生产手段、文物书籍、语言文字的积淀（外化）和掌握社会经验（内化）的过程——来发展的。这些以维果茨基为代表的苏俄心理学思想，在 20 世纪 90 年代成为西方学术界研究的热门话题，并且进一步发展了"活动理论"。

对于上述活动理论的基本观点，国内学者也做了大量探索。李红从活动理论视角阐述了学习活动的本质；钟启泉系统考察了教学活动理论发展的历史脉络；郑太年区分了三代活动理论的模型与框架，并从活动理论视角分析学校学习中存在的问题及其解决途径。更为重要的工作在于杨开城教授提出的"以学习活动为中心的教学设计理论"[②]，杨教授第一次在国内系统地用活动理论来解释教学活动和学习活动的开发，并将活动理论直接映射至学习活动中。这些成果都为本书提出的协同学习活动结构探析提供了基础。

---

① 李红：《论学习活动的本质》，《心理学探新》1999 年第 1 期。

② 杨开城：《以学习活动为中心的教学设计理论》，电子工业出版社 2005 年版，第 39 页。

二 协同学习活动结构

本书聚焦于知识建构问题，而知识建构本身就可以看作一个活动系统。范阿斯特和希尔（Jan Van Aalst & Cher M. Hill）在具体的知识建构案例研究中，提出将知识建构视作为一个具体的活动系统，他们首先从教育性来考虑单一的活动系统的构成，其中表征了关注思想提升而缺少对发生知识建构活动的社会世界的关注。这种活动系统描述了客观定向的活动的单一主体，这种活动包括中介制品，在这个领域中，客体由一个或者多个问题组成，这些问题是主体正在研究的。活动的成果定向由新知识组成——新的概念制品，学生通过笔记记录在知识论坛中，并且将会评论这种需要评论的笔记。班级中其他学生将继续主题的写作，来辅助主体开发新知识。因此，数据库对于主体的记忆来说是一种辅助工具，能够支持"知识—建构性"的写作，而不是知识—讲述性写作（Scardamalia et al.，1994）。这一活动过程阐释了知识建构过程。综上所述，协同学习活动的结构如图5—4所示。

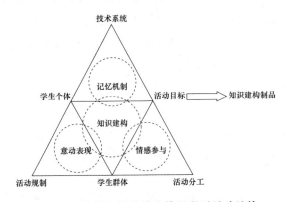

图5—4 支持知识建构的协同学习活动结构

三 协同学习活动编列方法

协同学习设计模型其实是一种思维方法和设计工具箱，国际上康纳尔（Conole）等人曾经采用过这种方法，已经开发了许多关注媒体和资源选择、评价和信息处理方面的工具箱以及 e-Learning 学习设计工具箱（Conole & Oliver，1998；Conole et al.，2001；Oliver & Conole，2002；Oliver et al.，2002）。在他们看来，工具箱是一个基于专家模式的决策系统，履行一个导引和概念框架之间的角色①。一个导引（wizard）被看作一种软件工具，基于请求信息（solicited information）并且利用预定的模板代表用户做出决策。在大多数情形中，这些生成输出的方式向用户隐瞒。因此，这种导引比一个工具箱更容易使用，但是在潜在的输出方面具有更多的限制性。相反，框架提供了某个领域的某种理论观点，常常被用于支持决策的一种参考。因此，在设计连续统中，工具箱是比较合适和有用的，很多方法能够被使用，但对于问题并且没有单一正确的答案。工具箱被设计来促进隐含的结论，或者基于信息和来自用户的假设推荐合适的方法。工具箱提供了一种结构化的引导性框架，同时也促进灵活性和本地情境化。因此不仅仅工具箱决定了代表用户的最佳方法，实践者也使用这些推论来追求广博的（informed）、专业的关于某种变革是否合适的决策。而实际上教学设计也是一个决策过程。因此，建构协同学习设计模型具有以下多种用处和实用价值：

●解释——作为一个理解学习理论的框架；

●作为一个通过关键学习特征来确定本地化学习理论的机制；

●作为一个实践者评估他们自己实践的过程，使他们理解教学方法并外显化，以及如何活化他们的学习和课程设计；

●作为一种支持规划、设计和概要学习机会的工具。

如前所述，协同学习设计模型映射至协同学习活动的基本要素为：

●信息—知识

●个体—群体

●情感—意动

●短时记忆—长时记忆

需要指出的是，上述连续体不是对立而是共存和互动的关系。本书采用的方法是，采用自上而下和自下而上的方式，一方面收集现有在教学、决策、思维方面的活动样式，根据上述模型进行结构化；另一方面通过上述不同维度的结构化，生成不同的学习活动，并建立起相关的映射关系。

---

①　框架、工具箱和导引存在于一个连续统中的不同点，关于这些点对于用户是最佳的这种判断是没有价值的，很清楚的是，每个都适合支持不同需求的用户。通过界定，工具箱包括一个承认理论和最佳实践过程的专家模式。而且，通过提供一种公共的概念框架（尤其是其中术语的多元解释能够被协商和认同），工具箱的界定和建立标准是可能的。

四 协同学习活动选择矩阵

根据上述方法，本书整理了协同学习设计模式映射下的协同学习活动序列，见附录四、五、六。

第三节 协同学习场域构建

一 协同学习场域及其分层

作为协同学习设计的重要组成部分和成果之一，学习场域设计的作用在于为学习提供一种"给养"和支持，因此，从实用的角度来看，需要对协同学习场域及其设计做出分层。分层的依据来源于两个方面：

1. 诺曼的设计理论

诺曼最重要的概念在于他把设计和设计的目标（用户最终是如何享用一项设计的）明确分为三个层次，分别为本能层（visceral）、行为层（behavior）、反思层（reflective）①。所谓本能层就是能够给人带来感官刺激的活色生香；行为层，是指用户必须掌握技能并使用技能去解决问题，并从动态过程中获得成就感或者爽快感；而最高层次则是反思层，这个层次实际上是由于前两个层次的作用，而在用户内心中产生的更有深度的情感、意识、理解、个人经历、文化背景等种种交织在一起造成的影响。"触景生情"、"树犹如此，人何以堪"，反思层对现代产品设计的重要性，有助于建立起产品和用户之间的长期纽带，可以帮助用户建立自我标识（self-identity）。中国目前各种产品，无论是家居还是商业用途，一律求洋、求新、求奢华，在奢华的表面下，往往忽视其可用性，更忽视了其和使用环境是否和谐，不能和用户之间建立长期的感情纽带，也就是在行为层和反思层做得还不够。

诺曼指出，人脑具有三种不同的加工水平：本能的、行为的、反思的。与人脑的这三种加工水平相对应，对产品的设计也有三种水平：本能水平的设计、行为水平的设计、反思水平的设计。本能水平的设计主要涉及产品的外形的初始效果，行为水平的设计主要是关于用户使用产品的所

---

① ［美］唐纳德·A. 诺曼：《情感化设计》，付秋芳、程进三译，严正、傅小兰审校，电子工业出版社 2005 年版，第 6 页。

有经验，反思水平的设计主要是产品给人的感觉，描绘了一个什么形象，告诉其他人它的拥有者是什么品位。

2. 教学场论分层理论

国内诸多学者从场论的视角对教学和学习进行了研究，其中最为系统的是吴小鸥教授。她在其博士论文《教学场论》中，系统地从场论的视角对教学进行了分析，阐述了一种基于整体观的场思维。在其著述中，吴教授还对教学场进行了分层，她把教学场分为三个层次：教学心理场、教学活动场和教学文化场。吴教授的分层依据在其著述中并未提及，但读者可以依稀发现其基本上是按照微观到宏观的思路展开。这个教学场域分层的提出，把抽象的教学场域具体化了，而心理、活动和文化三个层面也比较符合教学实践。因此，基于教学场论分层模型来指导协同学习场域的分层具有极大的意义。

3. 协同学习场域分层

基于上述依据，进一步阐述协同学习场域的分层。如前所述，协同学习系统是一个多场协调的系统，具体包括信息场、知识场、意动场、情感场和价值场，从设计的角度看，必须寻找出实用的分层模型来指导设计实践。作为一个系统设计的产品，可以借鉴诺曼的设计层次论，分为本能层、行为层、反思层，不同的层次反映着不同的设计目标和深度；而根据教学场论分层理论，从微观到宏观分别为心理层、活动层和文化层，不同的层次反映着不同的学习层面。两者也具有一定的对应关系，如表5—3及图5—5所示。

表5—3　　　　　　　　　　协同学习场域三层比较

设计层	本能层	行为层	反思层
教学场	教学心理场	教学活动场	教学文化场
协同场	信息加工场	协作建构场	文化价值场
动力机制	记忆机制	协作机制	创新机制
知识观	习得中的知识	协作中的知识	行动中的知识
学习观	知识习得	参与	知识创新

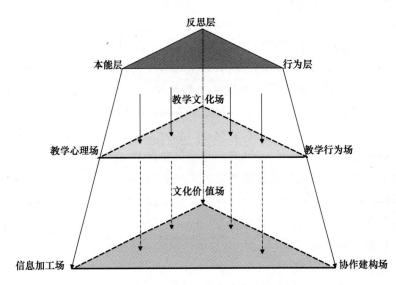

图 5—5   协同学习场域分层

二   协同学习场域设计模型

场心理学家认为：一个人所有的心理活动，在一定时刻，就是同时存在的相互依存的种种因素的全部作用。用"场"表示一个人在一定时间内生活于其中的整个心理世界……是在当前所处情境中同时发生的诸方面（因素、情形）。其关系主要表现为（包含与主体的）相互作用。这主要指在知觉或认知过程中，学习者在心理上同时向自己的心理与环境延伸。在环境中的某些因素与自己发生关系，从而对事物有所了解并做出相应的行动。学习场的情境氛围对学习者会产生直接的影响，因为学习是依赖信息交往和环境作用而产生，学习者借助分化、泛化和重组他人的、自己的及其心理环境因素的方式，获得新的或改变了的知识结构，顿悟、理解其意义。

在物理学中，"场"却是专指物质存在的一种基本形式，具有能量、动量和质量，能传递实物间的相互作用，如电场、磁场、引力场等等。课堂这个"场"不仅具有生活的"场"的概念和物理学"场"的意义，更具有群体生命活动十分活跃的"场"的特色。主体、客体、媒体在这里和谐互动，冲力、引力、张力在这里会聚碰撞。从这个角度理解，课堂应该是一个最具活力的"学习场"。协同学习场域设计指的是针对协同学习活动所构建的协同学习空间，如图5—6所示，主要阐述各个场域的要素设计及其指导性应用框架。

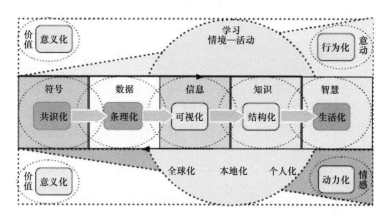

图5—6　协同学习场域设计模型

三　协同学习场域设计策略

（一）信息加工场

学习的基础是记忆，信息加工场主要通过记忆机制完成个体信息到个体知识的习得。这是任何学习观都遵守的基本原理，也是协同学习系统的功能。从设计的层次看，这是属于系统的"本能层"，从教学和学习视角看，学习其实是一个基于心理活动的认知和建构过程，因此，从更深的层面看，也属于教学心理层，是心理场在教学过程中的映射。"心理场是借助物理学中场的概念来解释心理活动的理论，它把环境或者个体看作一种整体的存在，任何具体的心理活动及行为都是在这个整体的制约下发展和变化"①，从心理学意义上讲，教学乃是教师以自身的学识、情感、智慧的火花去点燃学生心灵的火焰，是师与生、生与生心灵的感应、接触和撞击的过程。教学心理场是一种微观场，是师生伴随教学活动而形成的心理场②。在协同学习系统中，知识建构场实质上是个体在信息场—知识场、

---

① 朱智贤：《心理学大辞典》，北京师范大学出版社1989年版，第51页。
② 吴小欧：《教学场论》，湖南师范大学出版社2007年版，第46页。

长时记忆—短时记忆相互交互的动力过程。其目的在于实现信息加工和知识习得。

1. 信息设计：信息可视化

信息化是人类社会活动方式的一次巨大变革。这一变革的技术基础就是对信息的处理、储存及传递方式的改变。这一改变将对人类的文化、生活方式产生深远的影响。信息设计（Information Design）即是在这样一个大背景之下被提出来并日益受到重视。Wurman 将信息设计看作是一种构造信息结构的方式，认为信息结构设计师的根本任务是设计对信息的表示，即信息结构设计师应该能够提取复杂环境和信息中的内核并将之以清晰和美观的方式呈现给用户。信息设计是一个搜索、过滤、整理和表达信息的过程。与传统设计中设计者与用户的关系相比较，信息设计者更注重与用户的交流[①]。

从教学信息论的观点看，学习的过程实质上是对教学信息吸取、加工、组织提取其意义的过程，学生必须对所吸取的信息根据有关的要素进行重组，才能建构起清晰的意义结构。教学信息论认为：教学作为一种信息流通系统，其特征是师生都有一个信息传输、变换、输出、反馈和调整控制的过程，从中不仅可以揭示各个教学要素之间的相互关系，而且可以揭示其动态变化。教学信息设计可以采用图形信息设计策略来实现。图形信息设计（infographic：Graphic Information Design）研究如何借助图形对定量的、非定量的（数据）信息（包括静态信息，如地图；动态信息，如行为、过程等）进行描述。Edward R. Tufte 认为好的图形设计能够"对复杂的信息进行清楚、准确、有效地描述"；能够"在最小的空间里、以最少的笔墨、在最短的时间里传达给观者最丰富的观点和理念"。

2. 知识设计：知识结构化

知识是个体对信息的加工的结果，一般而言，经过短时记忆后加工提炼的进入长时记忆的称为知识。对于教学而言，如何设计知识以促进个体的学习和认知成为关键。从信息学的角度看，知识设计问题的提出是基于

---

① 岳小莉、曹存根：《信息设计和知识设计》，《中国科学院计算技术研究所内部刊物——信息技术快报》2004 年第 11 期。信息设计是一个搜索、过滤、整理和表达信息的过程。与传统设计中设计者与用户的关系相比较，信息设计者更注重与用户的交流。

以下两个前提①：

●知识不同于信息。知识是能生成信息的信息。

●知识的设计不同于信息的设计。前者侧重于对知识的理解和吸收，后者更侧重于对信息的发现。

知识设计是指设计者根据用户对知识的个性化需求，利用可能的知识资源，借助多种设计方法，对已有的知识进行选择、组织，并以恰当的方式进行表达的过程。可以描述为：以可能的知识为"素材"，以用户需求为功能约束，从设计学的角度出发，对知识进行设计，设计的结果就是知识产品模型。

教学中除了需要对信息进行设计之外，对教学知识的设计也非常重要。知识设计绝不是简单地将信息转移、复制和简单累加，而是进行一定粒度的知识结构化，其中既有学生已有经验作为不可或缺的基础，还需有与环境（包括与他人的交流、讨论）的互动，还包括一定的情境化。知识结构化的目的在于可以促进学习主体深化对信息的理解，完善自己的认识，吸取他人的经验与方法，从而更好地完成知识意义的建构。祝智庭教授提出，教学中应该加大知识粒度，增加情境化思维，为个体智慧提升提供服务②。

3. 记忆机制

信息加工场的功能是为了实现个体信息到知识的转换，其机制就是记忆习得机制。知识是个体与环境相互作用后获得的信息及其组织。这说明，知识是后天经验的产物，而且是通过主客体相互作用产生的。知识习得即知识的掌握。表5—4表征了个体在信息场与知识场互动中实现信息加工和知识再现。

表5—4　　　　　　　　　　信息场、知识场的互动

		信息场	知识场
		I-PSTM	K-PLTM
信息场	I-PSTM	—	个体信息加工
知识场	K-PLTM	个体知识再现	—

① 岳小莉、曹存根：《信息设计和知识设计》，《中国科学院计算技术研究所内部刊物——信息技术快报》2004年第11期。

② 祝智庭：《信息化教育的社会文化观》，《学术报告·广州》2006年12月30日。

个体信息加工和知识再现是学习的基本方式和机制，加涅用信息加工理论来解释学习活动，并提出一个关于学习与记忆的基本的典型的模式，这是信息加工论的基础，这一模型指出了信息的流程，即信息从一个结构流到另一结构的过程。来自环境的刺激输入感觉记录器（非常短暂的记忆储存），然后进入短时记忆，最长大约可以持续 30 秒。如果学习者进行复述的话，信息能在这里保持稍长的时间。随后，将信息编码储存，并且进入长时记忆里。长时记忆被假设为永久的储藏仓库。短时记忆与长时记忆的功能不同。经过短时记忆到达长时记忆的信息可能恢复而回到短时记忆中去。例如，当新的学习需要部分回忆起先前习得的某些事物时，就须从长时记忆中检索出这些事物，重新回到短时记忆中去。储存在短时记忆或长时记忆中的信息恢复后，就到达反应发生器。反应发生器把信息转换成行动，也就是激起效应器的活动，作用于环境。在这个模式中"执行控制"与"预期"是两个重要的结构，它们可以激化或改变信息流的加工。前者起调节作用，后者起学习定向作用。加涅根据这一模型，认为学生的学习过程可以分为动机、领会、获得、保持、回忆、概括、动作和反馈八个阶段，这八个阶段是分别以学习者在学习中所发生的心理活动过程为依据的，相应的八种心理过程为：期待、注意、编码、储存、检索、迁移、反应和强化[①]

（二）协作建构场

知识建构和个体发展是协同学习系统的主要功能。当代大部分学习理论都认为：学习是社会性的、建构的。学习者不是被动地接受信息，而是根据自己的先前知识对当前知识进行的积极的建构。建构主义学习理论认为：所有的知识是主观的、纯粹的和特异性的认知建构，不是对客观现实的简单反映。从这个角度看，学习过程应当视为一种积极的建构过程，建构主义学习观强调学习者主动建构，因此要求学习者的学习活动是一个社会性的协作建构过程。布鲁纳近来也指出："过去我的儿童模式主要针对传统意义上的独立的儿童，而现在，我越来越认识到多数场景（settings）中的学习是一种共同活动，一种对文化的共享……正是这一点，使我不仅

---

① R. M. 加涅、W. W. 韦杰、K. 戈勒斯·C：《教学设计原理》，王小明译，华东师范大学出版社 2007 年版，第 9 页。

强调发明和发现，而且更强调协商和合作的重要性——概括而言是强调合作性文化创造的重要性。"①。

1. 建构机制：认知分布化

协作建构考虑到了群体的认知特性和技术的记忆机制，称之为认知分布化，认知分布化与分布式认知相关，分布式认知（distributed cognition）是认知科学的一个新分支，它借鉴了认知科学、人类学、社会学、社会心理学的方法，认为要在由个体与其他个体、人工制品所组成的功能系统的层次来解释认知现象。那些在个体的分析单元中不可能看到的认知现象，在分布式认知研究中得到了强调。尤其重要的是，分布式认知强调个体、技术工具相互之间为了执行某个活动而发生的交互②。

传统认知观把认知看成局部性现象，总是在个体层次上从大脑内部信息处理的角度对其进行解释，这样就限制了对在个体层面上不可见的一些有意义因素的关注。赫钦斯力图打破这种局限，认为认知具有分布性："我将从个体的自然的情境性认知角度来思考问题。只是在海上（对轮船导航的研究）完成了我的第一个相关研究之后，我才意识到认知之社会分布性的重要性"③。"有充分的证据说明一个小组的认知属性是不同于小组之成员的认知属性的。在研究人类的认知能力时考虑到这一点是很重要的。""……这是什么意思呢，当然是说个人的认知也是分布式认知"。④所以他认为认知最好被理解为一种分布现象。分布式认知据此提出了一个研究认知的新的分析单元——功能系统（Functional System，一种社会—技术系统，包括参与者全体、人工制品和他们在其所处特定环境中的相互关系），在这个超越个体的分析视野中强调认知在时间、空间上和在个体、制品、内部及外部表征之间的分布性，并且要求在工作情境的层次上解释人类活动中的智能过程是如何超越个体参与者之界限的。

---

① ［美］海因里希、鲍尔斯费尔德：《结构的构建：作为社会实践的数学化的形成与功能》，《教育中的建构主义》，莱斯利·P. 斯特佛、杰里·盖尔主编，高文等译，华东师范大学出版社 2002 年版，第 112 页。

② 任剑锋、李克东：《分布式认知理论及其在 CSCL 系统设计中的应用》，《电化教育研究》2004 年第 8 期。

③ Edwin Hutchins, "Cognition in the Wild·Introduction", http：//hci. ucsd. edu/hutchins/citw. html，2008 - 12 - 23.

④ Edwin Hutchins, Distributed Cognition, IESBS Distributed Cognition, http：//eclectic. ss. uci. edu/~drwhite/Anthro179a/DistributedCognition. pdf，2008 - 12 - 22.

表5—5　　　　　　　　个体/群体—信息场/知识场的互动

		信息场		知识场	
		I-PSTM	I-GSTM	K-PLTM	K-GLTM
信息场	I-PSTM	—	信息汇聚	个体信息加工	集体知识建构
	I-GSTM	信息分享	—	个体知识建构	群体信息加工
知识场	K-PLTM	个体知识再现	集体知识提取	—	知识汇聚
	K-GLTM	个体知识提取	群体知识再现	知识分享	—

2. 协作机制：建构合作化

学习是合作性的，学习的情境观作为参与性的社会实践已包括了创造性学习的合作性特征。学习的合作性概念也是许多激进建构主义者的核心概念，用来解释知识建构的特异过程能导致学习者获得共同的概念和技能。在社会建构主义看来，社会互动是学习的本质，在整个互动过程中出现了个体知识的建构。有效学习的合作性要求教学能够使学生超越自己的认识，并且在教学中通过学习者的合作，形成对知识的更加丰富的理解，以便学习的广泛迁移。教学过程的本质是交往，实践与研究证明，实现教学交往的有效途径是实施协商性课程与协商式教学。协商式教学在学习目标以及具体学习任务的确定上，具有现实需要性、差异性、发展性和自设性，即学生有权参与目标的设计与确定，根据学生的实际性，目标不是唯一的，而是有层次性，学生可以依据自我能力，定位于某一层次，努力达标。并且可以根据发展情况递进，还可以修正目标，自设具体目标。这过程中学生可以同教师、同学、合作伙伴一起协商决定。教师不强迫学生一定要达到哪一目标，强制学生怎样去学，只是一个活动组织者，策略提供者，条件支持者和问题解决的帮助者。

3. 协作建构机制

分布式认知的研究表明，社会性群体和技术系统成为认知的重要载体，也是知识建构的重要中介。表5—5表明，群体在信息汇聚、知识聚合方面为个体学习提供了重要的互动方式和信息加工方式。

（三）文化价值场

学习不仅仅是信息加工和知识建构，更应该是一个知识创新的平台。这就需要意动、情感和价值要素的参与，形成面向创新学习目标的文化价值场。除了通过上述策略促进学习主体深化对信息的理解，完善自己的认识，吸取他人的经验与方法，从而更好地完成知识意义的建构，同时还有利于形成一种积极学习的氛围，营造起一个互动的学习场，使学习主体更乐于参与、乐于思考，造就一种自觉进取的学习心态，会产生能动、创造性学习的效应。课堂是知识信息、心理信息等多元信息的交流、碰撞、产生灵感、思想的学习场，而教学则是一种特定的、有目标、有中心的多元信息交互的动态活动和过程。其中知识信息是以心理信息为支撑进行交流的。因此，重视课堂中的各种信息，才能敏锐地捕捉到学生的信息反馈；全面深刻地了解学生学习状况和思维发展的脉搏，才能有效地调节和掌握教学节奏，使信息交流流畅、深刻，进而形成一种互动发展、充满主体生命激情的学习场，使教学获得最佳效果。

1. 意动设计：意动行为化

意动包括内隐行为和外显行为，知识在使用中才能生成。情境学习观是对信息加工观的反叛，信息加工观认为：学习和思维过程发生在大脑中，知识是对事实、概念、关系和原则的程序性储存的表征，在将来这些静态的知识可以被激活并用来完成任务或解决问题。相反，情境观认为：学习需要在真实的或现实的社会和物理情境中发生，这样学生在以后的情境中才能使用这些知识和技能。现代认知派虽对情境学习观有过批判，但是情境学习观也是对学习环境生态化的一种要求，如果能在可能的情况下使学习在适当的情境中发生，也不失为对学习迁移的促进。

无论是内隐行为还是外显行为，都能给个体学习者在信息加工和个体建构过程中增加一种体验和体悟，这对于知识的创新和应用是至关重要的。为了促进深度学习和有意义的学习，为学习系统增加知识体验和实践活动非常重要。设计者和教师应该关注学生的学习体验，让学生在参与中体验学习的观点。个人的学习，能否带来内在的发展与成长，能否使自己的思想、情操等得到升华，却不是由学习的方式、手段决定的，而在于它能否深入体验，获得感悟，实现经验的转化与内化。只有在过程中去参与、去经历、去体验、去感悟，才是较好的方式，所谓"事非经过不知难"，不经一事，难长一智，置身其境方觉悟。

2. 情感设计：情感动力化

在协同学习技术系统中，把情感作为学习系统的一个重要的场域空间。情感场为学习行为发生和维持提供了重要驱动力来源，作为知识协同加工过程的动力协调整个学习过程。这种协同观表明，情感与其他学习要素一样，成为影响个体发展和学习业绩的重要影响因子。这点在传统教学论以及教育心理学的研究中也得到证实。这里需要说明的是，本书关注的是情感作为影响教学的因素而不是学习的目标或者对象，后者如克拉斯伍、赖格卢斯等情感领域教学设计的研究正在陆续推出。本书关注情感如何作为一个重要的组件在革新教学设计中的方法与设计。里奇认为，设计的成败一般取决于四个变量，分别为学生、内容、环境和传递。以往教学设计者多关注智商，而忽略了情感智力，现在情感智力已越来越引起设计者注意。事实表明，情感智力不仅能够促进智力发展，而且很多情况下，情感智力比智力更重要。近几年也产生了许多偏重情感智力的教学设计，如协同教学设计、合作教学设计等等，就是这一趋势的反映。

情感对认知、记忆、动机等都有极大的影响，甚至于最枯燥机械的学习都离不开情感。对大脑以及对情感的各项研究已经证明情感与认知不是两个对立的概念。情感在认知的基础上产生，情感对认知产生巨大的影响，成为调节和控制认知活动的一种内在因素。情感与认知相辅相成，认知依赖于情感。近期研究认为认知心理学家已"发现"情感领域可能控制着认知。他们认为这一"发现"存在于多种建构主义思想中，情感对认知的反作用力可见一斑。情感和记忆的关系是相辅相成的，情感的特性和发展受记忆的特性和发展的影响。并且，情感和记忆各方面的合作对于行动和发展有重要意义。情感既可以减缓遗忘，也可聚焦，提高注意力，记忆系统中情感作用的整合联系最值得关注。Wundt 认为，一项特别记忆中的情感成分在与认知因素发生联系之前先产生意识，于是，可确认的语义结构或标签就可通过情感关联重新获得记忆。情感记忆的整合联系认为情感—记忆实际上就是人类信息—加工系统本身所固有的特性。人类的认知和行为不仅受情绪和情感的影响，而且是在动机支配下进行的，所以动机是指推动人的活动，并使活动朝向某一目标的内部动力。

3. 价值设计：价值文化化

马克思主义哲学中认为价值是揭示外部客观世界对于满足人的需要的意义关系的范畴，是指具有特定属性的客体对于主体需要的意义。价值是引导学习系统实现其正向功能的重要指南。钟启泉教授指出，教学并不停留于"知识移植"和"意义建构"上，它作为一种"认知框架"、"行为"规范实际地参与学生的人格形成。连接这种"文化"与"人格"的概念称作"文化化"①。因此,在追求整观教育的协同学习系统看来,价值文化化则是一种重要的导向。

"学习文化"系指一种学习的文化,是整体文化中的一项重要内涵,包含学习理念、学习习惯、学习方式、学习形态、学习内容、学习制度、学习态度与行为以及师生关系等等。因此,学习文化也是一种学习现象,包括无形的学习价值观与有形的学习活动。学习文化的形成是学习者与学习环境交互作用下的结果。良好学习文化的形成,往往是在社会大众具有合乎现代化和正确的学习理念、态度与行为的前提下发展而成。学习文化由个人和集体共同创造,由反映主动学习的理念的规则、态度、价值观和哲学观等组成,它只有在丰富的学习环境中才能建立起来。

"文化化"(enculturation),是教育人类学的一个核心概念,指生存于一定的社会文化体系之中的个人,习得该社会所固有的习俗、知识、技术、价值、信仰及其他行为方式,获得作为社会成员的角色及相应的动机结构的过程。确切地说,指的是以特定的语言与非语言性行为为媒介,在个体内将特定的行为范式(感知性、运动性、情绪性、认知性的反应方式)加以系统化的过程②。这是人类之区别于其他动物的特质。就是说,所谓"文化化",无非是指人在某种特点文化中,学习行为方式、认知框架、思考方式、价值规范和伦理规范的过程。"文化是人类在处理人与世界的关系中所采取的精神活动与实践活动的方式及其所创造的物质和精神成果的综合,是活动方式与活动成果的辩证统一"。③ 在协同学习中,这种文化便是知识创新。

4. 创新机制

知识创新方法的特征在于根据创建支持知识提升和革新的社会结构和协作过程来探究学习。从这点上看,知识创新方法与学习的参与观点紧密联系。而且,知识创新方法描述了生成新思想和概念化知识的重要性。在这点上,它与学习的习得观点是相通的,因为强调了概念性知识。Carl

---

① 钟启泉:《"学习场"生成与教师角色》,《上海教育科研》2004 年第 9 期。

② 奥田真丈等主编:《现代学校教育大事典》,行政出版公司 1993 年版,第 121 页。转引同上。

③ 路书红:《论教学理论的文化意蕴》,《当代教育科学》2006 年第 17 期。

Bereiter（Bereiter & Scardamalia，1993；Bereiter，2002）的知识建构方法出现于认知研究的文献，强调有意义的学习和专家技术的过程方面，已经引发了认知研究在教育实践中的广泛应用，并且以一种坚实的方式，产生并塑造了计算机支持的协作学习领域的研究（E.G.，Koschmann，Miyake & Hall，2002）。这个模式的背景是观察，观察很多在某种程度上是专家学习者的孩子的学习过程。在学习情景中，他们像专家一样建立起一些相似的具有挑战性的任务，即使他们没有专家的知识，他们也让自己适应学习情景，通过产生一个问题更加复杂化的方法，让他们的学习和知识得到最大限度的提升。经验观察显示，这种知识建构目标不仅仅可以表现在个体而且也包括群体身上。Bereiter 把知识建构过程概括为在个体的能力边缘的工作，通过渐进地建立绩效的高标准，寻找集体知识的提升超越个体学习。Bereiter 认为建立一个超越现存知识限制的社区，对于知识创新是非常关键的。基于上述观点表5—6揭示了协同学习场域的知识创新机制。

表5—6　　　　　　　　协同学习场域的知识创新机制

		信息场		知识场		意动场	情感场
		I-PSTM	I-GSTM	K-PLTM	K-GLTM		
信息场	I-PSTM	–	信息汇聚	个体信息加工	集体知识建构	激发	刺激
	I-GSTM	信息分享	–	个体知识建构	群体信息加工		
知识场	K-PLTM	个体知识再现	集体知识提取	–	知识汇聚	表现	深化
	K-GLTM	个体知识提取	群体知识再现	知识分享	–		
意动场		深度加工		深度建构		–	内化
情感场		有意义加工		有意义建构		外化	–

第四节　协同学习环境设计

一　协同学习环境概述

环境是指"围绕人群的空间及其中可以直接和间接影响人类生活和发展的各种自然因素的总体"[①]。对于环境一词的概念随着人们对自身与

---

① 冯契：《哲学大辞典》，上海辞书出版社1992年版，第992页。

周围的关系的理解变得更加复杂和多样化，有学者认为环境包括物质环境、社会环境和心理环境。与场的含义相比，教学环境一般是强调其组成因素的整体性和构成性，但各种因素的内容、各因素之间的相互关系及其相互作用等方面相对来说涵盖较少①。

国内外许多学者都曾从自己的研究视角对"学习环境"进行了界定②，比如，威尔逊（Wilson，1995）认为，学习环境是这样一个场所，学习者在这里相互合作、相互支持，并且使用多种工具和信息资源相互支持，参与解决问题的活动，以达到学习目标。荷兰学者基施纳（Kirschner，1997）认为，学习环境是学习者能找到充分的信息资料和教学辅助手段的地方，借助学习环境，学习者能够有机会根据自身的情况及其与他人的关系去构建定向基础，决定他们将介入的目标与活动。武法提（2000）认为，学习环境是学习活动展开的过程中赖以持续的情况和条件。根据这个定义，学习环境的要素就不仅仅是支撑学习过程的物质条件（学习资源），而且还包括教学模式、教学策略、学习氛围、人际关系等非物质条件。

何克抗、李文光（2002）两位学者认为，学习环境是学习资源和人际关系的组合。学习资源包括学习材料（即信息）、帮助学习者学习的认知工具（获取、加工、保存信息的工具）、学习空间（比如教室或虚拟网上学校）等等。人际关系包括学生之间的人际交往和师生人际交往。陈琦、张建伟（2003）两位学者认为，学习环境是指学习者在学习过程中可能与之发生相互作用的周围因素及其组合，它包括学习者可能要利用的内容资源、技术工具，包括可能会发生交往关系的人，如教师、同学等，也包括作为学习活动的一般背景的物理情景和社会心理情景。

综合以上国内外学者对学习环境的定义，可以从如下几个方面理解

---

① 吴小欧：《教学场论》，湖南师范大学出版社 2007 年版，第 36 页。

② 关于学习环境的定义和分类及其隐喻，可以参见钟志贤《论学习环境设计》，《电化教育研究》2005 年第 7 期；［美］戴维·H. 乔纳森《学习环境的理论基础》，郑太年译，华东师范大学出版社 2002 年版；贺平、武法提《论学习环境设计的理论基础》，《现代教育技术》2000 年第 6 期；何克抗、李文光《教育技术学》，北京师范大学出版社 2002 年版，第 187 页；陈琦、张建伟《信息时代的整合性学习模型——信息技术整合于教学的生态观诠释》，《北京大学教育评论》2003 年第 7 期。

"学习环境"的内涵和定义：（1）学习环境最基本的理念是以学习者为中心。（2）学习环境是一种支持性的条件。（3）学习环境是为了促进学习者更好地开展学习活动而创设的。（4）学习环境是一种学习空间，包括物质空间、活动空间、心理空间。（5）学习环境与学习过程密不可分，是一个动态概念，而非静态的。它包括物质和非物质两个方面，其中既有丰富的学习资源，又有人际互动的因素。（6）学习者在学习环境中处于主动地位，由学习者自己控制学习。（7）学习环境需要各种信息资源、认知工具、教师、学生等因素的支持。（8）学习环境可以支持自主、探究、协作或问题解决等类型的学习。这些研究为教学环境的设计提供了学习中心的指导，学习环境也是建构主义重要的基本概念。

　　而从设计的视角来看，学习环境可以简化为学习者学习的外部条件。狭义地讲，就学生的学习环境可分为学习的时空结构、关系构成和技术条件。时空结构指的是学习发生的物质空间构成和教学时间模式；关系构成指的是学习的物质空间和时间中的人际关系和氛围；而技术条件则是支持学习发生的教学媒体和技术条件。从这个角度，可以把协同学习环境看作主要由以下三部分构成。

　　●协同学习的时空结构；
　　●协同学习的关系构成；
　　●协同学习的工具选择。

二　协同学习的时空结构

　　传统课堂里，教师是权威，是真理的化身，学生的思维要围着教师转，学生的学习方式要服从于教师的教学方式，严重违背了教学规律和学习规律。比如，杜郎口中学的学生"我的课堂我主宰"，在学习面前充满着自信，具有主人公意识。教师的思维要围着学生转，教师的教学方式服从于学生的学习方式，使教师与学生的关系、教学与学习的关系回到教学规律和学习规律上来。通过学习场域的激发，配合学习空间的变化，课堂教学结构将发生根本性的变化。

　　1. 教学时间模式

　　教学时间的研究目前还是一个相对薄弱的领域，国内盛群力教授对此进行了大量文献的梳理，并结合实践进行了微观的探索。教学时间研究模式的进展表明：有效教学的设计必须综合考虑学生学习所花时间与所需时间的辩证关系，即从学习基础与学习能力、学习能力与学习愿望（动机）、学习时机与教学干预、课堂管理与课堂教学、学习机会与课程设置、学习主动与学习成功等众多因素加以总体把握，区分可控与不可控、稳定与不稳定、单一与多样、内部与外部等不同性质。一般认为，采取有针对性的教学策略是有效利用教学时间的主要保障手段。教学设计所倡导的"为不同的学习（者）设计教学"这一基本理念同样适用于教学时间研究，即依据不同的教学时间类型及其相关的师生主体因素，提出具有适配调节功能和灵活应变、高效低耗价值取向的教学策略。

比如，在以学为主导教为主体的学习环境中，采取有差异化的教学时间策略是有效利用教学时间的主要保障手段。比较典型的是杜郎口中学的"10＋35"的时间模式即教师只准讲 10 分钟，学生活动 35 分钟。要掐着表来计算。按我们规定的模式去做就是优秀的，不按这个模式，哪怕你成绩好，我们也不认可。这一项在整体评价中占了 30 分，最初是 50 分。还有东阳中学的"时间分析与时效优化模型"，提出了"时效课程"。如"快乐星期三"；"正式上课前三分钟铺垫"；通过注意吸引、情感关注和身心放松等措施延长学生学习的"兴奋期"；等等①。

2. 学习空间结构

学习空间的结构设计也是一个容易忽视的问题，尤其是在我国国情的大班化教学中，由于空间所限往往难以进行学习空间的再设计。然而作为影响学习的一个非常直接的因素，关注学习空间的设计意味着为学习者创设了一种直观的学习环境。英国联合信息系统委员会（UK Joint Information-tion Systems Committee，JISC）在《为有效学习设计空间——21 世纪学习空间设计指南》中重点提出学习空间设计的必要性和积极价值。他们认为：学习在 21 世纪发生了改变，学习中使用的技术，比如交互式白板、个人学习环境、无线网络以及移动设备，网络接入和高质量的数字化的学习资源——从家庭和工作场所获得这些东西的能力——正在改变着学习者的经验和期望。

一个学习空间应该能够激发学习者的动机，提高学习作为一种活动，支持协作与正式的实践，提供一种个人化的和包含的环境，并且在面临改

---

① 盛群力、吴文胜：《教学时间研究模式及其特点》，《课程·教材·教法》2002 年第 10 期。

变需要的时候是灵活的。为有效支持协同学习，在学习空间结构的设计上，主要考虑协同学习机制的实现路径，主要有三种类型：

●知识建构型：凸显深度互动、汇聚共享、集体思维，如图5—7所示；

●活动体验型：凸显活动操作、实践生成、合作建构，如图5—8所示；

●多场互动型：凸显多场协调、实践体验、情感参与，如图5—9所示。

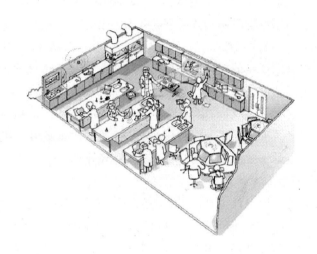

图5—7　知识建构型学习空间结构

三　协同学习的关系构成

（1）课堂情感氛围。课堂上学生到底是积极主动，争问争答，你争我夺，还是鸦雀无声，规规矩矩，小绵羊，反映了学生求知的迫切程度。其实这是一种课堂情感交互的氛围。

（2）课堂参与结构。学生学习多元化、多样化。学习形式和学习乐趣结合起来，让学生在课堂上不觉得累，不觉得烦，倡导多种形式：小主持人，竞赛，辩论，课堂中的小老师，以及曲艺节目：歌曲，舞蹈等等，还可以做诗、填词。这给课堂教学融入了生机，激活了学生的求知欲，学生体验到了学习是乐趣。让学生在课堂时空中充分表演。

（3）学习小组结构。班级建立若干学习小组。其中每个小组都有一

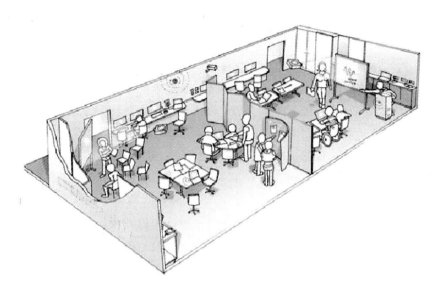

图 5—8　活动体验型学习空间结构

图 5—9　多场互动型学习空间结构

名组长负责本组，每个小组都有各学科的科代表。小组建立的方法：班主任综合科任老师的意见、学生的学习成绩以及个性差别、平时表现等因素建立小组。力求每个小组内均有学习成绩不同等级的学生；各个小组尽量实力均等。也就是通常所说的"组内异质"和"组间同质"。

四　协同学习工具的结构化选择

技术是协同学习方式中的关键要素。从技术层面来观察，协同学习表现了一种新的知识表征、传递、衍生模式。这种知识外在行为的变化影响了学习的形式进而改变了学习。如果没有信息技术的在场，协同学习的发生是难以实现的。也就是说，信息技术的参与为协同学习提供了可能性，最明显的例子是课堂环境。由于各种条件所限，在课堂上，信息流的传递模式一般为一对多（教师对多个学生），这种基本模式导致了教育过程的知识流的单向性，只有个别学生在很短的时间内得到表达的机会。这也意味着课堂教学中学习者与教师的信息不对称以及地位的不对称。这种信息过程导致了灌输式的教学模式。在新型的信息技术条件支持下，学生的个体信息得以即时表达，并能快速地汇聚到统一的"场"或"空间"进行操作。实现信息场的广域（每个学生个体）多向性传播，从信息操作层次实现协同，为多个体协同学习提供保证。

根据技术系统的定向，支持协同学习的技术系统可以从结构化的角度进行分类。根据技术系统性质相对分成低结构、中结构和高结构系统[①]。低结构技术指的是低技术条件下的技术要素构成的协同学习环境，中结构技术是指基于现有通用技术工具来支持协同学习及其原理，可以根据不同的条件从网络资源中选择相关的工具来支持协同学习，这一层面的技术系统是分散的，分别支持不同的协同学习原理。高结构技术指的是面向协同学习的技术工具套件，主要是本团队开发的协同学习工具套件，包括协同标注工具、协同思维工具和协同建构工具（参见本书第四章）。尽管不同技术系统都支持协同学习，但相对而言，高结构技术系统更加关注整体性支持，而低结构技术系统则关注使用的便利性，中结构技术则支持技术在

---

①　结构化是一种典型的思维方式，这一思维方式在教育教学领域比较普遍，比如祝智庭教授在阐述学习资源分类的时候，把学习资源结构化为三种类型，内容预制的、内容可调的以及内容自由的，大致相当于高结构、中结构和低结构的。祝智庭、顾小清、闫寒冰、张屹编著：《现代教育技术——走进信息化教育》，高等教育出版社2005年版，第106页。祝智庭教授还提出思维的结构化、半结构化等概念，钟志贤教授进一步阐述为连续统思维。朱家雄教授在论述幼儿活动设计的时候直接提出了低结构活动和高结构活动的概念。

教学中的整合的灵活性。同时，场域活动的开发其实也可以从这三个层面来实现，高结构的协同学习活动会更多关注教师预先计划的"有意义的教学"，低结构活动会更多关注学习者自主、有意义的学习，中结构则置于两者之间。不同结构类型的技术工具对协同学习具有不同功效，如表5—7所示。

表5—7 协同学习技术选择矩阵

协同学习原理		深度互动	汇聚共享	集体思维	合作建构	多场协调
学习支持		知识标注	信息汇聚	思维加工	知识建构	场域激发
技术选择	低结构技术	笔记	黑板	头脑风暴	小组学习	低结构活动（主题自由）
	中结构技术	Notebook，Digo，del.icio.us，furl，flickr交互式电子白板，ClassTalk	Blog交互式电子白板，ClassTalk，电子表决器	MSN，Skype，Google Talk协作概念图工具	Cell，Chat，BBS，Wikipedia，MIT OCW协作概念图工具	中结构活动（主题半结构化）
	高结构技术	ClassCT		ClassGT	ClassKB	高结构活动（主题结构化）

第五节 协同学习的应用框架

一 协同学习的教学设计过程

根据协同学习原理和协同学习元模型，基于教学设计的一般流程，结合的协同学习设计模型，协同学习的教学设计过程步骤如下（如图5—10所示）。

（1）课程结构和学习领域分析，包括学习者、学习目标和内容分析。

（2）场域设计包括内容设计，思考协同学习有效地支持内容的学习。

（3）根据协同学习原理进行学习设计，重点为活动和工具的比较与选择；尤其是针对学习情境和课程中的薄弱区域，比如认知变量、文化变量和传统系统变量问题考量。

（4）环境分析，包括所需要的发展和预备工作，支持的教育经验的宽度，课程的灵活性，在时间和地点的限制方面。

（5）活动聚合，将一定场域和环境中的微型学习活动和技术系统聚合成学习活动。

（6）评价设计。

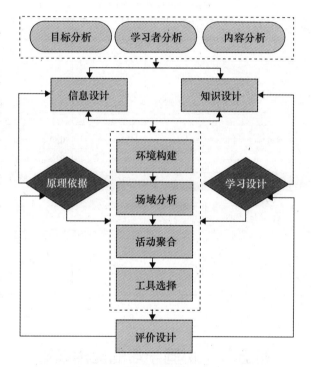

图 5—10　协同学习教学设计模式

在教学设计实践中，学习设计的目的在于形成迭代循环的一个部分，包括每个阶段的提炼。本书中所提出的学习设计由下列几个阶段组成：

（1）概括整体的学习活动和相关的学习成果；

（2）罗列潜在的微型活动；

（3）根据资源和限制概括情景细节；

（4）映射微型活动到潜在工具和资源；

（5）选择微型的活动和工具以及资源，基于它们对总体教学理论的贡献；

（6）规划实际的学习活动。

二　协同学习的教学过程设计

以协同学习基本原则即"深度互动，汇聚共享，集体思维，合作建构，多场协调"为理论支持，结合教学实践中协同学习的结构要素，本书构建了支持协同学习的教学过程设计（如图5—11所示）。支持协同学习的教学过程要素主要有：

1. 任务/问题

将学习内容组合成一个特定的中心问题，问题可以转化为接近学生生活实际的完整任务，可以分解成问题序列，层层推进，循序渐进；问题应包含趣味性、针对性，能使学生努力介入解决问题之中。

2. 学习场域

由信息场、情感场、意动场、知识场、价值场共同构建学习发生的认知时空。学习空间随着学习过程的发生，从信息场开始，不断扩充新场域，每个场域作用不断加剧，最终实现五个学习场有效联结，聚焦价值场。

3. 学习过程循环圈

协同过程循环圈：动机激发→信息聚能→协作分组→支架建构→行为连接→场域激发。

建构过程循环圈：学习准备→问题聚能→汇聚共享→集体思维→合作建构→知识提升。

（1）动机激发—学习准备。学习动力是激发和维持学习的充分条件之一，这种学习动力来源于学生完成活动的自信心，注意力被学习活动吸引，学习活动与学生的关联性，对学习结果具有满足感和成就感。这里动机激发是学习活动初的预备阶段，可通过媒体刺激、正面鼓励、学习材料与生活经验关联等形式引发学生学习动机，学生通过复习、预习等方式做好学习准备。

（2）信息聚能—问题聚合。对学习过程中所产生的信息进行收集处理及汇聚，通过一定的支持平台对个人和小组的信息进行收集、汇聚、存储、共享、创新，从而形成小组的"集体记忆"。小组收集组内成员提出的问题，借助汇聚工具，形成汇聚。在普通教学环境可用黑板或电子白板，在网络环境下可用协同标注工具，将所有学生在文档上做的标注自动传送到教师的文档上，使问题集中的区域一目了然，也可用图形方式观察标注的分布情况。

（3）协作分组—汇聚共享。资源共享，任务分配，开展分工合作。可由教师组织，小组通过交流讨论等方式，汇聚有效信息，分配任务，开展分工合作，在网络教学环境中，可以用汇聚工具实现。

（4）支架建构—集体思维。信息与知识转换，表现为一个协同的知识创建过程，从学习主体来看，借助知识汇聚工具，进行个体思维操作与群体思维操作，实现知识构建与共享的过程。教师可搭建支架，同伴交流讨论，学生进行问题分析，演绎过程，理解内化，解决问题。教师根据学习需要，可以通过讲解、演示等形式，提供支架，帮助学生有效学习。

（5）行为连接—合作建构。展示交流，知识整合，检测评价。展示本组学习成果，学习、评价其他小组学习成果，整合知识，进一步巩固加深。在网络教学环境中，可以采用建构工具将课堂中的知识以有向图的形式汇聚并呈现出来，使集体知识的建构结果可视化。

（6）场域激发—知识提升。信息场、情感场、意动场、知识场充分联结，聚焦价值提升。教师激发学生思维，鼓励学生通过各种方式对问题或任务进行拓展提升，学生对本次学习活动进行反思总结，发表个性思维和独特感受。

三 支持协同学习的教学过程模型特点

本模型汲取了首要教学原理的理念，主张任务的设计源于生活，让学习者介入解决实际问题。与"五星"教学设计模式相比，该框架在"激活、展示、应用、整合"这四个教学过程的基础上结合五个协同原则，提出了动机激发、信息聚能、协作分组、支架建构、行为连接、场域激发这六个环节的协同活动设计，更加注重个体与群体的信息加工和知识建构过程。较之合作学习的教学设计，本模型中任务的设计更复杂、更综合，需要共同学习的时间更长，对某些特殊的学习任务可以持续一堂或多堂课，同时小组交互行为更深入、更多向，小组活动更注重协调性。

本模型与以学习活动为中心的教学模式在设计理念上有一定的相近，都认为学习是知识建构的过程，强调学习是个体建构和群体建构的统一。本模型更加注重信息与知识转换的协同过程，而以学习活动为中心的教学

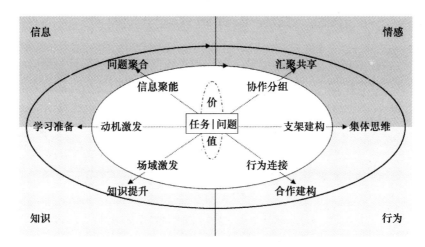

图 5—11 支持协同学习的教学过程设计

设计模式，忽略了学习者与内容的深度互动以及信息汇聚过程，强调的是意义建构过程。

（1）本模型基于协同学习系统模型，在相应的知识建构阶段分别体现了协同学习的五个原则，突破了现有学习技术系统框架的局限。

（2）本模型强调个体与集体的信息加工和知识建构过程，在特定组织的学习空间里，随着教学过程的发生，完成个体和集体的知识建构过程，以获得价值提升为最终目标。

（3）本模型以任务和问题为中心。反映现实生活问题的任务能带领学生进入问题情境，使学习过程贯穿于完成一个由"中心问题"转化的任务解决中，不但提高了知识的整体性，也提高了学生学习的目的性、趣味性。

（4）本模型基于课堂教学环境，与完全的网络协同学习不同。在协同学习过程中，师生以"主体—主导"的关系存在，教师除了在价值导向上处于主导地位之外，在认知方面，教师根据需要扮演教练角色，适当时刻给予方法、方向上的指导，最后组织评价，在整个协同学习过程中教师的主要工作是维持学习动机，组织学习活动。

小结·反思:设计研究之干预开发

教育技术研究常常面对技术的设计和干预问题。决定是否使用一些教学技术在教育中的考虑应该基于这些问题：教学技术的使用可能改善教育吗？（Mitchell，1997；Reeves，1995）。这方面，学者、演讲者或者教师试图确定这种干预实际上是有益的，是通过一种科学的过程，以案例研究、课程评价或者实验研究的方式来确定的。实际上，报告中的文献表明，教学技术干预的益处总是得到赞同。Lockard 和 Abrams（2001）列举了许多研究，其中发现，教学技术的使用表明获得了学科领域的成就、学习保持和速度、学习态度、问题解决，主要针对那些需要的学生。而实际上，由于缺乏高质量的研究和合适的研究设计，与教学技术研究有关的研究结果或许是有缺陷的，所以里维斯（Reeves，2000）指出，一个学术机构如果认同某种缺乏社会责任的研究，将不会产生高质量的研究成效。因此，我们认为，采用设计研究（设计实验或者发展性研究）并得到严格执行可能是教育技术研究者需要关注的东西。

干预作为"输入—过程"得以提供。因为一个设计过程（比如学习环境），必须考虑到输入的必要性来使过程实现其功能（比如某种教学性的学习材料、教师发展等）。因此，在最后，研究小组不仅仅在这点上干预引导期望的成果，而且是基于这一循环过程中收集的数据的一种系统化的反思和分析，在开发干预的时候，这一过程是关于在具体情景中干预功能的"如何和为什么"的理解。设计研究者将总结这种关于干预的如何和为什么的理解，以一种或者多种设计原则来理解（Van den Akker，2006；Reevees，2006）。正如埃德尔逊（Edslson，2006）使用理论作为设计研究的收益，也可以表述为干预理论作为这个研究工作中的生成的知识。

本章从干预设计的角度，将理论制品和技术制品应用于实践的框架进行了设计和分析。建立了协同学习设计模型，并且映射到协同学习活动、协同学习场域和协同学习环境的开发中，依据上述开发框架，建立了实践操作取向的协同学习教学设计流程和教学过程模型，使设计研究的输出顺利进入应用阶段。

第 六 章
协同学习实证分析与扩展评价

不闻不若闻之，闻之不若见之，见之不若知之，知之不若行之。学至于行之而止矣。故闻之而不见，虽博必谬；见之而不知，虽识必妄；知之而不行，虽敦必困。不闻不见，则难当，非仁也。

——《荀子·儒效》

网络盛行的时代，传统文化市场往往波澜不惊但一鸣惊人！一本名曰《全新思维》的新书以其"全新的思维"挣足了眼球。单看其副标题就会心底猛然一惊：又落伍了！其英文副标题为 "Moving from the Information Age to the Conceptual Age"，其含义是：从信息时代进入概念时代，为什么右脑将统治未来？历来重视左脑逻辑思维能力的西方人，在工业文明发展到后期时，开始重视中国文化擅长的右脑形象思维能力。这应该算是西方第三次社会革命的一个信号。这次革命将从教育领域开始，扩展到工业、经济、贸易、科技以及军事领域；并最终用事实证明：国家间的战争、企业间的竞争、民族间的冲突，决胜只在方寸之间——只有左右脑同时发展、统一运作，方能决胜未来！

该书以 "A Whole New Mind" 为标题，表明一种观点：未来世界的人才应该是全人取向的，具体而言就是包括设计、说故事、具同理心、赋予事物意义、玩乐与整合在内的核心能力[①]。因其与协同学习强调的心智一体有关，于是想到协同学习系统的建构与应用问题，作为一个全新的面向知识时代的学习系统框架，在日益繁荣的学习理论、日益剧增的学习流派、日益先进的学习技术层出不穷的时代，协同学习系统框架和技术制品到底如何适应这个时代？这就涉及一个评价的问题。当然，这种评价不是

---

① ［美］丹尼尔·平克：《全新思维》，北京师范大学出版社 2007 年版，第 50 页。

要为协同学习系统定性，按照设计研究的范式，评价是为了改进并生成新知识。在某种设计循环中，干预的原型没有产出期望成果的时候，或许可以得出结论：应用的设计原则是无效的（或者换句话说，干预理论失败了），这将导致干预的重新再设计。多次迭代之后，研究者或研究小组基于评价数据的分析认为，实现的成果与期待的成果足够接近的时候才能满意，那么设计原则看起来是有效的。本章将采用实证分析和扩展评价来对协同学习进行一个行进中的评估。

第一节　协同学习第一循环效果分析

一　研究目的与意义

本章采用实验研究，以协同学习环境为实验情境进行学习效果研究。研究采用问卷调查、口语报告分析等方法。通过本章的研究，探究协同学习技术系统工具在支持学习者知识建构过程中的作用与效果。通过参与课堂协同学习过程，运用问卷调查等方法，从协同学习的五个原则方面进行学习效果评价，分析知识建构进程中五个原则的落实情况，为协同学习理论框架和技术系统设计提供参照。

二　研究方法

（一）问卷设计依据

为了解协同工具在教学中的使用情况和教学效果，本次实验设计了相应的量表进行调查。根据协同学习的五个基本原理"深度互动，信息会聚，集体思维，合作建构，多场协调"，分别针对每个原则进行分解并赋值量化，并对综合学习效果进行相应的量表设计。量表参考了不同维度的相关研究成果①。问卷依据李克特量表（Likert Scale）的五级原理分为"非常符合"、"大致符合"、"有点符合"、"大致不符合"、"非常不符

---

① 比如在场研究的问卷：Garrison D. R. , Anderson, T. & Archer, W. , Critical thinking in a text-based environment: Computer conferencing in higher education, *Internet and Higher Education*, Vol. 11, No. 2, 2000, pp. 1 – 14. CMC Text Analysis 10 Garrison, D. R. , Anderson, T. Archer W. , "Critical Thinking, Cognitive Presence and Computer Conferencing in Distance Education", *American Journal of Distance Education*, Vol. 15, No. 1, 2001, pp. 7 – 23. Randy Garrison, Terry Anderson and Walter Archer, Critical Thinking, Cognitive Presence and Computer.

合",分别为 5 分、4 分、3 分、2 分、1 分。本问卷有六个因子,分别为深度互动、汇聚共享、集体思维、合作建构、多场协调。每个因子有 6—10 个项目,共 46 个项目。

(二)调查量表

《协同学习研究量表》(见附录七)。

(三)量表信效度分析

在进行量表分析前必须对量表进行信效度的分析。量表的信度通过计算 Alpha 信度系数的具体数值,参考判断标准,对信度进行评价。通过分析可知,该量表各维度的内部一致性信度系数 Alpha 值均大于 0.7(除了汇聚共享这一原则,第二次信效度测试中删除 5、6 号题项则 Alpha 值大于 0.7),说明各项目基本上能够较好地反映其所在维度。并且整个量表的 Alpha 值达到 0.9510,认为量表的信度很高(见附录八)。

效度分析是衡量综合评价体系是否能够准确反映评价目的和要求的一种分析方法。进行效度分析即是对问卷的准确性即有效性进行研究,也就是检验问卷是否能够既简洁又准确地描述抽样数据的属性和特征以及它们之间的复杂关系。这里主要对问卷的内容效度和结构效度进行分析。

1. 内容效度

采用相关分析的方法对量表各项的相关性进行分析,计算各题与总分之积差相关,相关系数越大表示该题越有鉴别度,一般在 0.3 以上,达到统计显著水平。通过数据分析,量表的每一项相关系数值都大于 0.3,达到统计显著水平,说明量表的每一项都能较准确地反映所要表达的内容(见附录八:相关系数分析表)。

2. 结构效度

对问卷进行结构效度分析,所使用的因素抽取法为主成分分析,并采取正交因素转轴,以因素的特征值大于 1 为取决。KMO 值小于 0.7 不太适合因子分析,通过对各维度 KMO 值的统计,只有汇聚共享和合作建构两个维度的 KMO 值处于 0.6—0.7 之间,但其 Bartlett 球度检验给出的相伴概率为 0.000,小于显著性水平 0.05,因此认为适合于因子分析(见附录八:因子分析详细情况表)。

三　研究组织

（一）实验概况

本实验以某大学《信息技术与学科教学整合》课堂教学为实验环境展开，每周一次进行网络化教学，利用协同工具支持课堂教学和学生学习。实验前未告知本书的数据收集之用，以保证数据的真实可靠，减少干扰。数据收集在任意抽取的两节课时间内，由教师控制并基于协同学习模型和教学设计框架，使用协同工具进行问题的讨论，问卷、问题、主题均进行课前设计。学习的主题包括开放性的主题如对过程性评价主题的探讨、学程记录袋主题的探讨。

（二）协同学习场景描述

以"过程性评价技术"主题学习为例：

1. 教学环境

网络课堂，联网计算机，安装协同标注工具和协同建构工具。

2. 教学流程。

（1）分发学习材料，纸质和电子版，学生阅读并通过标注工具进行知识标注。

（2）教师汇聚学生信息和问题，提取问题序列，并通过大屏幕向学生阐释。

（3）学生分成小组进行问题的讨论，由组长记录相关信息，并做小组讨论情况汇报。

（4）教师选择有意义的主题，添加到知识建构工具中，引导学生开始使用思维图式进行问题解决。

（5）小组分工，两组学生开始使用过程性评价系统，体验过程性评价数据的记录。两个小组准备角色模拟扮演，提出并实施课堂中过程性评价的小方案。

（6）重复此过程，转入第二个主题。一般一堂课只能进行2—3个主题。

（7）通过软件保存相关数据，拷贝成图片数据，放入网络教学系统进行共享，并作反思和评论。

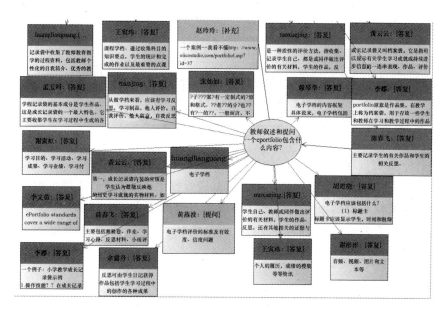

图6—1 协同知识建构知识点图式

3. 协同学习特质

教学设计中的协同学习特质考量如表6—1所示。

表6—1　　　　　　　　　　教学设计中的协同学习特质考量

基本原理	原理推论选择	技术支持	活动支持	学习层级	知识层级	场域考量
1. 深度互动	推论3：内容互动 推论4：技术的支持	ClassCT		知识习得	习得中的知识	信息场
2. 汇聚共享	推论2：问题聚类 推论4：逆向传播	ClassCT				信息场
3. 集体思维	推论3：可视化思维图式 推论4：思维支架句首词		小组研讨	参与	协作中的知识	信息场—知识场
4. 合作建构	推论3：深度建构	ClassKB	小组设计			信息场—知识场

续表

基本原理	原理推论选择	技术支持	活动支持	学习层级	知识层级	场域考量
5. 多场协调	推论2：意动表现 推论3：情感参与 推论4：价值引导		技术体验 角色模拟	知识创新	行动中的知识	多场参与

3. 研究过程

课堂实施阶段，教师使用协同工具进行教学，学生进行主题讨论，在课堂阶段性实验结束后，发放《协同学习研究量表》。班级总人数为38人，回收量表38份，回收率100%，有效率100%。将38份有效问卷输入 SPSS 软件进行数据分析。

四　数据收集与结果分析

该协同学习研究量表由五个分量表组成，每个分量表依次评估在深度互动、汇聚共享、集体思维、合作建构、多场协调五个方面的效果。由于样本数量不多，所以我们以分量表为单位，取50%分为高低二组进行 T 检验。若量表中有反意题项，应将其逆向处理后再计算总分。所以，我们将量表中，综合效果分量表中的第二、三、四题进行逆向处理后再进行分析。并根据信度和效度的分析结果，删除量表中汇聚共享分量表的第五题和第六题后，通过统计各项的平均值、标准差、众数等进行一般特征分析，了解总体情况。结果如表6—2所示。

表6—2　　　　协同学习量表的一般特征数据统计（第一轮）

深度互动		Mean	SD	Variance	Mode
1	增进同学之间的互动	4.079	.997	.994	5.00
2	能够提供个人应答、经验和想法	4.316	.775	.600	5.00
3	想法能够得到充分的表达	3.737	.860	.740	3.00
4	能够记录个人应答、经验和想法	3.947	.985	.970	5.00
5	激发学习反思和自我评价	3.763	.913	.834	4.00
6	能够自由归纳整理学习内容	4.000	.838	.703	4.00
7	积极参与课程讨论和学习	4.132	.704	.496	4.00

续表

8	增进与老师之间的互动	4.026	.753	.567	4.00
Total		4.000	.868	.752	4.00
汇聚共享		Mean	SD	Variance	Mode
1	很容易分享别人的观点和看法	3.868	1.212	1.469	5.00
2	快速汇聚各个学生的应答	4.263	.828	.686	5.00
3	通过共享别人的回答我能够回答得更好	3.658	1.021	1.042	4.00
4	我常常会把自己的应答与别人的进行对比	3.842	.973	.947	4.00
5	有观点后先与同学交流后才发表出去	2.658	1.047	1.096	2.00
6	能够获得来自同伴的不同观点和意见	4.026	.854	.729	4.00
Total		3.719	1.111	1.234	4.00
集体思维		Mean	SD	Variance	Mode
1	提供对方答案、建议解决方法、澄清问题	3.737	.724	.523	4.00
2	培养团队合作精神	3.632	1.076	1.158	4.00
3	快速回应对方	3.947	.899	.808	4.00
4	增进专业知识的应用	3.816	.801	.641	4.00
5	增进分析、判断能力	4.053	.837	.700	4.00
6	增进综合统整能力	3.895	.924	.853	4.00
7	能够自由表达自己的观点	4.421	.858	.737	5.00
8	学生的应答能够及时得到反馈和鼓励	3.868	1.119	1.252	5.00
9	有利于问题解决	3.974	.716	.513	4.00
10	提供动脑的机会	4.184	.801	.641	4.00
11	提供提问题的机会	3.974	.915	.837	4.00
Total		3.952	.900	.810	4.00
合作建构		Mean	SD	Variance	Mode
1	能够从同学的应答中学习新知识	3.974	.885	.783	4.00
2	增进问题的解答和基本概念的理解	3.974	.753	.567	4.00
3	通过工具跟同学交流学到更多知识	3.737	.828	.686	4.00
4	我看完别人的信息和老师的讲解后再做回答	2.605	.887	.786	2.00
5	我会把其他人的回答和老师的讲解记录下来	2.684	1.093	1.195	2.00
6	可视化图示表现有助于知识的理解和学习	3.684	.842	.7084	3.00
7	浏览集体的回答有助于我的问题解决	3.632	.883	.780	4.00
8	能够指导和建议学习及思考方向	3.790	.622	.387	4.00

9	能够发表问题、请求支援、评论他人等多种交流	4.000	.900	.811	4.00
Total		3.564	.993	.986	4.00
多场协调		Mean	SD	Variance	Mode
1	非常希望利用工具来实现参与和发言	3.500	.830	.689	3.00
2	节省课堂交流的时间	3.211	1.234	1.522	3.00
3	降低面对问题时的压力	3.658	1.097	1.204	4.00
4	增加学习动机	3.816	1.036	1.073	4.00
5	增进同学、师生之间的情感	3.684	1.093	1.165	4.00
6	增进好奇心	3.526	1.084	1.175	4.00
7	有助于责任分享	3.605	.946	.894	4.00
8	增进沟通协调技巧	3.605	.917	.840	4.00
9	有助于想象力的提升	3.579	.858	.737	4.00
10	思考更加仔细周到	3.842	1.001	1.001	4.00
11	希望其他科目也使用	3.553	.921	.849	4.00
12	能够形成一种适宜的学习环境	3.816	.926	.857	4.00
Total		3.616	1.006	1.006	4.00

1. 深度互动

深度互动，反映使用建构工具进行交互的程度。结果如表6—3所示：该分量表的总均值达到4.000，且众数多达到4、5，表明在使用协同建构工具进行教学的过程中，学生之间、学生与老师之间能很好地进行交互，交互程度较高。A3项众数为3.00，表明大部分同学认为使用该工具想法充分表达的程度不高。各项均差异显著。

表6—3   深度互动情况

深度互动	均值	标准差	众数	T值
A1	4.079	0.997	5.00	−2.226（p = 0.032）
A2	4.316	0.775	5.00	−3.300（p = 0.033）
A3	3.737	0.860	3.00a	−4.743（p = 0.000）
A4	3.947	0.985	5.00	−5.130（p = 0.000）
A5	3.763	0.913	4.00	−2.923（p = 0.006）

续表

深度互动	均值	标准差	众数	T 值
A6	4.000	0.838	4.00	−3.548（p = 0.001）
A7	4.132	0.704	4.00	−5.050（p = 0.000）
A8	4.026	0.753	4.00	−3.763（p = 0.001）
总平均分 = 4.000				

注：A 表示存在多个众数，显示其中最小的一个。

2. 汇聚共享

汇聚共享，反映知识、信息的共享情况。结果如表6—4所示：该分量表的总均值为3.719，且众数多达到4、5，表明在使用协同建构工具进行教学的过程中，参与者能较好地共享他人的观点、信息，并且较多的学习者能分享自己的观点、资料等供其他学习者使用，共享程度较高。B7项众数为2.00，表明较多的学习者有了观点后较少地与其他学习者交流就将其发表。B5、B6项差异不显著（略去），其余各项均差异显著。

表6—4　　　　　　　　　　**汇聚共享情况**

汇聚共享	均值	标准差	众数	T 值
B1	3.868	1.212	5.00	−4.432（p = 0.000）
B2	4.263	0.828	5.00	−2.514（p = 0.017）
B3	3.658	1.021	4.00	−4.511（p = 0.000）
B4	3.842	0.973	4.00	−4.533（p = 0.000）
B7	2.658	1.047	2.00	−3.319（p = 0.002）
B8	4.026	0.854	4.00	−3.760（p = 0.001）
总平均分 = 3.719				

3. 集体思维

集体思维，反映使用该工具教学对学生思维创新，发散思维，团队合作精神等方面的作用。结果如表6—5所示：该分量表的总均值为3.952，且众数均达到4、5，表明使用该协同建构工具进行教学，能较好地提高学习者群体的思维操作能力，培养良好的团队合作精神。各项均差异显著。

表6—5　　　　　　　　　　　　集体思维情况

集体思维	均值	标准差	众数	T值
D1	3.737	0.724	4.00	−3.615（p=0.001）
D2	3.632	1.076	4.00	−2.991（p=0.005）
D3	3.947	0.899	4.00	−4.423（p=0.000）
D4	3.816	0.801	4.00	−2.883（p=0.007）
D5	4.053	0.837	4.00	−4.204（p=0.000）
D6	3.895	0.924	4.00	−2.651（p=0.012）
D7	4.421	0.858	5.00	−4.047（p=0.000）
D8	3.868	1.119	5.00	−5.043（p=0.000）
D9	3.974	0.716	4.00	−4.041（p=0.000）
D10	4.184	0.801	4.00	−2.883（p=0.007）
D11	3.974	0.915	4.00	−3.423（p=0.002）

总平均分=3.952

4. 合作建构

合作建构，反映该建构工具在知识共同建构方面的效果。结果如表6—6所示：该分量表的总均值为3.564，众数多达到4.00，表明使用协同建构工具进行教学，总体上能反映知识的合作建构，但其程度不是很高。且如C4、C5两项，均值都小于3.0，众数为2.00，表明学习者在参与使用建构工具学习时，对知识进行合作建构的意识不是很高。C3、C7项差异不显著，其余各项均差异显著。

表6—6　　　　　　　　　　　　合作建构情况

合作建构	均值	标准差	众数	T值
C1	3.974	0.885	4.00	−4.905（p=0.000）
C2	3.974	0.753	4.00	−3.763（p=0.001）
C3	3.737	0.828	4.00	−1.600（p=0.118）
C4	2.605	0.887	2.00	−3.571（p=0.001）
C5	2.684	1.093	2.00	−2.544（p=0.015）

续表

合作建构	均值	标准差	众数	T 值
C6	3.684	0.842	3.00	-2.467（p = 0.019）
C7	3.632	0.883	4.00	-1.901（p = 0.065）
C8	3.790	0.622	4.00	-2.847（p = 0.007）
C9	4.000	0.900	4.00	-6.063（p = 0.000）

总平均分 = 3.564

5. 多场协调

学习场是协同学习系统结构和功能发生和发展的具体空间，而这一学习场又是由多场协调作用而成。多场协调包括了互为作用的信息场、知识场、意动场、情感场和价值场，使其协同发展。结果如表6—7所示：该分量表的总均值为3.616，且众数绝大部分都为4.00，表明大部分学习者认为，使用该协同建构工具能提高学习者多场协调学习的意识。各项均差异显著。

表6—7 多场协调情况

多场协调	均值	标准差	众数	T 值
E1	3.500	0.830	3.00	-2.758（p = 0.009）
E2	3.211	1.234	3.00	-2.877（p = 0.007）
E3	3.658	1.097	4.00	-3.561（p = 0.001）
E4	3.816	1.036	4.00	-6.732（p = 0.000）
E5	3.684	1.093	4.00	-3.817（p = 0.001）
E6	3.526	1.084	4.00	-3.391（p = 0.002）
E7	3.605	0.946	4.00	-2.802（p = 0.008）
E8	3.605	0.917	4.00	-3.981（p = 0.000）
E9	3.579	0.858	4.00	-4.047（p = 0.000）
E10	3.842	1.001	4.00	-4.342（p = 0.000）
E11	3.553	0.921	4.00	-4.595（p = 0.000）
E12	3.816	0.926	4.00	-3.370（p = 0.002）

总平均分 = 3.616

五　主要结论

从上述数据来看，五个原理的实现中效果并不一致，在实现深度互动、集体思维方面效果较佳，但是在汇聚共享、合作建构、多场协调方面略显不足，尤其是多场协调均值明显低于其他参数。综合分析如表6—8所示。

表6—8　　　　　　　　　　五个原理的实现效果对比

原则	Mean	SD	数据分析
深度互动	3.910	0.905	学生之间，学生与老师之间能很好地进行交互，交互程度较高。
汇聚共享	3.717	0.889	参与者能较好地共享他人的观点、信息，并且较多的学习者能分享自己的观点、资料等供其他学习者使用，共享程度较高。
合作建构	3.693	0.730	总体上能反映知识的合作建构，但其程度不是很高。
集体思维	3.810	0.847	能较好地提高学习者群体的思维操作能力，培养良好的团队合作精神。
多场协调	3.401	0.957	大部分学习者认为，使用能提高学习者多场协调学习的意识。但多场参与效果不明显。

分析其原因可能包括以下几点：

（1）知识标注工具的设计在功能上比较实用，使用者很容易清楚其功能的独特之处，印象较为深刻。

（2）集体思维采用小组研讨形式，学生积极活跃，效果较佳。

（3）合作建构主要强调的是协作建构工具ClassKB的使用，由于本系统开发的第一个版本在功能设计上存在一定的缺陷，比如界面问题，信息容纳的问题，一定程度上影响了学习者的使用。

（4）技术在支持知识建构方面确实还存在一些问题，有研究者指出，单纯的技术在支持深度知识建构方面或许存在疑虑，这一观点也得到研究者的支持，如Gunawardena（1997）、陈丽（2004）、曹良亮和陈丽（2006）等，或许活动＋技术是一种比较好的适应深度知识建构的方式。

（5）一定程度上知识建构工具成为了一种简单的讨论工具，因此，有学生说"甚至不如 QQ 来得快速和便捷"。这也对该工具系统的开发提出了挑战。

（6）此外，学习者在课堂中也表现出对"概念图式"的知识形成存在不确定性，可能学生还是依赖于老师的讲解和自身的体验，而不是同伴的知识共建。这里也存在观念上的问题。

（7）多场协调效果较差可能源于教师的设计和课堂控制，由于具有特定的工具支持，因此产生了对技术的依赖感，加上课堂时空限制，很多活动无法真正落实和展开，学生无法做到多个场域的参与和投入。

第二节　协同学习第二循环改进及效果分析

一　第二循环研究的必要性

在阶段性的应用和实验工作之后（大致两个月），本研究对协同学习的应用框架进行了反思和改进，认为需要在学习情景中平衡技术系统和社会系统之间的关系。一方面改进协同工具的可用性和精确的定位，另一方面增加活动系统，来满足学生的参与和知识建构需求。针对第一轮的实验，我们做了相应的教学改进。

二　教学设计改进

首先，通过前期的可用性测试和功能进一步完善，解决了协同建构工具的第一版本的相关问题，改进后的协同建构工具在界面内容呈现上、用户连接上性能大为提高[1]，满足了课堂学习的需要。

其次，为了平衡课堂学习的控制性和自由度，增加了 Google 组件 Notebook 这个工具来让学生自由进行知识标注、知识汇聚、记忆共享。而 ClassCT 和 ClassKB 属于教师控制的结构化学习[2]。Notebook 是 Google 的一个组件，能够创建基本的文档和数据表：如增加图像、注解和改变字体

---

[1]　王佑镁：《协同学习技术系统的可用性测试研究》，《电化教育研究》2009 年第 3 期。

[2]　协同思维工具正处于开发之中，不影响本研究的实施，协同学习系统本身就不是一个技术依赖性模型，而是具有高度选择性的学习系统。同时，对于学习这样一种社会性活动而言，"活动＋技术"可能是合理的解决方案。

等；可以进行记忆共享，选择可以访问文档和数据表的人：想让别人共享一个文件，输入邮件地址，发出邀请即可；还能进行快速共享：只要被邀请人签到后，就可以编辑或者查看文档或者数据表；也能进行多人共著和其他人实时编辑：多个人可以同时查看或者编辑；灵活编辑：不需要下载，只需要有互联网连接和一个标准的浏览器，就可以从任何电脑访问文档和数据表；安全储存：网络自动存储方式让你不要因为本地驱动硬盘的损坏而担心；容易保存和输出拷贝的文件：可以在自己的计算机上以DOC，TXT 和 HTML 格式保存文件；也能够以网页形式发布文档和数据表：轻轻一点，就可以以正规的网页形式发布。google 组件 notebook 界面如图 6—2 所示。

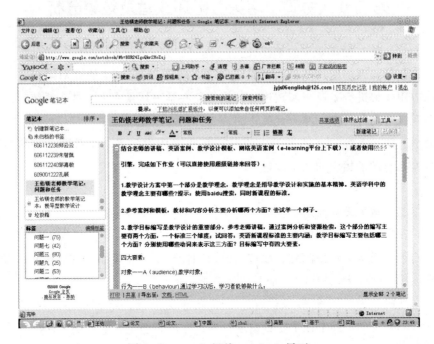

图 6—2　google 组件 notebook 界面

在活动方面，加强教学设计和课堂控制，尤其是教学时间的研究。依据不同内容要求，加大了活动在课堂教学时间的分量，在活动中建构知识实现多场参与。

三 数据收集与结果分析

研究仍然采用《协同学习研究量表》进行调查，课堂实施阶段，教师使用协同工具进行教学，学生进行主题讨论，在课堂阶段性实验结束后，发放《协同学习研究量表》。班级总人数为38人，回收量表38份，回收率100%，有效率100%。将38份有效问卷输入SPSS软件进行数据分析。详细统计如表6—9所示。

表6—9　　　　协同学习量表的一般特征数据统计（第二轮）

深度互动		Mean	SD	Variance	Mode
1	增进同学之间的互动	4.310	0.749	0.560	5.000
2	能够提供个人应答、经验和想法	4.191	0.707	0.499	4.000
3	想法能够得到充分的表达	4.262	0.735	0.539	4.000
4	能够得到快速的反馈	3.452	0.993	0.985	4.000
5	激发学习反思和自我评价	3.952	0.825	0.681	4.000
6	愿意使用这个工具来表达观点和想法	3.905	0.983	0.966	4.000
7	积极参与课程讨论和学习	3.333	1.052	1.106	3.000
8	增进与老师之间的互动	3.762	1.031	1.064	4.000
Total		3.896	0.884		
汇聚共享		Mean	SD	Variance	Mode
1	很容易分享别人的观点和看法	4.595	0.627	0.393	5.000
2	快速汇聚各个学生的应答	4.095	0.906	0.820	4.000
3	通过共享别人的回答我能够回答得更好	3.619	1.168	1.364	3.000
4	我常常会把自己的应答与别人的进行对比	3.905	1.008	1.015	5.000
7	有观点后先与同学交流后才发表出去	3.119	0.832	0.693	3.000
8	能够获得来自同伴的不同观点和意见	4.167	0.794	0.630	4.000
Total		3.917	0.889		
集体思维		Mean	SD	Variance	Mode
1	提供对方答案、建议解决方法、澄清问题	4.143	0.472	0.223	4.000
2	培养团队合作精神	4.000	0.796	0.634	4.000
3	快速回应对方	3.619	0.987	0.973	4.000
4	增进专业知识的应用	3.714	0.995	0.990	4.000

续表

5	增进分析、判断能力	3.857	0.814	0.662	4.000
6	增进综合统整能力	4.071	0.677	0.458	4.000
7	能够自由表达自己的观点	3.262	1.191	1.418	4.000
8	学生的应答能够及时得到反馈和鼓励	3.619	0.731	0.534	4.000
9	有利于问题解决	3.881	0.968	0.937	4.000
10	提供动脑的机会	4.048	1.011	1.022	5.000
11	提供提问题的机会	4.035	0.576	0.332	4.000
Total		3.841	0.838		
合作建构		Mean	SD	Variance	Mode
1	能够从同学的应答中学习新知识	4.048	0.909	0.827	4.000
2	增进问题的解答和基本概念的理解	4.000	0.911	0.829	4.000
3	通过工具跟同学交流学到更多知识	4.071	0.947	0.897	5.000
4	我看完别人的信息和老师的讲解后再做回答	3.619	1.035	1.071	3.000
5	我会把其他人的回答和老师的讲解记录下来	3.167	1.034	1.069	3.000
6	可视化图示表现有助于知识的理解和学习	3.810	0.707	0.499	4.000
7	浏览集体的回答有助于我的问题解决	4.048	0.582	0.339	4.000
8	能够指导和建议学习及思考方向	3.571	1.039	1.080	4.000
9	能够发表问题、请求支援、评论他人等多种交流	3.905	0.656	0.430	4.000
Total		3.804	0.869		
多场协调		Mean	SD	Variance	Mode
1	希望利用工具来实现参与和发言	4.048	0.882	0.778	4.000
2	节省课堂交流的时间	3.381	0.936	0.876	4.000
3	降低面对问题时的压力	3.905	0.726	0.527	4.000
4	增加学习动机	4.095	0.576	0.332	4.000
5	增进同学、师生之间的情感	3.167	0.986	0.972	3.000
6	增进好奇心	3.619	0.987	0.973	4.000
7	有助于责任分享	3.714	0.864	0.746	4.000

续表

8	增进沟通协调技巧	4.071	0.601	0.361	4.000
9	有助于想象力的提升	3.643	0.958	0.918	4.000
10	思考更加仔细周到	4.024	0.841	0.707	4.000
11	希望其他科目也使用	3.524	0.773	0.597	3.000
12	能够形成一种适宜的学习环境	3.643	1.032	1.064	4.000
Total		3.736	0.847		

这里主要结合两轮数据进行一个对比分析。图6—3所示为两个阶段的学习在落实协同学习原理方面的均值比较。可以看出，通过知识建构工具的完善、Notebook系统的使用，在第二阶段的实验中汇聚共享、合作建构的均值具有明显改善。而通过教学时间的研究和安排，在活动设计增加灵活性和机动性，学生的参与热情得到极大提高，多场投入学习效果明显改善。

下面从标准差的角度来比较两次实验数据。标准差是一种表示数据分散程度的统计观念，表示一组数据的波动程度。从图6—4可以看出，相对而言，第一阶段的各个原理的落实情况差异较大，各个数值的标准差有所差异，而在第二个阶段中发现标准差分布比较平稳，这说明对于学习者来说，各个原理的落实都成为学习过程中常态的一部分。

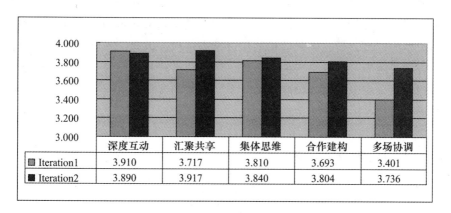

	深度互动	汇聚共享	集体思维	合作建构	多场协调
Iteration1	3.910	3.717	3.810	3.693	3.401
Iteration2	3.890	3.917	3.840	3.804	3.736

图6—3　两轮实验的数据均值对比

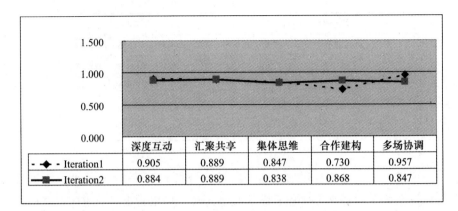

	深度互动	汇聚共享	集体思维	合作建构	多场协调
Iteration1	0.905	0.889	0.847	0.730	0.957
Iteration2	0.884	0.889	0.838	0.868	0.847

图6—4　两轮实验的五组数据的标准差比较

第三节　协同学习系统中知识建构使能机制分析

一　研究目的与内容

本次研究基于协同工具进行，协同学习系统主要实践功能定向于支持知识的深度建构。本次研究采用内容分析法，结合口语报告，通过参与课堂协同学习过程，探究协同学习技术系统在支持知识深度建构方面的使能机制，分析的维度主要有两个：一是基于协同学习五个原理，过程性表现为协同学习流程，是研究的横向坐标；二是运用 Gunawardena 提出的交互知识建构模型，研究知识建构的深度推进过程。因此，本研究主要是对学习者交流的学习信息进行内容分析，将其归类到相应原五个关键协同建构阶段，以分析学习者知识建构的层次、交流的质量。从而为协同学习系统建构和协同学习技术系统研发提供一种微观机制。

二　口语报告分析方法

（一）口语报告的定义

口语报告法类似内省法。被试在从事某种活动的同时或之后，将头脑中进行的心理活动操作过程用口语表达出来，主试进行记录，并根据有关结果对被试心理活动规律进行研究①。华生等学者持有的早期的大声思维报告的分析方法的观点是口语报告法的直接来源。以华生为代表的行为主义心理学的学者们认为，分析式内省结果存在不可重复的问题，许多心理活动是外显的，且思维也可以是外显的活动，只有研究外显活动，心理学才能得到客观的数据；我们在研究过程中，通过让被试对特定问题的出声思维比依靠不科学的内省方法能够更多地了解和认识思维心理学。

信息加工心理学的主要任务是解释人类的复杂行为，如概念形成、问题解决、语言等。用信息加工的观点对人类有关认知过程的研究，为口语报告数据的采集、加工、编码和分析等提供了充分的理论依据。埃里克森和西蒙指出，口语报告分析法是建立在一系列关于人类信息加工过程的基本假设的基础之上的，只有充分了解这些假设，才能正确地理解和运用口语报告分析法②。主要包括以下几点：

（1）人的认知活动可以看成是在一定的问题空间中进行的搜索，在这一过程中，被试逐步累积起有关问题情境的知识。

（2）被试口语报告的内容，相应于最新获得的信息以及短时记忆中的部分信息。

（3）被试的每一步搜索，都包含着某种与任务有关的算子，被试把算子应用于短时记忆中的知识，从而进入问题空间中的新层次。

（4）被试短时记忆中所包含的信息（即可报告的信息）主要由算子输入所需要的基本知识、算子所产生的新知识以及问题的目标与子目标表征的符号等方面的内容组成。

（二）口语报告的程序

埃里克森和西蒙对口语报告分析的过程进行了详细的阐述。

（1）研究准备：首先，明确研究任务以及研究所涉及的情境，并根据问题要求，选择适当的形式。其次，选择完整的编码系统，研究者可以新创一个编码系统，也可以借用已有的。

（2）向被试说明报告的要求。

（3）录音与转译：在被试报告的同时，进行实时录音，录音时应尽

---

① 李菲菲、刘电芝：《口语报告法及其应用研究述评》，《上海教育科研》2005 年第 1 期。

② 李海连：《口语报告分析法》，《架设人与计算机的桥梁——西蒙的认知与管理心理学》，www.infoedu.cn/blog/post/48.html，2009 – 3 – 8。

量避免干扰被试的思考过程。录音后的结果应及时地转译成书面材料供编码和分析用。口语报告的过程也可以运用网络上一些实时的交流工具进行，并记录其内容。

（4）编码：将书面文字转换成代码，首先要设计相应的编码系统。而编码系统的设计，主要应考虑到两个方面：①该系统必须能反映任务的特点，适合于特定的内容；②它必须反映出研究的理论构思，符合理论上的要求，以便做进一步的统计分析。

（5）结果的处理分析。

（三）口语报告交流设计

1. 编码体系

以一堂课（45 分钟）作为微观分析样本，根据冈纳瓦德纳（Gunawardena，1997）提出的交互分析模型进行编码。该模型将网络异步交互环境中学生间的社会性交互分为五个阶段[①]，又将每个阶段分为协同学习的五个原则进行整体的编码。编码体系如表 6—10 所示。

表 6—10 编码体系

编码体系	深度互动（DI）	汇聚共享（CS）	集体思维（CT）	合作建构（CC）	多场协调（FS）
第一阶段：信息分享（IS）	IS-DI	IS-CS	IS-CT	IS-CC	IS-FS

---

① 冈纳瓦德纳提出的交互分析模型是国际上应用较广的一个知识建构分析模型。这个模型基于建构主义学习理论，是专为评价网络环境中知识的社会建构而设计的方法。该模型将网络异步交互环境中学生间的社会性交互分为五个阶段：阶段 1：第一个阶段是信息的分享和比较。在这一阶段，团体成员交流观点，相互提问，针对讨论的主题做出描述；阶段 2：第二个阶段主要涉及发现、分析观点的差异和分歧。在这个阶段，团体成员试图找出观点中不一致的地方，提问并回答问题，进一步对主题进行阐述；阶段 3：第三个阶段中，团体成员之间进行协商讨论，或者通过提出新的观点、整合各种观点，进行知识的共同建构；阶段 4：在第四个阶段，成员通过个人经验、收集的信息对新建构的观点进行检验和修订；阶段 5：第五阶段，成员达成共识、运用新建构的意义和知识。这五个阶段，一方面反映了社会性交互的完整过程；另一方面也反映了社会性交互的不同水平。我们运用这种模型作为标准，以协同学习为流程，逐条解析交互区中言语的内容，评价协同交互的水平，反映交互中学员之间社会知识建构的进程。Gunawardena, Lowe & Anderson, Analysis of a global online debate and the development of an interaction analysis model for examining social construction of knowledge in computer conferencing, *Journal of Educational Computing Research*, Vol. 17, No. 4, 1997, pp. 397 – 431.

续表

编码体系	深度互动 （DI）	汇聚共享 （CS）	集体思维 （CT）	合作建构 （CC）	多场协调 （FS）
第二阶段：观点比较（IC）	IC-DI	IC-CS	IC-CT	IC-CC	IC-FS
第三阶段：合作协商（CN）	CN-DI	CN-CS	CN-CT	CN-CC	CN-FS
第四阶段：知识建构（KC）	KC-DI	KC-CS	KC-CT	KC-CC	KC-FS
第五阶段：意义达成（II）	II-DI	II-CS	II-CT	II-CC	II-FS

2. 交流主题

本次实验采用 QQ 群聊天的形式对口语报告信息进行收集。要求在使用协同建构工具进行教学的同时，让学生在群里说出解决问题时头脑中的想法和思考步骤。根据知识建构的五个阶段分别设计相应的问题，问题如下：

第一阶段：在浏览别人的答案的时候，你怎样准备自己的答案？

第二阶段：发现与别人答案不一致的时候，你怎么修正自己的答案？

第三阶段：你怎么与同伴协商形成新的答案？

第四阶段：你如何形成自己的新答案？

第五阶段：你怎么确保自己的答案与同学们的正确答案一致？

三 研究实施

课堂实施阶段，教师使用协同建构工具发动学生进行主题讨论，并利用 QQ 聊天工具进行口语报告信息的收集，以了解学生解决问题的想法和思考步骤，并保存相应的数据。

四 数据收集与结果分析

口语报告在于解释可视化知识建构的内在加工机制。对所收集的口语报告资料进行分析，划分意义单元，根据编码体系进行频数统计。为保证其信度，共有三人根据确定的协同编码体系，参与对资料的统计划分，且对不同的划分结果进行协商，最终确定口语报告数据的划分，并对其进行分析。协同编码体系如表6—11所示。

表 6—11　　　　　　　　协同学习过程编码体系

项目	内涵	编码
深度互动	与人之间的互动、与内容的交互	提问、问题化、沟通、交流
汇聚共享	信息观点的分享与聚合	共享、分享、贡献、搜寻、检索、想法、综合、选择、检查
合作建构	新知识的创建	创新、生成、修改、强化、分析
集体思维	集体的思维加工	参考、启发、吸收、结合、磋商、磨合、协商
多场协调	情感、行为、价值观的参与和表现	个人和集体的情感、行为、价值观倾向和表现、态度、认识、承认、支持……

对学习者在每个阶段所体现的协同建构原则进行统计，并根据时间的顺序表现出学习者的知识建构过程。其结果分阶段统计如下：

第一阶段，信息分享阶段。如图 6—5 所示，在这个阶段体现了协同学习的合作建构和集体思维两个原则，且在问题提出将近 6 分钟后学习群体开始体现集体的思维加工作用，吸取同伴好的方面等。近 1 分钟后开始出现短暂的群体合作，较长时间的合作建构新知识是在问题提出 8 分 36 秒，持续 3 分多钟后较长时间地体现了集体思维这一原则。总体来说，在信息分享阶段体现了合作建构和集体思维两个原则。

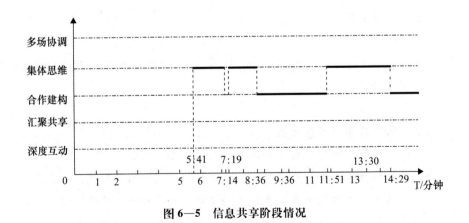

图 6—5　信息共享阶段情况

第二阶段，观点比较阶段。如图 6—6 所示，有 32% 的数据体现了协

同学习的合作建构原则，28%的数据体现了多场协调原则，24%体现了汇
聚共享原则，而6%的数据体现了集体思维原则，并没有体现出深度互动
这一原则。所体现的协同学习原则比较集中，在较短的时间内体现，观点
的比较阶段有较长的时间段进行资料或观点想法的汇聚和共享。

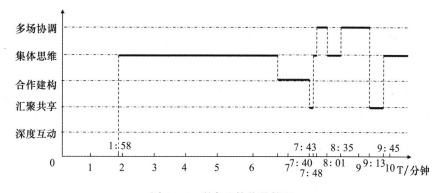

图6—6 观点比较阶段情况

第三阶段，合作协商阶段。如图6—7所示，有58%的数据体现了集
体思维这一原则，分别有17%的数据体现了汇聚共享和多场协调两个原
则，只有8%的数据体现了合作建构原则，仍然未体现出深度互动原则。
在问题提出后，集中体现了集体思维这一原则，并有较长时间持续，从6
分39秒开始呈现出多场协调原则。

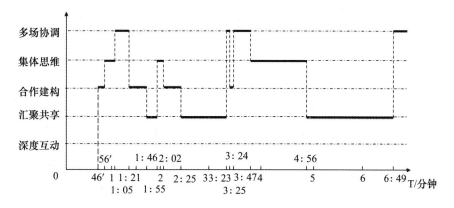

图6—7 合作协商阶段情况

　　第四阶段，知识建构阶段。如图 6—8 所示，有 45% 的数据体现了合作建构这一原则，33% 的数据体现了汇聚共享这一原则，22% 的数据则体现了集体思维这一原则，并没有体现出深度互动和多场协调原则。问题提出后，学习群体较快地对知识进行了合作建构及资料、观点等的共享，并持续一段时间的讨论，体现在集体思维这一原则上，最终形成知识的建构。

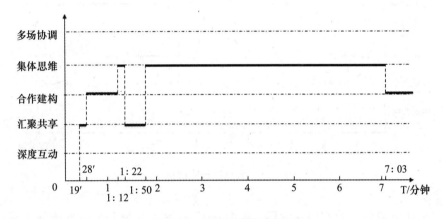

图 6—8　知识建构阶段情况

　　第五阶段，意义达成阶段。如图 6—9 所示，该阶段同时体现了协同学习的五个原则，有 37% 的数据体现了集体思维原则，27% 的数据体现了汇聚共享原则，23% 的数据体现了深度互动原则，10% 的数据体现了合作建构原则，只有 3% 的数据体现了多场协调原则。在问题提出后，进行了短暂的资料汇聚和共享后，学习群体进行了较长时间的沟通、交流，体现了深度互动这一原则。在一定时间的沟通和交流后，学习群体开始对知识进行合作建构，进行协商、共享，最终达成一致意见。

　　总的来说，该学习群体在知识的建构过程中，深度互动较少，只在建构的意义达成阶段有所体现。汇聚共享阶段体现了学习群体的合作性，而在观点比较阶段，除了学习者之间的合作建构和资料共享，还有相当一部分体现了学习群体的多场协调意识；在合作建构阶段，主要就问题、不同点进行群体协商；知识建构阶段，主要体现在对新知识的合作建构；在意义达成阶段，不同程度地体现了各个协同学习的原则，特别有较长时间的深度互动。

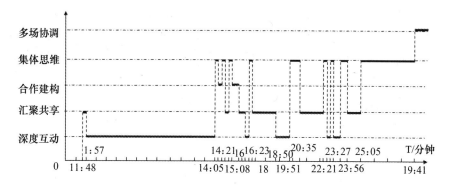

图6—9　意义达成阶段情况

第四节　境脉扩展评价：杜郎口中学教改的协同学习特质追寻

设计研究中强调扩展性评价。扩展性评价，与 Bannan-Ritland（2003）和 Sandoval（2004）的设计研究模式中的最后一个阶段相似，设计来提升进行中的研究和更多的理论和干预开发。本节采用案例研究法，运用协同学习框架对国内教改领域的典型案例进行剖析。所有案例均以视频单元进行分析，共计 12 个涵盖所有中学学科的视频资料，时长共计 12×45＝540 分钟。

一　杜郎口中学及其非典型教改

近几年来，无论是在城市还是农村，各式各样的教改进行得如火如荼，在这场轰轰烈烈的教改运动中，社会经济发展基础相对较差的农村教育改革恰似走在前列，其中最为引人注目的就是"洋思现象"、"杜郎口现象"、"宁津现象"，这三者并称为农村教育教学改革的三大现象。马克思说，"一步行动胜过一打理论"，上述农村教育改革的事例，大部分归于一种自下而上的改革，没有高深的理论基础和学理渊源，有的是实干和实践，而且注重教改成果的社会效益和教育效果，真正与当下的素质教育和应试教育无缝整合，深受社会各界尤其是教育界和学术界的关注和推崇。本节主要以杜郎口中学的教改实践为样本，着重从教学场域的视角进行案例剖析，以提取课堂结构的主要变革要素，构建和谐的课堂协同学习场域，为教改的深层度发展提供一种参照，也作为本书的一种扩展性评价案例。

杜郎口中学是一所地处鲁西南的乡镇初中，曾经连续十年在县里考核中居倒数之列，如今被誉为具有"原生性、开创性，扎根本土"特色的农村教育改革的先锋。到此参观的人络绎不绝，它的每一节课都对参观者开放。2002 年，杜郎口中学的排名也从倒数第一、第二上升到第十位。学校每年综合考评都在前 3 名。

二　协同学习特质追寻

（一）课堂教学场域的协同

《基础教育课程改革纲要（试行）》指出："改变课程过于注重知识传授的倾向，强调形成积极主动的学习态度，使获得基础知识与基本技能的过程同时成为学会学习和形成正确价值观的过程"；"改变课程实施过于强调接受学习、死记硬背、机械训练的现状，倡导主动参与、乐于探究、勤于动手，培养学生搜集和处理信息的能力、获得新知识的能力、分析和解决问题的能力以及交流与合作的能力"。上述基本精神表明了传统课程与教学中存在的教学要素孤立和分离的事实。作为一个复杂系统，教学系统的目标达成和策略实施都受到系统各个要素的交织影响。单纯研究和改变一个变量无法获取新课程改革所提出的基本要求。因此，从一个动力学的视角来分析教学系统将是一个新的方向。

教学系统至少由四个要素组成，包括教师、学习者、媒体、教学信息，其中包括人的因素也包括物的因素，包括社会系统也包括技术系统，诸因素之间相互作用所形成的氛围，可以把它视为"场"，从心理学角度来看，每一心理事件都取决于其人之状态及其环境，也就是说取决于勒温所说的人的心理生活空间。可以想象，如果我们有目的地去构建一个具有价值合理、信息畅通、情感充盈、行为流畅、知识丰厚的教学场域，通过相关要素激活各个场域，形成新型的课堂教学结构，其中就会通过强大的场协同效应影响教学效能，这样才能真正实现新课程所提出的三维立体目标，这也正是本案例的成功之处。以下是依据协同学习场域和学习原则，对某个教学案例的教学流程中的"关键事件"分析，这些关键事件承载着课堂学习的主题，实现着课堂教学的目标。具体如表 6—12 所示。

表 6—12　　　　　　杜郎口某语文课堂关键事件的场域分布

序号	关键事件	学习场域				
		信息场	知识场	意动场	情感场	价值场
1	各组围坐			√	√	√
2	请各组把复习目标商量	√		√		
3	各自在小组讨论		√	√		
4	把商量的情况交流		√	√		
5	一组学生讲完后，二组一名学生接着讲			√	√	
6	各组分别有一名学生到黑板上书写	√	√	√	√	
7	第一组先来展示		√	√		
8	有两个女生没有围过去			√		√
9	一组的一位学生站在黑板前，要求另一名学生在黑板上写上注音			√	√	√
10	其他学生七嘴八舌地	√		√	√	
11	其中第二组的学生还唱了诗句，有感情的朗诵了诗句，第三组的学生朗诵了诗句，还表演了诗句			√	√	
12	你要用自己的话来说				√	
13	老师说了几句鼓励的话				√	
14	跑到主席台上来，围着听，围着看	√		√		

　　从上述简要分析来看，杜郎口中学课堂强调的不是单一的课堂知识的传授，而是强调学习的体验、强调学习者情感参与和行为参与。在这个课堂教学环节中，几乎所有的知识都通过学生的行为得以表达和表征，注重学习者个体和集体的参与，学生的学习情感得以激发，学生的知识迁移得以实现，学习者之间的协作得以落实，教师通过问题、指导激发和控制场域之间的协同，让学生在共享、互动、体验中实现知识的自我建构。

　　从多个案例看来，杜郎口中学的课堂确实从实践上回答了如何全方位让学生参与课堂的问题，真正体现了"教为主导、学为主体、师生互动、共同发展"的基本精神，在这种思路下的课堂，完全是一个协同的学习场域：是一个有效的、和谐的、快乐的、智慧的学习空间。用杜郎口中学的总结就是：

> 设认识停靠点，让学生学会
> 设情感激发点，让学生想学
> 设心灵交流点，让学生乐学
> 设实践操作点，让学生体验

因此，通过激发学习场域，实现认知场域、意动场域、情感场域、价值场域的协同，这样形式上是——动态的课堂（学生动起来），情感的课堂（课堂活起来），成果的课堂（效果好起来），最大的收获是——挖掘了学生的潜力，培养了学生的勇气，张扬了学生的个性，奠定了学生的信心。真正体现了——我参与，我快乐；我自信，我成长。

（二）课堂教学结构的变革

传统课堂里，教师是权威，是真理的化身，学生的思维要围着教师转，学生的学习方式服从于教师教学方式，严重违背了教学规律和学习规律。杜郎口中学的学生"我的课堂我主宰"，在学习面前充满着自信，具有主人公意识。教师的思维要围着学生转，教师的教学方式服从于学生的学习方式，使教师与学生的关系、教学与学习的关系回到教学规律和学习规律上来。通过学习场域的激发，配合学习空间的变化，杜郎口中学的课堂教学结构发生了根本性的变化（见图6—10）。

（1）课堂氛围。课堂上学生到底是积极主动，争问争答，你争我夺，还是鸦雀无声，规规矩矩的小绵羊，反映了学生求知的迫切程度。其实这是一种课堂情感交互的氛围。

（2）课堂活动结构。学生学习多元化、多样化。学习形式和学习乐趣结合起来，让学生在课堂上不觉得累，不觉得烦，倡导多种形式：小主持人，竞赛，辩论，课堂中的小老师，以及曲艺节目：歌曲，舞蹈等等，还可以做诗、填词。这给课堂教学融入了生机，激活了学生的求知欲，学生体验到了学习是乐趣。让学生在课堂时空中充分表演。

（3）"10＋35"的时间模式。教师只准讲10分钟，学生活动35分钟。要掐着表来计算。按规定的模式去做就是优秀的，不按这个模式，哪怕你成绩好，也不认可。这一项在整体评价中占了30分，最初是50分。

（4）教室空间结构。教学环境以其重要的导向功能、凝聚功能、陶冶功能及激励功能而备受人们的关注。教师空间构成是教学环境的重要组成部分。走进杜郎口中学的教室，你一定会有别样的感觉，这里的空间构成与平常见到的教师太不一样了。

●讲台。教室理没有讲台，没有讲桌；

●黑板。教师里的三面墙壁上都有黑板，作为记忆空间和信息会聚场所；

●座位。教室里的课桌不是"秧田式"，而是呈现方块状。每间教室有六大方块，每个班级有 6 个小组，每个小组 10 人左右，面对面分为两排。

（5）小组结构。每个班级建立 6 个学习小组。其中每个小组都有一名组长负责本组，每个小组都有各学科的科代表。小组建立的方法：班主任综合科任老师的意见、学生的学习成绩以及个性差别、平时表现等因素建立小组。力求每个小组内均有学习成绩不同等级的学生；各个小组尽量实力均等。也就是我们所说的"组内异质"和"组间同质"。

（三）教学流程的重建

在杜郎口中学，每节课几乎都是讨论和确定学习目标—分配学习任务—小组自主学习—展示交流这样一个过程。其间学生的讲解，不同意见的交锋，欢快的歌声，热烈的掌声此起彼伏，学生或站或坐或走动，加上"爬黑板"时的人头攒动，听课教师在教室里随意晃动的身影，难怪有人把杜郎口中学的课堂教学模式称为"教育超市"。为了落实学习场域的协同，全方位让学生参与到课堂，教师在教学流程上做了较大的变革：

（1）围绕任务。任务是活动的平台，也是活动的目标。在杜郎口中学"预习"、"展示"、"反馈"各个环节中，任务都是明确的。"预习"主要解决基础知识，"展示"主要解决理解、内化、提升的内容，"反馈"主要是解决缺漏的内容，特别注意解决学习能力差的学生的缺漏内容。知识与能力、过程与方法、情感态度与价值观有机统一在、体现在三个环节之中。

（2）突出表现。与传统的接受学习相比，课堂多强调学生的"听"与"思"，强调学生学习过程引起的内在变化，所以，学生就显得特别规矩，课堂气氛就显得特别安静。当然，我们不可抹杀这种学习方式对于知识传承的功用。杜郎口中学的学生特别热衷于"表现"：或说，可长篇大论，可只言片语；或写，可在预习本上，可在黑板、地板上；或演，可唱歌，可跳舞。他们把学习收获传递出来，外显出来，在"传递"、"外显"

的过程中使"收获"得到梳理、整合、丰富、矫正、弥补和提升，与此同时，现代社会人才所需要的"表现力"在学校的真实场景中得到了训练。"听"与"思"成了"表现"的前提，因为"听"不清楚，"思"不明白，何谈表现！

（3）小组合作。班级授课的最基本的优势在于可以形成一个综合的信息场，可以营造一种浓厚的学习气氛，可以为学生、教师、书本等学习资源提供交流的空间。但是，这种优势的发挥并不是自然形成的，还有一个具体操作的问题。这里牵涉到相关联的两个方面：一个是秧田式学生座次排列必须改为围坐式，一个是要分成若干小组，大班额的班级尤其应该分组。杜郎口中学的小组合作学习充分体现了这种优势。学生们在小组中交流各自搜集到的资料，对同一问题发表不同的看法，对同一题目做出不同解法，相互切磋，相互启发，形成学习的合力。然后，组际交流，将小组的合力扩展为全班的合力。

这种教学流程可以概括如下：

●三个特点：立体式、大容量、快节奏；

●立体式——目标任务三维立体式，任务落实到人、组，学生主体作用充分发挥，集体智慧充分展示；

●大容量——以教材为基础，拓展、演绎、提升，课堂活动多元，全体参与体验；

●快节奏——单位时间内，紧扣目标任务，周密安排，师生互动，生生互动，达到预期效果。

协同学习原则在教学流程中的体现如表6—13所示。

表6—13　　　　　　　协同学习原则在教学流程中的体现

教学流程	深度交互	汇聚共享	合作建构	集体思维	多场协调
导入语					
预习交流	√	√			
确定目标		√		√	
分组合作			√	√	√
展示提升		√	√	√	
穿插巩固		√	√	√	
达标测评					

（四）学习意动场域的生成

杜郎口中学的教改关心课堂教学效果，关注学生人格发展，培养学生健康性格。培养学生自主、自信、自强不息的性格，勇敢有为、探索创新的精神，团结合作、服务奉献的品格。课堂上关注为学生一生奠基的问题。而课堂教学效果通过学习者学习意动场域的生成来实现，比如语文学习，必须有自己的感悟，形成自己的观点和思想；政治课要和社会焦点挂起钩来，学以致用。要追求动态的课堂，情感的课堂，成果的课堂。学生上课，可前可后，可坐可站，屋里外头。师生之间，生生之间，优差生之间，小组之间，全方位、立体式的互动。学生要有成果笔记，一堂课下来，哪怕一句话，一个词语，只要有用，都要记下来。

学习行为的生成依赖于课程模块的变革，杜郎口统一实施的就是三个模块，就是"预习—展示—反馈"。预习是重要环节，预习不好的课不能上。

预习的步骤有：（1）预习目标和预习方法。目标一般有教师提出，学生补充，方法可以师生共同制定，比如，查字典，找材料等。（2）疑难反馈。学生提出疑难，小组讨论解决，本组解决不了的其他组帮助解决。这是指小的疑难，大的疑难到展示课时解决。（3）内容分析。提出问题，组内合作交流，教师巡回，把一些偏离文本的题剔除，避免在展示时耽误时间。（4）灵感放飞。把文章的情感、主题写出来，到展示课时展示。（5）展示设想。学生说出展示课时怎样展示。

展示课的步骤有：（1）预习交流；（2）确定目标；（3）分工合作；（4）展示提升；（5）穿插巩固；（6）达标测评反馈：每单元反馈一次。

反馈课主要是对前面的课进行反思和总结，对预设的学习目标进行回归性检测，本环节尤其突出"弱势群体"，让他们说、谈、演、写，进一步检查三维目标的落实情况。目的是查缺补漏，落实差生的达标。形式可以是教师指名，学生回答，也可以是考试。每周都有考试，也有月考、中考。

"预习—展示—反馈"三个模块具体如下：

预习——明确学习目标、生成本课题的重、难点并初步达成目标。

展示——展示、交流预习模块的学习成果，进行知识的迁移运用和对感悟进行提炼提升。

反馈——反思和总结，对预设的学习目标进行回归性的检测，突出"弱势群体"，让他们说、谈、演、写，"兵教兵"、"兵练兵"、"兵强兵"。

表 6—14　　　　　　　　杜郎口中学课堂学习行为举例

课程	主要学习行为
语文	有对作家作品的介绍，有对同类题材的拓展，有名句名篇的背诵，甚至可以用流行歌曲来表达自己对作品的感悟
物理	同伴讲解、质疑、展示、解释
历史	展示（爬黑板）、讨论、交流、大声朗读、评论、聚焦反馈、质疑解难
作文	自学、交流和点评作文、表演

教室前面的讲台没有了，师生同在一方空间，同处于一个平面。每个班级都有一幅自己的标语："我参与，我成长，我快乐"；"课堂大舞台，人人展风采"；"新课堂，我主张"；"我的课堂我主宰，我的人生我把握"。如此等等，写出的是学生那份走向课堂教学主人地位之后的雄心壮志，以及一展才思的无限快乐。其他方面的变化更是令人惊奇：教室前后及背光面三面都是大黑板，教室中间是纵向排成的三排课桌，学生分组排位，对面而坐。而且课堂形式多种多样，甚至五花八门，"台上"学生或表演、或辩论、或唱歌、或讲解、或朗诵，小品、课本剧、诗歌、快板、歌曲、绘画、小组展示等多种形式交相辉映；"台下"学生或蹲、或站、或坐、或跪，地上、课桌上、板凳上挤成一团。学生的发言几乎不用举手，站起来就说，说完自己坐下另一个接着说。由于学生的参与热情很高，常常会遇到两个人甚至几个人同时站起来发言的情景，这时老师也不调解，学生同时说上一句半句的，就会有人让出来。这样的课堂没有老师的呵斥和监督，没有老师的"谆谆教导"，这里的课堂完全是学生的舞台，其精神之抖擞，精力之集中，思维之活跃，令所有步入课堂的听课者都为之激动不已。

为此，学校制定了 3 条量化指标：一是课堂气氛要热烈、和谐、民主，学生敢问、敢说、敢爬黑板、敢下桌讨论，形成一种积极主动，争先恐后，紧张活泼，读、说、议、评、写贯穿始终的课堂学习环境。二是课堂形式要多样。采取各种各样的学习方法，调动学生的积极性，男女生竞赛、曲艺节目、讨论辨析、小品表演、擂台比武等，都可以堂而皇之地走进正式课堂。三是学生参与人数多、密度大，力争做到人人有份。这是课堂教学改革成功与否的关键。学校通过比例量化考评成绩，以参与人数除以班级人数的比例高低衡量教师教学成绩的优劣。

三 结论与反思

以杜郎口中学为主要代表的当代教育改革事例，强调改革的中心在于课堂变革，在学生具备基本自学能力的条件下，以学生的集体"自学"和学习成果"展示"取代了教师的"一言堂"，以学生的自主、互动学习改变了课堂的死板面孔，使课堂真正成为学生的学习时空和交流平台，实现了学生学习态度和学习方式的根本转变，极大地提高了学生的学习效率，并有效地促进了学生的个性发展和全面发展。使用图6—11的框架来表示这一新型的课堂教学结构。

在教改实验学校的课堂，四周用红色笔备给学生，是设计学生的活动。教案简练而实用。在杜郎口中学的所有的课堂上，看不到现代化的电脑、电视机，更谈不上网络终端进教室，就连淘汰了的幻灯机也没有，连学术报告厅内四机一幕也不齐全，但他们有的是每一个教室三面墙壁上显眼的黑板。黑板历来是教师挥洒汗水、展示自我的风水宝地，是教师带领学生遨游知识的海洋。而三面环墙的黑板成了学生施展才华、展示自我的阳光地带。座位的排列方式上看，分组排位，对面而坐，座位形式的变化影响、带动教学观念的变革，便于体现小组内的互动学习、合作交流。给孩子营造一个宽松的环境，给学生行为表现提供最低的限度，只要有利于学习，行为可自由一些：或坐或站，有的勾肩搭背，有的竟坐在桌子上。

在这种学习场域中，学生时而静心思考，时而热烈讨论，时而激烈辩论，时而阐述自己的观点，时而去书写反馈学到的知识，而没有一个开小差的。而不是像一般的课堂，孩子站在那里或坐在那里一动不动地听，学生身体或心理上感觉乏味和疲惫，时不时有走神、开小差的现象。学习场域中时时处处注重张扬学生的个性，教育是为孩子终生幸福做奠基：墙壁上的名人像、名言录全部是优秀学生的肖像、肺腑之言，学生就是全校领导老师尊崇的名人，他们的自尊心得到了极大的尊重，个性得到了弘扬，

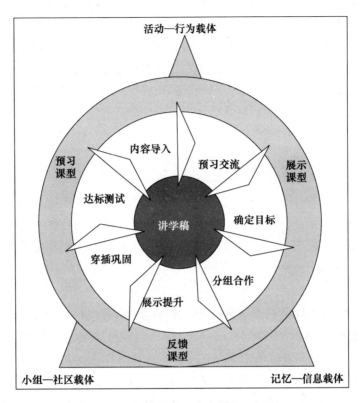

图 6—10   新型课堂教学结构的基本框架

怎能不迸发出昂扬、奋发、向上的智慧和力量。教师和教学不去关注死的东西，而去关注学生的动态的活的学习过程。可以预想将来走出校门，这些孩子一定会创造生命的辉煌，实现自身价值。

小结·反思:设计研究之拓延评价

　　设计研究作为学习科学与教育研究中的一种新兴的研究取向与研究范式，面临着一系列的挑战。设计研究的拥护者们面临首要的问题是必须为自己所从事的设计研究设定一个成功的标准。这种判别标准必须不同于传统实验室实证科学意义上的单纯的"科学"标准。基于设计的研究选择现实世界中的而非实验室中的教育与学习问题为研究对象，以解决现实问题为首要任务的方法论取向反映了隐藏于其背后的实用主义哲学立场。设计研究在哲学上遵从的是实用哲学的信条。在设计研究中，成功的设计研究不是可以诞生出在逻辑上毫无破绽，在形式上臻于完美的种种理论，而是可以在设计研究的自身实践中切实改进具体的教育与学习，并发展出在现实实践中可以有效促进教学与学习的各种理论与方法。从某种意义上讲，基于设计的研究是对科学主义导向下的近几十年间教育研究取向的一种反动，甚至是一种超越，反映了教育研究向真实世界，向生活中的人——这一本真的回归。

对于协同学习而言，作为一种新型的学习技术系统架构，应该与技术的采用没有必然的联系。也就是说，必须能够在常规的条件下实现，在解剖这几个案例尤其是杜郎口中学的案例中，我非常激动，因为我们苦苦寻找的协同学习的样式正体现于其中，尤其是多个场域的激发和实现，杜郎口中学的做法确实已经触摸到了协同学习的核心，或许他们根本就不知道协同学习的问题，但是对于我们这些建构者，却能够在实践中看到协同学习的真正价值以及切入点，看到协同学习在实践中的雏形，这是我们工作迈向实践的起始点。当然，我也注意到，杜郎口的实践只是从应试教育、素质教育、新课改的交织中走出的一条路子，更多停留在方法和形式上，因为没有理论、技术和环境的设计，教学中的很多环节仍然流于空虚，比如对学生信息的聚合、教师对学习信息的分析、支持知识建构的路径、表征的手段和方法等等，这些与知识的社会和个体建构起着重要的中介作用，而在未经设计的学习环境中无法实现，在杜郎口中学的做法中，只有用纯粹的自学和记忆来弥补，这显然与当代学习取向背道而驰，与学习者个体自身发展南辕北辙，因此，运用先进的学习框架来改善或者提升，或许成为一种可持续的教育改进之路。

结　语
迈向一种学习系统新框架

梯级不是为休息而设，它只是供人一足踏上使另一足更高而已。

——赫胥黎（T. H. Huxley）

协同学习定位为知识时代的学习系统新框架（祝智庭、王佑镁、顾小清，2006；Zhu & Wang，2007），这一新框架的构建与应用无疑是一个复杂的过程。借鉴目前日渐兴起的设计研究范式（DBR），经过五年多的系统研究，本书初步系统地构建协同学习系统的理论模型与框架、协同学习机制与原理、协同学习技术系统设计、协同学习设计，并通过实证分析来改进和完善协同学习系统模型及其框架，为学习技术系统变革及教学改革提供了一种理论模型与实践框架。

一　本书观点总结

设计研究过程通常产生两大类输出结果：理论性成果与实践性成果。理论性成果又可分为三个方面：一是领域理论，描述学习情境要素及其相互关系以及学习情境与结果之间的关系；二是设计框架或设计方案代表对于特定类型设计问题的设计导则；三是设计方法论，本质上属于规定性的理论，告诉人们如何进行某类设计，需要什么专业知能以及谁应该提供这种知能，实践性成果包括各种形式的干预，从具体制品例如技术工具到教学活动、课程教材、政策规章等[1]。通过设计研究，围绕"协同学习系统的建构与应用"这一主题进行理论构建、技术设计以及实证研究，产生了理论性成果和实践性成果的双重制品，形成了如下重要结论：

---

① 祝智庭：《设计研究作为教育技术的创新研究方式》，《电化教育研究》2008 年第 10 期。

（一）无论是追寻教学变革的方向，还是着眼于知识时代对人才的创新需求，对学习系统进行深入剖析都迫在眉睫，协同学习系统的构建能够满足知识时代的教育诉求

无论是从教育和学习的本质，还是从教学的目标和学习的结果，教育者和研究者都认为知识、情感、态度和价值观是学习所必须面对的基本维度。然而已有研究少有关注学习情境中的技术因素和知识创新问题，尤其是对学习者本体的考虑。基于上述分析，本书将学习的多维要素引入场动力学视野，提出了协同学习这一概念，作为一种面向知识时代的学习系统新框架，协同学习以系统协同思想和知识创新为基础，对传统学习理论进行了认识论、本体论、认知加工维度上的拓展，以适应信息技术时代的知识建构和个体发展，并能够成为指导学习技术系统开发的新框架，以适应当前网络时代社会结构和技术要求、满足社会变革和学习创新需要。

（二）现有学习系统或存在文化变量方面的局限，或存在认知变量方面的不足，协同学习及其技术系统能够较好满足文化和认知方面的学习需求

学习系统的文化变量主要有个体—集体，认知变量包括短时记忆—长时记忆，这些变量的适应需要新型学习技术系统来适应和解决。协同学习系统是一个由社会要素和技术要素相互作用构成的以达成个体协调发展与群体有序互动的有机整体和框架。基于学习系统中的认知加工的深度和认知主体的属性，协同学习系统强调学习文化变量到学习技术系统中的映射关系，主张在全人发展学习环境中进行协同汇聚和合作创新，其目标在于促进手脑并用、知行合一、培养情智一体的人。协同学习框架以系统协同思想和知识管理为基础，使用协同学习一词表明了一种协同学意义上的教学关系构建和教学结构变革。

（三）从场域视角来构建学习系统将能够提供一种协同的、有意义的深度学习机制与原理

依据知识建构的基本过程，以及对现有学习技术系统的分析，本书认为，协同学习是对现有学习技术系统框架的突破：在信息、知识、行动、情感、价值之间建立有机的、协同发展的联系；交互层面，提供内容与学习者的深度互动；通信结构层面，提供信息聚合机制；信息加工层面，提供群体思维操作和合作建构机制。本书将协同学习的基本机制与原理归纳为"深度互动，汇聚共享，集体思维，合作建构，多场协调"。

（四）考虑到现有文化情境和教学传统模式，协同学习技术系统能够从汇聚共享、集体思维和合作建构三个层面提供解决方案，支持学习系统创新

本书把协同学习建立在知识管理的原理之上，在信息技术工具的支持下，所有信息得以通过一种抽象意义的平台被融为一体，被以个体和集体协同的形式进行处理。在相关信息技术工具作用下，个体意义借助知识聚合工具形成集体意义，并最终借助聚合工具形成稳定的集体记忆，这也是达成集体智慧的一条必经之路。协同学习把群体隐喻为一个认知加工系统，在与个体加工系统协同作用中生产知识。如果这一系统要真正作为整体发挥作用，而不仅仅停留在隐喻层面，那么技术必须成为其不可分割的组成部分。本书描述了基于协同学习系统元模型和协同学习机制的技术系统设计及其可用性测试的迭代过程，以作为整个设计研究循环的一个重要制品生成环节。

（五）从学习设计的视角来看，协同学习设计模型能够为协同学习的实践应用提供灵活的适应性强的"工具箱"

本书用协同学习设计一词来表述协同学习系统框架内的学习活动的开发方法。这也是支持协同学习的教学设计的重要内涵，并开发协同学习设计模型来构建灵活的活动体系和技术环境，以支持协同学习的实现和实践。协同学习系统作为一个新框架，在学习设计上必然充满灵活性。协同学习设计模型的构建，可以建立一种在理论上更加一致的方法来关联不同的理论与学习的期望特征，在教学设计中映射到相关的活动、工具和资源（包括人力和技术的）来支持它。这种方法目的在于使实践反映支持的理论。

（六）协同学习设计的映射模型和实现路径为当下的教学革新提供了参照，能够有效地支持个体知识创新和群体知识建构和发展。深度知识建构模型能够提供比较理想的教学过程设计流程和教学方案

本书开发了协同学习的深度知识建构框架以支持课堂学习革新，该框架汲取了首要教学原理的理念，主张任务的设计源于生活，让学习者介入解决实际问题。与"五星"教学设计模式相比，该框架在"激活、展示、应用、整合"这四个教学过程的基础上结合五个协同原则，提出了"动机激发、信息聚能、协作分组、支架建构、行为连接、场域激发这六个环节的协同活动设计，更加注重个体与群体的信息加工和知识建构过程。本

模型与以学习活动为中心的教学模式在设计理念上有一定的相近，都认为学习是知识建构的过程，强调学习是个体建构和群体建构的统一。本框架更加注重信息与知识转换的协同过程，而以学习活动为中心的教学设计模式，忽略了学习者与内容的深度互动以及信息汇聚过程，强调的是意义建构过程。

（七）实证研究表明，协同学习系统的构建与应用，促进学习者的认知记忆、集体思维、合作建构、个体发展等多个方面的有效提升。微观的知识建构机制分析也为深度学习有效的教学开发和学习设计提供了参照

通过实验研究，以协同学习技术系统为支撑的学习环境作为实验情境进行协同学习效果和知识建构使能机制的微观研究。通过两个轮次的实验与实证分析，发现协同学习系统在促进学习者的认知记忆、集体思维、合作建构方面具有有效的提升，在引发学习者内容深度互动和激发学习者多场参与方面效果较为明显，尤其是通过改进学习和设计轨线，使协同学习的基本框架和技术系统越来越接近于预期的理想状态。而微观的知识建构使能分析则提供了有效教学开发和学习技术系统设计的参照。

（八）实践了支持学习技术系统创新的教育设计研究方法论框架，为设计研究的本土化和实践化提供了一个个案和研究样本，同时也印证设计研究作为教育技术合理的、优化的、贯一的研究方法论的观点

本书通过系统研究，构建新型学习系统框架，同时进行技术产品的设计与开发，研究具有显著的理论生成和技术制品特征。因此，单纯采用某种定性和定量的科学研究方法不能满足这一要求，本书从对目前学习系统和教学现状的考察出发，反思其中应对知识时代学习需要的不足与偏差，构建一种支持知识建构的新型学习系统范型，再回到课堂教学实践中进行改进和提升。作为设计研究框架内的协同学习研究，本书执行了五个基本步骤，即：确定一种需求—问题解决、构造—模型、范例、评价—检验、验证、学习—当前的、新出现的、理论化——一个新的理论这一基本循环，采用质性和实证方法来进行形成性评价和效果研究，以更好地支持教育革新和学习创新，为知识建构提供一种新型的学习范式。借鉴这种国际上日益发展的设计研究范式（DBR），在理论—技术—实践—评价反思的交互中精致循环迭代，不断充实研究框架和研究制品，形成了支持教学技术创新的教育设计研究框架。

二 研究的创新之处

基于教育、心理、课程与教学、教育技术学、信息科学、管理科学等诸多领域众多专家的充实的研究成果，尤其是得益于祝智庭教授的原创性思维，本书系统地提出并阐述了"协同学习"这一概念框架，并从系统的视角对其元模型、原理与机制、技术设计进行了建构，同时结合实践进行应用框架设计与实证，从理论逻辑阐述和实证分析两个视角加以探究验证，目标在于更好地支持教育革新和学习创新，为知识建构提供一种新型的学习范式。主要创新指出在于：

（一）理论创新方面

协同学习系统是一个由社会要素和技术要素相互作用构成的以达成个体协调发展与群体有序互动的有机整体和框架。这一新型理论框架考虑了从学习文化变量、认知变量到教学传通技术系统构量之间的可靠映射关系，随着研究的深入，未来将发展成为具有国际创新意义的协同学习系统模型。

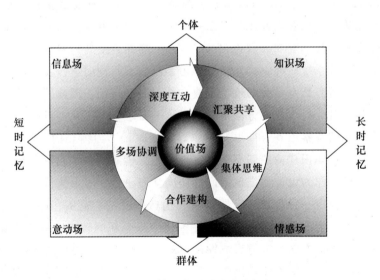

图结—1 协同学习系统全维框架

（二）技术设计方面

结合协同学习系统元模型、协同学习系统框架以及五个原则，在分析现有知识建构系统的基础上，本书提出技术支持协同学习的三个技术要素：即协同标注、协同思维和协同建构工具。三个工具软件之间的功能分工为：协同标注工具主要完成教学文档的信息标注和汇聚功能，输出为课堂需要解决的几个主题，这些主题也就是协同思维工具需要进行群体思维加工的主题。群体思维加工的流程在协同思维工具中完成，结果输出为一个思维流程图，供新知识建构使用。协同建构工具则实现了知识建构的功能。

（三）实践应用方面

作为一种面向知识时代的新型学习系统，协同学习系统强调学习文化和认知变量到学习技术系统中的映射关系，主张在全人发展学习环境培养手脑并用、知行合一、培养情智一体的人，在教育实践中具有广泛的应用空间。协同学习以动态场域的视角在信息、知识、意动、情感、价值之间建立有机的、协同发展的联系；并将其落实为三种可行的教学/学习新范式，通过不同的技术条件加以实现，真正使新课程的课堂教学注重追求知识、技能，过程、方法，情感、态度、价值观三个方面的有机整合，在知识教学的同时，关注过程方法和情感体验，以实现知识创新和全人发展。通过开发协同学习设计模型来构建灵活的活动体系和技术环境，以支持协同学习的实现和实践。

（四）研究方法方面

教育研究受到多方质疑，尤其是在创建新知识和制品有效服务于学习实践方面缺乏足够的支持。而在技术应用于课堂教学领域的研究方面尤其突出。近几年来，国际教育技术领域和学习科学领域正试图改变这一窘境，比如，学习科学家当前正在强化把设计研究作为一个探究和研究复杂课堂情景中的学习的框架的特性。本书借鉴这种国际上日益发展的设计研究范式（DBR），在理论—技术—实践—评价反思的交互中精致循环迭代，不断充实研究框架和研究制品，形成了支持教学技术创新的教育设计研究框架。通过这一教育设计研究框架的实施，构建了协同学习系统新框架。

三 未来研究取向

本书立足于一个新的体系与框架的构建，无论是理论上、技术上还是应用上，从智慧到方法都是一种考验和煎熬。尽管本书略成体系，但是研究尚未结束，甚至才刚刚开始，五年的思索、建构与实践使得对本课题的研究兴趣正浓，渐入佳境，现在回过头来审视整个过程乃至于本书，由于作者研究功力的浅薄尤其是创新的乏力，协同学习系统的研究还存在诸多问题，未来还值得继续探究。

（一）协同学习系统理论框架的进一步细化

作为一种元模型，协同学习系统确实关照了学习的多维属性，并且建立了从认知—文化—技术系统之间的映射关系，然而，元模型的构建其科学性、合理性、合法性是否得以合理的解释，尤其是与相关理论基础的衔接上和关联上，是否具有一定的构建空间，这是一个需要继续探究的问题。其次，元模型的具体化确实一个艰难的历程，协同学习理论框架的细化还比较粗糙，还没有深度挖掘元模型所蕴含的学术价值和现实意义，其必要性还需要更多的时代诉求和现实需求来支撑。协同学习原理和机制的逻辑证明、理论阐释的合理性以及充分性也是需要考虑的。在协同学习模型本身，要素之间的关系与互动如何有效地发生，因为涉及心理层面、教学层面等不同层面的机制，还需要更多的研究和实验来确证。

（二）协同学习技术系统的进一步完善

相对而言，协同学习技术系统的设计与开发是基于现实需求的，因此，在支持某些学习需求方面是显而易见的。但是，尽管经过详尽的分析与综述，国内外的各种学习技术层出不穷，替代性技术、社会性技术丰富多彩，本书的协同学习技术系统是否为最佳方案，功能模型是否满足不同学习情境中的应用，尤其是不同学科中的应用需求，技术路线是符合软件工程的规范等都是需要进一步迭代循环开发的。在软件的学习可用性方面尤为重要，这些都是后续研究需要重点考虑的问题。

（三）协同学习应用框架的进一步实践

作为一种新的学习系统框架和技术系统框架，实践才是试金石。本书的目标也在于为学习革新和知识创新提供一种新的范式，那么这一范式的有效性、合理性和可行性如何，需要在更加广阔的教育田野中试验并且不断改进，遵循设计研究循环迭代的方法论思路，在不同的学科领域、不同的学习情境、不同的教学要求下进行规模化的实验，才能真正提炼出协同学习的实践原则，进一步改进协同学习元模型及其学习机制，包括技术系统和应用设计本身。因此，这才是协同学习研究者所需要承担的工作，也是教育技术工作者的使命所在。

　　需要指出的是，如果要求学习系统框架或者理论在所有的时间都能解释所有的事件，那是不切实际的。对学习系统框架的一个比较合理的期望，是把它当作处理自己面临的各种现象的一种工作模式。因为当我们发现新的知识，就会提出新的问题，原来的理论或者原理就得让位于新的事物。这也是设计研究的主张，也是协同学习系统研究的路径。

　　但是在这个进程中，我们需要的是信心、坚持与实干，乔纳森（2005）指出：研究已经发表的任何东西，消化理解它，并针对人们如何运用技术来学习开始建构一些理论，找出自己最感兴趣的那些问题并满怀激情地去不断探究这些问题。这就是一个教育技术学习者应该具有的学术涵养。

　　我们一直在坚持、在探索、在创新……

附　录

一　学习系统要素的抽象

框架体系	提出者、年代	框架内涵	指向要素	说明
KLW	Clarken，2003，2005	强调人类属性、发展和潜能。综合在哲学、宗教学、心理学、教育学以及知识的其他领域的研究，确定了开发人类潜能中的三个基本能力：识知、钟爱和意愿（KLW），这分别与心理学和教育学中的认知、情感和意动领域或者能力相关。	识知、钟爱、意愿	强调人类的潜能
多元智能	Gardner，1993	指出人类的智能有七种，包括音乐智能、身体机械智能、逻辑数学智能、语言智能、空间智能、人际关系智能及自我认知智能。	音乐、身体机械、逻辑数学、语言、空间、人际关系、自我认知	强调智力结构的多元化

续表

框架体系	提出者、年代	框架内涵	指向要素	说明
多元思维与多元创造	Cheng, 1996, 1998	从学校效能研究出发，提出了知识时代的多元思维与多元创造理论，指出学校面对新世纪应该培养学习者五种不同智能；为学校变革提供了一种系统框架；指出学校面对新世纪有五种文化功能，包括经济/结构功能、社会功能、政治功能、文化功能及教育功能。	经济、社会、政治、文化、教育	强调智能的社会情境
教学目标分类	泰勒，Bloom，克拉斯伍等，1956，1966	泰勒的学生布卢姆和他的合作者们把教学目标分为三类：认知领域，情感领域和技能领域。布卢姆等人把教育目标分为认知、动作技能和情感三个领域。	认知、情感、动作技能	经典分类
教育目标分类与整合模式	蒙恩斯坦，1996	实现教育目标的过程就是在教学系统中开展学习体验的过程或积累学习经验的"过程"。认知领域涉及求知的过程及培养智能；情感领域目标涉及培养情感、价值观和信念；心理动作领域目标涉及发展体能；行为领域是对认知、情感与心理动作领域的整合，最后形成实际的教育结果（educational outcomes），即培养有知识，有情感和有胜任力的人。	认知、情感、心理技能、信息、行为	强调信息加工和行为操作
学习维度论	马扎诺（Robert J. Marzano）	学习的五个维度，从总体上实现了认知与情感的相互作用，共同决定着学习的成效。维度一：态度与感受；维度二：获取与整合知识；维度三：扩展与精练知识；维度四：有意义地运用知识；维度五：良好的思维习惯。	维度一：态度与感受 维度二：获取与整合知识 维度三：扩展与精练知识 维度四：有意义地运用知识 维度五：良好的思维习惯	强调认知、元认知与情感的相互作用

续表

框架体系	提出者、年代	框架内涵	指向要素	说明
综合学习理论	Peter Javirs,2006	学习的主体是完整的人。人类学习是一系列过程的综合,完整的人——身体的(遗传的、物质的、生物的)和心理的(知识、技能、态度、价值观、情感、信仰和感觉)——体验一种社会情景,然后将感知的内容加以认知或者实践上的转变(或者通过任何结合的方式),这种体验将融入个人发展之中而改变人(或者使人更有经验)。	身体、心理	强调学习的身体(遗传的、物质的、生物的)和心理(知识、技能、态度、价值观、情感、信仰和感觉)
临场理论	Garrison, Anderson & Archer, 2000; Campbell & Cleveland, 2005; Swan, 2003; Clark Quinn, 2006	提出了技术条件下的临场理论(presence),该理论从学习的三个维度探究在线学习环境中的临场感。分别是认知临场、教学临场与社会临场。社会在场:通过实用的通信中介,探究社区中参与者社会性和情感性地投射自身作为"真实的"人的能力(比如他们完全的个性)。认知在场:学习者能够建构和社会确认意义的程度。教学在场:设计、促进和指导认知和社会的过程,来实现个人化的意义和教育交织的学习成果。	教学在场、社会在场、认知在场、情感在场	强调了社会互动、情感要素
交互学习模式	Christine A. Johnston, 1994,1996, 1997	学习的三个维度是认知、意动和情感。认知是我们如何获得信息。这是一个识知的行动或者过程。认知能力包括多元智能结构(加德纳,1995)和个人生活经验。意动引导绩效表现。学习者在学习中具有自己的表现步调和一定程度的自治。意动也包括学习者在使用他们自己的学习工具,比如问题解决策略和精确确措施方面的功效程度。	认知、情感、意动	

续表

框架体系	提出者、年代	框架内涵	指向要素	说明
学习新领域	Revees,2007		认知、情感、意动	
基于大脑的学习(BBL)		脑基础教学法则是根据人脑学习的模式而设计的有效教学策略。在课堂中常用的策略包括:(1)多用四肢五官,全人投入记忆;(2)经常变化活动模式,令课堂充满新意;(3)制造欢乐气氛,提高学习情绪;(4)鼓励互相赞赏,提升学习信心;(5)有效运用协作学习,以提高互动效果。	身体行动、情感、协作、信息加工	身体行动、情感、协作、信息加工
全人教育		全人教育(whole-person education)——指教学时了解学生的心理需求、能力、经验、性格、意愿等主观条件,并加以配合之来进行教学活动,从而激发学生的求知欲、学习动机,而能快乐学习。简言之,即考虑到施教对象是(学生这个人),施教历程包含知、情、意、行四个层面。	知、情、意、行四层面	知、情、意、行四层面
全方位学习(Life-Wide Learning)		这是一个重要的口号:来自社区的支持和超越课堂的学习。它的目标在于使学生来有效地从真实的体验或者不同于课堂的体验中有效地学习来强化全人教育。		来有效地从真实的体验或者不同于课堂的体验中有效地学习来强化全人教育

二　可视化思维结构与图式

技术名称	描述/应用	例子
1. 层次金字塔	这个熟悉的概念模型通常用来分层组织一个对象、一种现象或一个领域的各层，它们都是建立在另一个的基础上的。金字塔或三角形的图像展现了后面的各级处在一个广泛的基础层上，反之亦然。	
2. 脑图	脑图可以做笔记和建构思想。中心的圆包括主题、分支结合包含子主题。	
3. 争论图	主要应用于结构化和分析复杂的争端。该方法可以让经理理解各种不同的意见和他们的基本假设。此外，该技术可作为一种协作工具，以系统的方式讨论不同的意见。	
4. 关联树	用来制定出一个层级的目标和结构信息，并制订一项行动计划。一个主要的目标被划分成各个子目标，然后这些子目标被分成任务和子任务或完成目标所需的信息。	
5. 矩阵	矩阵可用于根据两个标准组织信息，两个标准被进一步分为两个层次（如高的、低的、积极的和消极的等等），比较大的矩阵可以用来比较各种供选择的东西。	
6. 聚类	这项技术适合于首次将信息组织成为一个层次框架，聚类技术可以适用于相互间没有依存的要素。	
7. 我的地图	可以用来快速提供一位有专业背景的人士的资料。通过定位非常重要的个人信息，如学术背景和兴趣、项目经验、爱好或工作责任，像在卡通中的人物一样，这些信息可以更容易记住，因为它被放在一个生动的情境中，在一个启动的项目中，团队的成员画出它们自己的"我的地图"人物，并使用提供的模板来记录有关他们同行的背景信息。	

技术名称	描述/应用	例子
8. 集成视图	可以用这种技术将大量的细节加以创造性地总结在一张表中。主要议题写在中间的圆圈，四个主要方面写在圆的周围。然后，具体项目放置在四个象限。	
9. 极地图	极地图表可用于把信息置于有序表的框架内（从小到大或从微不足道的到重要的）。结合在一起的射线允许在信息组织中存在更多的关系。	
10. 坐标系统	坐标系统可用于画出事态发展或循环，或者人们可以根据两个谱（沿 X 和 Y 轴）使用坐标系所产生的四个象限去定位元素。	
11. 蜘蛛网图	这种类型的图可以用来设想有关一个对象的一套评价标准。该图可分为四个部分，其中每一项包含了若干切片，其代表了一个集群中个人的标准，该图的中心点代表规模为零，外框代表了最高等级。	
12. 概念图	概念图是 NOVAK 发明的，这种类型的图可以用逻辑的方式组织复杂的命题，它主要是用于教学目标，例如为了解释难懂的概念和说明它们的组成。此外，它还可以用于以一种透明的方式组织复杂的课题或问题。	
13. 维恩图表	这些常见的图表可以用来聚集视觉上重叠群体的元素以及突出重叠的成员，每个信息至少放在一个圆圈中，这样可以在视觉上进行分类。	

技术名称	描述/应用	例子
14. 联系网络	可以用于可视化一个人的知识网络，这主要根据他们的主要专业领域，自己定位在中心。每个矩形代表他知识领域的一部分，同行在这个领域中的知识就被定位其中。专家被框在一个灰色框中。专家知道对方或共同工作的人被一根虚线连接。使用此图来管理和培养他的联系网络或帮助一个继任者来建立他们。	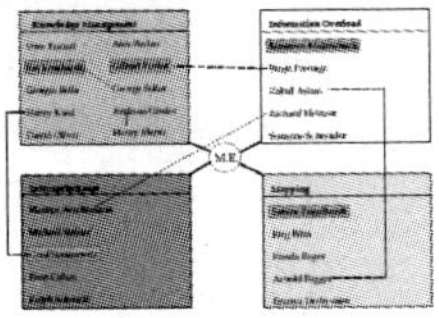
15. 领导立方体	立方体可以作为一个框架用于组织管理工作。具体来说，它根据三个方面组织管理工作，包括：职能管理（决定、发起、以及控制），管理阶段（目的、手段、程序）以及各级政策、规划和处置。	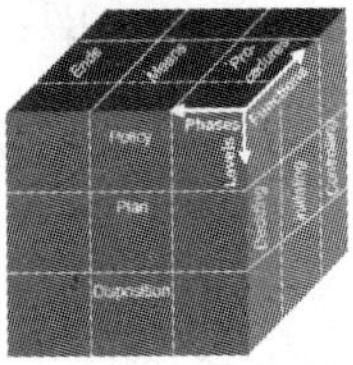
16. 连续统	这个简单形式的概念工具可用于在轴上定位不同的信息，这个轴代表一个连续不断的过程，从一个极端到另一个极端。类似二维坐标系。	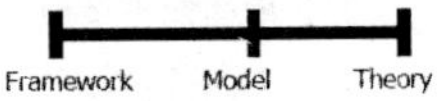
17. 气泡图表	气泡图表（投资组合图表）按照一套标准，集合了一些项目、产品甚至还有员工。	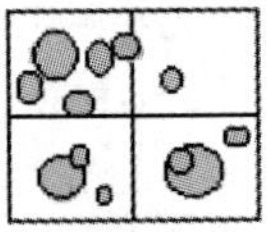
18. 隐喻图	这些图使用一个普通对象的可见形式，如房屋、庙宇、公园、钟摆等，或者是一个映射图去组织和预定信息和文档。	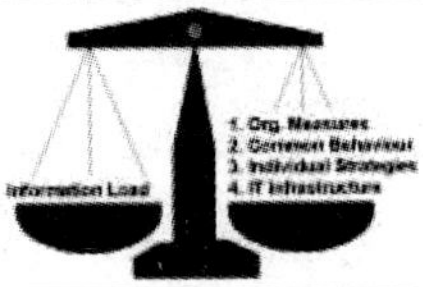
19. 网络图	网络图组织的信息是密切相关的。每个节点代表了一个信息，连线代表信息之间的联系。	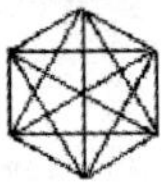
20. 帕累托图	分析图表，用来说明少数因素可能是导致一个问题大概率发生的事实。它是基于帕累托原则，原则指出，一个问题所有可能方面中的80%是可以被解释的，通过关注所有可能的原因的有关20%。具体来说，这个图同时描绘出了一个问题的主要根源和他们估计的影响程度（图中的百分比）。	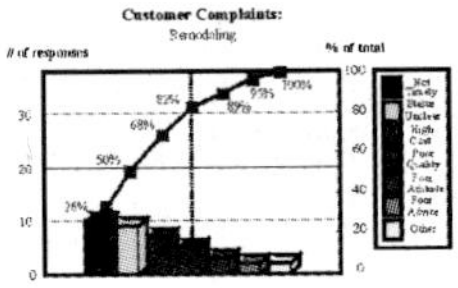

技术名称	描述/应用	例子
21. 干预象限	最初，赫尔维格（Helwig）开发此图是为了澄清分歧提供价值，Romhardt 已将它们应用于评估影响和适当的干预到组织中，他们展示了如何使得一个管理的干预在极端之间应该是平衡的。	
22. 金字塔原则	金字塔原则描述了一种组织信息收集过程的方式，它开始于最初的假设。基于这一假设，各分假说或断言被推导出来，这反过来又需要一系列能被证实的事实去支持。	
23. 五股势力模型	五股势力图的目的是提供一个系统概述的势力，其形成于一个组织中的竞争环境，它包括供应商、新进入者、买主、目前的竞争者、替代品（生产的产品可以取代自己提供的产品）。	
24. S 曲线	这一概念工具是基于这样一个前提：许多事态发展经过一段时间都是按 S 形曲线发展的。S 曲线可分为五个阶段（1 点至 5 点）。它们是：萌芽、生长、停滞、饱和/重新生长和衰变一条新的曲线（或技术），通常开始于较低的性能，但很快超过了老标准（见虚线图表）。应用领域如技术评估或产品生命周期分析。	
25. 过程或任务图	这些图显示了进程或任务的步骤顺序，并且涉及知识、角色和工具在某些进程步骤中的使用。这样一个图也可以使得各种进程之间的相互依存可视化。	
26. 个人信息组合	个人信息组合是一个概念的管理工具，使管理者能够想象到各个专业知识领域，根据它们的复杂性、范围和文件强度，通过比较各种组合，执行者可以预见赤字或时间限制（例如是否在一个专家领域有太多区块）。	
27. 战略游戏板	是由麦肯锡公司发明，这三维图可用于竞争格局中，识别战略性的管理选择，通过显示执行者可以选择在哪里（市场）、如何（商业系统）以及何时（时间）去竞争。	

技术名称	描述/应用	例子
28. 决策树	决策树横向描绘了一系列决定的时间序列，从而比较各种决定序列及其可能结果。	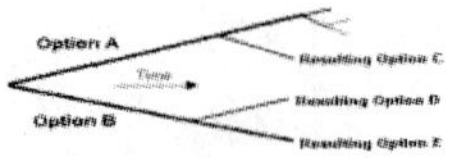
29. 鱼—图表/鱼刺图	以这种方式对信息进行安排，可以沿时间轴或沿着主题发展流程有层次地组织大量的信息。	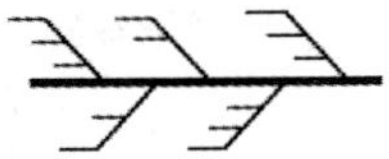
30. 流程图	以可视化方式设计一个过程的连续任务。可再加上是或否的问题，这可导致在流程图中出现不同分支。标准的图标用于指定不同的事件、活动、或文件。	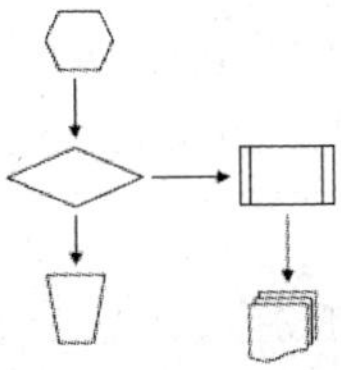
31. 形态学盒子	ZWICKY 发明了形态学盒子，是为了用系统的方式（总体思维）培养创造能力，通过透明地结合各种选择，它们结合到一起可能是一个解决方法，可用于营销、创新管理、产品改进和进程整合。	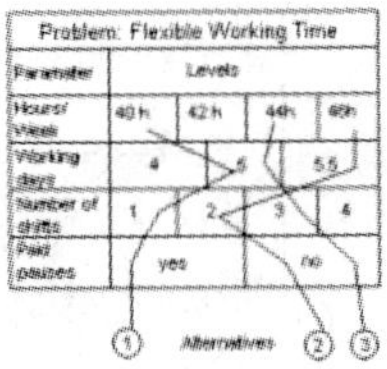
32. 协同作用图	协同作用图可以用来寻找各种活动或目标之间的协同作用，可以用于个人层面或团队层面。在个人层面，它可以用来找到一个人的个人目标之间的协同作用。在一个工作组环境下，它可用于将各种行动结合点联系得更加紧密。按以下几个步骤使用它： （1）在一个单独的清单上，列出你的 10 个最重要的目标、活动、项目或想要做的事情。 （2）沿着圆圈按他们的时间安排，按顺序写下这 10 项活动或目标（从第一季度短期目标——逆时针方向——最后一个季度的长期目标或活动）。 （3）对这 10 个问题分配优先权。 （4）尽可能多地确定促使前三个项目进行的协同作用。	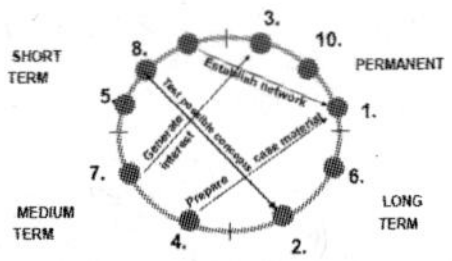

续表

技术名称	描述/应用	例子
33. 决策发现	这个工具可以用来征求过去关键决策过程的或未来的决策序列。它通常始于图底部的一个失误或失败，然后追溯到其原因，这些返回的原因联系到决策。这图分为三个部分，以反映一项决定的发起（小组本身在他们中间，在管理的左边，在右栏客户端旁边）。	
34. 上轨道	上轨道是一个简单的概念工具，以协助解决问题或一个会议小组的决策过程。主题线代表会议程的主要里程碑。在一次会议上，追踪主题线并且展示给所有与会者。评论描绘在主题线旁的侧线上。	
35. 系统图/反馈系统图/周期图	这种技术可用于可视化因果链中一系列变量之间的动态交换，包括反馈回路、加强循环和破坏周期。它经常被用来协助战略形成过程或用以处理动态的事态发展。箭头连接名词。箭头标有一个加号的类型是：更 X 导致更 Y。箭头标记一个减号刚好相反（更导致更少）。	
36. 亲和图	亲和图是一种数据收集方法，让一组人识别并将大量的想法分类。当一组需要客观收集的想法的时候，可以使用这种策略。	
37. 骨骼图	骨骼图是一个系统的反映和规划工具，确定驱动力和促进向理想结果靠近。	

技术名称	描述/应用	例子
38. 柱图	柱图是垂直条形图，并行显示收集到的数据，其长度是与一组具体数额成正比的。	
39. 交感图	交感图是一种用于确定一种知识层次或者学生关于某个主题的意见的工具。测量整组的洞察力、承诺、理解等，问题由领导人、团体、团队或组织决定。	
40. 五问	这是一种在一组里至少连续问 5 次为什么来发现根本原因或特殊问题或情况的过程。	
41. 莲花图	莲花图是一种组织工具，能把广泛的议题打破成较小的部分。	
42. 十字图	十字图是一个简单的工具，用于征求个人或团体在给定情况的长处和弱点的反馈意见。它是用来确定什么是好，什么需要改进，以获得即时的反馈意见，提供信息的累积，使每个人在改善进程有发言权，并把重点放在个人和团体需要改进上。	

三　协同学习设计模型到典型学习范型的映射分析

典型学习模式	界定	步骤	个体—集体	长时记忆—短时记忆	意动—情感	信息—知识
做中学 Learning by doing	杜威从新的意义上解释了知和行的关系,提出了"做中学"的思想。主张让儿童从经验中学习,通过解决问题来学习。	学生首先获得知识,理解它,记忆它,而后才可能去应用这些知识,完成一定的任务(如习题)。	-- X --	---- X ---	-- X --	-- X --
体验中学 Experiential Learning	1977年成立体验教育协会(Association of Experiential Learning,简称AEE),依据该协会的定义:体验教育是学习者从直接经验建构知识、技能与价值的历程(AEE,2002:5)。	角色扮演、小品表演、现场参与、课本剧演绎、模拟情境经历、主体替换等等。	-- X --	--- X ---	-- X --	-- X --
设计中学 Design-based learning	设计型学习是通过激发学生天生的好奇心和创造一种乐趣的"潜在学习"。1997年美国的爱因霍芬技术大学(TUE)开始在整个大学实施设计型学习。同时设计型学习方式也适合在K-12的互动课堂中实行,用以发展学生的更多能力,创新能力,如合作能力等。	目标是学会设计。其中的一个主要的课程和研究方案的目的是学习设计。学生互相合作设计任务,目标是培养学生整合教育中的相关方面知识的创新能力和专业能力,分析现有的技术系统,以评估其质量、性价比,并且设计出高性能的产品和系统。	-- X --	--- X ---	-- X --	-- X --

续表

典型学习模式	界定	步骤	个体—集体	长时记忆—短时记忆	意动—情感	信息—知识
操作学习 Hands on	1991年，美国开始拟定新的科学教育标准，其中将hands-on译为"做中学"或"动手做"作为儿童学习科学的主要方式，操作学习区别于其他学习形式的突出特征是，学习者是实际动手操作活动中进行学习。其对象是实际事物或学习者自身身体动作，而不是文字符号，他人或事物的形象；形式是实际动手操作，而不是言语行为或静听、静观、静思。	操作学习主要在两种活动中展开，一种是工具性的操作活动，它以物质性的工具作用于实际事物，如制作、实验、劳动、工具游戏、雕塑、绘画和音乐演奏等；另一种是身体器官活动，其特征是，活动者以自身身体器官的动作为操作对象，如唱歌、跳舞、戏剧表演和各种体育活动等。	- - X - -	- - - X - - -	- - X - -	- - X - -
体悟学习	体悟式教学最早来源于古希腊哲学家苏格拉底"拾麦穗游戏"。它是指在教学过程中，通过组织游戏化、有身心整体参与的集体活动，引导学生达到对某种抽象认识或者抽象教学目标深刻感悟的一种教学模式。	"体"强调身体的活动，是对传统教学只会"讲大课"、"满堂灌"，只重视课堂知识和抽象认识的改造和发展；"悟"强调顿悟，则体现了学生智力发展所应有的爆发力和高峰体验。"体"、"悟"加起来，就是要达到一个身体性，即身心的全面融合，使学生在认知过程中能够把实践与理论有机结合。	- - X - -	- - - X - - -	- - X - -	- - X - -

续表

典型学习模式	界定	步骤	个体—集体	长时记忆—短时记忆	意动—情感	信息—知识
心流学习 Flow Learning	自然教育家约瑟夫·柯内尔从多年的户外教学中,思索出的一套教学原则,以近乎流水一般的流畅、有目标、有方向的方式,推动种种体验自然的活动。	唤醒热忱 集中注意力 直接体验 分享启示	- - X - -	- - - X - - -	- - X - -	- - X - -
游戏学习 Learning by playing	即为透过游戏的过程与方式,达成学习目的的策略。游戏本身具有下述各项特质:游戏是一种转借行为,以内在现实为现实;另外,游戏的(假装)过程使儿童逃开此时此地的限制,进入内心想象世界而做出一些尝试动作。	游戏进行的方式则主要包括提供情境、游戏过程和问题与省思三项步骤	- - X - -	- - X - - - -	- - X - -	- - X - -

说明:X符号居中意味着中立或者兼而有之,当具体分析。

四　协同学习活动序列

活动序列	活动解释
片段写作 Slip Writing	一种优秀的小组策略，允许学生在与小组其他成员共享思想之前进行个体反思。学习者参与到聆听、成组和分类思想中。适合于所有年龄层次的强有力的策略。
网络图 Networks, Webs, Concept Maps	这些表征的图式可以帮助学习者获得和保持知识，辅助概念发展和促进迁移学习和问题解决。
词汇联结 Word Associates	学习者要求决定哪个对象或者词汇与其他的不同在一个小组中。他们通过链接其他的对象或者词汇，列举属性和形成假设作为一种概念开发的辅助手段。
金字塔策略 Pyramid Strategy	一种强大的文本分析策略能够，特别对于中高级的学生有用。学习者能在做出一种全面的陈述之前，从任何文本中获得关键要点然后标记。
探究策略 Inquiry Strategy	给学习者一个特定的问题，通过研究在形成一个答案之前获得更多的数据，重点在于探究过程。
配对问题解决 Pair Problem Solving	简单的策略鼓励学习者来描述他们如何解决问题。它引导学习者获得一系列问题解决策略。
LTPS Listen-Think-Pair-Share	另外一种问题解决和问题讨论的方法，使用一个合作的学习方案来促进交互，学习者单独开始然后组成配对最终与另外一个大组分享思想。

续表

活动序列	活动解释
二维矩阵 Two Dimensional Matrix	这是一种生成大量想法的有用的方式,也是一种组织信息的有效策略。它能够用于强调两个想法组之间的可能的连续。
强迫性选择法 Forced Choice	一种有许多变量的策略,对于创建一种整体性班级是有用的,学习者从一种思想或者活动的有限的范围选择,然后,进行一种讨论来使他们对他们自己如何做选择更加明了了。
强迫性关系法 Forced Relationships	这个策略鼓励学习者参与到风险有限的问题解决中。通过要求学习者解决开放问题来进行发散思维。
共研 Synectics	一种共同链接不相关的思想的方法。这种策略使用类比和隐喻来帮助儿童观察问题从一个真实的不同的观点。
合作性冲突解决方案 Cooperative Conflict Resolution	一种配对问题解决的变体,带有一些辩论的要素,这种策略鼓励学习者来发现争论的两个方面能够用于作为讨论问题的一种方式。
情境性角色扮演 Situational Role Play	使用这种方式,学习者能够探究那些与他们有关的问题,通过采用任何涉及其中的任何一个人的角色,通过使用一个角色,学习者能够安全地发表意见。
制品策略 Artefact Strategy	这种策略使能学习者通过使用对象从具体经验迁移向抽象的概念化和概念的形成。

续表

活动序列	活动解释
配对分享循环 Share-Pair Circles	允许学习者在一个大组中配对进行工作,所有学习者必须参与并且需要即时参与者同时也作为聆听者。鼓励交互,合作和小组思想的形成。
玻璃鱼缸 Fishbowls	用于动态小组参与。最常见的配置是一个"内圈"(A组),这是讨论小组,被围绕一个"外圈"(B组),这是观察组。正如人们看到的鱼在鱼缸中,"外圈"观看"内圈"。
亲和图 Affinity	集思广益的办法,鼓励少言语某一小组的成员参加。首先,所有工作组成员把问题分布在不同的卡,然后按每个成员传递卡,而其余的观察。经过讨论,记录作为一个提纲或提纲图表。
异同矩阵 Agree/ Disagree Matrix	用来讨论,学生们普遍的同意或不同意的声明,其答复作为一个小组都记录在矩阵。学生的专题研究,并再答复记录。最后,小团体开会,讨论的结果和变化。
赞同圈 Agreement Circles	用来探讨意见。由于学生站在一个圆圈,面对对方,老师进行了发言。学生谁同意就声明步入循环。
字母摘要 Alphabet Summary	每个学生分配一个不同的字母,并要求创造一个字开始,该字母是与专题讨论有关的。
知识圈 Circles of Know-ledge	图形组织者,提示学生写3个事实我知道,3个问题我想回答,回答我的问题。
建构螺旋 Construction Spiral	有三个步骤的程序:个人记录自己的想法,然后小团体交流意见,最后整个小组的想法是写在公告牌上。
连续统 Continuum	学生采取关键字,安排形成一个连续的基础上的各种标准。例如,如果要求安排根据水程度,"海狸,浮游生物,响尾蛇,鹿"将安排为"响尾蛇,鹿,浮游生物,海狸",如果要求安排根据大小,则为"浮游生物,响尾蛇,鹿,海狸,鹿"。

续表

活动序列	活动解释
微型教学 Microteaching	实践教学的学生准备 6—15 分钟的训练,并引出同行进行建议性的评价。
六顶思维帽 Six Thinking Hats	元认知策略,鼓励人们审视的概念,从不同的角度。每个帽子代表的思维模式。白色的帽子＝数据,红＝感情,黑色＝判决,黄色＝积极的态度,绿色＝创造力,蓝色＝概述。
共享写作 Shared Writing	每个学生创作一两句,全班合著一个故事。
随即问答 Randomized Questioning	教师要确保所有学生都有机会回答问题,老师制作说明卡,对应学生的名字,然后洗卡。询问每一个问题,老师以随机抽样方式点学生的名字,来回答这个问题。
三一一 Three-Two-One	让学生写的活动:"三"为从他们刚刚得知关键术语,"二"是他们希望更多地了解的想法,"一"是他们认为他们已经掌握概念或技能。
价值线 Value Line	小组成员沿标记线就座,就具体议题表达他们的意见,然后组织者根据这些意见指派组成员重组小组。
头脑风暴 Brainstorm	头脑风暴是一种思想自由的,没有人涉及过的讨论,常常在一个小组环境中。
球形咖啡 Global Cafe	这种策略允许提供机会给学生或者采纳意见,来获取他们关于一个特定主题的理解和经验,也允许学生基于上述理解来审视未来。思想、想法和经验。
烫手山药 Hot Potato	这种策略包括一种"循环调度"的形式来开发和共享小组中的信息。

续表

活动序列	活动解释
人体图表 Human Graph	是一种思考问题的策略,通过人站在一个序列不同点上,来表达他们对一个问题的感受和观点。取个体和小组当前知识层级概览。也允许个体来思考和评价他们的知识层级。这种策略允许促进者和教师快速获取个体和小组当前知识层级概览。
一教一 Each One Teach One	一种小组互动策略,小组中的每个人把自己学到的东西教给小组的其他人。
配对检测 Pairs Check	该种结构形式是小组中的成员两两结对,第一个小组成员(A)面对问题解决时,第二个成员(B)担任教练的角色。然后当第二个成员(B)解决问题时,第一个个小组成员(A)担任教练的角色。在一个协作学习小组中其他成员对他们的问题解决结果进行评判。为完成问题解决任务,该过程一般更换成员对成员多次重复。
问题分解 Jigsaw	将待解决的问题进行分解,并由协作组成员分担。按照问题解决的顺序由小组成员分别汇报共享结果,直至问题解决完成。每一名小组成员都是问题解决中分隔的部分。竖锯结构可以用这样的事例说明,当学生需要理解给定阅读材料时,可以将该阅读材料根据内容分解成若干独立和不可分隔的部分。然后将学生分成同样数目的阅读小组,每组抽取一个段落交给他,在他理解后再同组的其他成员阅读解释。然后换一名成员,并交给他另一段材料进行理解,发此重复进行此过程,直到阅读材料的所有段落都由小组成员向其他成员解释完成。就像竖锯一样,每一名成员都独立从事某一项任务,但各自任务又是总任务的一部分,所有部分任务完成后,就意味着总任务的最终完成。
共享黑板 Blackboard Share	黑板在协作学习过程中可以发挥非常重要的作用,借助黑板,协作小组可能与全班同学共享问题的答案的问题解决的技巧,并且即时得到其他的反馈。有时贴报与幻灯片也可以代替黑板的功能,实现成果的共享。
名义群体技术法 nominal group-technique	群体成员围着圆桌坐下,此议程首先是:成员首先各自无声地想出自己的观点,不进行讨论,其次成员顺序该出自己的观点并写下来。按每个成员顺序该出自己的观点,大家对这些观点进行分类并评价。所有人发言后,各人独立进行投票,将各种观点按优劣顺序排列。

续表

活动序列	活动解释
学习小组 The Learning Cell	在帮助学生有效学习的几种方法里,学习小组是发展最完整的一套组织。学习小组指的是成对(pair)学生的合作学习,两位学生阅读相同的教材,而后轮流交替询问以及回答教材里的问题。以下简述施行学习小组的做法:①学生应该先阅读相同的指定教材,并且针对内容提出问题。②每一堂课刚开始时,将学生随机分配为两人一组。两人小组里的其中一人(甲君)开始对对方(乙君)问问题。③当乙君回答完问题或是被更正之后,由乙君问甲君问题。④在两人小组进行的同时,教师将阅读内容教给乙君,乙君在过程中准备中提出问题。学习小组也可以另一种方式进行,即每位学生阅读不一样的教材,甲君将阅读内容教给乙君,乙君在过程中准备中提出问题,而后两人互换角色。学习小组在许多不同的领域都可以实施。
团队学习 Team Learning	团队学习有两种进行方式:小组讨论法(syndicate)以及拼图学习法(jigsaw)。进行小组讨论法时,整个班级分为数个4~8人的小组。教师指派每个小组一个作业(可能是3~4个问题),并提供相关的参考数据。小组内可以再将指派的作业分配给每个成员,每个人负责一小部分。接着可以利用课堂上的时间让各小组对于每个人分配到的教材进行讨论,每一小组再对全班进行口头或是交书面报告。拼图学习法是另一种团队学习的方式。一开始,同样把全班分成若干组,并指派作业,即一组读一项教材。每一位组员针对所分配到的部分与整组作讨论,以确认向全班报告的方式以及内容。不过,接下来各组并不向全班做报告,而是各自组内的每一成员平均分散至各组,因此每个新的小组的每位成员就会来自各组。在这个新的小组里,来自各组的成员必须负责教会新成员原本小组负责的教材内容。如此一来,全班同学都有机会学习到所有指派作业的精髓。
········	

学习活动资料来源:
http://www.windaross.qld.edu.au/Main_Pages/Strategies/。
http://www.cap.nsw.edu.au/QV/tools/。
http://www.greenville.k12.sc.us/。
http://olc.spsd.sk.ca/DE/PD/instr/index.html。

五　协同学习活动—学习设计选择矩阵

活动序列	个体—群体	长时记忆—短时记忆	情感—意动	信息—知识
片段写作	– – X – –	– – X – – – – –	– X – –	– – X – –
网络图	– – X – –	– – X – – – – –	– X – –	– – X – –
词汇联结	– – X – –	– – X – – – – –	– X – –	– – X – –
金字塔策略	– – X – –	– – X – – – – –	– X – –	– – X – –
探究策略	– – X – –	– – X – – – – –	– X – –	– – X – –
配对问题解决	– – X – –	– – X – – – – –	– X – –	– – X – –
LTPS	– – X – –	– – X – – – – –	– X – –	– – X – –
二维矩阵	– – X – –	– – X – – – – –	– X – –	– – X – –
强迫性选择法	– – X – –	– – X – – – – –	– X – –	– – X – –
强迫性关系法	– – X – –	– – X – – – – –	– X – –	– – X – –
共研	– – X – –	– – X – – – – –	– X – –	– – X – –
合作性冲突解决方案	– – X – –	– – X – – – – –	– X – –	– – X – –
情境性角色扮演	– – X – –	– – X – – – – –	– X – –	– – X – –
制品策略	– – X – –	– – X – – – – –	– X – –	– – X – –
配对分享循环	– – X – –	– – X – – – – –	– X – –	– – X – –
玻璃鱼缸	– – X – –	– – X – – – – –	– X – –	– – X – –
亲和图	– – X – –	– – X – – – – –	– X – –	– – X – –
异同矩阵	– – X – –	– – X – – – – –	– X – –	– – X – –
赞同圈	– – X – –	– – X – – – – –	– X – –	– – X – –
字母摘要	– – X – –	– – X – – – – –	– X – –	– – X – –
知识圈	– – X – –	– – X – – – – –	– X – –	– – X – –
建构螺旋	– – X – –	– – X – – – – –	– X – –	– – X – –
连续统	– – X – –	– – X – – – – –	– X – –	– – X – –
微型教学	– – X – –	– – X – – – – –	– X – –	– – X – –
六项思维帽	– – X – –	– – X – – – – –	– X – –	– – X – –
共享写作	– – X – –	– – X – – – – –	– X – –	– – X – –
随即问答	– – X – –	– – X – – – – –	– X – –	– – X – –
三二一	– – X – –	– – X – – – – –	– X – –	– – X – –
价值线	– – X – –	– – X – – – – –	– X – –	– – X – –
头脑风暴	– – X – –	– – X – – – – –	– X – –	– – X – –

续表

活动序列	个体—群体	长时记忆—短时记忆	情感—意动	信息—知识
球形咖啡	– – X – –	– – X – – – – –	– X – –	– – X – –
烫手山药	– – X – –	– – X – – – – –	– X – –	– – X – –
人体图表	– – X – –	– – X – – – – –	– X – –	– – X – –
一教一	– – X – –	– – X – – – – –	– X – –	– – X – –
配对检测	– – X – –	– – X – – – – –	– X – –	– – X – –
问题分解	– – X – –	– – X – – – – –	– X – –	– – X – –
共享黑板	– – X – –	– – X – – – – –	– X – –	– – X – –
名义群体技术法	– – X – –	– – X – – – – –	– X – –	– – X – –
学习小组	– – X – –	– – X – – – – –	– X – –	– – X – –
团队学习	– – X – –	– – X – – – – –	– X – –	– – X – –
……				

说明：X 符号居中意味着中立或者兼而有之，当具体分析。

六 协同学习活动—原理选择矩阵

活动序列	深度互动	汇聚共享	集体思维	合作建构	多场协调
片段写作	★			★	★
网络图			★		
词汇联结		★	★		
金字塔策略	★				
探究策略				★	★
配对问题解决			★		
LTPS		★	★	★	★
二维矩阵		★	★		
强迫性选择法		★	★		
强迫性关系法			★		
共研			★		
合作性冲突解决方案			★	★	★
情境性角色扮演					★
制品策略					★
配对分享循环	★	★	★	★	
玻璃鱼缸		★	★	★	★
亲和图	★	★	★		★
异同矩阵			★		★
赞同圈			★		★
字母摘要		★	★		★
知识圈	★	★			★
建构螺旋	★	★	★		★
连续统		★			
微型教学	★	★	★	★	★
六项思维帽	★	★	★		★
共享写作		★	★		
随即问答	★	★	★		
三二一		★	★		
价值线		★	★		
头脑风暴		★	★		

活动序列	深度互动	汇聚共享	集体思维	合作建构	多场协调
球形咖啡		★	★		
烫手山药	★	★	★		★
人体图表			★		★
一教一			★	★	★
配对检测	★	★	★	★	v
问题分解		★	★	★	
共享黑板	★	★	★		
名义群体技术法	★	★	★		★
学习小组	★	★	★	★	★
团队学习	★	★	★	★	★
……					

七　协同学习研究量表

您的性别：□男　　□女

项目	下列叙述是为了解您在协同学习环境中的技术使用和学习感知，依序由非常符合到非常不符合，问卷并无特定答案，请您根据实际状况与了解在适当的□内打"√"	非常符合	大致符合	有点符合	大致不符合	非常不符合
一						
1	增进同学之间的互动					
2	能够提供个人应答、经验和想法					
3	想法能够得到充分的表达					
4	能够记录个人应答、经验和想法					
5	激发学习反思和自我评价					
6	能够自由归纳整理学习内容					
7	积极参与课程讨论和学习					
8	增进与老师之间的互动					
二						
1	很容易分享别人的观点和看法					
2	快速汇聚各个学生的应答					
3	通过共享别人的回答我能够回答得更好					
4	我常常会把自己的应答与别人的进行对比					
5	共享别人的应答对我的学习没有任何帮助					
6	当我不理解别人的回答时，我会认真查阅资料澄清					
7	有观点后先与同学交流后才发表出去					
8	能够获得来自同伴的不同观点和意见					
三						
项目	下列叙述是为能了解您对协同建构工具的使用和感知，依序由非常符合到非常不符合，问卷并无特定答案，请您根据学校实际状况与了解在适当的□内打"√"	非常符合	大致符合	有点符合	大致不符合	非常不符合
1	能够从同学的应答中学习新知识					
2	增进问题的解答和基本概念的理解					

续表

项目	下列叙述是为能了解您对协同建构工具的使用和感知，依序由非常符合到非常不符合，问卷并无特定答案，请您根据学校实际状况与了解在适当的□内打"√"	非常符合	大致符合	有点符合	大致不符合	非常不符合
3	通过工具跟同学交流学到更多知识					
4	我看完别人的信息和老师的讲解后再做回答					
5	我会把其他人的回答和老师的讲解记录下来					
6	可视化图示表现有助于知识的理解和学习					
7	浏览集体的回答有助于我的问题解决					
8	能够指导和建议学习及思考方向					
9	能够发表问题、请求支援、评论他人等多种交流					
四						
1	提供对方答案、建议解决方法、澄清问题					
2	培养团队合作精神					
3	快速回应对方					
4	增进专业知识的应用					
5	增进分析、判断能力					
6	增进综合统整能力					
7	能够自由表达自己的观点					
8	学生的应答能够及时得到反馈和鼓励					
9	有利于问题解决					
10	提供动脑的机会					
11	提供提问题的机会					
五						
1	非常希望利用工具来实现参与和发言					
2	节省课堂交流的时间					
3	降低面对问题时的压力					
4	增加学习动机					
5	增进同学、师生之间的情感					
6	增进好奇心					
7	有助于责任分享					

续表

项目	下列叙述是为能了解您对协同建构工具的使用和感知，依序由非常符合到非常不符合，问卷并无特定答案，请您根据学校实际状况与了解在适当的□内打"√"	非常符合	大致符合	有点符合	大致不符合	非常不符合
8	增进沟通协调技巧					
9	有助于想象力的提升					
10	思考更加仔细周到					
11	希望其他科目也使用					
12	能够形成一种适宜的学习环境					

请问您对于这种教学（比如协同工具在课堂教学中的使用和作用）有何其他建议或想法？

【共三页，填答完毕，非常感谢您的协助】

八 协同学习研究量表信效度分析

1. 信度分析表

维度	深度互动	汇聚共享	汇聚共享（除第5、6题）	合作建构	集体思维	多场协调
Alpha	0.7779	0.6201	0.6850	0.7834	0.8652	0.8999

2. 相关系数分析表

维度	题号	相关系数	题号	相关系数	题号	相关系数	题号	相关系数
深度互动	A1	0.435	A2	0.657	A3	0.745	A4	0.676
	A5	0.564	A6	0.637	A7	0.714	A8	0.660
汇聚共享	B1	0.624	B2	0.423	B3	0.714	B4	0.761
	B5	0.318	B6	0.491	B7	0.501	B8	0.540
合作建构	C1	0.612	C2	0.642	C3	0.450	C4	0.631
	C5	0.668	C6	0.581	C7	0.613	C8	0.561
	C9	0.703						
集体思维	D1	0.690	D2	0.602	D3	0.630	D4	0.705
	D5	0.786	D6	0.673	D7	0.687	D8	0.643
	D9	0.647	D10	0.566	D11	0.563		
多场协调	E1	0.654	E2	0.531	E3	0.687	E4	0.821
	E5	0.822	E6	0.740	E7	0.734	E8	0.629
	E9	0.578	E10	0.783	E11	0.770	E12	0.570

3. 因子分析详细情况表

深度互动			汇聚共享			
项目	因子负荷矩阵		项目	因子负荷矩阵		
	因子1	因子2		因子1	因子2	因子3
A2	0.570		B3	0.819		
A3	0.763		B4	0.765		
A5	0.736		B7	0.686		
A6	0.679		B6		0.917	

续表

深度互动			汇聚共享			
项目	因子负荷矩阵		项目	因子负荷矩阵		
	因子1	因子2		因子1	因子2	因子3
A7	0.599		B8		0.586	
A8	0.666		B1			0.637
A4		0.601	B2			0.702
A1		0.847				
特征值	3.365	1.141	特征值	2.535	1.264	1.087
贡献率	42.065	14.266	贡献率	36.208	18.061	15.522
累积贡献率	42.065	56.331	累积贡献率	36.208	54.268	69.790
KMO = 0.755			KMO = 0.577、KMO = 0.615(除第5题)			
合作建构			集体思维			
项目	因子负荷矩阵		项目	因子负荷矩阵		
	因子1	因子2		因子1	因子2	因子3
C1	0.829		D3	0.737		
C2	0.718		D4	0.674		
C3	0.724		D8	0.809		
C8	0.618		D9	0.793		
C9	0.617		D5		0.650	
C4		0.661	D6		0.739	
C5		0.854	D7		0.619	
C6		0.735	D10		0.862	
C7		0.725	D1			0.796
			D2			0.671
			D11			0.818
特征值	3.371	1.706	特征值	4.857	1.517	1.123
贡献率	37.455	18.958	贡献率	44.155	13.794	10.213
累积贡献率	37.455	56.413	累积贡献率	44.155	57.949	68.162
KMO = 0.691			KMO = 0.730			

续表

项目	因子负荷矩阵	
	因子 1	因子 2
E4	0.706	
E5	0.753	
E6	0.665	
E7	0.813	
E8	0.695	
E9	0.806	
E10	0.816	
E1		0.599
E2		0.802
E3		0.771
E11		0.625
E12		0.740
特征值	5.914	1.646
贡献率	49.281	13.719
累积贡献率	49.281	63.000
KMO = 0.770		

多场协调

参考文献

一　中文部分

1. ［德］赫尔曼·哈肯：《协同学——大自然构成的奥秘》，凌复华译，上海译文出版社 2001 年版。

2. ［德］迈诺尔夫·迪克尔斯等主编：《组织学习与知识创新》，上海人民出版社 2001 年版。

3. ［德］库尔特·勒温：《拓扑心理学》，竺培梁译，浙江教育出版社 1997 年版。

4. ［德］黑格尔：《法哲学原理》，范杨、张企泰译，商务印书馆 1961 年版。

5. ［加］马克斯·范梅南：《教学机制——教育智慧的意蕴》，钟启泉、张华主编，李树英主译，教育科学出版社 2001 年版。

6. ［英］戴维·伯姆：《论对话》，李·尼科编，王松涛译，教育科学出版社 2004 年版。

7. ［英］罗伯特·路易斯·弗德勒：《反思第五项修炼》，中信出版社 2004 年版。

8. ［英］乔治·旺·科鲁夫、［日］Lkujiro Nonaka 、［日］Toshihiro Nishiguchi：《知识创新：价值的源泉》，北乔译，经济管理出版社 2003 年版。

9. ［英］伊恩·麦吉尔、利兹·贝蒂：《行动学习法》，中国高级人事管理部门官员培训中心译，华夏出版社 2002 年版。

10. ［英］保罗·西利亚斯：《复杂型与后现代主义（上）》，杨生平译，《首都师范大学学报》（社会科学版）2003 年第 5 期。

11. ［英］凯斯·万·德·黑伊登，Ron Bradfield, George Burt, George Cairns, Georgr Wright：《第六感：运用情景方法加速组织学习》，

黄一义、李勇、冀书鹏译，人民邮电出版社 2004 年版。

12. ［法］皮埃尔·布尔迪厄、［美］华康德：《实践与反思——反思社会学导引》，李猛、李康译，中央编译出版社 1998 年版。

13. ［美］哈根里夫斯 A.：《知识时代的教学》，熊建辉、陈德云、赵立芹译，华东师范大学出版社 2007 年版。

14. ［美］托马斯·库恩：《科学革命的结构》，北京大学出版社 2003 年版。

15. ［美］戴维·H. 乔纳森主编：《学习环境的理论基础》，郑太年、任友群译，高文审校，华东师范大学出版社 2002 年版。

16. ［美］多拉·豪维尔：《批判性思维和创造性思维——推动知识社会前进的主要动力》，王爽译，《全球教育展望》2001 年第 12 期。

17. ［美］R. 沃尔曼：《信息饥渴——信息选取、表达与透析》，李银胜等译，电子工业出版社 2001 年版。

18. ［美］施穆克：《班级中的群体化过程（第八版）》，廖珊、郭建鹏等译，中国轻工业出版社 2006 年版。

19. ［美］J. 莱夫、E. 温格：《情景学习：合法的边缘性参与》，王文静译，高文审校，华东师范大学出版社 2004 年版。

20. ［美］戴尔·H. 申克：《学习理论：教育的视角（第三版）》，韦小满等译，张斌贤审校，江苏教育出版社 2003 年版。

21. ［美］霍德华·加德纳：《多元智能——哈佛大学当代心理教育名著》，沈致隆译，新华出版社 1999 年版。

22. ［美］L. Campbell，B. Campbell，D. Dickinson：《多元智能教与学的策略》，中国轻工业出版社 2001 年版。

23. ［美］L. W. 安德森、L. A. 索斯尼克主编：《布卢姆教育目标分类——40 年的回顾》，谭晓玉、袁文辉等译，华东师范大学出版社 1998 年版。

24. ［美］彼得 - 圣吉：《第五项修炼：学习型组织的艺术与实务》，上海三联书店 1998 年版。

25. ［美］莱斯利·P. 斯特弗、杰里·盖尔主编：《教育中的建构主义》，高文、徐斌燕、程可拉等译，华东师范大学出版社 2002 年版。

26. ［美］雷纳特·N. 凯恩、杰弗里·凯恩：《创设联结：教学与人脑》，吕海林译，高文审校，华东师范大学出版社 2004 年版。

27. 〔美〕Morris L. Bigge，Samuel S. Shermis：《写给教师的学习心理学》，徐蕴、张军等译，郝京华审校，中国轻工业出版社 2005 年版。

28. 〔美〕斯塔格奇：《协作领导力》，燕清联合译，机械工业出版社 2005 年版。

29. 〔美〕约翰·D. 布兰斯福特等编著：《人是如何学习的》，程可拉等译，华东师范大学出版社 2002 年版。

30. 〔美〕杜·舒尔茨：《现代心理学史》，人民教育出版社 1981 年版。

31. 〔英〕乔纳森·波特、玛格丽特·韦斯雷尔：《话语和社会心理学》，肖文明等译，中国人民大学出版社 2006 年版。

32. 〔美〕J. L. 弗里德曼：《社会心理学》，高地等译，黑龙江人民出版社 1984 年版。

33. 〔美〕唐纳德·A. 诺曼：《情感化设计》，付秋芳、程进三译，严正、傅小兰审校，电子工业出版社 2005 年版。

34. 〔美〕F. E. 卡斯特、J. E. 罗森茨韦克：《组织与管理》，中国社会科学出版社 1985 年版。

35. 〔美〕唐纳德·A. 诺曼：《设计心理学》，梅琼译，中信出版社 2003 年版。

36. 〔美〕彼得·德鲁克：《知识管理》，杨开峰译，中国人民大学出版社 1999 年版。

37. 〔美〕斯蒂芬·科维、〔英〕罗伯特·海勒：《财富首脑——彼得·德鲁克》，杨玉成译，中国社会科学出版社 2002 年版。

38. 〔美〕波林：《实验心理学史》，商务印书馆 1981 年版。

39. 陈琦、张建伟：《信息时代的整合性学习模型——信息技术整合于教学的生态观诠释》，《北京大学教育评论》2003 年第 3 期。

40. 陈向东：《基于社会网络分析的在线协作学习研究》，《中国电化教育》2006 年第 10 期。

41. 邓铸：《文化分裂及对当代认知研究范型的反思》，《南京师范大学学报》2001 年第 2 期。

42. 董建明、傅利民、〔美〕Gavriel Salvendy：《人机交互：以用户为中心的设计和评估》，清华大学出版社 2003 年版。

43. 董革非、颜晓川：《论隐喻的基本语义特征所体现的人类思维方式》,《东北大学学报（社会科学版）》2006 年第 2 期。

44. 冯小素、潘正权：《行动中的知识——企业作为知识整合的中心》,《科学学与科学技术管理》2004 年第 6 期。

45. 高文：《教学设计的昨天、今天和明天》,《中国电化教育》2005 年第 1—3 期。

46. 甘永成：《Web 协作学习与 CSCL 的应用》,《中国远程教育》2003 年第 1 期。

47. 甘永成：《虚拟学习社区中的知识建构和集体智慧发展——知识管理与 e-Learning 结合的视角》,教育科学出版社 2007 年版。

48. 高觉敷主编：《西方心理学的新发展》,人民教育出版社 1987 年版。

49. 顾自安：《群体认知与行为模式》（http://www.chinavalue.net/Article/Archive/2007/12/8/90959.html, 2009 - 3 - 4）。

50. 黄荣怀、沙景荣、彭绍东：《教育技术学导论》,高等教育出版社 2006 年版。

51. 冯契：《哲学大辞典》,上海辞书出版社 1992 年版。

52. 顾小清等：《基于互动白板的课堂协同教学模式研究》,全国十五规划国家重点课题"教育信息化理论与实践模式"之子课题,2005 年。

53. 郭春彦：《教育科学研究方法》,人民教育出版社 2003 年版。

54. 何克抗、郑永柏、谢幼如：《教学系统设计》,北京师范大学出版社 2002 年版。

55. 何克抗、李文光：《教育技术学》,北京师范大学出版社 2002 年版。

56. 贺平、武法提：《论学习环境设计的理论基础》,《现代教育技术》2006 年第 6 期。

57. 胡勇、王陆：《异步网络协作学习中知识建构的内容分析和社会网络分析》,《电化教育研究》2006 年第 11 期。

58. 胡勇、王陆：《网络协作学习中的社会网络分析个案研究》,《开放教育研究》2006 年第 10 期。

59. 江绍伦：《教与育的心理学》,江西教育出版社 1986 年版。

60. 柯惠新等：《调查研究中的统计分析法》,北京广播学院出版社 1996 年版。

61. 刘硕:《"重建知识概念"辨》,《教育学报》2006 年第 1 期。

62. 刘硕:《传授知识是教师的神圣职责——试论知识传授的作用与价值》,《中国教育学刊》2004 年第 5 期。

63. 卢家楣:《情感教学心理学》,上海教育出版社 2000 年版。

64. 李维等主编:《心理学百科全书(第一卷)》,浙江教育出版社 1995 年版。

65. 李全生:《布尔迪厄场域理论简析》,《烟台大学学报(哲学社会科学版)》2002 年。

66. 李红:《论学习活动的本质》,《心理学探新》1999 年第 1 期。

67. 刘黄玲子:《协同知识建构研究》,博士学位论文,北京师范大学,2007 年。

68. 刘黄玲子、朱伶俐、黄荣怀:《基于交互分析的协同知识建构研究》,《中国电化教育》2005 年第 2 期。

69. 联合国教科文组织中文科译:《教育——财富蕴藏其中》,教育科学出版社 1996 年版。

70. 路书红:《论教学理论的文化意蕴》,《当代教育科学》2006 年第 17 期。

71. 李菲菲、刘电芝:《口语报告法及其应用研究述评》,《上海教育科研》2005 年第 1 期。

72. 李海莲:《口语报告分析法》,《架设人与计算机的桥梁——西蒙的认知与管理心理学》,www. infoedu. cn/blog/post/48. html,2009 – 3 – 8。

73. 马兰、盛群力:《教育目标分类新架构——豪恩斯坦教学系统观与目标分类整合模式述评》,《中国电化教育》2005 年第 7 期。

74. 马兰:《实现掌握知识和发展智能的统一——豪恩斯坦认知领域目标新架构及其启示》,《全球教育展望》2005 年第 4 期。

75. 马兰、盛群力:《学习的维度要览》,《上海教育科研》2004 年第 9 期。

76. 马恩列斯著作编译局:《马克思恩格斯全集》第 42 卷,人民出版社 1979 年版。

77. 彭聃龄:《普通心理学》,北京师范大学出版社 2004 年版,第 4 页。

78. 邱均平、邹菲:《国外内容分析的研究概况及进展》,《图书情知识》2003 年第 6 期。

79. 茅卫东、李炳亭：《杜郎口中学的非典型教改》，《中国教师报》2006 年第 3 期。

80. 齐振海：《关于思维结构及其在认识中的作用》，《现代哲学》1986 年第 4 期。

81. 施良方：《学习论：学习心理学的理论与原理》，人民教育出版社1994 年版。

82. 王红艳：《隋唐文化》，《杜郎口中学课堂实录》2006 年第 3 期。

83. 王策三：《认真对待"轻视知识"的教育思潮——再评"应试教育"向素质教育转轨提法》，《北京大学教育评论》2004 年第 3 期。

84. 王佑镁、祝智庭：《从联结主义到联通主义：学习理论新取向》，《中国电化教育》2006 年第 2 期。

85. 王佑镁：《协同学习技术系统的可用性测试研究》，《电化教育研究》2009 年第 3 期。

86. 王珏、张军英、夏方：《可视化思维图式工具——图形组织者及其教学应用微探》，《第十届全球华人计算机教育应用会议（GCCCE2006）论文集》，2006 年。

87. 王坦：《合作学习的理论基础简析》，《课程·教材·教法》2005 年第 1 期。

88. 吴刚：《网络时代的课程理念及课程改革》，《全球教育展望》2001 年第 1 期。

89. 吴刚：《教学创新的知识论基础》，《教育研究》2004 年第 1 期。

90. 吴刚：《脑科学研究的教育意涵》，《全球教育展望》2001 年第 5 期。

91. 吴小欧：《教学场论》，湖南师范大学出版社 2007 年版。

92. 吴康宁：《教育研究应研究什么样的"问题"：兼谈"真"问题的判断标准》，《教育研究》2002 年第 11 期。

93. 任友群：《以学习者为中心的建构主义学习环境的建构》，《教育科学》2002 年第 4 期。

94. 任剑锋、李克东：《分布式认知理论及其在 CSCL 系统设计中的应用》，《电化教育研究》2004 年第 8 期。

95. 桑新民：《呼唤新世纪的教育哲学——人类自身生产探秘》，教育科学出版社 1993 年版。

96. 桑新民：《基础教育信息化的理论与实践探索》，见全国中小学现代教育技术实验学校领导小组办公室主编《学校教育现代化建设》，中央广播电视大学出版社 1998 年版。

97. 桑新民：《技术—教育—人的发展——现代教育技术学的哲学基础初探》，《电化教育研究》1999 年第 2—3 期。

98. 桑标、贡晔：《网络依赖与心理的关系》，《当代青年研究》2001 年第 5 期。

99. 盛群力、吴文胜：《教学时间研究模式及其特点》，《课程·教材·教法》2002 年第 10 期。

100. 盛群力等编著：《教学设计》，高等教育出版社 2005 年版。

101. 盛群力、褚献华编译：《现代教学设计应用模式》，浙江教育出版社 2002 年版。

102. 盛群力、李志强编著：《现代教学设计论》，浙江教育出版社 1998 年版。

103. 盛群力、马兰节译：《首要教学原理》，《远程教育杂志》2003 年第 4 期。

104. 盛群力：《21 世纪教育目标新分类》，浙江教育出版社 2008 年版。

105. 盛群力、马兰：《首要教学原理新认识》，《远程教育杂志》2005 年第 4 期。

106. 盛群力、马兰：《现代教学原理、策略与设计》，浙江教育出版社 2006 年版。

107. 束定芳：《论隐喻产生的认知心理和语言原因》，《外语学刊》2000 年第 2 期。

108. 邵志方：《认知心理学——理论、实验和应用》，上海教育出版社 2006 年版。

109. 申荷永：《心理场论》，中国和平出版社 1996 年版。

110. 石中英：《知识转型与教育改革》，教育科学出版社 2001 年版。

111. 熊哲宏、胡志东：《论认知科学联结主义模型的前景》，《华中师范大学学报（人文社会科学版）》1998 年第 5 期。

112. 熊频、胡小勇：《可视化思维支架：概念图研究的新视角》，《信息技术教育》2005 年第 10 期。

113. 新华汉语词典编纂委员会：《新华汉语词典》，商务印书馆 2004 年版。

114. 现代汉语词典编纂委员会：《现代汉语词典》，商务印书馆 2002 年版。

115. 田也壮、张莉、方淑芬：《组织记忆的多层次分布式构成》，《哈尔滨工业大学学报》2006 年第 7 期。

116. 叶浩生、贾林祥：《西方心理学研究新进展》，人民教育出版社 2003 年版。

117. 余文森：《新课程教学改革的成绩与问题反思》，《课程·教材·教法》2005 年第 5 期。

118. 杨开城：《以学习活动为中心的教学设计理论：教学设计理论新探索》，电子工业出版社 2005 年版。

119. 岳小莉、曹存根：《信息设计和知识设计》，《中国科学院计算技术研究所内部刊物——信息技术快报》2004 年第 11 期。

120. 曾苗苗：《基于学习设计的 ICT 教育应用模式研究——以初中科学课程为例》，硕士学位论文，浙江师范大学，2007 年。

121. 张康之：《"协作"与"合作"之辨异》，《江海学刊》2006 年第 2 期。

122. 钟启泉：《学习场的生成与教师角色》，《上海教育科研》2004 年第 9 期。

123. 钟启泉主编，高文著：《教学模式论》，上海教育出版社 2002 年版。

124. 钟启泉：《教学活动理论的考察》，《教育研究》2005 年第 5 期。

125. 钟启泉：《概念重建与我国课程创新——与〈认真对待"轻视知识"的教育思潮〉作者商榷》，《北京大学教育评论》2005 年第 1 期。

126. 钟启泉主编：《〈基础教育课程改革纲要（试行）〉解读》，华东师范大学出版社 2002 年版。

127. 钟启泉：《概念重建与基础教育课程改革》，《北京大学教育评论》2004 年第 4 期。

128. 钟启泉、有宝华：《发霉的奶酪》，《教育发展研究》2004 年第 10 期。

129. 钟志贤：《论学习环境设计》，《电化教育研究》2005 年第 7 期。

130. 钟志贤：《面向知识时代的教学设计框架——促进学习者发展》，中国社会科学出版社 2006 年版。

131. 钟志贤：《深呼吸：素质教育进行时》，教育科学出版社 2003 年版。

132. 张建伟、孙燕青：《建构性学习：学习科学的整合性探索》，上海教育出版社 2005 年版。

133. 张润彤、曹宗媛、宋晓敏：《知识管理概论》，首都经济贸易大学出版社 2004 年版。

134. 张仁津：《基于组件的协作学习设计》，《贵州大学学报（自然科学版）》2007 年第 1 期。

135. 张奇：《学习理论》，湖北教育出版社 1999 年版。

136. 祝智庭：《教育信息化的理论与实践》，《全国教育科学十五重点课题结题报告》2006 年第 10 期。

137. 祝智庭、闫寒冰、顾小清、张屹编著：《现代教育技术——走近信息化教育》，高等教育出版社 2005 年版。

138. 祝智庭：《设计研究作为教育技术的创新研究范式》，《电化教育研究》2008 年第 10 期。

139. 祝智庭：《信息化教育的社会文化观》，《学术报告·广州》2006 年 12 月 30 日。

140. 祝智庭、顾小清：《技术支持的思维建模——用于概念转变的思维工具》，华东师范大学出版社 2008 年版，第 9 页。

141. 祝智庭：《教育技术的研究场分析》，《学术报告·团队学术交流》2006 年第 5 期。

142. 祝智庭、王佑镁、顾小清：《协同学习——面向知识时代的学习技术系统新框架》，《中国电化教育》2006 年第 2 期。

143. 祝智庭：《信息技术与创新教育：技术哲学观的透视》，载丁钢主编《创新：新世纪教育使命》，教育科学出版社 1999 年版。

144. 祝智庭、钟志贤主编：《现代教育技术——促进多元智能发展》，华东师范大学出版社 2003 年版。

145. 祝智庭：《教育信息化：教育技术的新高地》，《中国电化教育》2001 年第 1 期。

146. 祝智庭：《关于教育信息化的技术哲学观透视》，《华东师范大学学报（教育科学版）》1999 年第 2 期。

147. 祝智庭：《网络核心课程与项目的发展》，《海南三亚》2008 年 2 月 25 日。

148. 赵国庆、黄荣怀、陆志坚：《知识可视化的理论与方法》，《开放教育研究》2005 年第 2 期。

149. 朱学庆：《概念图的知识及其研究综述》，《上海教育科研》2002 年第 10 期。

150. 朱志勇：《教育研究方法论范式与方法的反思》，《教育研究与实验》2005 年第 1 期。

151. 朱良学：《结构化思维的科学依据和基本原理》，《科技咨询导报》2007 年第 30 期。

152. 朱智贤：《心理学大辞典》，北京师范大学出版社 1989 年版。

二　英文部分

1. A. Dean Hauenstein. （1998）. *A Conceptual Framework for Educational Objectives：A Holistic Approach to Traditional Taxonomies.* University Press of America.

2. AAHE. （1993）. Deep learning, Surface learning. *AAHE Bulletin*, Vol. 45, No. 8, 10 – 13.

3. Alavi, M. , Leidner, D. （2001）. Knowledge management and knowledge management systems：conceptual foundations and research issues. *MIS Quarterly*, Vol. 25, No. 1.

4. Alexander Romiszowski. （1999）. The development of physical skills：instruction in the psychomotor domain. In C. M. Reigeluth （Eds. ）, *Instructional-Design Theories and Models：A New Paradigm of Instructional Theories* （Vol. 2）. Mahwah, N. J. , Lawrence Erlbaum Associates.

5. Andrew Zolli. （2007）. *Creativity and Innovation.* http：//center. uoregon. edu/iste/necc 2007.

6. Anderson, J. R. , Greeno, J. G. , Reder, L. M. & Simon, H. （2000）. Perspectives on learning, thinking, and activity. *Educational Researcher*, 29, 11 – 13.

7. Anderson, L. W. , Kratliwohl, D. R. （2000）. *A Taxonomy for Learning, Teaching, and Assessing*：*A Revision of Bloom's Taxonomy of Educational Objectives*. New York：Addison Wesley.

8. Barab, S. A. & Kirshner, D. （2001）. Special issue：Rethinking methodology in the learning sciences. *Journal of the Learning Sciences*, Vol. 10, No. 1 − 2.

9. Barker, P. （1990）. Designing interactive learning systems. *Educational and Training Technology International*, Vol. 27, No. 2.

10. Bannan-Ritland, B. （2003）. The role of design in research：The integrative learning design framework. *Educational Researcher*, Vol. 32, No. 1, 21 − 24.

11. Bagley, C. & B. Hunter. （1993）. Restructuring, Constructivism, and Technology：Forging a new relationship. *Educational Technology*, 7, 22 − 27.

12. Bela H. Banathy （1991）. *Systems Design of Education*：*A Journey to Create the Future. Englewood Cliffs*. NJ：Educational Technology Publications.

13. Bell, P. （2004）. On the theoretical breadth of design-based research in education. *Educational Psychologist*, 39 （4）, 243 − 253.

14. Bell, P. , Hoadley, C. and Linn, M. C. （2004）. Design-based research in education. In M. C. Linn, E. A. Davis and P. Bell（Eds. ）. *Internet Environments for Science Education*, Mahwah, NJ：Lawrence Erlbaum Associates.

15. Bereiter, C. （1997）. Situated cognition and how to overcome it. In Kirshner, D. & Whitson, J. A. （Eds. ）. *Situated Cognition*：*Social, Semiotic, and Psychological Perspectives*. Hillsdale NJ, USA：Lawrence Erlbaum, 281 − 300.

16. Bereiter, C. （2002）. *Education and Mind in the Knowledge Age*. Erlbaum, Hillsdale, NJ.

17. Biggs, J. （2001）. Assessing for quality in Learning. In：*Assessment To Promote Deep Learning. American Association for Higher Education*. Washington, DC. 70 − 73.

18. Bloom, B. S. （Eds. ）（1956）. Taxonomy of educational objectives：The classification of educational goals. *Handbook I, Cognitive Domain*. New York, Longmans.

19. Blackler, F. (1995). Knowledge, knowledge work and organizations: An overview and interpretation. *Organization Studies*, Vol. 16, No. 6.

20. Boden, M. (2004). *The Creative Mind: Myths and Mechanisms*. Second edition. Routledge, London.

21. Bob Pearlman. (2008). *Designing and Making: The New American High School*. http://www. Newtechfoundation. org/press _ articles/02 _ 03 _ Technos. Pdf.

22. Boland, R. J., Tenkasi, R. V., & Te'eni, D. (1994). Designing information technology to support distributed cognition. *Organization Science*, Vol. 5, No. 3.

23. Brown, J. S., Collins, A. & Duguid, P. (1989). Situated cognition and the culture of learning. *Educational Researcher*, No. 18.

24. Brown, A. L. (1992). Design experiments: Theoretical and methodological challenges in creating complex interventions in classroom settings. *The Journal of Learning Sciences*, Vol. 2, No. 2.

25. Brown, A. L. (1997). Transforming schools into communities of thinking and learning about serious matters. *American Psychologist*, Vol. 5, No. 52.

26. Brown, A. L. & Campione J. C. (1996). Psychological theory and the design of innovative learning environments. In L. Schauble & R. Glaser (1996) . *Innovations in Learning: New Environments for Education*. Lawrence Erlbaum Associates, Mahwah NJ.

27. Campbell & Cleveland Innes. (2005) . *Emotional Presence in the Community of Inquiry Model: The Students' Viewpoint*. http://www. uwex. edu/disted/conference/Resource _ library/handouts/05 _ 2024 p. pdf.

28. Carl Bereiter. (2003) . Bringing Classrooms Into the Knowledge Age. *Lecture Presented at the Conference on Reform Initiatives in Teaching and Learning*, University of Macau, 28 November.

29. Chai, C. S., Tan, S. C. & Hung, W. L. (2003) . Fostering knowledge building communities (KBC) through computer-supported collaborative learning (CSCL) . *Paper Presented at the Annual HERDSA Conference*, July 6 – 9, Christchurch, New Zealand.

30. Charles M. Reigeluth. (1999) . *What Is Instructional-Design Theory and*

How Is It Changing? New Jersey: Lawrence Erlbaum Associates, Inc.

31. Charles M. Reigeluth & Julie Moore. (1999). Cognitive education and the cognitive domain. In C. M. Reigeluth (Eds.). *Instructional-Design Theories and Models: A New Paradigm of Instructional Theories* (*Vol.* 2). Mahwah, N. J. : Lawrence Erlbaum Associates.

32. Cheng, Y. C. (1998). The knowledge base for re-engineering schools: Multiple functions and internal effectiveness. *International Journal of Educational Management*, Vol. 12, No. 5.

33. Clark N. Quinn. (2006). Making it matter to the learner: e-motional e-learning. *The e-Learning Guild's Learning Solutions: Practical Applications of Technology for Learning*, April 3.

34. Collins, A. (1992). Towards a design science of education. In E. Scanlon & T. O'Shea (Eds.). *New Directions in Educational Technology*. Berlin: Springer.

35. Cook, J., & Brown, J. S. (1999). Bridging epistemologies: The generative dance between organizational knowledge and organizational knowing. *Organization Science*, Vol. 10, No. 4.

36. Cobb, P., Confrey J., Disessa, A., Lehrer, R. & Schauble, L. (2003). Design experiments in educational research. *Educational Researcher*, Vol. 32, No. 1.

37. Collins, A. (1998). The changing infrastructure of educational research. In J. Hawkins & A. Collins (1998). *Design Experiments Using Technology to Restructure Schools*. Cambridge University Press, New York, Vol. 53, No. 4.

38. Cox, K., Clark, D. (1998). The use of formative quizzes for deep learning. *Computers and Education*, 30 (3/4).

39. Daniel D. Suthers. (2007). Towards a systematic study of representational guidance for collaborative learning discourse. *Journal of Universal Computer Science*, Vol. 7, No. 3.

40. David Merrill. (2002). A pebble-in-the-pond model for instructional design. *Performance Improvement*, Volume 41, Number 7, August.

41. De Jong, T. & Fergusson-Hessler, M. G. M. (1996). Types and qualities of knowledge. *Educational Psychologist*, No. 31.

42. Delialioglu, O. & Yildirim, Z. (2007). Students' perceptions on effective dimensions of interactive learning in a blended learning environment. *Educational Technology & Society*, Vol. 10, No. 2.

43. Design-Based Research Collective. (2003). Design-based research: An emerging paradigm for educational inquiry. *Educational Researcher*, 32 (1), 5 – 8.

44. Dilman, I. (1984). Reason, Passion and the will. *Philosophy*, No. 59.

45. Dick, W. and Carey, L. (1990). *The Systematic Design of Instruction*. Glenview, IL: Scott, Foresman /Little.

46. Dix, K. L. (2006). *A Longitudinal Study Examining the Impact of ICT Adoption on Students and Teachers*. Unpublished Doctoral Thesis. Flinders University: Adelaide, South Australia.

47. Eisenhardt, K. M. (1989). Building theories from case study research. *Academy of Management Review*, Vol. 14, No. 4.

48. Edwin Hutchins. (2008). *Cognition in the Wild · Introduction*. http://hci.ucsd.edu/ hutchins/citw.html.

49. Edwin Hutchins. (2008). *Distributed Cognition*. http://eclectic.ss.uci.edu/ ~ drwhite/anthro179a/distributedcognition.pdf.

50. Edelson, D. C. (2001). Design research: What we learn when we engage in design. *Journal of the Learning Sciences*, Vol. 22, No. 1.

51. Entwistle, N. (2001). Promoting deep learning through teaching and assessment. In: Assessment to promote deep learning. *American Association for Higher Education*, Washington, DC.

52. Engestrom, Y. (1987). *Learning by Expanding*. Orienta-Konsultit Oy, Helsinki.

53. Engestrom, Y., Engestrom, R. & Suntio, A. (2002). Cana school community learn to master its own future? An activity theoretical study of expansive learning among middle school teachers. in Wells, G. & Claxton, G. (Eds.), *Learning for Life in the 21st Century*. Blackwell, Oxford, UK.

54. Engestrom, Y., Miettinen, R. & Punamaki, R. L. (Eds.). (1999). *Perspectives on Activity Theory*. Cambridge, Cambridge University Press.

55. Engestrom, Y., Engestrom, R. & Karkkainen, M. (1995). Polycon-

textuality and boundary crossing in expert cognition: Learning and problem solving in complex work activities. *Learning and Instruction*, Vol. 5, No. 4.

56. Entwistle, N. and Ramsden, P. (1983). Understanding student learning. London: Croom Helm. Gage, N. and Berliner, D. (1992). *Educational Psychology* (5th ed.). Princeton, New Jersey: Houghton Mifflin.

57. Eppler, M. J. & Burkard, R. A. (2004). Knowledge visualization: towards a new discipline and its fields of application. *ICAWorking Paper*, University of Lugano, Lugano.

58. Farber, D., Baron, P. (1977). The convergence of computing and telecommunication systems. *Science* 195, March 18.

59. Gavriel Salomon, Tamar Almog. (1998). Educational psychology and technology: A matter of reciprocal. *Relations Teachers College Record*, Vol. 100, No. 2.

60. Gabbert, B., Johnson, D. W. & Johnson, R. T. (1986). Cooperative learning, group-to individual transfer, process gain, and the acquisition of cognitive reasoning strategies. *The Journal Psychology*, Vol. 120, No. 3.

61. Garrison, D. R., Anderson, T. & Archer, W. (2000). Critical thinking in a text-based environment: Computer conferencing in higher education. *Internet and Higher Education*, Vol. 11, No. 2.

62. Garrison, D. R., Anderson, T. Archer W. (2001). Critical thinking, cognitive presence, and computer conferencing in distance education. *American Journal Distance Education*, Vol. 15, No. 1.

63. Gagne, R. M. (1997). *The Conditions of Learning and Theory of Instruction*. New York: Holt, Rinehart and Winston.

64. George Siemens. (2005). Connectivism: A learning theory for the digital age. *Instructional Technology & Distance Learning*, January, Vol. 2, No. 1.

65. Gene Golovehinsky, Laurent Denoue. (2002). Moving markup: Repositioning freefrom annotations. In: *UIST* 02 2002, Paris, France.

66. Gjedde, L. (1998). Making sense of science: Experience as cognition through the use of narrative in popular science. *Paper presented at*: IAMCR. University of Glasgow. In the Beginning Was the Experience.

67. Gloor, P. (2005). *The Future of Work and Collaborative Innovation*

Networks. http：//www. ickn. org/ht- ml/ckn_ publications. htm.

68. Gloor, P. (2002) . Collaborative knowledge networks. *eJETA the Electronic Journal For e-Commerce Tools and Applications*, Vol 1, No. 2, November.

69. Goleman, D. (1995). Emotional intelligence：Why it can matter more than IQ for character. *Health and Lifelong Achievement*. Bantam, New York.

70. Greeno, J. G. (1998). The situativity of knowing, learning, and research. *American Psychologist*, Vol. 53, No. 1.

71. Greeno, J. G. (1997). On claims that answer the wrong questions. *Educational Researcher*, Vol. 26, No. 1.

72. Gunawardena, C. N. , Lowe, C. A. & Anderson, T. (1998). Transcript analysis of computer-mediated conferences as a tool for testing constructivist and social-constructivist learning theories. *Proceedings： Distance learning* 98： *The 14th Annual Conference on Distance Teaching and Learning*. Madison, WI：University of Wisconsin.

73. Gunawardena, C. N. , Lowe, C. A. & Anderson, T. (1997). Analysis of a global online debate and the development of an interaction analysis model for examining social construction of knowledge in computer conferencing. *Journal Educational Computing Research*, Vol. 17, No. 4.

74. Hackman, M. Z. , & Walker, K. B. (1990). Instructional communication in the televised classroom：The effects of system design and teacher immediacy on student learning and satisfaction. *Communication Education*, No. 9.

75. Herrington, J. , & Oliver, R. (1999). Using situated learning and multimedia to investigate higher-order thinking. *Journal of Interactive Learning Research*, Vol. 10, No. 1.

76. Hakkarainen, K. (2003). Emergence of progressive inquiry culture in computer supported collaborative learning. *Learning Environments Research*, No. 6.

77. Hakkarainen, K. (2003). Progressive inquiry in computer supported biology classroom. *Journal of Research in Science Teaching*, Vol. 40, No. 10.

78. Hakkarainen, K. & Sintonen, M. (2002). Interrogative approach on inquiry and computer-supported collaborative learning. *Science & Education*, No. 11.

79. Hakkarainen, K. , Palonen, T. , Paavola, S. & Lehtinen, E. (2004). *Communities of Networked Expertise： Professional and Educational Per-*

spectives. Amsterdam: Elsevier.

80. Hannafin, M. J. , & Land, S. (1997). The foundations and assumptions of technology-enhanced, student- centered learning environments. *Instructional Science*, No. 25.

81. Hannafin, M. J. , Land, S. M. , & Oliver, K. (1999). Open learning environment: foundation method and models. In C. Reigeluth (Eds.), *Instructional Design Theories and Models* (Vol. 2). Mahwah, NJ: Lawrence Erlbaum Associates.

82. Hannafin, M. J. & Rieber, L. P. (1989). Psychological foundations of instructional design for emerging computer-based instructional technologies: Parts 1 & 2. *Educational Technology Research and Development*, No. 37.

83. Hargreaves, D. H. (1999). The knowledge-creating school. *British Journal of Educational Studies*, No. 47.

84. Hara, N. , Bonk, C. J. & Angeli, C. (2000). Content analysis of online discussion in an applied educational psychology course. *Instructional Science*, No. 28.

85. Hart, L. (1983). *How the Brain Worlds: A New Understanding of Human Learning, Emotion, and Thinking*. New York: Basic Books.

86. Hearnshaw, L. S. (1964). *A Short History of British Psychology: 1840—1940*. London: Butler & Tanner Ltd.

87. Henri, F. & Rigault, C. R. (1996). Collaborative distance learning and computer conferencing. In T. T. Liao (Eds.) . *Advanced Educational Technology: Research Issues and Future Potential*, Vol. 145, Berlin: Springer.

88. Henri, F. (1992). Computer conferencing and content analysis. In Kaye, A. R. (Eds.), *Collaborative Learning through Computer Conferencing*, Heidelberg: Springers.

89. Hewitt, J. (1996) . Progress toward a knowledge-building community. *Dissertation Abstract International*, 57, 8, 3465, Feb.

90. Hillman, D. C. A. , Willis, D. J. & Gunawardena, C. N. (1994). Learner-interface interaction in distance education: An extension of contemporary models and strategies for practitioners. *The American Journal Distance Education*, Vol. 8, No. 2.

91. Hill, J. & M. Hannafin. (2001). Teaching and learning in digital environments: the resurgence of resource- based learning. *Educational Technology Research and Development*, Vol. 49, No. 3.

92. Hintikka, J. (1999). Inquiry as inquiry: A logic of scientific discovery. *Jaakko Hintikka Selected Papers*, Volume 5, Kluwer Academic Publishers, Dordrecht.

93. Huitt, W. (1997). *An Overview of Humanistic Education.* http://chiron. valdosta. edu/whuitt/col/affsys/humed. html.

94. Huitt, W. (1997). *Conation as an Important Factor of Mind.* http://chiron. valdosta. edu/whuit/col/regsys/conation. html.

95. Huitt, W. & Cain, S. (2009). An overview of the conative domain. *Educational Psychology Interactive.* Valdosta, GA: Valdosta State University.

96. Huitt, W. (1993). A transactional model of the teaching/learning process. *Educational Psychology Interactive.* Valdosta, GA: Valdosta State University.

97. Hunt, N. (2002). Review of voices of collective remembering by James Wertsch. *Human Nature Review*, No. 2.

98. Iris Tabak. (2004). Synergy: A complement to emerging patterns of distributed scaffolding. *The Journal of Learning Sciences*, Vol 13, No 3.

99. Jan van den Akker, Koeno Gravemeijer, Nienke Nieveen, Susan McKenney. (2006). *Introducing Educational Design Research.* London & New York: Routledge.

100. Jenkins, T. (2001). The motivation of students of programming. *Proceedings ITiCSE* 2001. ACM SIGCSE 33, (3).

101. Jianxia Du, Byron Havard and Heng Li. (2005). Dynamic online discussion: task-oriented interaction for deep learning. *Educational Media International*, Vol. 42, No. 3.

101. Jonassen, D. H. (1991). Objectivism versus constructivism: Do we need a new philosophical paradigm? *Educational Technology Research and Development*, Vol. 39, No. 3.

102. Jonassen, D. H. (1992). What is cognitive tools? In P. Kommers,

D. Jonassen & J. Mayes (Eds.), *Congnitive Tools for Learning*. Springer-Verlag, Berlin.

103. Jonassen, D. H. (2000). *Computers as Mindtools for Schools* (2nd Ed.). Upper Saddle River, NJ, USA: Prentice-Hall.

104. Johnson Abercrombie, M. L. (1969). *The Anatomy of Judgment*. Penguin Books. Harmondsworth.

105. Keeves, J. P. (2003). Design-based research. In J. P. Keeves, *Research Design and Evaluation*. Unpublished paper, Flinders University of South Australia, Adelaide.

106. Kelly, A. E. (2003). Research as design. *Educational Researcher*, 32 (1), 3 –4.

107. Kennedy, J. & Schauder, C. (1998). *Records Management: A Guide To Corporate Record Keeping*. Addison Wesley Longman, Sydney.

108. Kenschner, P., van Vilsteren, P., Hummel, H. & Wigman, M. (1997). The design of a study environment for acquiring academic and professional competence. *Studies in Higher Education*, 22 (2), 151 –172.

109. Kimbell, R. & Others. (1999). *The Assessment of Performance in Design and Technology*. London: School Examinations and Assessments Council.

110. Kreijns, K., Kirschner, P. A. & Jochems, W. (2003). Identifying the pitfalls for social interaction in computer-supported collaborative learning environments: A review of the research. *Computers in Human Behavior*, Vol. 19, No. 3.

111. Kuhl, J. (1986). Motivation and information. In R. M. Sorrentino & E. T. Higgins (Eds.), *Handbook of Motivation and Cognition*, Chichester: Wiley, 404 –434.

112. Kuhl, J. (1985). Volitional mediators of cognition-behavior consistency: self-regulatory processes and action versus state orientation. In J. Kuhl & J. Beckmann (Eds.). *Action Control: From Cognition to Behavior*, Springer-Verlag, West-Berlin.

113. Kurzweil, R. (1990). *The Age of Intelligent Machines*. MIT Press, Cambridge.

114. Miller, A. (1991). Personality types, learning styles and education-

al goals. *Educational Psychology*, Vol. 11, No. (3 – 4).

115. Lahti, H., Iivonen, M. & Seitamaa-Hakkarainen, P. (2003). Understanding cultural diversity of artifacts through collaborative knowledge building. *Proceedings of the Neothemi Conference* (*Cultural Heritage and ICT*), September 19 – 20, Helsinki.

116. Lave, J. & Wenger, E. (1991). *Situated Learning: Legitimate Peripheral Participation.* Cambridge University Press, Cambridge.

117. Lamon, M., Reeve, R., & Scardamalia, M. (2001). Mapping learning and the growth of knowledge in a Knowledge Building Community. *Paper presented at the American Educational Research Association Meeting*, Seattle, USA. Washington.

118. Lagemann, E. C. (2006). *Usable Knowledge in Education: A Memorandum for the Spencer Foundation Board of Directors.* Chicago: Spencer Foundation.

119. Lave, J. & Wenger, E. (1999). Legitimate peripheral participation in the communities of practice. In McCormick, R. & Paechter, C. (Eds.), *Learning and Knowledge*, Thousand Oaks, CA: Sage.

120. Leinonen, T., Raami, A., Mielonen, S., Seitamaa-Hakkarainen, P., Muukkonen, H., & Hakkarainen, K. (1999). FLE-Tools Prototype: A WWW Based Learning Environment for Collaborative Knowledge Building. *Proceedings of ENABLE99 Enabling Networked based Learning.* June 2 – 5, Espoo, Finland.

121. Lipponen, L., Rahikainen, M., Lallimo, J. & Hakkarainen, K. (2003). Patterns of participation and discourse in elementary students' computer-supported collaborative learning. *Learning and Instruction*, No. 13.

122. Lipponen, L., Hakkarainen, K. & Paavola, S. (2004). Practices and orientations of CSCL. In Strijbos, J. W., Kirschner, P. A. & Martens, R. L. (Eds.), *What We Know About CSCL and Implementing it in Higher Education*, Dordrecht, Netherlands: Kluwer Academic.

123. Linn, M. C. and His, S. (2000). *Computers, Teachers, Peers: Science Learning Partners.* Mahwah, NJ: Erlbaum.

124. Linn, M. C. (1998). The impact of technology on science instruc-

tion: Historical trends and current opportunities. In: B. J. Fraster & K. G. Tobin (Eds.). *International Handbook of Science Education.* Kluwer Academic Publishers.

125. Marra, R. , Moore, J. & Klimczak, A, (2004). Content analysis of online discussion forums: A comparative analysis of protocols. *Educational Technology Research and Development*, 52, 23 – 40.

126. Merrill, M. D. (2002). First principles of instruction. *Educational Technology Research and Development.* Vol. 50, No. 3.

127. Melis, E. , Weber, M. & Andres, E. (2003). Lessons for (pedagogic) usability of e-learning systems. In G. Richards (Eds.), *Proceedings of World Conference on E-Learning in Corporate, Government, Healthcare, and Higher Education.* Chesapeake, VA: AACE.

128. Moore, M. G. (1989). Editorial: Three types of interaction. *The American Journal of Distance Education*, Vol. 3, No. 2.

129. Muirhead, B. & Juwah, C. (2004). Interactivity in computer-mediated college and university education: A recent review of the literature. *Educational Technology & Society*, 7, (1), 12 – 20.

130. Muukkonen, H. , Hakkarainen, K. & Lakkala, M. (2003). Computer-mediated progressive inquiry in higher education. in T. S. Roberts (Eds.), *Online Collaborative Learning: Theory and Practice.* Information Science Publishing, Hershey, PA, 28 – 53.

131. Nancy Dixon. (2002). *The Organizational Learning Circle.* McGRAW-HILL Book Company Europe.

132. Newman, D. R. , Webb, B. , & Cochrane, C. (1996). *A Content Analysis Method to Measure Critical Thinking in Face-to-face and Computer Supported Group Learning.* http://www. qub. ac. uk/ mgt/papers/methods/contpap. html.

133. Nielsen, J. (1994). *Usability Engineering.* San Francisco: Morgan Kaufmann.

134. Nonaka, I. & Takeuchi, H. (1995). *The Knowledge-Creating Company: How Japanese Companies Create the Dynamics of Innovation.* Oxford University Press, New York.

135. Nonaka, I. & Konno, N. (1998). The concept of ba: Building foundation for knowledge creation. *California Management Review*, Vol. 40, No. 3.

136. Pawaon, R. (1990). Methodology. In Steve Taylor (Eds.). *Sociology: Issues and Debates*, London: Macmillan.

137. Paivio, A. (1986). *Mental Representations*. New York: Oxford University Press.

138. Parkinson, B. (1995). Emotion. In B. Parkinson & A. M. Colman (Eds.): *Emotion and Motivation*, *Longman*, New York, 1 – 21.

139. Parkinson, B. & Colman, A. M. (1995). *Emotion and Motivation*. Longman, New York.

140. Paavola, S., Lipponen, L., & Hakkarainen, K. (2002). Epistemological foundations for CSCL: A comparison of three models of innovative knowledge communities, in G. Stahl (Eds.), Computer supported collaborative learning: foundations for a CSCL community. *Proceedings of the Computer supported Collaborative Learning* 2002 *Conference*. Erlbaum, Hillsdale, NJ.

141. Packer, M. & Goicoechea, J. (2000). Socio-cultural and constructivist theories of learning: ontology, not just epistemology. *Educational Psychologist*, 35, 227 – 241.

142. Peter Javirs. (2006). *Towards a Comprehensive Theory of Learning*. London: Routledge.

143. Pekrun, R. (1992). The impact of emotions on learning and achievement: towards a theory of cognitive/motivational mediators. *Applied Psychology*, 41: 359 – 376.

144. Polanyi, M. (1957). *The Study of Man*. London: Routledge & Kegna Paul.

145. Polanyi, M. (1958). *Personal Knowledge: Towards a Post-Critical Philosophy*. Chicago: University of Chicago Press.

146. Reeves, T. C. (1995). Questioning the questions of instructional technology research. In M. R. Simonson & M. Anderson (Eds.). *Proceedings of the Annual Conference of the Association for Educational Communications and Technology*, Research and Theory Division, Anaheim, CA.

147. Reeves, T. C. (2000). Enhancing the worth of instructional technology research through "design experiments" and other development research strategies. *Symposium on International Perspectives on Instructional Technology Research for the 21st Century*, New Orleans, LA, USA.

148. Reeves, T. C. & Hedberg, J. C. (2003). *Interactive Learning Systems Evaluation*, *Educational Technology Publications*. Englewood Cliffs, New Jersey.

149. Reeves, T. C. (1997). A model of the effective dimensions of interactive learning on the World Wide Web. *Paper presented at the Proceedings of Interaktiivinen Teknologia Koulutuksessa* (ITK, 7), Finland.

150. Reeves, T. C. (2008). Technology and the conative learning domain in undergraduate education. *Invited presentation at EDUCAUSE ELI* 2008, January, San Antonio, TX.

151. Richard McDermott. (2002). Knowing is a human act. *Informatik/Informatique*, (1).

152. Rober D. Tennyson, Franz Schott, Norbert M. Seels, Sanne Dijkstra. (1997). *Instructional Design: International Perspectives* (Volume 1). Lawrence Erlbaum Associates, Inc.

153. Rosie, A. (2000). Deep Learning: A dialectical approach drawing on tutor-led. *Learning in Higher Education*, 1, (1), 45 – 59.

154. Rodney H. Clarken. (2005). A model for individual, institutional and community development. *Paper presented at the Social and Economic Development Conference*, Orlando, FL, December 14 – 18.

155. Rodney H. Clarken. (2003). Knowing, Loving and Willing: Basic Capacities for Developing Human Potential. *Paper presented at the Annual Meeting of the American Educational Research Association*, Chicago, April 21 – 24.

156. Rodney H. Clarken (2003). *Developing Human Potential.* School of Education Northern Michigan University.

157. Rust, V. D. (2003). Method and Methodology in Comparative Education (editorial). *Comparative Education Review*, Vol. 47, No. 3.

158. Ryle, G. (1949). *The Concept of Mind.* Hutchinson's University Library, London.

159. Sharan, S. (1980). Cooperative learning in small groups: Recent

methods and effects on achievement, attitudes, and ethnic relations. *Review of Educational Research*, Vol. 50, No. 2.

160. Sherman, S. J. et al. (1999). Perceived entitativity and the social identity value of group membership, in D. Abrams and M. A. Hogg (Eds.), *Social Identity and Social Cognition*, Oxford: Blackwell. 80 – 100.

161. Sandoval, W. A. (2004). Design-based research methods in education. *EDUCAUSE*, http://www. educause. edu/ir/library/powerpoint/ NLI0462. pps.

162. Scardamalia, M. & Bereiter, C. (1996). Computer support for knowledge-building communities. In T. Koschmann (Eds.), *CSCL: Theory and Practice of an Emerging Paradigm*, Mahwah, NJ: Lawrence Erlbaum, 249 – 268.

163. Scardamalia, M., Bereiter, C. & Lamon, M. (1994). The CSILE project: Trying to bring the classroom into world 3. In McGilly, K. (Ed.), *Classroom Lessons: Integrating Cognitive Theory and Classroom Practice*, Cambridge, MA: Bradford Books/MIT Press, 201 – 228.

164. Scardamalia, M. (2002). Collective cognitive responsibility for the advancement of knowledge. In Smith, B. (Eds.), *Liberal Education in a Knowledge Society*, Chicago, IL, USA: Open Court, 76 – 98.

165. Scardamalia, M. & Bereiter, C. (1993). Technologies for knowledge-building discourse, *Communications of the ACM*, 36, 37 – 41.

166. Scardamalia, M. & Bereiter, C. (1994). Computer support for knowledge-building communities. *The Journal of the Learning Sciences*, 3, 265 – 283.

167. Scardamalia, M. C. Bereiter, R. S. McLean, J. Swallow, and E. Woodruff. (1989). Computer-supported intentional learning environments, *Journal of Educational Computing Research*, 5, 51 – 68.

168. Scardamalia, M. (2002). *Collective Cognitive Responsibility for the Advancement of Knowledge*. IKIT, OISE, University of Toronto.

169. Schellens, T. & Valcke, M. (2005). Collaborative learning in asynchronous discussion groups: What about the impact on cognitive processing? *Computers in Human Behavior*, Vol. 21, No. 6.

170. Schauder, D. (2000). Postscript. In K. Williams (Eds.), *Research*

Methods for Students and Professionals：*Information Management and Systems*. Centre for Information Studies, Charles Sturt University, Wagga.

171. Sfard, A. (1998) . On two metaphors for learning and the dangers of choosing just one. *Educational Researcher*, 27, 4 – 13.

172. Shu-sheng Liaw, Hsiu-mei Huang, Enhancing interactivity in web-based instruction：A review of the literature. *Educational Technology*, Vol. 39, No. 1.

173. Snow, R. (1989) . Toward assessment of cognitive and conative structures in learning. *Educational Researcher*, Vol. 18, No. 9.

174. Sorensen, E. K. (2005) . Networked e-learning and collaborative knowledge building：Design and facilitation. *Contemporary Issues in Technology and Teacher Education*, Vol. 4, No. 4.

175. Solomon, R. C. (1980) . Emotion and choice. In A. Oksenberg Rorty (Eds.), *Explaining Emotions*, University of California Press, Berkeley.

176. Stahl, G. (2000). Collaborative information environments to support knowledge construction by comments. *AI and Society*, 14, 1 – 27.

177. Stahl, G. (2002) . Rediscovering CSCL. In Koschmann, T. , Halls, R. & Miyake, N. (Eds.), *CSCL 2：Carrying Forward the Conversation*, Hillside, NJ, USA：Lawrence Erlbaum Associates, 169 – 181.

178. Stahl, G. (2003). Knowledge negotiation in asynchronous learning networks. *Paper presented at the Hawaii International Conference on System Sciences* (HICSS 2003), January 6 – 9, Hawaii, USA.

179. Stahl, G. (2004). Building collaborative knowing：Elements of a social theory of CSCL. In Strij-bos, J. W. , Kirschner, P. A. & Martens, R. L. (Eds.), *What we know about CSCL and Implementing it in Higher Education*, Dordrecht, Netherlands, Kluwer Academic, 53 – 86.

180. Stahl, G. (2000). A model of collaborative knowledge-building. In B. Fishman & S. O' Connor-Divelbiss (Eds.), *Fourth International Conference of the Learning Sciences*. Mahwah, NJ：Erlbaum.

181. Star, S. L. (1989). The structure of ill-structured solutions：Boundary objects and heterogeneous distributed problem solving. In L. Gasser & M. N. Huhns (Eds.), *Distributed Artificial Intelligence*, Vol. II. San Mateo,

CA： Morgan Kaufmann Publishers Inc.

182. Stone, D. N. , & Kadous, K. （1997）. Joint effects of task-related negative affect and task difficulty in multiattribute choice. *Organizational Behaviour and Human Decision Processes*, 70 （2）, 159 – 174.

183. Stout, G. F. （1896）. *Analytical Psychology.* London： London University Press.

184. Swan, K. （2002）. Immediacy, social presence, and asynchronous discussion. In J. Bourne & J. C. Moore （Eds. ）, *Elements of Quality Online Education*, Volume 3. Needham, MA： Sloan Center for Online Education.

185. Tajfel, H. , and Turner, J. C. （1986）. The social identity theory of intergroup behavior. in S. Worchel et al. （Eds. ）, *Psychology of Intergroup Relations*, Chicago： Nelson-Hall.

186. Teemu Arina. （2006）. *Dicole Knowledge Work Environment.* http： // www. dicole. com.

187. Terashima, K. , Yoshida, Y. and Ikai, R. （2003）. Design based research on web-based learning： collaborative learning activity in multimedia production course. *Paper and poster presented at* 2003 *KAEIB International Symposium and Conference on Educational Media in Schools*, September 6, Seoul, Korea： Hanyang University.

188. Trilling, B. , Hood, P. （1999）. Learning, Technology, and Education reform in the knowledge age or 'We Are Wired, Webbed, And Windowed, Now What?' *Educational Technology*, Vol. 39, No. 5 – 6.

189. van den Akker, J. （1999）. Principles and methods of development research. In J van den Akker, N. Nieveen, R. M. Branch, K. L. Gustafson & T. Plomp （Eds. ）, *Design Methodology and Development Research in Education and Training*, Kluwer Academic Publishers, The Netherlands.

190. Wenger, W. （1998）. *Communities of Practice： Learning, Meaning, and Identity.* Cambridge University Press, Cambridge.

191. Willis, B. （1994）. Distance education： Strategies and tools. *Educational Technology Publications*, New Jersey.

192. Wegerif, R. & Mercer, N. （1997）. Using computer-based text analysis to integrate qualitative and quantitative methods in research on collaborative

learning. *Language and Education*, Vol. 11, No. 4.

193. Wang, F. & Hannafin, M. J. (2005). Design-based research and technology-enhanced learning environments. *Educational Technology Research and Development*, 53, 4, 5 – 23.

194. Wang Youmei. (2008). *Synergistic Learning Technology System and its Usability Testing based on Analytical Model of CoINs.* ICCSE2008.

195. Yogesh Malhotra. (1998). Toward a knowledge ecology for organizational white-waters, *Keynote Presentation at the Knowledge Ecology Fair* 98: *Beyond Knowledge Management* (*A Virtual Event on the Web*), February 2 – February 27.

196. Zhu Zhiting. (2006). Synergistic learning: A new learning paradigm in connected age. *Keynotes on Advanced Seminar of* 1st *Global ET Summit Conference.* Shanghai, China, 2006.

197. Zhu Z. T. (1996). *Cross-Cultural Portability of Educational Software*: *A Communication-Oriented Approach.* University of Twente, Netherlands.

后　记

　　协同学习研究始于博士学习，在祝智庭教授极富创新力的学术灵感启发下，在祝智庭教授极富激发力的人生体悟指引中，本研究得以成文成书。

　　如果把博士学习当作一次旅行，那么博论无疑是旅程中最具挑战性和艰险性的一段。"天生一个仙人洞，无限风光在险峰"，我现在仍清晰地记得，在落笔写下论文最后一个字符的时候，还来不及细细品味个中情愫，四年的博士学习图景历历在目，乃至于引发更长远的人生视像，感触良久！

　　拈花有意风中去，微笑无语须菩提。念念有生灭四相，弹指刹间几轮回。轮回中，心若一动，便已千年。博士学习历经多次变数，始于对学术的追寻和对祝智庭教授的膜拜。在我看来，选择了学术就选择了一种生活方式，尽管看来枯燥，实则趣味无穷，人是探究的动物，学术和学问可以满足你一种自私的探究心理，这也无疑是一种人生向度，更何况在并不漫长的学术历程中，结交了许多良师益友，丰富了生命阅历，充实了人生智慧。而引领一切的正是我需要用一生来崇敬的导师——祝智庭教授。作为国内外教育技术领域卓有建树的大家，作为我国教育信息化理论与实践的开拓者，祝智庭教授以其睿智思维、幽默风趣、高尚人品、严厉治学、极致创新、朴实气度、优雅气质吸引着一大批学界的后来人。我有幸居其一。

　　心仪祝老师则是很久远的事情，早期大学学习中的 CAI 的东西基本上离不开祝老师的著述。而有幸见到祝老师则是 2000 年利用参加在上海师大召开 CBE 年会的机会，到华师大，心怀忐忑的我几乎不费力气，就第一次见到了传说中的祝智庭教授，祝老师看起来并不是我辈所想象的威严和冷峻，更多感受的是祝老师的随和、亲切，言谈举止间透着学者的儒雅和品位。还有点印象便是繁忙，尽管如此，祝老师还是愉快谈起我的几位老师，包括魏奇教授、钟志贤教授，并关切地问起学习和研究情况。而在以后的陆续几年里，与祝老师的交流也有了一些，而且硕士论文也在钟志贤教授的推荐下得到祝老师的指点。

硕士毕业之后来到温州工作，离上海的距离更近了，离祝老师的距离也近了。慢慢就有了希望到祝老师身边学习和深造的想法，第一次是在2004年，在钟志贤教授推荐下，我斗胆向祝老师提出希望参加他的博士生招生考试，没想到祝老师热情地回复我，并鼓励我不断进取。遗憾的事因为单位工作上的安排，我甚至没有得到参加入学考试的机会。而这个机会在历经一年的磨难后终于获得，并有幸进入祝智庭教授领衔的Z-team。

不会忘记2005年5月18日，尽管没有正式入学，但是祝老师让我提前参与到协同学习的研究工作中，到上海参加祝老师主持的学术交流，也是在那一次，祝老师向我介绍了被誉为"上帝留给我们最后的礼物"的创新课题——协同学习研究。可以说，与协同学习的亲密接触至此开始，祝老师以其深厚的学术积累和敏感的学术眼光发掘了目前教育与技术中文化变量到学习技术系统构量之间的关系，并初步构建了协同学习元模型。可以说，我从此以后的所有学术历程都走向协同学习，能够得到参与这种原创性学术课题研究的机会，本身就是祝老师的信任和关爱，我唯有谦虚谨慎努力进取才能回报祝老师。

在接下来的学习历程中，祝老师以其严谨的治学风格开始指导团队的研发工作，定期的交流，不定期的研讨，众多的项目与课题，扎实的实践与研发，都给我及团队成员以充足的学术涵养。从学习到工作，从家庭到单位，祝老师时时像一个父亲一样关爱着我们，呵护着我们，记得第一次带我们2005级三个博士生去浦东一所学校参加研究活动，祝老师早早在地铁口帮我们每人准备了一张地铁卡，对于迟到的我们也没有更多的埋怨，一句玩笑式的"只有原始人才没有时间观念"，让我们从此改变了不守时的旧习。在参加完活动后，祝老师还让我们这些没来过浦东没见过世面的外地学生去世纪公园看看，他老人家还不忘帮我们抱着一大堆资料，返回办公室，那时候祝老师还在文科大楼的四楼办公。

望着祝老师略显疲劳的背影，还有抱着一大摞资料站立在轻轨车厢里摇摆的身子，我们深感楚疼和不安。祝老师早年学习历程艰辛，一直感慨自己要是再年轻几岁就可以做更多的事情。可是我们年岁不大却心无大志，这也是我愧疚于祝老师的地方。因为在接下来的2006年，我便因为单位职称评审的要求离开祝老师身边回到单位继续学习。

这是一个痛苦的历程和抉择。在我提出此无理要求后，我想祝老师一定非常失望，但是老师马上回复我，应允我的请求。当我看到祝老师的回复的时候，心里不是滋味，没有高兴反而有阵阵悲伤。在入学的时候，祝老师给了我绝好的统招入学机会和研究资助，以帮助顺利完成学业，但我却在一年后背信弃义，放弃了在祝老师身边学习和锻炼的最佳时机，实属无奈。因此，在离开祝老师后，我倍加珍惜祝老师提供的课题和资源，奋发努力，积极参与课题研究和团队工作，争取每次与祝老师见面的机会。但是个人素养和素质有限，往往无法达到祝老师预期，包括协同学习的研究，包括本论文，尽管磨砺有加，但总出不了成果，总是难以达成祝老师的期望，这也是最为遗憾的地方。只有期待用一生的时间来弥补和完善。

我常常以为，与其在书本上沉睡千年，不如在老师目光中交流一晚。最不该忘记的是 2006 年年初在广州的彻夜长谈。在 TCL 的一个项目中，我和祝老师都来到广州，在住处祝老师和我谈起了他多年来的求学历程、人生阅历以及对研究的看法，谈起了对于苦难、对于学问、对于人生的积极态度，同时也谈起协同研究和设计研究思路。这一夜，祝老师似乎要将人生旅程中的最重要的财富全部授予给我，而我辈愚钝，可以记忆如此多的人生财富，但恐怕要用一生来消化和享用。

不能忘记柏老师的关爱，哪里有爽朗的笑声，哪里就有柏老师。祝老师之所以成就为今天的大家，与柏老师的悉心关照是分不开的。乐观积极随和勤勉是柏老师的性格，这种性格和关爱也分配到我们学生当中，让我们享受到家的温暖和爱的温馨。这几年，祝老师陆续受命为华东师大终身教授、网院院长，组建教育信息化系统工程研究中心等等，事务越发繁忙，衷心祝愿祝老师和师母快乐永远。

我一直以为，能够跟随祝老师学习自然是我的荣幸，但是如果没有钟志贤教授悉心教诲、倾心指点、大力扶助和鼎力推荐，我的学习和生活空间永远不被打开。从上大学第一次听钟老师的讲课起，我就非常钦佩这位年轻有为、学有所成、幽默风趣、极富生活情趣和个人魅力的教授，有幸成为钟老师的学生便是我研究之路的开始。钟志贤教授学兼文理、精通中外、智慧聪颖、思维敏捷、妙笔生花，是我辈难以企及的人生境地。我们学生常常感慨，除了学问做人做事，哪怕是打牌也永远不是他的对手。

钟老师是我从事研究的领路人。早在赣南的时候，钟老师就支持我回到母校深造。在钟老师的支持和指点下，我有机会回到学校攻读硕士学位。在读书期间，尽管钟老师不是我的导师，但是在他的项目中我得到极大的锻炼和提高，在他的言谈中得到充盈的知识和智慧，在他的课题中得到思绪和素养。不管是在学问和研究上，还是在做人的态度、做事的方法上，钟老师都给我们极大的启发。关爱学生、快乐人生、严谨学问是钟老师从教从学的基本态度，每个学生都从钟老师这里享受到学习的快乐和生活的情趣。尽管不能企及，但是以钟老师为榜样则是我们一生的追求，我们的师母——刘春燕教授，也是我们学习的标杆。两位教授博士夫妇在学问之路上不断创新，生活之路上不断进取。他们最大的成果还在于——可爱的钟川秀行，已经从当初的一个小女孩成长为香港浸会大学国际新闻专业的高材生，不知是继承了父母的智商和气质，还是沾染了赣山赣水的灵气，钟川秀行也气质毓秀、学兼中外，文风古朴犀利，思维敏捷视野开阔，实为女中奇才！

在研究期间包括博士学习的历程中，钟老师始终鼎力支持，包括协同学习的研究选题、思路和方法，除了学术上的扶持，钟老师在科研方面的指点和工作方面的关照也让我心怀感激，永远铭记在心。硕士导师魏奇教授，以其宏大的思维特质和发展眼光深深影响着我，包括我的研究，我的生活和工作。虽然联系不多，但学生的谢意和敬意一直存留心底。

在博士论文及本书的写作和研究期间，华师大教育信息技术系、教育信息化系统工程中心、网络教育学院的老师给予无私的帮助和指点，包括顾小清老师、吴永和老师、薛耀峰老师、闫寒冰老师、李宝敏老师、沈霄凤老师、阮琪华老师等等。在课程学习中还给予我指点的有吴刚教授、任友群教授等等。本书是协同学习团队的一个系统工作，大家分工明确合作愉快，感谢季隽老师、刘名卓老师、钱冬明老师的支持。他们相关工作也在本书中出现，在相关处均作标注。作为祝智庭教授学术团队的一员，本书受到其他成员的帮助和关心，包括我的两位同学，罗红卫，她的英文水平达到了牛津英语水准；李银玲，早我们一年毕业的可爱的小女生；刘强、谢同祥两位南京的同学；吴慧琳、刘林荣两位来自宝岛台湾的同学。还有王伟、吴战杰、胡小勇、江卫华、孙卫国、沈书生、胡海明、张超、郭玉清等。尽管在盘湾里研究生宿舍时间不长，但是杨南昌、王强、刘汉波等我们在一起度过了美好的时光，尤其是杨南昌，我们在学科志趣、性格取向上比较接近，交流颇多，一直视为彼此信赖的朋友，杨博士在设计研究领域做出了领先的工作，对本书启发很大。

还应该感谢来自荷兰特温特大学的 Diana Italo 教授。作为祝老师的老师，他老人家不远万里来到中国，来到温州，对我本人进行悉心指导，并为我学校和专业开展了学术交流。目前的大纲和主题拟定就有 Diana 教授的功劳，最重要的是他告诉我，学术研究要讲究方法，学位论文要讲究平衡。对本书大纲不厌其烦地进行多次修改，并提出非常详尽的意见和建议。我们一直还像以前一样，保持邮件上的沟通和联系，并始终在帮助和支持我的研究。

教育技术领域名家汇集，许多学者不吝赐教，关注本人及协同学习研究，在此深表谢意，包括国内的黄荣怀教授、黎加厚教授、李艺教授、王太昌教授、盛群力教授、张剑平教授、万华明教授、周跃良教授、刘思清教授等，国外的 Dix，Simense 等。

还要感谢杂志社的领导和编辑，中国电化教育杂志社的张敬涛、曾祥翊、李馨、张静然、朱广艳，《电化教育研究》的杨改学、张小红，《开放教育研究》的希建华、魏志慧，《现代教育技术》的张建伟（现美国纽约州立大学奥尔巴尼分校），《远程教育杂志》的陶侃，《现代远距离教育》的徐冰芳，《中国教育信息化》的唐跃秋等，在学术出版日益紧张的今天，他们仍不吝版面发表拙作，实在是对本人及本书的一种厚爱与扶持。2012 年本著述有幸列入浙江省社科规划省级出版资助全额重点资助计划，本书在博士论文基础上做了较大的调整和充实。感谢浙江省社科规划办，感谢温州大学的蔡贻象教授、方益权教授以及潘从义老师、周美琼老师等，他们为本人及本研究的展开提供了多力支持。

爱人伍海燕，与我出自同一个地方、同一学校、同一专业，使我们有了更多的共同的东西。在生活上彼此关照，共同进步，在学业上相互支持，共同发展。在我攻读博士期间，她工作繁忙，同时也攻读硕士学位，而且承担了较多家庭事务尤其是女儿的教导工作，辛苦之极！女儿王如曦，年岁尚小却能够支持我的工作和学习，我只能有限安排时间段来陪同女儿。于爱人和女儿的缺憾将在未来的时间中慢慢弥补。

父母不但给了我健康的躯体，而且教给了我做人的道理；在力所能及的情况下，他们承担了我家里的家务事情。不辞辛劳为我提供良好的学习和工作环境，养育之恩犹如浩瀚大海，需要用一生去拥抱和回报。还有两个妹妹，异地创业却时时关注我及家庭，而我却无以报答，实在惭愧，日后当悉数回报。

在工作期间，学院领导和同事为本人提供了良好的环境，包括物理学院的郑亦庄老师、吴桂初老师；教育学院胡来林老师、张文杰老师、张新立老师等等，尤其是胡来林老师，作为教育技术专业的同事，一直得到他的支持和帮助。在专业上我们同舟共济，努力进取。近几年，本人工作职位也在变换之中，目前本人再次受于温州大学教务处副处长之职位，从此开始在一个新的和谐的空间发展，领导多有关照，包括温州大学林娟娟教授、叶世祥教授、戴海东教授、施晓秋教授，在此向他们表达我的感激之情。还要感谢我的学生吴丽艳、陈春飞、田靖等，还有我的研究生李璐、蔡家定等，他们对本书都有所贡献。我的硕士生杨晓兰、王娟在校对过程中多有付出，想想要看完一本枯燥的学术专著确实不是一件惬意而轻松的事情！

本书出版得到中国社会科学出版社的鼎力支持。特别要感谢责任编辑田文女士，感谢陈琳、韩天炜等，他们为本书付出了辛劳和汗水，也正是他们专业、耐心与细致的工作为本书增设不少，使本书得以顺利出版。

算起来，在温州已经度过十年，对于外来人，温州生活尽管艰难但还算充实，一切都在起步。我也感激这个环境以及相关条件给我带来的便利，比如我的房子，我的电脑，我的汽车，我的一书一桌、一椅一凳，它们都是有生命力的，也应受此谢意。

我深知，对于协同学习的研究、对于教育技术的探究，这刚刚是开始，研究之路漫长，我当铭记鼓励、支持和扶助，继续前行。

2013 年 4 月 30 日
于温州人才大厦闲庭居